Einführung in die moderne Unternehmenskommunikation

Jan Rommerskirchen • Michael Roslon

Einführung in die moderne Unternehmenskommunikation

Grundlagen, Theorien und Praxis

Jan Rommerskirchen
Fachbereich Wirtschaft & Medien
Hochschule Fresenius
Köln, Deutschland

Michael Roslon
Hochschule Fresenius
Düsseldorf, Deutschland

ISBN 978-3-658-30029-6   ISBN 978-3-658-30030-2 (eBook)
https://doi.org/10.1007/978-3-658-30030-2

Die Deutsche Nationalbibliothek verzeichnet diese Publikation in der Deutschen Nationalbibliografie; detaillierte bibliografische Daten sind im Internet über http://dnb.d-nb.de abrufbar.

Springer Gabler
© Der/die Herausgeber bzw. der/die Autor(en), exklusiv lizenziert durch Springer Fachmedien Wiesbaden GmbH, ein Teil von Springer Nature 2020
Das Werk einschließlich aller seiner Teile ist urheberrechtlich geschützt. Jede Verwertung, die nicht ausdrücklich vom Urheberrechtsgesetz zugelassen ist, bedarf der vorherigen Zustimmung des Verlags. Das gilt insbesondere für Vervielfältigungen, Bearbeitungen, Übersetzungen, Mikroverfilmungen und die Einspeicherung und Verarbeitung in elektronischen Systemen.
Die Wiedergabe von allgemein beschreibenden Bezeichnungen, Marken, Unternehmensnamen etc. in diesem Werk bedeutet nicht, dass diese frei durch jedermann benutzt werden dürfen. Die Berechtigung zur Benutzung unterliegt, auch ohne gesonderten Hinweis hierzu, den Regeln des Markenrechts. Die Rechte der jeweiligen Zeicheninhabers sind zu beachten.
Der Verlag, die Autoren und die Herausgeber gehen davon aus, dass die Angaben und Informationen in diesem Werk zum Zeitpunkt der Veröffentlichung vollständig und korrekt sind. Weder der Verlag, noch die Autoren oder die Herausgeber übernehmen, ausdrücklich oder implizit, Gewähr für den Inhalt des Werkes, etwaige Fehler oder Äußerungen. Der Verlag bleibt im Hinblick auf geografische Zuordnungen und Gebietsbezeichnungen in veröffentlichten Karten und Institutionsadressen neutral.

Springer Gabler ist ein Imprint der eingetragenen Gesellschaft Springer Fachmedien Wiesbaden GmbH und ist ein Teil von Springer Nature.
Die Anschrift der Gesellschaft ist: Abraham-Lincoln-Str. 46, 65189 Wiesbaden, Germany

Vorwort

Dieses Buch stellt die Grundlagen und die Praxis der modernen Unternehmenskommunikation sowie ihre wichtigsten Funktionen und Teilbereiche dar und erläutert sie. Es kann dadurch Studenten und Praktikern helfen, die komplexen Zusammenhänge zwischen der Kommunikation von Unternehmen und den Erwartungen ihrer Anspruchsgruppen zu verstehen. In den letzten Jahren haben sich diese Erwartungen verändert und die öffentlichen Forderungen nach mehr Nachhaltigkeit im Umgang mit Ressourcen, mehr Gerechtigkeit gegenüber Mitarbeitern und mehr Haltung zu gesellschaftspolitischen Themen bringen die Unternehmen in Zugzwang. Die Unternehmenskommunikation muss heute die soziale Rolle des Unternehmens in der Weltgesellschaft definieren und erklären.

Die klassische Unternehmenskommunikation war als Marktkommunikation oder Marketing ein Teilbereich des betriebswirtschaftlichen Handelns von Unternehmen und damit der wirtschaftswissenschaftlichen Theoriewelt. Sie orientierte sich an der Frage, wie Unternehmen möglichst effektiv und effizient ihre monetären Ziele unter Einbeziehung kommunikativer Mittel wie Werbung und Öffentlichkeitsarbeit verfolgen können. Die moderne Unternehmenskommunikation muss die Wirtschaftlichkeit mit der Legitimität ökonomischer, moralischer und politischer Ziele des Unternehmens austarieren, den Kunden den sozialen Zweck des Unternehmens verständlich machen und dabei das Vertrauen in das Unternehmen, sein Management und seine Aufgabenerfüllung stärken. Sie muss die Kunden und die Eigentümer, die Zulieferer und die Zwischenhändler, die Medien und den Finanzmarkt sowie die Akteure aus Politik, Nichtregierungsorganisationen und Bürgerbewegungen im Auge behalten und für jeden von ihnen jederzeit die richtige Antwort parat halten.

Die Anforderungen an die Unternehmen, ihre Kommunikationsarbeit und deren Mitarbeiter sind dadurch gestiegen. Die Gestaltung der Werbung und das Gespräch mit der Presse gehören weiterhin zu den Aufgaben. Dies ist jedoch nur noch ein kleiner Teil der Arbeit. Die Digitalisierung und Globalisierung der Tätigkeiten der Unternehmen, der Medien und der öffentlichen Meinungsbildung erfordern neue Kompetenzen. Die Kommunikatoren müssen neben betriebswirtschaftlichen Grundkenntnissen auch kulturelle, politische, moralphilosophische und sozialpsychologische Prozesse und Zusammenhänge verstehen. Das Anforderungsprofil geht weiter und tiefer, das Management der modernen Unternehmenskommunikation ist eine Aufgabe für spezialisierte Generalisten.

Die Unternehmenskommunikation ist zu einem interdisziplinären Feld vieler Wissenschaften geworden. Die Ökonomie, die Soziologie und die Psychologie sowie die Kommunikationswissenschaft und die Sozialpsychologie – und viele andere Wissenschaften – beschäftigen sich mit ihr, sie beschreiben und erklären die Funktionen und Teilbereiche der Unternehmenskommunikation mit ihren jeweiligen Theorien, Begrifflichkeiten und Modellen.

Wissenschaftliche Modelle sind aber wie Landkarten oder Stadtpläne: Sie zeigen das, was für ihre jeweiligen Nutzer wichtig ist. Einige Stadtpläne zeigen Autostraßen und Parkplätze, andere Radwege oder touristische Sehenswürdigkeiten, Wanderkarten zeigen Wege, Wälder und Höhenlinien, Seekarten zeigen Küstenlinien, Wassertiefen und nautische Markierungen. Keine Karte zeigt die ganze, komplexe Wirklichkeit. Und kein wissenschaftliches Modell erklärt die ganze, komplexe Wirklichkeit.

Für dieses Buch haben wir zentrale Teilbereiche der Unternehmenskommunikation und die dazugehörigen Theorien ausgewählt, die wir als wichtig und nützlich betrachten. Viele andere Bereiche und Theorien mussten wir ausblenden, sie finden sich in anderen Büchern oder sind heute nicht mehr hinreichend für die Erklärung komplexer Zusammenhänge. Wir mussten eine Auswahl treffen und bitten dafür um Verständnis.

Auch dieses Buch entstand in einem sozialen Prozess und wir danken allen daran Beteiligten. Dazu gehören die Kolleginnen und Kollegen, die unseren Blick auf die Themen mit kritischen Fragen und Anmerkungen erweitert haben, sowie die Studentinnen und Studenten, die uns in Diskussionen in den Seminaren halfen, komplexe Probleme auf den Punkt zu bringen. Danken möchten wir auch Barbara Rommerskirchen für die kritische Prüfung des Manuskripts und zahlreiche Anregungen, Frau Elena Willeboordse für ihre Recherchen sowie dem Verlag Springer Gabler und Frau Angela Meffert für die freundliche Unterstützung und professionelle Begleitung bei der Erstellung dieses Buches.

Inhaltsverzeichnis

1 Die Kommunikation von Unternehmen 1
    1.1 Warum Unternehmen kommunizieren müssen 1
    1.2 Was Unternehmen kommunizieren sollten 17
    1.3 Wie Unternehmen kommunizieren sollten 24
    Literatur 38

2 Die Arbeit an der Kommunikation 41
    2.1 Theorie der Kommunikation 41
    2.2 Strategische Kommunikation 49
    2.3 Themen entwickeln 55
    2.4 Das Unternehmen als guter Bürger 66
    2.5 Risiken erkennen, Krisen vermeiden 77
    Literatur 89

3 Botschaften entwickeln 93
    3.1 Mit Mitarbeitern sprechen 93
    3.2 Storytelling 101
    3.3 Wenn der Chef spricht 111
    3.4 Das Ringen um die Macht 119
    3.5 Wenn's um Geld geht 129
    Literatur 140

4 Marken sprechen lassen 145
    4.1 Die Funktionen der Marke 145
    4.2 Marken konstruieren 150

	4.3	Marken interpretieren	157
	4.4	Marken kommunizieren	163
	Literatur		171
5	**Die Zielgruppe finden**		**173**
	5.1	Konsumenten und Rollen	173
	5.2	Das Management der Beziehungen	175
	5.3	Konsumenten als Zielgruppe	177
	5.4	Herausforderungen der Zielgruppensegmentierung	187
	5.5	Jenseits der klassischen Zielgruppen	191
	Literatur		192
6	**Mit und in Medien sprechen**		**193**
	6.1	Mediale Kommunikation	193
	6.2	Das richtige Medium finden	199
	6.3	Paid Media – die klassische Werbung	204
	6.4	Owned Media – das Content-Marketing	215
	6.5	Earned Media – wir haben es verdient	225
	6.6	Mediastrategie und Mediaplanung	234
	Literatur		256
7	**Gute Unternehmenskommunikation**		**259**
	7.1	Unternehmenskommunikation im Wandel	259
	7.2	Die Zukunft der Unternehmenskommunikation	262
	Literatur		271

Über die Autoren

Prof. Dr. phil. Jan Rommerskirchen ist Studiendekan des Masterstudiengangs Corporate Communication und lehrt Philosophie, Soziologie und strategische Kommunikation an der Hochschule Fresenius in Köln. Er gibt das Journal für korporative Kommunikation (journal-kk.de) heraus und hat zahlreiche Lehrbücher und Fachbeiträge veröffentlicht.

Ausgewählte Veröffentlichungen

- Rommerskirchen, Jan (2020). Symmetrische und asymmetrische Macht. In: J. Rommerskirchen (Hrsg.): *Die neue Macht der Konsumenten*, S. 89–113. Wiesbaden: Springer Gabler.

- Rommerskirchen, Jan (2019). Markt und Moral – was man für Geld (nicht) kaufen kann. In: J. D. Kemming & J. Rommerskirchen (Hrsg.): *Marken als politische Akteure*, S. 99–115. Wiesbaden: Springer Gabler.
- Rommerskirchen, Jan (2019) Unternehmenskommunikation in Zeiten der Digitalisierung. In: *Journal für korporative Kommunikation*, Ausgabe 1, S. 55–63. PID: https://nbn-resolving.org/urn:nbn:de:0168-ssoar-61973-1
- Rommerskirchen, Jan (2019). *Das Gute und das Gerechte. Einführung in die praktische Philosophie*. Wiesbaden: Springer.
- Rommerskirchen, Jan (2018). Bedeutung und Sinn – oder warum Menschen weiße Turnschuhe tragen. In: *Journal für korporative Kommunikation* 2/2018, S. 11–25. PID: https://nbn-resolving.org/urn:nbn:de:0168-ssoar-60282-4
- Rommerskirchen, Jan (2018). Die soziale Rolle von Unternehmen. In: *Journal für korporative Kommunikation* 1/2018, S. 14–26. PID: https://nbn-resolving.org/urn:nbn:de:0168-ssoar-60281-9
- Rommerskirchen, Jan & Opolka, Laura (2018). Anerkennung und Zuschreibung – Menschen und ihre Marken. In: C. Baumgarth & H. J. Schmidt (Hrsg.): *Forum Markenforschung 2016*, S. 39–58. Wiesbaden: Springer Gabler.
- Rommerskirchen, Jan (2017). *Soziologie & Kommunikation. Theorien und Paradigmen von der Antike bis zur Gegenwart*. Wiesbaden: Springer VS.

Dr. phil. Michael Roslon ist Studiengangsleiter Tourismus-, Hotel- und Eventmanagement (B.A.) an der Hochschule Fresenius in Düsseldorf. Zuvor war er wissenschaftliche Hilfskraft im Fachbereich Kommunikationswissenschaft an der Universität Duisburg-Essen. Er ist Mitglied des Programmkomitees *Salutogenese* beim Gesundheitskongress *Armut und Gesundheit* und Dozent an verschiedenen Hochschulen.

Ausgewählte Veröffentlichungen

- Roslon, Michael (2020). Parasoziale Macht – Konzeption eines Machtbegriffs im Rahmen der Analyse von Marken-Kunden-Beziehungen. In: J. Rommerskirchen (Hrsg.). *Die neue Macht der Konsumenten*, S. 115–135. Wiesbaden: Springer Gabler.
- Roslon, Michael (2019). *Konsumrituale als strategisches Marketinginstrument.* Wiesbaden: Springer
- Roslon, Michael & Bettmann, Richard (2019). Grenzen und Möglichkeiten der Hermeneutischen Wissenssoziologie in interkulturellen Gesellschaften. In: R. Hitzler, N. Schröer & J. Reichertz (Hrsg.). *Kritik der Hermeneutischen Wissenssoziologie*, S. 408–417. Weinheim Basel: Beltz Juventa.
- Roslon, Michael & Bettmann, Richard (2019). *Interkulturelle Qualitative Sozialforschung.* Wiesbaden: Springer VS.
- Roslon, Michael (2017). *Spielerische Rituale oder rituelle Spiele. Überlegungen zum Wandel zweier zentraler Begriffe der Sozialforschung.* Wiesbaden: Springer VS.

Die Kommunikation von Unternehmen

1.1 Warum Unternehmen kommunizieren müssen

Früher war nicht alles besser, aber vieles einfacher. Früher, vor gut hundert Jahren, stellte ein Unternehmen eine Ware her und lieferte sie an einen Händler. Dort kauften Menschen die Ware, weil sie diese brauchten. Die Menschen brauchten Lebensmittel, Kleidung und Werkzeuge zum täglichen Leben. Der Preis der Ware setzte sich vor allem aus den Herstellungskosten sowie einer kleinen Gewinnmarge für das Unternehmen und den Händler zusammen. Einige fortschrittliche Unternehmen veröffentlichten Reklame auf Litfaßsäulen und in Zeitungen. Diese zeigte den Namen und ein Bild der Ware, um die Menschen darüber zu informieren, was sie beim Händler erwerben konnten und wie es hieß.

Heute bieten Unternehmen nicht nur Waren an, die alltäglichen Grundbedürfnissen von Menschen dienen, wie Nahrung, Kleidung und ein Dach über dem Kopf, sondern auch Waren, die ihre komplexen sozialen Bedürfnisse wie die Zugehörigkeit zu einer Gemeinschaft mit einem eigenen Lebensstil befriedigen. Der Wert dieser Waren und damit der Kaufpreis, den Menschen dafür bezahlen, hängen heute vor allem von der Bedeutung ab, die diese Waren für die Befriedigung ihrer sozialen Bedürfnisse haben. Unternehmen müssen heute nicht nur Waren anbieten, die Menschen *brauchen*, sondern auch solche, die sie haben *wollen*, um sich selbst, ihre Position in der Gesellschaft und ihren erwünschten Lebensstil anderen Menschen durch symbolische Güter mitzuteilen. Die Unternehmen müssen ihre Kunden heute nicht nur darüber informieren, welche Waren sie ihnen anbieten, sondern auch, welche symbolische Bedeutung diese Waren für sie und die Gesellschaft, in der sie leben, haben. Damit die Kunden diese Waren und ihre Bedeutung kennen und kaufen wollen, müssen Unternehmen kommunizieren.

Viele Dinge[1] sind notwendig zum Leben, viele andere aber nicht. Und die meisten Dinge gibt es von mehreren Anbietern: Die einen sind teurer und andere günstiger. In jedem Fall aber entscheiden sich Menschen für ein Angebot und damit gegen andere, weil sie ein bestimmtes Produkt oder eine Dienstleistung tatsächlich brauchen oder es einfach nur gerne besitzen bzw. nutzen würden. Für die Bedürfnisse, Wünsche und Entscheidungen der Menschen spielt die Kommunikation von Unternehmen eine entscheidende Rolle: Sie informiert über die Dinge, weckt Wünsche nach ihnen und erleichtert die Entscheidungen.

Zunächst ein paar Beispiele für erfolgreiche Unternehmenskommunikation: Die Waschmaschinen des Unternehmens Miele sind oftmals teurer als die Geräte anderer Hersteller. Trotzdem verkauft Miele mehr Waschmaschinen als die Wettbewerber. Die meisten Menschen sind davon überzeugt, dass Miele die zuverlässigeren und langlebigeren Geräte baut. Das Vertrauen in die Marke ist so groß, dass viele Menschen klaglos den höheren Kaufpreis bezahlen, sich niemals für eine andere Marke interessieren sowie oft und gerne mit anderen Menschen über die positiven Eigenschaften der Marke Miele sprechen.

Als Jean-Claude Biver vor einigen Jahren die Schweizer Uhrenmarke Hublot übernahm, ging es dem Unternehmen wirtschaftlich nicht gut. Also beauftragte er seine Uhrmacher, eine Uhr mit schwarzen Zeigern und schwarzem Zifferblatt zu bauen. Seine Uhrmacher wanden ein, dass man auf dieser Uhr kaum die Zeit ablesen könne. Doch Biver erklärte ihnen, dass man eine Uhr für viele tausend Euro nicht kaufe, um darauf die Zeit abzulesen. Wer dies tue, sei kein besonders kluger Mensch – doch seine Kunden seien sehr klug und müssten auch sehr erfolgreich sein, um sich diese Uhr kaufen zu können. Bei einer Uhr mit diesem hohen Kaufpreis gehe es nicht darum, die Zeit abzulesen, sondern darum, anderen Menschen seinen Erfolg zu zeigen. Hublot ist heute einer der profitabelsten Uhrenhersteller der Welt.

---

[1] Die Produkte und Leistungen, die Unternehmen herstellen und anbieten, werden im Folgenden als Dinge bezeichnet. Diese Bezeichnung geht zurück auf Herbert Blumer und den *symbolischen Interaktionismus*. Für Blumer besteht die Welt aus sehr unterschiedlichen Dingen, beispielsweise Stühlen und Bäumen (physikalische Dinge), anderen Menschen und Lebewesen (soziale Dinge) sowie Gefühlen, Vorstellungen oder Ideen über Gerechtigkeit, Mitleid oder Freundschaft (abstrakte Dinge) (vgl. Blumer 2013, S. 75).

1.1 Warum Unternehmen kommunizieren müssen

Der Autohersteller Opel verdient durchschnittlich etwa 200 Euro an jedem verkauften Personenwagen (Stand 2019). Mercedes, Audi und BMW verdienen mehr als 3000 Euro, der Profit für Porsche beträgt sogar fast 16.000 Euro. Mit jedem Auto dieser Hersteller kann man zur Arbeit und in den Urlaub fahren. Für die Käufer macht es jedoch einen großen Unterschied, mit welchem Auto sie dies tun und welchen Preis sie dafür bezahlen.

Waschmaschinen, Uhren und Autos sind Dinge, die den Alltag erleichtern und die von vielen Unternehmen verkauft werden. Die rein funktionalen Unterschiede zwischen den Produkten sind gering, die Preisunterschiede dagegen hoch. Einigen Unternehmen gelingt es, ihre Produkte begehrenswert zu machen und sie zu hohen Preisen zu verkaufen. Der Kaufpreis begehrter Mobiltelefone der Marke Apple besteht nur zu einem Drittel aus den Herstellungskosten, zwei Drittel aus dem Gewinn für das Unternehmen. Auch Hublot, Miele und Porsche verkaufen teure Produkte mit guten Images und guter Reputation, die Käufer vertrauen den Marken und sind zufrieden mit ihnen. Für den symbolischen Mehrwert dieser erfolgreichen Marken geben die Käufer viel Geld aus und den Unternehmen geht es gut. Bei vielen anderen Unternehmen ist dies nicht der Fall. Ein wesentlicher Unterschied zwischen erfolgreichen und erfolglosen Unternehmen und deren Marken ist die Kommunikation. Gute Unternehmenskommunikation erschafft erfolgreiche Marken und damit erfolgreiche Unternehmen.

Gute Unternehmenskommunikation

- erzeugt positive Gefühle, Bilder und Assoziationen in unseren Köpfen (Image).
- sorgt dafür, dass wir glauben, dass andere Menschen dies auch so empfinden (Reputation).
- verleiht Dingen und ihren Besitzern ein höheres soziales Ansehen (Prestige und Status).
- vermittelt uns ein Gefühl der Sicherheit beim Kauf und auch danach (Vertrauen und Zufriedenheit).
- macht Dinge so begehrenswert, dass wir sie immer wieder kaufen (Markenwert und Loyalität).
- macht Unternehmen wirtschaftlich erfolgreich (Rendite und Marktwert).

1.1.1 Der Markt und die Kommunikation

Wenn man wissen will, wie Unternehmen gut und erfolgreich kommunizieren können, sollte man zunächst verstehen, warum sie überhaupt kommunizieren müssen.

Der Grund dafür ist der Markt, auf dem viele Menschen und Unternehmen zusammenarbeiten und miteinander kommunizieren. Was also ist ein Markt? Eine berühmte Geschichte erklärt dies am Beispiel eines einfachen Bleistifts (vgl. Read 1958). Um einen Bleistift herzustellen, fällt man als Erstes einen Baum, dazu braucht man Sägen, Äxte und Seile. Dann fährt man den Baum mit einem Lastwagen zum Sägewerk, zerlegt ihn in kleinere und kleinste Teile und schneidet ihn in Formen. In Asien baut man nun Grafit ab und formt daraus eine Bleistiftmine, in Südamerika vermischt man den Milchsaft des Kautschukbaums sowie Pflanzenöl, Schwefel und einige andere Zutaten für den Radiergummi am Ende des Bleistifts. Dann lackiert man den Bleistift mit Farbe, die aus einem Chemiecocktail unterschiedlicher Binde- und Lösemittel, Pigmente und Füllstoffe zusammenrührt wird.

Vielleicht kann man all diese Arbeiten selbst leisten. Die Herstellung eines einzigen Bleistifts würde dann aber viele Monate dauern und sehr viel Geld kosten. Deshalb gibt es überall auf der Welt Unternehmen, die diese einzelnen Bestandteile mithilfe von vielen Menschen und Maschinen herstellen, transportieren und zusammenfügen. Und eines Tages liegt dieser Bleistift bei einem Händler, man kann ihn für wenig Geld kaufen und benutzen. Das alles ist der Markt, der für einen solchen Bleistift nötig ist (s. Abb. 1.1).

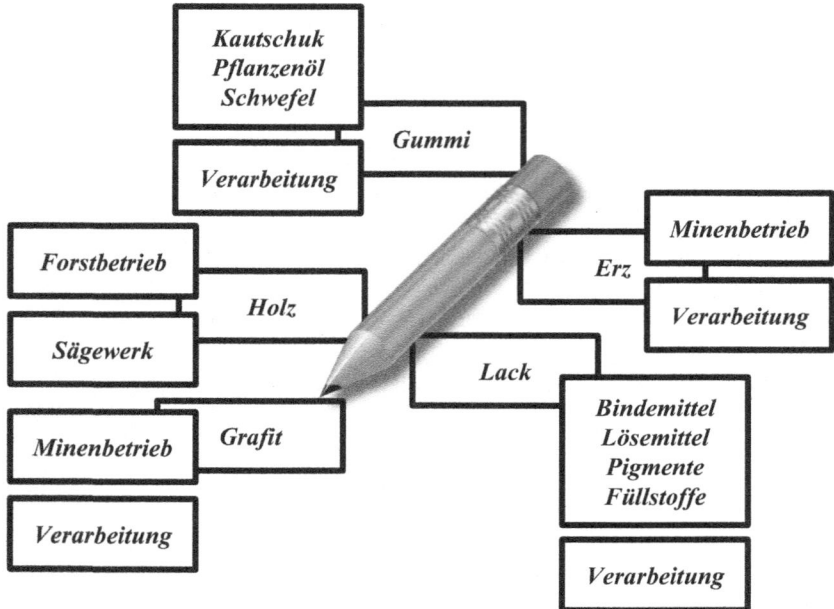

Abb. 1.1 Der Bleistift und der Markt

Märkte funktionieren, weil Menschen dort Dinge tauschen, die sie benötigen. Der Händler verkauft den Bleistift im Tausch gegen einen Geldbetrag. Der Händler hat den Stift zuvor beim Hersteller gegen Geld eingetauscht, der Käufer hat seine Zeit bzw. Arbeitsleistung bei einem Arbeitgeber gegen Geld getauscht. Alle Produkte und Dienstleistungen entstehen und treiben die Märkte der Welt an, weil Menschen Dinge tauschen – die einen können bestimmte Dinge herstellen, die anderen wollen diese Dinge erwerben. Und jeder bekommt, was er will und braucht. Damit die Märkte und der ständige Tausch jedoch funktionieren, müssen die Unternehmen miteinander, mit vielen anderen Menschen und mit den Kunden kommunizieren.

1.1.2 Warum es Unternehmen gibt

Ein Bleistift ist sehr einfach aufgebaut und besteht aus wenigen einzelnen Teilen. Aber Waschmaschinen, Uhren und Autos sind bei weitem komplizierter, und deshalb gibt es weltweit viele Unternehmen, die diese Einzelteile herstellen oder zusammensetzen. Diese Unternehmen können die Abläufe, die für die Herstellung dieser Dinge des Alltags notwendig sind, besser und schneller gestalten als einzelne Menschen oder eine kleine Gruppe von Handwerkern. Unternehmen arbeiten effektiver und effizienter als einzelne Menschen oder eine unorganisierte Gruppe.

Effektiv arbeitet ein Unternehmen, wenn es seine Ziele erreicht bzw. wenn das tatsächlich Erreichte den gesetzten Zielen entspricht. Die Effektivität beschreibt deshalb das Maß der Übereinstimmung zwischen dem geplanten und dem erreichten Ziel. Die *Effizienz* misst dagegen die Wirtschaftlichkeit bei der Zielverfolgung. Da Unternehmen mit knappen Ressourcen arbeiten, müssen sie diese optimal nutzen. Solche Ressourcen sind die Arbeitszeit bzw. Arbeitsleistung der Mitarbeiter, die Rohstoffe sowie die Maschinen zur Herstellung eines Produkts. Je schneller die Mitarbeiter das Produkt herstellen können, je weniger Rohstoffe und Maschinen sie dafür benötigen, desto effizienter ist die Kosten-Nutzen-Relation des Unternehmens.

Daher wächst die Effizienz zumeist mit dem Unternehmen: je größer das Unternehmen, desto effizienter die Abläufe (vgl. Coase 1937). Viele spezialisierte Mitarbeiter und kompetente Abteilungen optimieren permanent den Einkauf, die Verteilung und die Produktion von Gütern und können damit die Kosten stärker senken, als dies in kleinen Betrieben möglich ist. Große Unternehmen können deshalb ihre Güter zu niedrigeren Kosten herstellen und verkaufen, dabei trotzdem höhere Löhne für die Mitarbeiter bezahlen und höhere Gewinne für die Eigentümer erzielen als kleine Unternehmen.

Die Aufgabe aller Unternehmen ist es, die notwendigen Tauschprozesse zur Befriedigung der Bedürfnisse aller Beteiligten möglichst effektiv und effizient zu gestalten. Die Kunden wollen das bestmögliche Produkt zum geringstmöglichen Preis, die Eigentümer und die Mitarbeiter wollen einen möglichst hohen Gewinn bzw. Lohn, die Zulieferer wollen dauerhafte Abnehmer für ihre Rohstoffe und die Gesellschaft möglichst geringe Umweltschäden durch die Produktion. Unternehmen haben für alle diese Gruppen einen spezifischen Sinn, wenn sie ihre unterschiedlichen Bedürfnisse befriedigen. Dies bedeutet, dass die Aufgabe von Unternehmen, ihre Tätigkeiten und Ziele von den Bedürfnissen der Menschen abhängig sind und keinesfalls isoliert betrachtet werden können (vgl. Ulrich 2001, S. 13). Das Unternehmen selbst hat keinen Zweck, es ist aber sinnvoll für die Menschen und die Gesellschaft.

Aus den Tätigkeiten von Unternehmen für die Gesellschaft entsteht ein Markt, beispielsweise eine kapitalistische Marktwirtschaft. In dieser Marktwirtschaft arbeiten Unternehmen zusammen und kooperieren bestmöglich, um die Bedürfnisse der Gesellschaft zu befriedigen. Dauerhaft funktioniert eine Marktwirtschaft jedoch nur, wenn es mehr Unternehmen gibt, die Gewinne machen, als solche, die Verluste machen. Unternehmen mit Gewinnen können neue Mitarbeiter einstellen, bessere Maschinen kaufen, Schulden tilgen und Forschungen zur Verbesserung ihrer Produkte finanzieren. Aus ökonomischer Sicht sind die Gewinne der einzelnen Unternehmen das Wachstum einer Volkswirtschaft – erfolgreiche Unternehmen und ihre Gewinne lassen die Wirtschaft wachsen, ermöglichen Investitionen und neue, besser bezahlte Arbeitsplätze. Wirtschaftliches Wachstum ist deshalb die Voraussetzung für den Wohlstand und die Stabilität moderner Gesellschaften.

Damit diese Abläufe und Prozesse funktionieren, müssen viele Menschen zusammenarbeiten und miteinander kommunizieren. Jedes Unternehmen gehört Menschen, die es als Eigentümer leiten oder Manager damit beauftragen. Um Arbeitskräfte bezahlen zu können, braucht das Unternehmen Kapital, dass ihm die Eigentümer, Banken oder Investoren leihen. In den Unternehmen müssen die Mitarbeiter klären, wer für was zuständig ist, wie man etwas macht und was man besser machen könnte. Jedes Unternehmen muss mit vielen anderen Unternehmen absprechen, wer welche Komponenten wann und zu welchem Preis liefern kann. Und schließlich muss jedes Unternehmen möglichst vielen Menschen mitteilen, was es herstellt und verkaufen möchte, was das Produkt kann und wozu man es braucht. Kleine und große Unternehmen handeln immer in einem Netzwerk, in dem viele Menschen eine bestimmte Rolle spielen: als Zulieferer und Händler, Wettbewerber und Investoren, Mitarbeiter und Kunden.

1.1.3 Anspruchsgruppen haben Interessen

All diese Menschen arbeiten mit dem Unternehmen zusammen, liefern ihm Rohstoffe oder kaufen seine Produkte, leihen ihm Geld oder verkaufen ihm Wissen und Arbeitszeit. Diese unterschiedlichen Gruppen beeinflussen die Arbeit und den Erfolg von Unternehmen oder werden davon beeinflusst. Sie sind die Umwelt des Unternehmens, haben eigene Interessen bei der Zusammenarbeit und unterschiedliche Ansprüche an das Unternehmen. Man nennt sie deshalb *Anspruchsgruppen*. Anspruchsgruppen *(Stakeholder)* sind Gruppen von Menschen, die ähnliche Ansprüche und Interessen haben und damit direkt oder indirekt von den Tätigkeiten der Unternehmen betroffen sind (vgl. Freeman 1984). Sie sind in die Tätigkeiten von Unternehmen einbezogen und ihre Interessen werden von Unternehmen beeinflusst. Dazu gehören interne Anspruchsgruppen wie Eigentümer, Mitarbeiter und Manager ebenso wie externe Anspruchsgruppen, zu denen Kunden, Lieferanten, Medienvertreter, die Politik und die Gesellschaft zählen.

Damit ein Unternehmen dauerhaft wirtschaften kann, muss es Dinge, also Produkte oder Dienstleistungen, herstellen und verkaufen. Neben der Entwicklung und der Herstellung von Dingen ist deshalb ein Vertrieb notwendig. Für den Umsatz und den Gewinn, den ein Unternehmen zum Überleben braucht, ist der Vertrieb der Dinge entscheidend. Der Vertrieb ist bei seiner Arbeit jedoch auf die Unternehmenskommunikation angewiesen, damit möglichst viele Menschen wissen, was das Unternehmen verkauft, was es kann und was es kostet. Das Marketing, die Werbung und die Öffentlichkeitsarbeit informieren die Gesellschaft und kommunizieren mit den Kunden *(Input)*, der Vertrieb sorgt dafür, dass Geld von den Kunden ans Unternehmen fließt *(Output)*. Vertrieb und Kommunikation müssen deshalb zusammenarbeiten, haben aber unterschiedliche Ziele: Der Vertrieb versucht, *materielle Werte* wie den Umsatz und den Gewinn zu maximieren, die Kommunikation versucht, *immaterielle Werte* wie Bekanntheit, Sympathie oder Image des Unternehmens oder der Marke zu erhöhen (s. Abb. 1.2).

Das wirtschaftliche Ziel des Unternehmens lautet, Dinge zu verkaufen und Geld zu verdienen. Umsatz und Gewinn, also die Rentabilität des Unternehmens, sind notwendige Handlungsziele, damit es von seinen Eigentümern, Investoren und Mitarbeitern unterstützt und aufrechterhalten wird. Alles andere ist für das Unternehmen nachrangig und kann gegebenenfalls auch ausgelagert werden: Die Produktion vieler Güter und Komponenten kann im Ausland erfolgen, die Kommunikation kann eine Agentur übernehmen. Die wichtigste Aufgabe der Unternehmenskommunikation ist es daher, den Vertrieb bei seiner Arbeit bestmöglich zu unterstützen, damit das Unternehmen seine Ziele erreicht. Wenn der Vertrieb

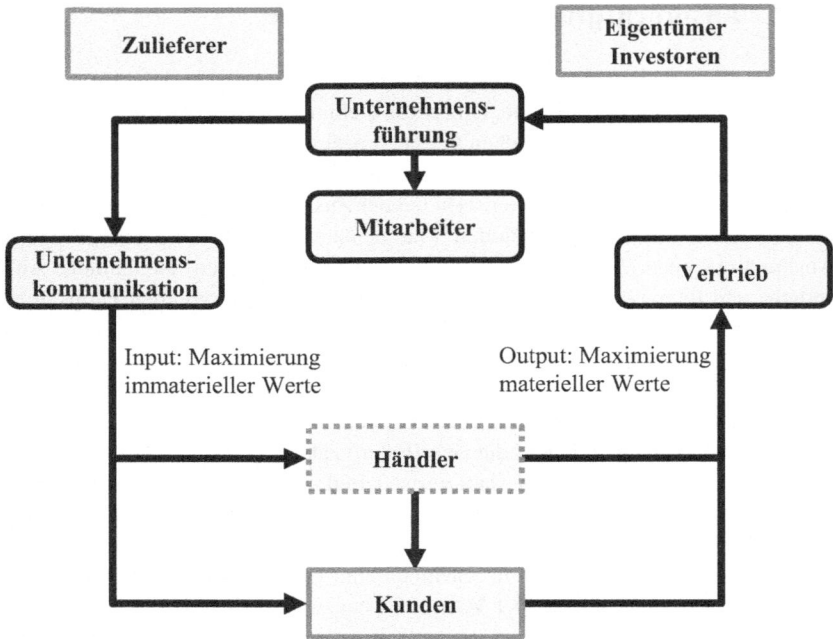

Abb. 1.2 Der Kreislauf immaterieller Werte (Input) und materieller Werte (Output)

erfolgreich ist und viele Dinge mit Gewinn verkauft, geht es dem Unternehmen gut und es kann sich teure Kommunikationsmaßnahmen leisten. Flotte Texte und schöne Werbebilder können helfen, sie sind aber nicht das primäre Ziel der Unternehmenskommunikation.

1.1.4 Der Zweck des Unternehmens und die Ziele der Unternehmenskommunikation

Unternehmen haben im Markt und damit für die Gesellschaft einen Zweck *(Purpose)*, der von den Bedürfnissen vieler Menschen und damit von ihren Erwartungen an die Unternehmen abhängig ist. *Der Zweck des Unternehmens ist die Bedürfnisbefriedigung seiner Konsumenten.* Wenn die Konsumenten den Sinn des Unternehmens und der Dinge, die es anbietet, verstehen, dann sind sie auch bereit, in diese Dinge Geld zu investieren und damit das Unternehmen zu erhalten.

1.1 Warum Unternehmen kommunizieren müssen

Sinnvoll kann die Befriedigung elementarer Grundbedürfnisse nach Nahrung und Kleidung sein oder auch der Wunsch nach Zugehörigkeit zu einer sozialen Gruppe oder nach Anerkennung durch andere. Die Befriedigung dieser mehr oder weniger bewussten Bedürfnisse empfinden die Menschen als sinnvoll, nützlich und gut. Je wertvoller der vermutete Sinn und damit der materielle und immaterielle Nutzen der Dinge für die Menschen ist, desto dringlicher ist ihr Wunsch danach und desto mehr Geld sind Menschen bereit, für diese Dinge zu bezahlen. Aus Sicht der Unternehmen ist dieser Zusammenhang erfreulich, denn je mehr Geld die Menschen für die Dinge bezahlen, desto wertvoller sind die Kunden für das Unternehmen, da sein Gewinn und seine Rentabilität dadurch steigen.

Der Gewinn, den das Unternehmen erzielt, ist deshalb ein Indikator für seine Akzeptanz bei seinen Kunden. Der Umsatz und der Gewinn sind *nicht* der Zweck des Unternehmens, aber notwendig, damit es seine Ziele umsetzen und seinen eigentlichen Zweck erfüllen kann. Die wirtschaftliche Rentabilität des Unternehmens wäre auch dann die Voraussetzung für seine Arbeit für die Gesellschaft, wenn „man an die Stelle der Direktoren Erzengel setzen würde, denen jegliches Interesse am Gewinn fehlte […] In Wahrheit kann ein Unternehmen natürlich nur dann Beiträge zum gesellschaftlichen Wohlergehen leisten, wenn es ausreichende Gewinne erzielt" (Drucker 2010, S. 35). Unternehmen, deren Zweck sich an der Gesellschaft orientiert, werden von ihren Kunden für sinnvoll gehalten, und sinnvolle Unternehmen sind profitable Unternehmen.

Aus diesen wechselseitigen Zuschreibungen von Zweck und Sinn folgt noch ein weiterer Tausch (s. Abb. 1.3). Die Wertschöpfung des Unternehmens hängt davon ab, welchen Nutzen die Kunden in der Arbeit des Unternehmens sehen. Je höher der vermutete *Nutzenbeitrag* der Dinge für den Kunden ist, desto höher ist der *Wertbeitrag* der Kunden für das Unternehmen (vgl. Schmid und Lyczek 2008, S. 44 f.).

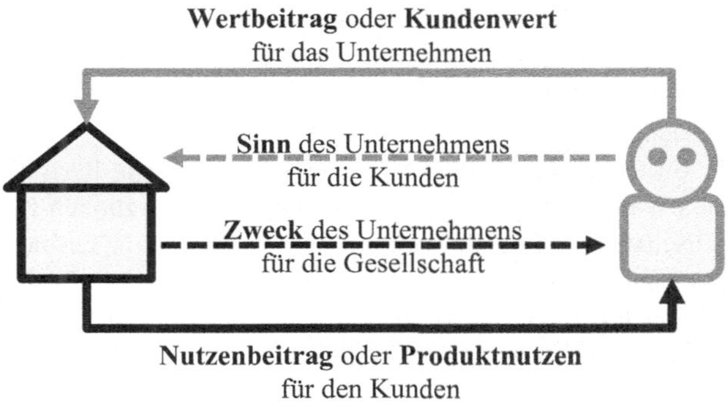

Abb. 1.3 Nutzen- und Wertbeiträge

Mit anderen Worten: Der *Kundenwert* für das Unternehmen steigt und fällt mit dem *Produktnutzen* für den Kunden. Der Kundenwert im engeren Sinne erfasst die direkten Erlöse des Unternehmens aus den Transaktionen, d. h. die rein monetäre Rendite als diskontierter Einzahlungsüberschuss im Verlauf der Kundenbeziehung. Den Kundenwert im weiten Sinne erhöhen aber auch indirekte, nicht-monetäre Unterstützungsleistungen wie Weiterempfehlungen zur Steigerung der Reputation oder Netzwerkeffekte wie die stärkere Verbreitung eines Produkts und seiner Nutzungsstandards. Beispielsweise waren der VHS-Standard der Speicherbänder für Videorekorder oder der MP3-Standard des Kompressionsformats für Audiodateien die Voraussetzung für ihren Markterfolg.

Die konkrete Ausgestaltung der Beziehungen zwischen dem Unternehmen und den gesellschaftlichen Gruppen bei der Wertschöpfung beschreiben Wirtschaftstheorien im engeren Sinne. Für die Unternehmenskommunikation sind vor allem zwei Wirtschaftstheorien relevant, die das *Handeln* von Unternehmen in den letzten Jahrzehnten stark geprägt haben: die neoklassische und die sozioökonomische Wirtschaftstheorie.

Die *neoklassische Wirtschaftstheorie* geht davon aus, dass Unternehmen in erster Linie möglichst profitabel sein müssen und Gewinne für ihre Eigentümer erwirtschaften sollen. Der Ökonom Milton Friedman formulierte dies zugespitzt so: „*The social responsibility of business is to increase its profits*" (Friedman 1970). Die Theorie behauptet, dass der steigende Wohlstand der Unternehmen und seiner Eigentümer *(Shareholder)* letztlich auch der Gesellschaft zugutekommt, denn erfolgreiche Unternehmen schaffen neue Arbeitsplätze für neue Mitarbeiter, die wiederum mehr konsumieren und höhere Steuern zahlen, wovon wiederum alle profitieren. Das Management des Unternehmens nutzt den Input der Zulieferer (Komponenten), der Investoren (Geld) und der Mitarbeiter (Arbeitskraft) für den Output an die Kunden (Güter). Das Input-Output-Managementmodell reduziert die Beziehung zwischen dem Unternehmen und seiner Umwelt auf ein monokausales Minimum, in dessen Zentrum das Unternehmen mit seiner Lenkungsfunktion steht (s. Abb. 1.4). Kommunikationen und andere Interaktionen zwischen den Gruppen sind in diesem Modell nicht vorgesehen, lediglich Reaktionen auf bedingende Ursachen.

Im Gegensatz dazu geht die *sozioökonomische Wirtschaftstheorie* davon aus, dass Wohlstand und Fortschritt nur durch Kooperationen vieler Akteure in der Gesellschaft – und damit auch mit der Wirtschaft als Teil der Gesamtgesellschaft – ausgebaut werden können (vgl. Hellmich 2015). Die Beziehungen zwischen dem Unternehmen und seiner Umwelt prägen dynamische, reziproke Interaktionen mit zahlreichen Gruppen (s. Abb. 1.5). Die gemeinsame Basis der Interaktionen zwischen dem Unternehmen und diesen Gruppen sind Erwartungen und Ansprüche,

1.1 Warum Unternehmen kommunizieren müssen

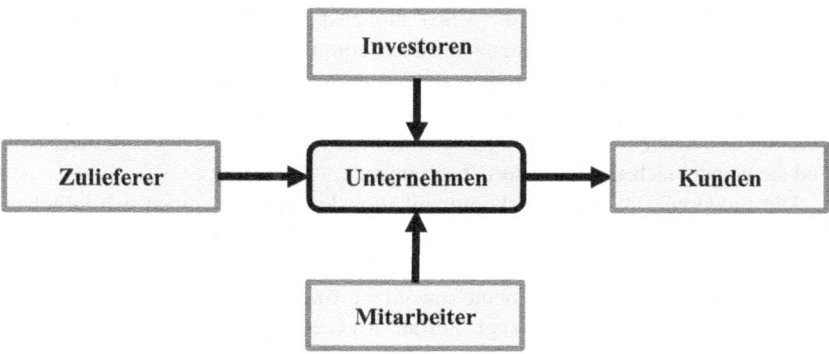

Abb. 1.4 Das Input-Output-Managementmodell

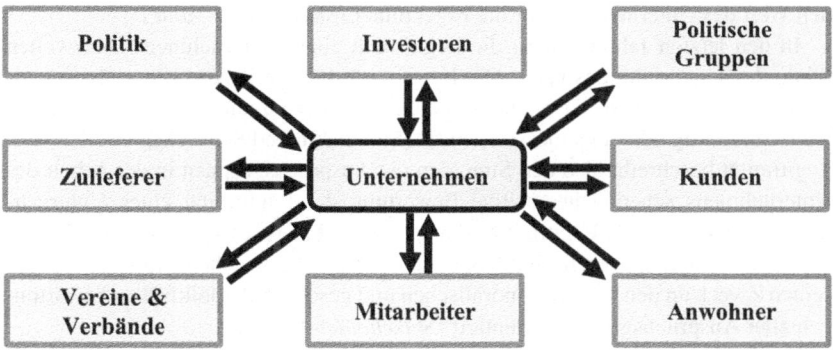

Abb. 1.5 Das Anspruchsgruppen-Managementmodell

die in und durch die Kooperationen wechselseitig entstehen und wachsen. Eine zentrale Aufgabe des Managements des Unternehmens ist daher die Organisation der Beziehungen zwischen dem Unternehmen und seinen Anspruchsgruppen (vgl. Cornelissen 2017, S. 62).

Der Gesamterfolg des Unternehmens ist im Anspruchsgruppen-Managementmodell von der kooperativen Zusammenarbeit mit den Kunden und allen anderen Anspruchsgruppen abhängig. Das Ziel der Unternehmenskommunikation lautet deshalb, einen Beitrag zur Zweckerfüllung des Unternehmens für die Anspruchsgruppen und damit zum Wert des Unternehmens zu leisten, indem es die Kommunikationen mit allen Gruppen plant und lenkt (vgl. Zerfaß 2014, S. 20 f.). Denn alle internen und externen Anspruchsgruppen haben eigene spezifische

Interessen. Im Idealfall sorgt die Unternehmenskommunikation dafür, dass die Wünsche und Ziele des Unternehmens auch von allen Anspruchsgruppen geteilt werden und alle gemeinsam ihre jeweiligen Interessen durchsetzen und damit alle ihre eigenen und die gemeinsamen Ziele erreichen können. Unternehmenskommunikation ist deshalb immer *Auftragskommunikation* im Interesse des Unternehmens und sie wendet sich an alle Anspruchsgruppen.

Die moderne Unternehmenskommunikation leistet damit einen wesentlichen Beitrag zur *wertorientierten Unternehmensführung*, deren Ziel die kontinuierliche Steigerung des Unternehmenswerts ist (vgl. Schweickart und Töpfer 2006). Den Unternehmenswert bestimmen heute sowohl die *Wirtschaftlichkeit* als auch die *Legitimität* eines Unternehmens (vgl. Zerfaß 2014, S. 24 f.). Den wirtschaftlichen Wert beschreiben ökonomische Kenngrößen wie Umsatz, Gewinn, Bruttokapitalrendite und Barwerte, bei börsennotierten Unternehmen auch der Kurswert der Anteile und die Dividende. Diese finanziellen Kennwerte beschreiben zunächst den Wert des Unternehmens für die Eigentümer *(Shareholder-Value)*.

In den letzten Jahren wurde die Legitimität eines Unternehmens zur zweiten Säule des Unternehmenswerts. Die Legitimität beschreibt die Einschätzung aller Anspruchsgruppen, dass „die Handlungen einer Organisation vertretbar, erwünscht, richtig oder angemessen [sind]" (Steinmann und Schreyögg 2005, S. 83). Legitimität beschreibt also den Sinn, den die Anspruchsgruppen in der Arbeit des Unternehmens sehen. Die positive Bewertung der Legitimität eines Unternehmens – der Wert seiner Legitimität – hängt davon ab, dass es sich selbst als Teil der Gesellschaft und als gesellschaftlicher Akteur versteht, welcher sein Handeln und seinen Zweck an den sozialen, moralischen und gesellschaftspolitischen Erwartungen aller Anspruchsgruppen orientiert *(Stakeholder-Value)*.

1.1.5 Kommunikationsmanagement ist strategische Kommunikation

Unternehmenskommunikation ist das Management der Kommunikation eines Unternehmens. Hierbei werden alle internen oder externen Kommunikationsprozesse gesteuert, d. h. gelenkt, gestaltet und entwickelt. Im *Kommunikationsmanagement* muss zunächst das Tagesgeschäft organisiert und ausgeführt werden. Üblicherweise gibt es hierzu einen Jahresplan, wann welche Maßnahmen der Werbung oder der Pressearbeit im Verlauf eines Geschäftsjahrs stattfinden. Dies ist die *operative Ebene*. Auf der *strategischen Ebene* arbeitet die Leitung der Unternehmenskommunikation zusammen mit der Geschäftsführung an den langfristigen Zielen und der Vision des Unternehmens. Die *strategische Kommunikation* hat deshalb zwei

Aufgaben: Sie muss einerseits die längerfristigen Ziele und die Vision des Unternehmens mitgestalten und weiterentwickeln, andererseits die tagesaktuelle Leistungserstellung daran ausrichten und die Maßnahmen in die gewünschte Richtung lenken.

Da die Unternehmenskommunikation vom Unternehmen beauftragt wird und somit Teil eines Wirtschaftsmarktes ist, muss auch sie betriebswirtschaftlich rentabel sein. Dies bedeutet, dass die Auswirkungen der Kommunikationsarbeit – zumindest langfristig – für das Unternehmen profitabel sein müssen und mit Hilfe des Vertriebs mehr Geld ins Unternehmen tragen sollen, als die Kommunikation selbst kostet. Die Investitionen des Unternehmens in die Kommunikation müssen geringer sein als der finanzielle Rückfluss aus dem Markt *(Return on Investment)*. Kein Unternehmen kann es sich über längere Zeit leisten, die Mitarbeiter und teure Werbung zu bezahlen, wenn diese keinen Erfolg und keine Wirkungen auf den Abverkauf haben. Die *Wirtschaftlichkeit* ist deshalb das erste Ziel der Kommunikationsarbeit.

Das zweite Ziel ist ein soziales. Damit ein Unternehmen ungestört arbeiten und seine Ziele erreichen kann, ist es wichtig, dass es von möglichst vielen Menschen unterstützt wird. Unternehmen, die ständig kritisiert werden und gegen Widerstände kämpfen müssen, haben es oft schwer, sie verlieren Geld und Zeit. Je mehr Menschen aber daran glauben, dass die Arbeit des Unternehmens für sie sinnvoll und richtig ist, desto einfacher ist es für das Unternehmen, zweckorientiert und erfolgreich zu arbeiten. Die kooperative Zusammenarbeit mit den Anspruchsgruppen ist ein soziales Ziel der Kommunikationsarbeit und unterstützt die *Legitimität* des Handelns des Unternehmens in der Gesellschaft.

Daraus ergeben sich vier Arbeitsfelder für die erfolgreiche Unternehmenskommunikation: Erfolg auf operativer und strategischer Ebene sowie hinsichtlich ihrer Wirtschaftlichkeit und ihrer Legitimität (vgl. Zerfaß 2014, S. 26 f.). Die Unternehmenskommunikation muss also ökonomische und soziale Ziele des Unternehmens sowohl im Tagesgeschäft *(Leistungserstellung)* als auch mittel- und langfristig *(Erfolgspotenziale)* umsetzen (s. Abb. 1.6). Beispielsweise unterstützen die Werbung und die produktorientierte Pressearbeit die Leistungserstellung des Unternehmens und damit die ökonomischen Ziele des operativen Kommunikationsmanagements. Der Aufbau einer Marke und einer positiven Reputation dient ebenfalls ökonomischen Zielen. Beides braucht aber Zeit und kann nicht von heute auf morgen aufgebaut werden. Daher gehören die Beispiele Marken und Reputation in den Aufgabenbereich des strategischen Kommunikationsmanagements.

Der Aufbau guter Beziehungen und die Pflege der Kommunikation mit allen Anspruchsgruppen dienen nicht zuletzt den sozialen Zielen eines Unternehmens und der Absicherung seiner Legitimität in der Gesellschaft. Das operative

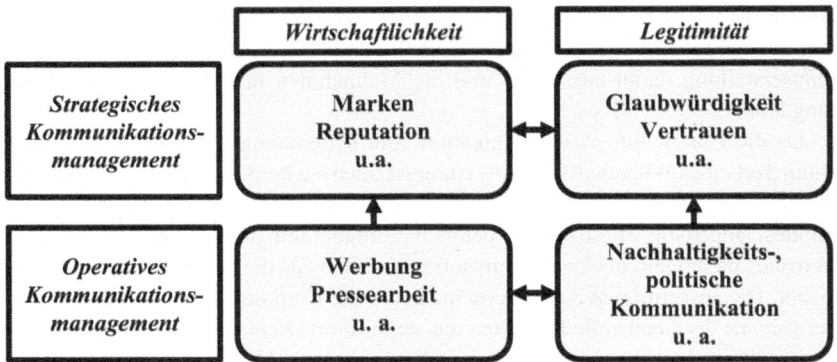

Abb. 1.6 Arbeitsfelder der Kommunikationsarbeit. (Quelle: in Anlehnung an Zerfaß 2014, S. 27)

Kommunikationsmanagement organisiert beispielsweise die Kommunikation von Nachhaltigkeitsthemen oder die Beziehungspflege zu Entscheidern in der Politik auf allen Ebenen. Daraus abgeleitet werden die strategischen sozialen Ziele der Legitimitätssicherung wie Glaubwürdigkeit und Vertrauen, die das Unternehmen in möglichst allen Anspruchsgruppen anstrebt und langfristig aufbauen muss.

Die Aufgaben des Kommunikationsmanagements im Unternehmen kann man folgendermaßen zusammenfassen: Der Zweck des Unternehmens ist die Bedürfnisbefriedigung der Anspruchsgruppen, das Ziel der Unternehmensführung ist der Erhalt und das Wachstum des Unternehmens. Zweck und Ziel des Unternehmens werden durch die Unternehmenskommunikation unterstützt. Das Ziel der operativen Kommunikationsarbeit ist die Unterstützung der Leistungserstellung. Das Ziel der strategischen Kommunikationsarbeit ist die Schaffung von Erfolgspotenzialen. Das Wirtschaftliche Ziel der Kommunikationsarbeit ist die Steigerung der Rentabilität des Unternehmens. Soziales Ziel der Kommunikationsarbeit ist die Steigerung der Legitimität des Unternehmens.

1.1.6 Wer kommuniziert mit wem?

Jedes Unternehmen muss heute mit vielen Menschen zusammenarbeiten, damit es effizient und erfolgreich arbeiten kann: mit Kunden, Lieferanten, Händlern usw. Die vielen Anspruchsgruppen haben dabei ebenso wie das Unternehmen eigene Interes-

1.1 Warum Unternehmen kommunizieren müssen

sen: Die Kunden wollen mit dem Produkt ein Bedürfnis befriedigen, die Lieferanten wollen dem Unternehmen ihre Bauteile liefern und die Händler wollen die Produkte des Unternehmens an die Kunden verkaufen. Diese unterschiedlichen Interessen müssen durch Kommunikationen geklärt und koordiniert werden, damit die Zusammenarbeit gelingt und alle beteiligten Gruppen einen Vorteil haben. Um die Kommunikation von Unternehmen mit den unterschiedlichen Gruppen besser zu verstehen, sprechen wir von *Kommunikationsarenen*. In einer solchen Arena wird ein bestimmtes Schauspiel vor einem bestimmten Publikum gespielt, d. h., spezifische Themen werden dort mit spezifischen Anspruchsgruppen besprochen. Die Erwartungen und die Ansprüche des Publikums an das Unternehmen in einer solchen Arena ähneln sich, sie beziehen sich auf die Leistungen, die Unterstützung, die Wirtschaftlichkeit oder den gesellschaftlichen Beitrag. Kommunikationsarenen bündeln somit als Oberbegriff mehrere Anspruchsgruppen mit ähnlichen Erwartungen. In der Unternehmenskommunikation unterscheidet man vier Arenen: Die Marktarena, die interne Arena, die Finanzarena und die öffentliche Arena (s. Abb. 1.7).

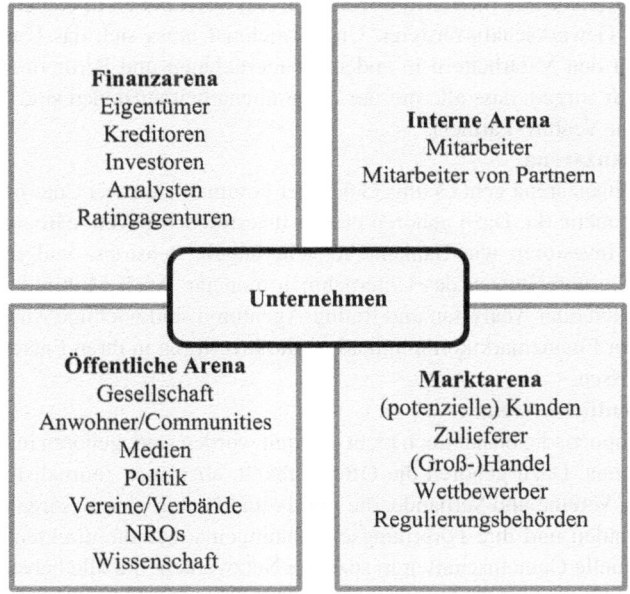

Abb. 1.7 Arenen der Unternehmenskommunikation

- **Die Marktarena**
In der Marktarena dreht sich alles um die Dinge, die das Unternehmen verkaufen will. Die wichtigsten Gesprächspartner hierbei sind die Kunden, die regelmäßig mit Informationen über die Dinge versorgt werden sollen. Über die Werbung müssen aber auch potenzielle Kunden angesprochen werden, also Menschen, die noch keine Kunden sind, es aber werden könnten. Zur Marktarena gehören auch die Zulieferer der Produktion und die Händler, die den Vertrieb unterstützen (vor- und nachgelagerte Wertschöpfungskette), sowie die Wettbewerber, mit denen sich das Unternehmen den Markt teilt. In vielen Märkten gibt es zudem staatliche Stellen, die regeln, wer was tun darf, beispielsweise bei der Energieversorgung, der Telekommunikation oder der Eisenbahn (Regulierungsbehörden).
- **Die interne Arena**
Damit ein Unternehmen erfolgreich arbeiten kann, braucht es zufriedene Mitarbeiter, die zusammenarbeiten. In der internen Arena muss ein Unternehmen deshalb mit den Managern und den Mitarbeitern in der Produktion, der Logistik, im Einkauf und im Vertrieb sprechen. Der Vorstand ist hier ebenso wichtig wie die Gewerkschaftsvertreter. Und manchmal muss sich das Unternehmen auch mit den Mitarbeitern in anderen Unternehmen und Partnern abstimmen und dafür sorgen, dass alle mit der Zusammenarbeit zufrieden sind (Allianzen und Joint-Venture-Partner).
- **Die Finanzarena**
In der Finanzarena geht es ums Geld, hier kommuniziert das Unternehmen mit dem Finanzmarkt. Dazu gehören private Investoren wie Aktionäre oder institutionelle Investoren wie Banken, Versicherungen, Pensions- und Investmentfonds. Sie unterstützen das Unternehmen monetär. Auch Multiplikatoren wie die Medien oder Analysten und Rating-Agenturen sind wichtige Ansprechpartner in der Finanzmarktkommunikation, die Investoren in ihren Entscheidungen beeinflussen.
- **Die öffentliche Arena**
Alle Gruppen, die bisher noch nicht genannt worden sind, gehören in die öffentliche Arena. Dazu gehören die Öffentlichkeit, aber auch Journalisten und die Medien, Vereine und Verbände, die Politik und Nichtregierungsorganisationen, Hochschulen und ihre Forschungseinrichtungen sowie die direkten Nachbarn und virtuelle Gemeinschaften in sozialen Netzwerken. Sie alle haben Anliegen und Interessen, die mit den Zielen des Unternehmens übereinstimmen können oder diesen entgegenstehen. Um effizient arbeiten zu können, muss das Unternehmen wissen, wer sie unterstützt und wer gegen sie arbeitet, d. h., das Unternehmen muss mit all diesen Gruppen in der öffentlichen Arena regelmäßig

sprechen, ihre Interessen kennen und diese mit den Zielen des Unternehmens abgleichen.

1.2 Was Unternehmen kommunizieren sollten

Die Unternehmenskommunikation entsteht in den 1920er-Jahren, in einer Zeit des Umbruchs: Nach dem Ersten Weltkrieg ziehen viele Menschen vom Land in die anonymen Metropolen, die sich durch breite Straßen für die Automobile und elektrisches Licht für die Außenwerbung rasant verändern. Zeitungen, Kino und Radio bringen die neuesten Nachrichten aus der ganzen Welt zu den Menschen und die industrielle Massenproduktion wächst mit der immer stärkeren Nachfrage nach Konsumgütern. Die Wirtschaft boomt und neue Formen der Werbung werden notwendig.

In den Jahren vor und während des ersten Weltkriegs entsteht auch eine neue wissenschaftliche Forschungsrichtung: die Massenpsychologie. Gustave Le Bon (2009) beschreibt das Verhalten von Menschenmassen unter einem Anführer als willenlose und leicht steuerbare Herde und Sigmund Freud (2009) erkennt die Macht des Unbewussten auf die Wünsche und das Handeln der Menschen. Diese Erkenntnisse nutzen die Unternehmen für sich. In Deutschland fordert Hans Domizlaff, die klassische Reklame in Zeitungsinseraten und auf Litfaßsäulen durch eine moderne *Markentechnik* zu ersetzen. Domizlaff will aus Massenprodukten Marken machen, denen die Werbung „ein Gesicht wie ein Mensch" verleiht, dadurch Vertrauen schafft und der beworbenen Marke eine „Monopolstellung in der Psyche der Verbraucher" sichert (Domizlaff 1992, S. 59).

Problematisch ist jedoch Domizlaffs Modell der Kommunikation, die er als naturwissenschaftlich-technischen Prozess der Informationsübermittlung und der behavioristischen Beeinflussung des Verstehens von Botschaften betrachtet (vgl. Rommerskirchen 2017, S. 33 f.). Dieser auch als Reiz-Reaktions-Modell bekannt gewordene Ansatz gilt heute allgemein als überholt und als Missverständnis sozialer Prozesse (vgl. Tropp 2011, S. 22 ff.). Für das Verständnis der Unternehmenskommunikation hilfreicher sind die Erklärungen des US-Amerikaners Edward Bernays (2007) über die Ursachen und Wirkungen der *Propaganda*. Der Begriff der Propaganda ist zwar durch die Nationalsozialisten missbraucht worden, bezeichnet aber bei Bernays in den 1920er-Jahren die wesentlichen Eigenschaften der Kommunikation von Unternehmen, wie sie bis heute gelten. Edward Bernays gilt daher auch als Erfinder oder Vater der modernen Unternehmenskommunikation.

Bernays definiert „moderne Propaganda [als] das stetige, konsequente Bemühen, Ereignisse zu formen oder zu schaffen mit dem Zweck, die Haltung der Öffentlichkeit zu einem Unternehmen, einer Idee oder einer Gruppe zu beeinflussen" (Bernays 2007, S. 31). Diese Beeinflussung sei notwendig, weil die Wirtschaft zwar permanent neue, zumeist aber immer ähnlichere Produkte entwickle und zum Kauf anbiete. Der Markt werde unübersichtlicher und die Entscheidung für ein konkretes Produkt oder eine bestimmte Marke für den Konsumenten schwieriger. Um Ordnung in dieses drohende Chaos zu bringen, sei „die bewusste und zielgerichtete Manipulation der Verhaltensweisen der Massen" (Bernays 2007, S. 19) durch Propaganda schlichtweg notwendig. Die durch die Propaganda geprägte Haltung zu einer Marke erleichtere dem Konsumenten die Entscheidung und entlaste ihn von der Qual der Wahl.

Notwendig sei Propaganda vor allem, weil die Annahme falsch sei, dass der Konsument ein freier und rationaler Mensch sei, der sich in einem freien Markt informiere und sich dann für das beste und günstigste Angebot entscheide. Der *Homo oeconomicus* taugt für Bernays schon damals nur als Denkmodell und würde die freie Marktwirtschaft zum Erliegen bringen, da der rein ökonomisch denkende Mensch immerfort auf der Suche nach dem besseren Angebot wäre und sich nie entscheiden könne. Der Mensch ist für Bernays vielmehr „von Natur aus ein Gemeinschaftswesen, [und so] empfindet er auch dann als Mitglied der Herde, wenn er allein zuhause im stillen Kämmerlein sitzt" (Bernays 2007, S. 50). Als soziales und sozialisiertes Wesen blickt uns die Gesellschaft immer über Schulter, sie lenkt und bewertet unser Verhalten. Wie wir uns begrüßen, wie wir uns kleiden, was und wie wir essen, welche Musik wir mögen und welche Marken wir bevorzugen, ist das Ergebnis unseres Lebens in Gesellschaft.

Darum geht es für Bernays auch nicht darum, dass Unternehmen über die Eigenschaften und Vorteile ihrer Produkte sprechen, sondern darum, dass sie Gefühle wecken. Unternehmenskommunikation beabsichtigt für Bernays weniger die Information über ein Produkt als vielmehr die *Persuasion* der Konsumenten. „Eine Ware wird nicht wegen ihres spezifischen Werts oder wegen ihres Nutzens begehrt, sondern weil sie als Symbol für etwas anderes steht; für eine Sehnsucht, die der Konsument sich aus Scham nicht eingesteht" (Bernays 2007, S. 52). Diese Erkenntnis verdankt Bernays vor allem den psychologischen Schriften seines Onkels Sigmund Freud, dessen zentrale Thesen über die Macht des Unbewussten und der verborgenen Gefühlt er auf die Unternehmenskommunikation überträgt.

Das bekannteste praktische Beispiel für diese Überlegungen sind die *Fackeln der Freiheit*: Während der Osterparade 1929 in New York zücken einige Frauen ihre Zigarettenschachteln und zünden sich eine Zigarette an. Ein Skandal. In jenen Tagen galt es für Frauen als äußerst unschicklich zu rauchen, erst recht in der Öffentlichkeit. Die Frauengruppe gibt sich jedoch als Frauenrechtlerinnen deutlich zu erkennen, Journalisten fotografieren die Szene und bringen das Bild unter der

1.2 Was Unternehmen kommunizieren sollten

Überschrift „Fackeln der Freiheit" auf die Titelblätter der großen Zeitungen. Es geht also nicht mehr um das Produkt Zigaretten, sondern darum, dass Frauen Gleichberechtigung fordern. Es geht nicht um Anstand, sondern um Emanzipation. Die ganze Szenerie ist keinesfalls zufällig, sondern Teil einer Kampagne, die Bernays im Auftrag eines Zigarettenkonzerns geplant hatte. Das Zusammentreffen der rauchenden Frauen und der Journalisten und vor allem die Botschaft der Freiheit hatte Bernays so geplant und die Zigarette wurde zum Symbol der Befreiung der modernen Frau.

1.2.1 Symbole und ihre Bedeutungen

Im Kern hat Edward Bernays damit schon vor fast 100 Jahren beschrieben, was Unternehmen auch heute kommunizieren sollen: Sie sollen Produkte und Leistungen anbieten, die nicht nur nützlich sind, sondern auch Wünsche und Sehnsüchte befriedigen. Die angebotenen Güter sollen den Konsumenten zunächst einen materiellen und funktionalen Produktnutzen bieten, der ein Bedürfnis befriedigt: Schuhe, die die Füße schützen, ein Mantel, der wärmt, ein Kühlschrank, der Lebensmittel kühl hält, ein Auto, das uns zur Arbeit bringt. Die Angebote sollen aber auch eine symbolische Bedeutung für die Menschen haben, ihr Bedürfnis nach Identität und Zugehörigkeit zu einer sozialen Gruppe befriedigen: Schuhe mit roten Sohlen oder Mäntel mit Karomustern zeigen den Wunsch ihres Besitzers nach urbanem Luxus oder einem einfachen Leben auf dem Land. Ein Kühlschrank mit Eiswürfelspender oder ein Elektroauto demonstrieren einen außergewöhnlichen Geschmack oder das Bemühen um Klimaschutz.

Es gibt unterschiedliche menschliche Bedürfnisse, und für deren Befriedigung werden fast immer materielle Produkte oder immaterielle Leistungen benötigt: Körperliche Grundbedürfnisse durch Nahrung und Kleidung, Sicherheit durch eine Wohnung und eine bezahlte Arbeit, soziale Bedürfnisse durch Freunde und Kommunikationsmedien, individuelle Bedürfnisse nach Wertschätzung und Anerkennung durch Erfolg im Beruf und materiellen Besitz, Selbstverwirklichung durch selbstgemalte Bilder oder ein selbst geschriebenes Buch (vgl. Maslow 1943). Diese Bedürfnisse hat Maslow in einer hierarchischen Ordnung beschrieben, in der jedes höhere Bedürfnis von der Erfüllung des zugrundeliegenden abhängig ist, also beispielsweise soziale Bedürfnisse erst nach den körperlichen Grundbedürfnissen und der eigenen Sicherheit handlungsmotivierend sind. Die Übergänge zwischen den Stufen sind allerdings fließend und wurden von Maslow später um kognitive und ästhetische Bedürfnisse sowie eine Sehnsucht nach Transparenz erweitert (vgl. Kotko-Rivera 2006).

Die meisten Konsumgüter besitzen somit einen materiellen und einen sozialen Nutzen für ihre Konsumenten. Der materielle Nutzen oder Kernnutzen ist an das physische Produkt gebunden und verfügt über Eigenschaften wie Gebrauchstüchtigkeit, Betriebssicherheit, Haltbarkeit und materielle Wertbeständigkeit (vgl. Schmid und Lyczek 2008, S. 44). Hinzu kommen zusätzliche Leistungen, die das Unternehmen für das Produkt anbietet, beispielsweise Beratungen, Montage, Gebrauchsanleitungen, Reparatur- und Garantieleistungen. Der soziale Nutzen des Produkts ist ein „kommunikativer Zusatznutzen" (Schmid und Lyczek 2008, S. 45), da es für den Konsumenten und seine soziale Umwelt eine symbolische Bedeutung besitzt, die kommunikativ konstruiert wurde.

Die kommunikative Konstruktion von Bedeutungen ist notwendig, da die materiellen und immateriellen Güter zunächst keine Bedeutung *haben*. Ihre Bedeutung erhalten sie in einem ersten Schritt, wenn die Mitarbeiter des Unternehmens überlegen, welche Bedeutung sie *haben sollen*. Die Güter erhalten von den Unternehmen eine dazu passende technische und funktionale Ausstattung, ein Design und einen Namen. Im zweiten Schritt interpretieren Menschen diese Konstruktionen der Güter und die dazugehörigen Kommunikationen des Unternehmens und geben ihnen dann die Bedeutung, die die Güter für sie, die Konsumenten, tatsächlich haben. Schuhe *sind* erst dann Luxus und Karomuster *verweisen* erst dann auf schottische Clans, wenn Menschen von diesen Bedeutungen erfahren, sie anerkennen und als gemeinsames Wissen über die kommunikativ vermittelte symbolische Bedeutung verinnerlichen (vgl. Berger und Luckmann 2000, S. 51 f.). Insofern ist Unternehmenskommunikation immer auf die von ihr erwünschte Konstruktion von Bedeutungen ausgerichtet, die so konstruierten Bedeutungen werden dann durch die Interpretationen der Anspruchsgruppen in eine tatsächliche Bedeutung der Güter für die Konsumenten überführt.

Grundsätzlich dient jede Form der Kommunikation der Verständigung über Bedeutungen. Sei es das persönliche Gespräch, ein Hochschulseminar oder die Ansprache vor einer großen Versammlung, stets muss ein Sprecher seinen Intentionen eine Bedeutung geben, die der andere oder die anderen interpretieren können, idealerweise so wie vom Sprecher beabsichtigt (vgl. Rosengren 2000, S. 59 f.). Die wesentliche Aufgabe der Unternehmenskommunikation sind die Konstruktion und die Vermittlung der strategisch geplanten Bedeutungen von materiellen und immateriellen Gütern (vgl. Hallahan et al. 2007, S. 22 ff.). Die strategische Planung der Unternehmenskommunikation muss sich an den jeweiligen Anspruchsgruppen orientieren und damit an der Frage, wie die Menschen innerhalb der Gruppen auf die konstruierten und kommunizierten Bedeutungen reagieren und diese somit interpretieren. Im optimalen Fall stimmen die konstruierten und die interpretierten Bedeutungen der Güter überein, allerdings können sie auch mehr oder weniger stark voneinander abweichen.

1.2.2 Die Funktionen der Dinge

Die Produkte und Leistungen, die Unternehmen herstellen und anbieten, werden im Folgenden als Dinge bezeichnet. Diese Bezeichnung geht zurück auf Herbert Blumer und den *symbolischen Interaktionismus*. Für Blumer besteht die Welt aus sehr unterschiedlichen Dingen, beispielsweise Stühlen und Bäumen (physikalische Dinge), anderen Menschen und Lebewesen (soziale Dinge) sowie Gefühlen, Vorstellungen oder Ideen über Gerechtigkeit, Mitleid oder Freundschaft (abstrakte Dinge) (vgl. Blumer 2013, S. 75). Alle diese unterschiedlichen Dinge können wir wahrnehmen und wir können über sie sprechen. Physikalische Dinge können wir zudem sehen, anfassen und benutzen; wir können aus Bäumen Stühle machen und uns auf diese setzen. Sie sind „Dinge an sich" (Kant 1990, S. A 277).

Das gemeinsame Wissen über die Bedeutungen ermöglicht zwei wesentliche Funktionen, die die Güter übernehmen. Die Bedeutungen haben erstens eine *Differenzierungsfunktion*, mit der sie sich von anderen, ähnlichen Dingen unterscheiden: Zwei Marken unterscheiden sich voneinander, weil die Unternehmenskommunikation ihnen unterschiedliche Bedeutungen verliehen hat, die die Käufer erlernt und verinnerlicht haben. Zweitens haben die Bedeutungen eine *Identifikationsfunktion*, weil sie Menschen dabei helfen, ihre tatsächliche oder erwünschte Identität zu vermitteln. Menschen wollen anderen Menschen mitteilen, wer sie sind und wie sie wahrgenommen werden wollen, beispielsweise als progressiv, als konservativ, als erfolgsorientiert, als gemeinschaftsorientiert usw. Da die Güter auch eine symbolische Bedeutung haben, ermöglichen sie Menschen die Kommunikation ihrer sozialen Identität auf der gesellschaftlichen Bühne. Die Differenzierungsfunktion zielt somit auf die Unterscheidung eines Wirtschaftsgutes von anderen Gütern ab, die Identifikationsfunktion auf die Unterscheidung der Identität eines Menschen von anderen Menschen.

Dass die Güter diese beiden Funktionen besitzen, hat Thorstein Veblen bereits Ende des 19. Jahrhundert beschrieben: „In der modernen Gesellschaft begegnen wir einer Unzahl von Personen, die nichts von unserem privaten Dasein wissen [...]. Um diese flüchtigen Beschauer gebührend zu beeindrucken und um unsere Selbstsicherheit unter ihren kritischen Blicken nicht zu verlieren, muss uns unsere finanzielle Stärke auf der Stirn geschrieben stehen, und zwar in Lettern, die auch der flüchtigste Passant entziffern kann" (Veblen 2007, S. 95). Die offensichtlichsten

Lettern sind für Veblen die Kleidung und Accessoires der „feinen Leute", sie zeigen den anderen, wer der Träger ist und wie er seine soziale Stellung in der Gesellschaft darstellen kann.

Elegante Kleidung, so Veblen, müsse teuer und unpraktisch sein. Als „Merkmale der Muße" (Veblen 2007, S. 167) mache diese elegante Kleidung deutlich, dass ihr Träger oder ihre Trägerin keinerlei körperliche Arbeiten verrichten muss: „Viel von der Anziehungskraft, die Lackschuhe, blütenweißes Leinen, ein glänzender Zylinder oder ein Spazierstock – die Symbole der geborenen Gentlemen – ausüben, ist dem deutlichen Hinweis zu verdanken, dass die so ausgestattete Person unmöglich einer Beschäftigung nachgehen kann, die irgendeinen unmittelbaren Nutzen bringt" (Veblen 2007, S. 167). Dies gilt natürlich auch für die feinen Damen, für hohe Absätze und Korsetts: „Im großen und ganzen kann gesagt werden, dass das eigentliche Weibliche der Frauenkleidung darin besteht, jede nützliche Betätigung wirksam zu verhindern" (Veblen 2007, S. 167).

Diese Form des demonstrativen Müßiggangs gehe einher mit einem demonstrativen Konsum, der bestimmte Dinge als edel und vornehm auszeichne. Diese Dinge seien keineswegs nützlich oder gar notwendig zum Leben, und gerade da sie überflüssig und teuer seien, würden sie zu „Zeuge des Reichtums" (Veblen 2007, S. 80) ihrer Besitzer und steigerten deren Ansehen in der Gesellschaft: „nur Verschwendung bringt Prestige" (Veblen 2007, S. 103). Je weiter sich die Gesellschaft und ihr Wohlstand entwickelten, desto anonymer würden die sozialen Beziehungen der Menschen untereinander und desto wichtiger der demonstrative Konsum: „Hier rücken die Kommunikationsmittel und die Mobilität der Bevölkerung den Einzelnen ins Blickfeld vieler Menschen, die über sein Ansehen gar nicht anders urteilen können als gemäß den Gütern […], die er vorzeigen kann" (Veblen 2007, S. 94). Die wachsenden Ansprüche an die symbolische Bedeutung der Konsumgüter für die „Selbstreklame" der Konsumenten, über deren Prestige der Preis und nicht die Nützlichkeit der Dinge entscheidet, erkennt Veblen als typische Merkmale „jeder hoch entwickelten und vom Geld geprägten Kultur" (Veblen 2007, S. 183). Das Phänomen, dass Konsumenten den Kaufpreis mit dem sozialen Status der Güter gleichsetzen, bezeichnet man deshalb als *Veblen-Effekt* und Güter, die sich vor allem durch ihren hohen Preis auszeichnen, als *Veblen-Güter*.

Diese Beobachtungen trafen bereits vor mehr als einhundert Jahren zu und sind heute aus unseren Konsumgesellschaften nicht mehr wegzudenken. Unsere Lebensweise und unser Wohlstand basieren auf einem Kapitalismus, der durch die ständig wachsende Nachfrage nach neuen Gütern am Leben gehalten wird und expandiert. Diese Nachfrage entsteht immer wieder neu, weil Menschen mit den Dingen eigene „fiktionale Erwartungen" (Beckert 2018, S. 300) verbinden, also Vorstellungen ihrer sozialen Identität, die diese Dinge und ihre symbolischen

Bedeutungen verkörpern und kommunizieren. Heute mehr als jemals zuvor gilt daher: „Konsummärkte sind Märkte, auf denen Bedeutungen gehandelt werden" (Beckert 2018, S. 300). Ohne den permanenten Wunsch nach neuen Dingen, Unternehmen, die diese Dinge bereitstellen, und einer Unternehmenskommunikation, die die Bedeutungen dieser Dinge prägt, sind unsere Art des Wirtschaftens und unser Lebensstil nicht denkbar.

1.2.3 Die Bedeutung der Objekte

Sobald wir die Dinge als nützlich, gut oder schön bewerten, geben wir ihnen eine Bedeutung und sie werden zu *Symbolen*. Sie haben nun einen mehr oder weniger nützlichen, guten oder schönen symbolischen Wert für uns. Die Bewertung der Dinge und ihre Bedeutung für uns entstehen in der Interaktion mit den Dingen und mit anderen Menschen, sie werden dadurch zu *Objekten*. Für Blumer (2013, S. 75) sind „Objekte das Produkt symbolischer Interaktionen" und jedes Ding kann zum Objekt mit einer Bedeutung werden. Ein Objekt ist somit ein bedeutungsvolles Ding, und seine Bedeutung entsteht in der Interaktion mit den Dingen und mit anderen Menschen und es kann seine Bedeutung in unterschiedlichen Situationen ändern: Eine Eiche hat für „einen Botaniker, einen Holzfäller, einen Dichter und einen Hobby-Gärtner" (Blumer 2013, S. 75) eine andere Bedeutung und sie ist jeweils ein anderes Objekt. Die Eiche kann für uns ein idealer Ort für ein Baumhaus sein, sie kann ein Symbol für die deutsche Nation oder die Epoche der Romantik sein, kann an romantische Begegnungen, eine anstrengende Wanderung oder eine schattige Erholungspause an einem Sommertag erinnern. Die Bedeutung der Eiche ist unsere Interpretation des physikalischen Dings an sich in einer bestimmten Situation. Die Interpretation beruht dabei auf gemeinsamem Wissen (deutsche Nation, Epoche der Romantik) oder auf subjektiven Erinnerungen (Baumhaus, Wanderung).

Nicht anders verhält es sich bei den von Unternehmen erzeugten materiellen Produkten oder immateriellen Leistungen. In Unternehmen werden Dinge als bedeutungstragende Objekte von vielen Menschen gemeinsam konstruiert. Von der Planung über die Fertigung, die Gestaltung und die Kommunikation entstehen Ding und ihre Bedeutungen in Interaktionen. Die Planung und Fertigung des Dings zielen auf die primären Bedürfnisse und funktionalen Nutzenerwartungen der Konsumenten ab: Was soll das Ding als Produkt wie tun können bzw. welche Aufgabe soll die Dienstleistung wie erfüllen? Durch Form- und Farbgebung, Funktionsumfang, Preisgestaltung, Auswahl der Verkaufsflächen, Werbung und vieles mehr

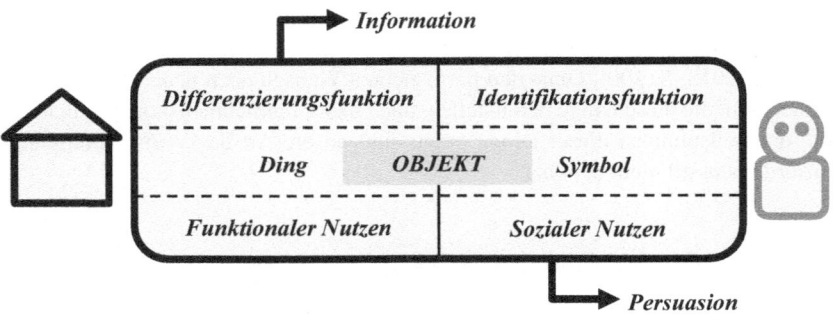

Abb. 1.8 Das Objekt der Kommunikation

konstruiert das Unternehmen aber auch seine symbolische Bedeutung und gestaltet Elemente und Anreize für die nachfolgenden Interpretationen der Konsumenten.

Das Objekt ist somit das Ding und das Symbol (s. Abb. 1.8). Als Ding unterstützt es die Differenzierungsfunktion und offeriert einen funktionalen Nutzen, über den Unternehmen ihren Konsumenten informieren. Als Symbol hat es eine Bedeutung, die es den Konsumenten ermöglicht, anderen Menschen ihre tatsächliche oder erwünschte soziale Identität mitzuteilen. Bei der Identifikationsfunktion geht es um den sozialen Nutzen des Objekts, den Unternehmen durch Persuasion beeinflussen können, also durch die Veränderungen der Einstellungen, Haltungen und Werte der Konsumenten.

1.3 Wie Unternehmen kommunizieren sollten

Unternehmen sollen in der Gesellschaft einen erkennbaren Zweck und für die Menschen einen Sinn haben. Beides kommt nicht zufällig zustande, sondern ist das Resultat historischer Entwicklungen und Entscheidungen des Managements einerseits, der Wahrnehmung und der Bewertung dieser Prozesse in der Gesellschaft andererseits. Die Planung und Gestaltung der Interaktionen zwischen dem Unternehmen und der Gesellschaft ist die Aufgabe der Unternehmenskommunikation. Sie vermittelt der Gesellschaft den erwünschten Zweck des Unternehmens, damit die Menschen den Sinn des Unternehmens erkennen und es unterstützen wollen.

Der Zweck des Unternehmens und damit der funktionale und soziale Nutzen der Früchte seiner Arbeit entsteht nicht spontan und auch nicht am Konferenztisch, sondern in vielen Interaktionen. Daran sind viele Menschen im Unternehmen und außerhalb, in der Vergangenheit und mit Blick auf die Zukunft beteiligt. In vielen

1.3 Wie Unternehmen kommunizieren sollten

Unternehmen mit einer langen Tradition hat sich die Bedeutung des Unternehmens für die Gesellschaft über Jahrzehnte gebildet, junge Unternehmen müssen diese Bedeutung erst erzeugen. Für regionale Unternehmen ist es oftmals einfacher, eine Bedeutung im nahen Umfeld zu prägen, als für global tätige Unternehmen, die in unterschiedlichen Kulturen arbeiten und dort eine Bedeutung anstreben, die international oder regionenspezifisch sein kann.

Der Unternehmenskommunikation kommt hierbei eine zentrale Aufgabe zu, da sie Bedeutungen erschafft, kommuniziert, mit den Anspruchsgruppen abstimmt und immer wieder neu mitgestaltet. Bei dieser Aufgabe ist die Unternehmenskommunikation immer Teil des gesamten Unternehmens und seiner zahlreichen Arbeitsbereiche, dient sie doch grundsätzlich der gemeinsamen Zielerreichung. Unternehmenskommunikation ist deshalb „stets Auftragskommunikation, die ihre Sinnstiftung aus der Organisation ableitet, in der sie verankert ist" (Zerfaß 2014, S. 23). Insofern bleibt sie primär dem Erhalt und dem Wachstum des Unternehmens verpflichtet und muss diesen Auftrag gegenüber allen Anspruchsgruppen wahrnehmen. Dieses Ziel kann die Unternehmenskommunikation jedoch nur erreichen, wenn die Anspruchsgruppen innerhalb und außerhalb des Unternehmens davon überzeugt sind, dass seine Arbeit sinnvoll und wichtig für die Gesellschaft ist. Ein Unternehmen, welches von Teilen der Gesellschaft, der Politik, der Medien oder der Investoren abgelehnt wird, hat es schwer, seine Ziele zu erreichen. Die Abhängigkeit jedes Unternehmens von seinen vielen Anspruchsgruppen ist heute größer als jemals zuvor und damit wird auch seine Kommunikationsarbeit wichtiger.

Das Ziel der Unternehmenskommunikation ist es folglich, möglichst alle Anspruchsgruppen zu Unterstützern des Unternehmens zu machen. Wenn innerhalb und außerhalb des Unternehmens die Meinung vorherrscht, dass das Unternehmen gute Produkte oder Leistungen anbietet, verantwortungsbewusst arbeitet und ein guter Arbeitgeber ist, kann es seine wirtschaftlichen Ziele besser und schneller erreichen, als wenn es sich permanent mit Kritik und Widerstand beschäftigen muss. Das Ansehen des Unternehmens bei den Anspruchsgruppen, sein Ruf und seine Reputation sind gleichermaßen Ziel- und Ausgangspunkt der Unternehmenskommunikation. Die Unternehmenskommunikation ist deshalb eine Managementfunktion, die einen Rahmen für die effektive Koordination der gesamten internen und externen Kommunikation aufbaut. Ihr allgemeines Ziel ist es, einen guten Ruf bei den Anspruchsgruppen zu etablieren und aufrechtzuerhalten, von dem die Organisation abhängig ist (vgl. Cornelissen 2017, S. 5).

Der gute Ruf betrifft das Unternehmen als Ganzes, als Korporation. Unter einer Korporation versteht man im weitesten Sinne eine Gruppe von Personen, die ihre Zugehörigkeit zu der Gruppe erklärt haben, als Teil dieser Gruppe handeln und somit als Einheit betrachtet werden können (vgl. Rommerskirchen 2015, S. 5). Die Mitglieder einer Korporation, ihre Agenten, unterscheiden sich durch ihre wissentliche Zugehörigkeit zu einer Einheit von anderen Gruppen oder Ansammlungen von Menschen, die zumeist als bloße Aggregate ohne kollektive Intentionen betrachtet werden. Eine Menschengruppe, die nur zufällig ein bestimmtes Merkmal teilt oder sich lediglich zur gleichen Zeit an einem Ort befindet, beispielsweise Konsumenten in einem Supermarkt, Reisende in einem Zug oder Teilnehmer einer Kundgebung, sind daher keine Korporation, da ihre möglicherweise gemeinsamen Haltungen oder Ziele sie nur zufällig zusammengeführt haben (vgl. Neuhäuser 2011, S. 150).

In diesem Sinne kann man Unternehmen, Vereine und Verbände, Gewerkschaften und Parteien als Korporation betrachten. In diesen arbeitet eine hierarchisch organisierte Gruppe von Menschen, die um ihre Zugehörigkeit zu dieser Korporation wissen und diese Zugehörigkeit in ihren Entscheidungen und Handlungen berücksichtigen. Die Berücksichtigung der Zugehörigkeit als Einstellung ist wichtig, da die Arbeiter, Angestellten und Manager eben nicht aus ihrer personalen Identität heraus handeln, sondern an ihre „typische Rolle" (Goffman 2007, S. 105) als *Agenten* der Korporation gebunden sind. Sie tun nicht das, was sie wollen, sondern das, was sie als Agenten in der Korporation und für die Korporation glauben, tun zu müssen. Wesentlich ist deshalb, dass die Agenten darauf „eingestellt" (Weber 2008, S. 35) sind, im Sinne der Korporation zu handeln. Die Folge dieser gemeinsamen Einstellungen ist ein weitgehend übereinstimmendes Handeln der Mitarbeiter, und die Korporation wird dadurch von ihren Anspruchsgruppen als organisierte Einheit wahrgenommen. In der Kommunikation mit den Anspruchsgruppen wird die Korporation dann als einheitlicher Absender von Botschaften gehört und gesehen.

Durch die Homogenisierung der Einstellungen und der Botschaften wird die Korporation zu einer *Persona*. Der Begriff Persona stammt aus der antiken Theatertheorie und verweist auf die Maske des Schauspielers und seine Rolle (vgl. Jung 1984). Die Korporation besteht zwar aus vielen unterschiedlichen Menschen, die jedoch gemeinsam eine Art Schauspiel aufführen, in dem jeder seine Aufgaben hat und seine Rolle spielt. Wenn alle in ihrer Rolle bleiben, erkennt das Publikum nicht die Personen der Schauspieler, sondern identifiziert sie mit ihrer gespielten Rolle und versteht das gemeinsam aufgeführte Schauspiel (vgl. Horton und Wohl 1956). Die Korporation selbst wird durch das Schauspiel zur Persona und jeder Mitarbeiter wird ein Teil von ihr. Das Publikum, also die Anspruchsgruppen, entwickelt dabei eine *parasoziale Beziehung* zur Korporation. Im Unterschied zur sozialen Beziehung reagiert die Korporation hierbei zwar nicht direkt auf die

1.3 Wie Unternehmen kommunizieren sollten

Anspruchsgruppen, diese entwickeln aber trotzdem Einstellungen und Gefühle gegenüber der Korporation (vgl. Roslon 2020).

1.3.1 Die Einheit von Unternehmen und Kommunikation

Eine Beziehung zum Unternehmen entsteht jedoch nur dann, wenn es nach außen als Einheit auftritt und wahrgenommen wird. Diese Einheit ist das Resultat eines geplanten Vorgehens im Unternehmen und besteht aus mehreren Schichten (s. Abb. 1.9). Das Fundament bilden die *Unternehmensgrundsätze*, in denen die zentralen Verhaltensnormen und moralischen Werte festgeschrieben sind. Als Unternehmenskultur oder Leitbild sollen sie das Selbstverständnis ausdrücken, mit dem das Unternehmen seine Rolle in der Gesellschaft und seine Beziehungen zu den verschiedenen Anspruchsgruppen betrachtet. Die Grundsätze der Unternehmenskultur formulieren Werte wie Ehrlichkeit, Transparenz, Innovation oder Gleichberechtigung und deren Auswirkungen auf das konkrete Handeln des Unternehmens

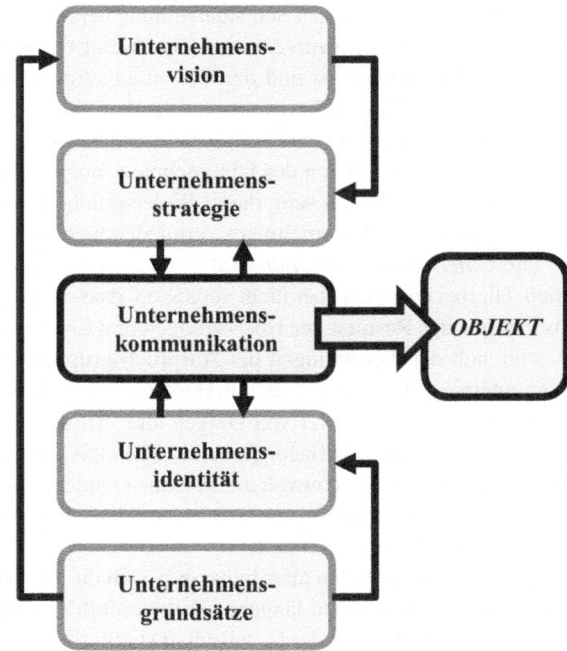

Abb. 1.9 Grundsätze und Visionen des Unternehmens

und seiner Mitarbeiter (vgl. Ebert 2014). Damit diese Werte auch gelten und tatsächlich handlungsleitend sind, müssen sie im Unternehmen und von allen Mitarbeitern gemeinsam entwickelt und festgelegt werden. Nur dann prägen sie nachhaltig das Verhalten und die Kommunikation der Mitarbeiter, festigen das Erscheinungsbild des Unternehmens nach außen und unterstützen seine Positionierung gegenüber dem Wettbewerb.

Aus den Unternehmensgrundsätzen wird die *Unternehmensvision* abgeleitet. Sie ist ein „auf die Zukunft gerichtetes Selbstbild der Unternehmung" (Schmid und Lyczek 2008, S. 103), beschreibt also das künftige Ziel und den Zweck der organisatorischen, finanziellen, rechtlichen und symbolischen Maßnahmen und Aktivitäten des Unternehmens. Die Grundsätze und die Vision vermitteln als Einheit die wesentlichen Erkennungsmerkmale des Unternehmens als Persona. Die Mitarbeiter, Manager und Anspruchsgruppen erkennen an ihnen, wie das Unternehmen sein will und welche Rolle es im Markt sowie in der Gesellschaft spielen will.

Aus diesen beiden strategischen Überlegungen, den Unternehmensgrundsätzen und der Unternehmensvision, entstehen die Unternehmensidentität und die Unternehmensstrategie. Identität und Strategie sind der Rahmen der operativen Arbeit und damit der tagtäglichen Unternehmenskommunikation. Die *Identität* des Unternehmens wird durch dessen Selbstdarstellung geprägt, also wie es sich verhält oder über sich spricht. Die *Strategie* ist ein konkreter Orientierungspunkt, sie markiert den Zweck des Handelns und der Kommunikation in der operativen Arbeit. Die Strategie soll helfen, die Fragen nach dem Warum und dem Wie des Handelns und der Kommunikation zu beantworten. Dabei muss die konkrete, operative Strategie auf die strategische Vision des Unternehmens ausgerichtet sein bzw. die Strategie muss ein Teil der Vision sein, damit Widersprüche zwischen den kurz- und langfristigen Zielen des Unternehmens vermieden werden.

Die *Unternehmensidentität* wird oftmals mit der Identität einer Person verglichen. Hierbei darf man aber nicht vergessen, dass die Identität eines Unternehmens als Persona das Resultat der Überlegungen und Entscheidungen des Managements ist und sich den Forderungen der Anspruchsgruppen anpassen muss. Aus einem Computerhersteller wird dann ein Hersteller von Mobiltelefonen und aus einem Buchhändler ein Verkäufer von Dingen aller Art. Die Identität einer Person „entsteht" nicht aus den Überlegungen eines Kollektivs und passt sich – in der Regel – auch nicht flexibel der Umwelt an. Personen sind an ihre eigenen subjektiven Einstellungen, Überzeugungen und Werte gebunden, die ihre Individualität auszeichnen und sich nur langsam verändern.

Gemeinsam ist beiden allerdings, dass sich die Identität einer Person und eines Unternehmens über einen längeren Zeitraum bildet, dass dieser Prozess in einem sozialen Umfeld bzw. in der Gesellschaft stattfindet und dass die Vorstellungen der

1.3 Wie Unternehmen kommunizieren sollten

eigenen Identität von den Reaktionen auf das Verhalten und Kommunizieren der Person oder des Unternehmens abhängig sind (vgl. Abels 2017, S. 203 ff.). Identität entsteht und wird gefestigt, wenn man sich nicht als Subjekt, sondern als Objekt der Erwartungen anderer betrachtet (vgl. Mead 1980). Durch diesen Rollentausch werden die sozialen Erwartungen der Umwelt an das Individuum reflektiert, wodurch sie die Identität beeinflussen bzw. prägen.

Für die Identität von Personen und Personae gilt zudem gleichermaßen, dass sie sich aus vielen Erfahrungen in der Vergangenheit und Erwartungen an die Zukunft zusammensetzt. In Unternehmen bedeutet dies, dass das Management die Identität aus den Unternehmensgrundsätzen und der Vision ableiten muss, um ein stimmiges und konsistentes Bild der Identität *(Image)* innerhalb und außerhalb des Unternehmens zu vermitteln. Innerhalb des Unternehmens erscheint dieses Bild dann als *organisationale Identität*, die sich aus den jeweiligen Vorstellungen der Mitarbeiter über ihr Unternehmen und ihre Antwort auf die Frage „Wer sind wir als Organisation?" zusammensetzt (vgl. Albert und Whetten 1985). Außerhalb des Unternehmens prägt die Projektion der Unternehmensidentität bei den Anspruchsgruppen eine individuelle Wahrnehmung und Erinnerung an die jeweils relevanten Attribute, die dem Unternehmen zugeschrieben werden (vgl. Einwiller 2014, S. 377). Derartige Attribute können für Konsumenten beispielsweise „modern", für Investoren „innovativ", für Zulieferer „zuverlässig" und für Wettbewerber „aggressiv" sein. Allerdings sind diese Attribute immer subjektive Zuschreibungen, und was der eine als modern wahrnimmt, ist für den anderen schon wieder veraltet. Nichtsdestotrotz lautet das Ziel der projizierten Identität des Unternehmens, ein möglichst einheitliches Bild in allen Anspruchsgruppen zu erzeugen, um eine klare Differenzierung zu seinen Wettbewerbern zu schaffen und die eigene Wirksamkeit bei Kauf- oder Investitionsentscheidungen zu erhöhen (vgl. Cornelissen 2017, S. 85 ff.).

Je besser dies gelingt, umso glaubhafter und authentischer kann das Unternehmen das eigene Selbstbild *(Ist-Stand)* und das eigene Selbstkonzept *(Soll-Stand)* anderen gegenüber inszenieren (vgl. Piwinger und Bazil 2014, S. 476). Auf der öffentlichen Bühne, wo diese Inszenierung stattfindet, müssen dafür die drei Elemente der Unternehmensidentität übereinstimmend gestaltet werden: die Kommunikation, das Verhalten und die Symbolik (vgl. Birkigt et al. 2002). Den Kern der Unternehmensidentität vermitteln üblicherweise die Symbole, also Logos, Farben und Schriftarten sowie die Architektur oder die Personen, die das Unternehmen repräsentieren. Zur Kommunikation der Identität im engeren Sinne gehört die Auswahl der Kommunikationsformen und ihrer Medien, beispielsweise traditionelle Werbung in etablierten Medien oder algorithmengesteuerte, hochindividualisierte Einblendungen in sozialen Medien, reportageartige Berichterstattung über neue

Projekte oder die Unterstützung von Sportvereinen oder Museen. Auch das Verhalten der Mitarbeiter und Manager spiegelt die Identität, wenn etwa Anzug und Krawatte oder Freizeitkleidung gefordert sind oder Kollegen und Kunden mit Vornamen angesprochen werden.

Die Unternehmensidentität steht dabei in einem Wechselspiel mit der *Unternehmensstrategie*. Die Antwort auf die Frage, wie das Unternehmen sich verhalten und mit welchen Symbolen es kommunizieren soll, hängt grundsätzlich von der Strategie und damit dem konkreten Ziel der Kommunikation, des Verhaltens und der Wahl der Symbole ab. Identität und Kommunikation entwickeln sich daher in einem interaktiven Prozess, sie sind von permanenten Veränderungen im Unternehmen und Anpassungen an die jeweiligen Bedürfnisse der Anspruchsgruppen abhängig. Die Strategie muss dazu die im Unternehmen und von den Anspruchsgruppen gewünschten Vorstellungen über die Art und Weise des Auftretens und der Kommunikation abgleichen und eine möglichst deckungsgleiche Schnittmenge definieren. Bei der Entwicklung einer Unternehmensstrategie werden deshalb die Grundsätze und die Vision des Unternehmens *(mission and vision)* mit den Annahmen und Erwartungen der Anspruchsgruppen über das Unternehmen *(images and reputation)* in Einklang gebracht (vgl. Cornelissen 2017, S. 111). Die Strategie übernimmt damit eine wichtige Rolle in der Unternehmenskommunikation und ermöglicht erst ihre grenzüberschreitende Funktion bei der Vermittlung der Leistungen und des Zwecks des Unternehmens an seine Umwelt.

Um diese Funktion zu erfüllen, muss die Strategie zunächst die Zielgruppen innerhalb der Anspruchsgruppen und deren Erwartungen ermitteln: Welche psychologischen, soziologischen oder soziodemografischen Typen bzw. Milieus sollen angesprochen werden? Welche analogen und digitalen Medien rezipieren diese Gruppen? In welchen Gruppen sind das Unternehmen oder die Marke schon bekannt und in welchen muss Bekanntheit erst aufgebaut werden? Welche Haltungen gegenüber dem Unternehmen oder der Marke gibt es in den jeweiligen Gruppen? Welche Tonalität spricht welche Gruppe an? Die Antworten auf diese Fragen definieren den strategischen Rahmen, in dem sich das Unternehmen mit seiner Identität positioniert, mit dem es sich von seinen Wettbewerbern differenziert und ein eigenständiges Identifikationsangebot erzeugt.

1.3.2 Management der Kommunikation

Erst im Zusammenspiel von Unternehmensgrundsätzen und Unternehmensvision, Unternehmensidentität und Unternehmensstrategie entsteht die konkrete Unternehmenskommunikation. Ihre zentrale Aufgabe ist es, das Objekt – ein Produkt

1.3 Wie Unternehmen kommunizieren sollten

oder eine Leistung – kommunikativ zu gestalten, zu inszenieren und ein Bedeutungsangebot für die Anspruchsgruppen zu vermitteln. Auf einer übergeordneten Ebene vermittelt die Unternehmenskommunikation aber auch – implizit oder explizit – den Zweck des Unternehmens in der Gesellschaft und welchen Beitrag es leisten will. Um diese Aufgaben effektiv und effizient erfüllen zu können, muss die Kommunikation geplant werden. Diese Planung als *Managementaufgabe* umfasst allgemein das Lenken, Gestalten und Entwickeln der Unternehmenskommunikation. Hierbei ist die Lenkung konkreter Arbeitsprozesse eine Funktion des *operativen Managements*, die Festlegung der Ziele die Aufgabe des *strategischen Managements*. Dazwischen steht die Gestaltungsfunktion, die konkrete Prozesse und künftige Ziele verknüpft und das operative in das strategische Management der Kommunikation integriert (vgl. Bleicher und Abegglen 2017).

Für das Kommunikationsmanagement bedeutet dies, dass die strategischen Ziele aus der Unternehmensvision auf die Kommunikationsgestaltung übertragen und als Soll-Ziele formuliert werden (s. Abb. 1.10). Derartige Ziele fokussieren das kommunizierte Image bzw. die erwünschte Reputation des Unternehmens oder seiner Marken: Soll das Image oder die Reputation als innovationsfreudig oder als traditionsbewusst, als familienfreundlich oder als global-urban wahrgenommen werden? In welchen Zielgruppen sollen die Bekanntheit und die Sympathie

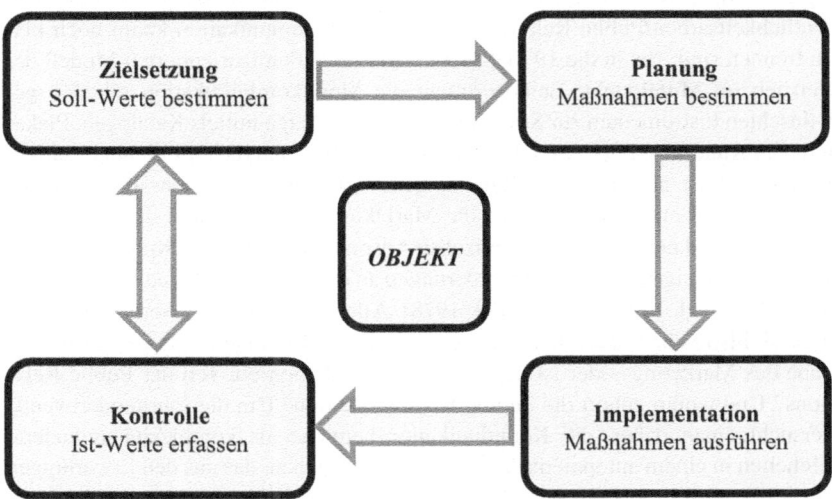

Abb. 1.10 Regelkreis des Kommunikationsmanagements. (Quelle: in Anlehnung an Schmid und Lyczek 2008; Schwaninger 1994)

gesteigert werden? Sollen analoge oder digitale Kommunikationskanäle einbezogen werden? Wichtig ist hierbei, dass konkrete Ist-Werte für den aktuellen Stand ermittelt und künftige Soll-Werte festgehalten werden, beispielsweise dass in einem bestimmten Milieu die Bekanntheit heute 20 Prozent beträgt und 40 Prozent geplant sind. Dabei muss das strategische Kommunikationsmanagement eng mit der Marktforschung zusammenarbeiten, das die Ist-Werte in den Zielgruppen abfragt.

Anschließend werden die Maßnahmen bestimmt, mit denen die formulierten Ziele erreicht werden sollen. Hierbei werden die Zielgruppen und die passenden Kommunikationsmedien, die Botschaften und die Tonalität der Kommunikation ausgewählt. Darauf folgen die konkrete Ausführung und Umsetzung dieser Maßnahmen durch das operative Kommunikationsmanagement und abschließend die Überprüfung der erfolgten Maßnahmen hinsichtlich der tatsächlich erreichten Werte und der ursprünglich geplanten Zielwerte (Soll-Ist-Vergleich). Aus diesem Vergleich lassen sich dann die notwendigen Erkenntnisse gewinnen, um die nachfolgenden strategischen und operativen Schritte zu optimieren. Das Management der Unternehmenskommunikation ist deshalb ein Regelkreis, der aus der Zielsetzung, der Planung, der Implementation und der Kontrolle des Erreichten besteht.

Die Aufgaben- und Zieldefinitionen innerhalb der Unternehmenskommunikation und die Zuordnung nach „Fachabteilungen" sind in den letzten Jahren schwierig geworden, da die klassischen Bereiche Marktkommunikation/Marketing, Öffentlichkeitsarbeit/Public Relations und interne Kommunikation kaum noch klar zu trennen sind. Bis in die 1970er-Jahre stand im verkaufsorientierten Modell der Vertrieb im Mittelpunkt: Er beauftragte die Marktkommunikation mit den gewünschten Instrumenten zur Stimulierung der Nachfrage mittels Katalogen, Plakaten oder Rundfunkspots. Die interne Kommunikation und die Öffentlichkeitsarbeit galten zumeist als marginale Randbereiche der Kommunikationsarbeit. In den 1980er-Jahren emanzipierten sich die Marktkommunikation und die Öffentlichkeitsarbeit und betonten ihre spezifischen Anspruchsgruppen wie Kunden und Gesellschaft mit eigenständigen Anforderungen an die Beziehungs- und Kommunikationsarbeit (vgl. Kotler und Mindak 1978). Allerdings blieb das Verhältnis dieser drei „Teilbereiche" zueinander umstritten: Ist die Öffentlichkeitsarbeit eine Aufgabe des Marketings oder ist die Marktkommunikation ein Teil der Public Relations? Und wohin gehört die interne Kommunikation? Um die Jahrhundertwende versuchte man daher, die Kommunikationsbereiche als komplexitätsreduzierte Einheiten in einem autopoietischen System zu verstehen, das aus den Erwartungen der Anspruchsgruppen Entscheidungen und damit Differenzierungen zur Konstitution des Unternehmens selbst schafft (vgl. Rommerskirchen 2015). In den letzten Jahren lösen sich die Grenzen zwischen den Bereichen und Disziplinen allerdings

1.3 Wie Unternehmen kommunizieren sollten

rasch auf, in den Zeiten digitaler Kommunikationsmedien und bedeutungsgetriebener Kommunikationsarbeit *(Content Management)* geht es vor allem um die Integration möglichst vieler Anspruchsgruppen mit ihren Interessen und Medien mit ihren besonderen Vorteilen in eine gesamthafte Unternehmenskommunikation (vgl. Cornelissen 2017, S. 19 ff.). Insbesondere sind die Erwartungen der Konsumenten an die Unternehmen und ihre Kommunikation rasant gestiegen: Spekulationen im Finanzmarkt, Skandale bei Lebensmitteln und Tierhaltung, Umweltzerstörungen und Ressourcenverschwendungen, Missachtung von Mitarbeiterrechten und Manipulationen bei Automotoren haben das Misstrauen gegenüber Unternehmen gefördert und den Druck auf sie erhöht. Die Konsumenten und immer mehr andere Anspruchsgruppen fordern von den Unternehmen, dass sie nicht nur ihre Produkte, sondern auch ihren Beitrag für die Gesellschaft und für eine bessere Zukunft erklären und nachweisbar kommunizieren (vgl. Kemming 2019). Die Unternehmenskommunikation muss deshalb mehr denn je die interaktive Kommunikation des Zwecks des Unternehmens, seiner Bedeutung und seines Sinns für alle Anspruchsgruppen zum Ziel haben.

Mit Blick auf die Entwicklung der letzten Jahrzehnte kann man daher eine Weiterentwicklung der Unternehmenskommunikation feststellen. Diese Entwicklung begann mit der stark hierarchischen Organisationskommunikation, in der die Eigentümer den Geschäftsführern vor allem wirtschaftliche Ziele vorgaben, die der Vertrieb mit Unterstützung der Marktkommunikation im Handel und bei den Kunden umsetzen sollte (s. Abb. 1.11). Die Rolle der Öffentlichkeitsarbeit war auf die Absicherung der sozialen Legitimität und die Abwehr von Krisen in der Zusammenarbeit mit Journalisten und Anwohnern beschränkt, die interne Kommunikation auf die Vermittlung der Interessen der Geschäftsführung bzw. der Eigentümer im Unternehmen.

Im Zuge der stärkeren Orientierung an den unterschiedlichen Anspruchsgruppen *(Stakeholder Model)* emanzipierte sich die Unternehmenskommunikation zunehmend vom Vertrieb und diversifizierte sich in Teilbereiche (s. Abb. 1.12). Die Neuorientierung machte neue Arbeitsfelder wie die Finanzkommunikation oder die Media Relations notwendig, die sich bald als eigenständige Kommunikationsabteilung mit spezifischen Adressaten, Aufgaben, Arbeitsweisen und Instrumenten verstanden (vgl. Schmid und Lyczek 2008, S. 120 ff.). Diese Gliederung nach Beziehungsarten ermöglichte zwar eine Spezialisierung der Kommunikationen, erschwerte dem Kommunikationsmanagement jedoch die Wahrung der einheitlichen Identitätskonstruktion und der Strategieabstimmung. Die sich rasch vermehrenden Subsysteme im System Unternehmen mit ihrem Bemühen um Eigenständigkeit und Abgrenzung zu anderen Subsystemen erschwerten die interne Koordination der Kommunikationen mit den Anspruchsgruppen.

Abb. 1.11 Hierarchisches Modell der Unternehmenskommunikation

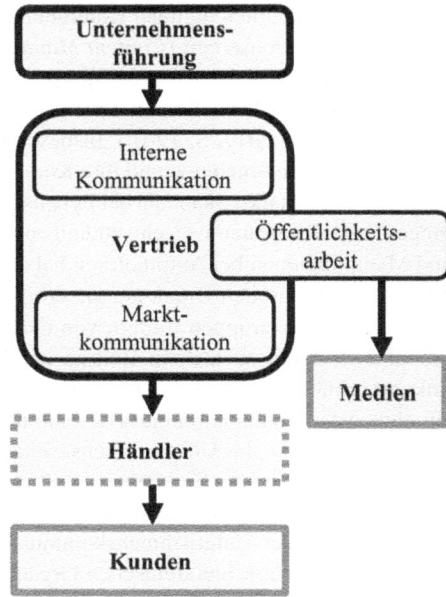

Vor allem die Grenzen zwischen den beiden Großbereichen der Marktkommunikation und der Öffentlichkeitsarbeit waren lange Zeit ein Hindernis. Als zu unterschiedlich wurden sie hinsichtlich der Bezugsgruppen und der Instrumente ihrer Kommunikationsarbeit wahrgenommen und dies führte zu der klassischen Trennung der beiden Arbeitsbereiche, die bis heute in vielen Unternehmen besteht (s. Abb. 1.12). Neuere Ansätze betonen hingegen die Schnittmengen in den gemeinsamen Aufgaben (s. Abb. 1.13). Typische Marktkommunikation wie die massenmediale Werbung oder typische Öffentlichkeitsarbeit wie die Beziehungspflege zur Politik sind die Ausnahme. Bei der Kommunikation des Unternehmens als korporativem, verantwortungsbewusstem Akteur in der Gesellschaft und beim Aufbau von Marken als bedeutungstragenden Objekten fließen die Kompetenzen beider Bereiche ineinander und ergänzen sich in der Kommunikationspraxis (vgl. Cornelissen 2017, S. 21).

Auch personell verschwinden die Grenzen im Unternehmen, und zunehmend setzt sich eine projektorientierte Zusammensetzung von Teams durch. Eine Kommunikationsmatrix erleichtert dabei die Planung der Beziehungspflege zu unterschiedlichen Anspruchsgruppen (vgl. Schmid und Lyczek 2008, S. 122). Diese Matrix zeigt die Möglichkeiten der Zusammenarbeit und der Synergien unter-

1.3 Wie Unternehmen kommunizieren sollten

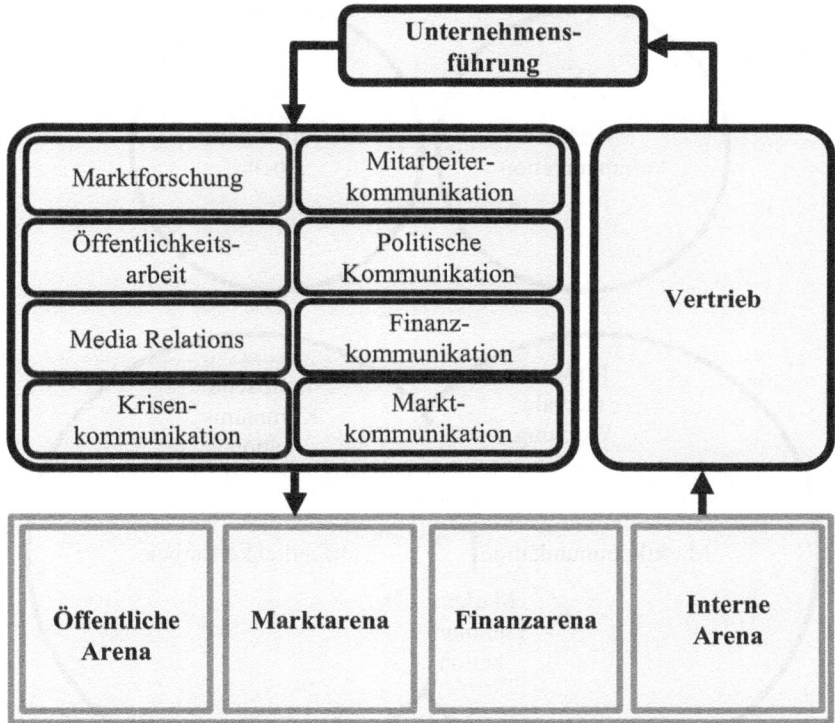

Abb. 1.12 Anspruchsgruppenorientiertes Modell der Unternehmenskommunikation

schiedlicher Bereiche im Unternehmen. Beispielsweise ist es in der Regel sinnvoll, die Beziehungen zu den Kunden von der Produktkommunikation und dem Vertrieb gemeinsam planen zu lassen und nicht isoliert voneinander. Auch die Einbeziehung des Vorstands zusammen mit den jeweiligen Spezialisten in der Finanzkommunikation oder der politischen Kommunikation schafft mehr Klarheit in der strategischen Ausrichtung und damit einen breiteren Spielraum bei der Durchführung beschlossener Maßnahmen.

Flexible Teams mit Mitarbeitern aus unterschiedlichen Kommunikationsbereichen für jeweils wechselnde Aufgabenbereiche bieten somit eine Reihe von Vorteilen gegenüber einer starren Trennung (s. Abb. 1.14). Die Mitarbeiter bringen ihre jeweiligen Kompetenzen und Erfahrungen in mehreren aufgabenorientierten Arbeitsgruppen ein, tragen ihr Wissen über aktuelle Projekte und Planungsschritte von einem Team zum nächsten und stärken gemeinsam die Einheitlichkeit der stra-

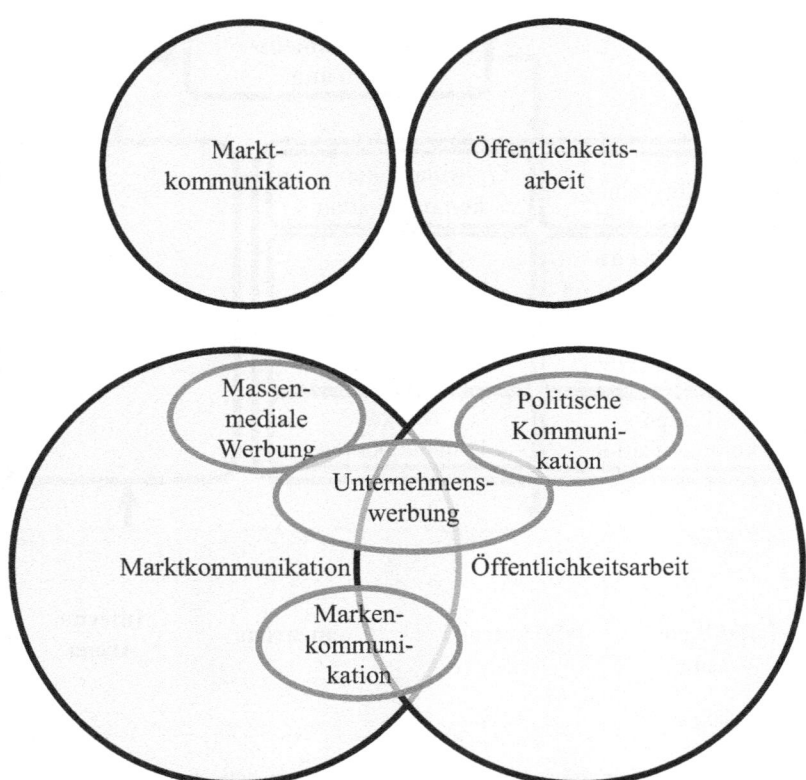

Abb. 1.13 Die Beziehung von Marktkommunikation und Öffentlichkeitsarbeit

tegische Ausrichtung der Unternehmenskommunikation gegenüber den Anspruchsgruppen (vgl. Cornelissen 2017, S. 26). Die Unternehmenskommunikation wird somit zu einem holistischen, integrierten Rahmen für eine Vielzahl von Aufgaben, die von wechselnden Teams bearbeitet werden.

Ausschnittsweise kann damit ein aktuelles, noch latentes gesellschaftliches Thema, das innerhalb des Teams *Themenmanagement* identifiziert wird (s. Abschn. 2.2), in den Bereichen Marktkommunikation und Media Relations zu einem Markt- und Medienthema des Unternehmens weiterentwickelt werden (s. Abb. 1.15). Das Team im *Content-Management* kann diese Überlegungen dann im Rahmen der strategischen Ausrichtung in einer gemeinsamen Botschaft zusammenführen und an die Teams der Werbung, der Online-Kom-

1.3 Wie Unternehmen kommunizieren sollten

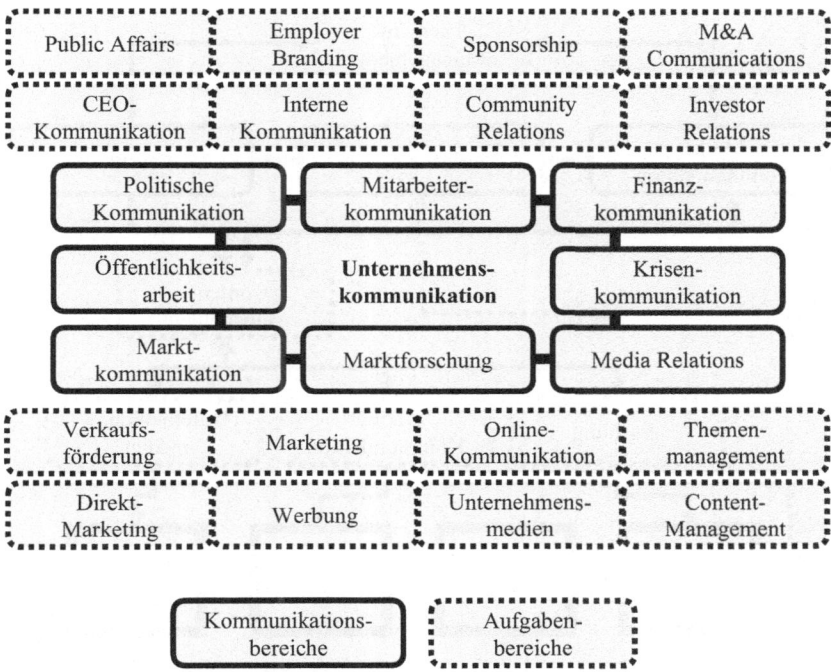

Abb. 1.14 Kommunikations- und Aufgabenbereiche in der Unternehmenskommunikation

munikation und der Unternehmensmedien zur Ausführung in den jeweiligen Medienformen weitergeben. Die Ergebnisse werden von der Marktforschung gesammelt und mit den Bereichen Marktkommunikation und Media Relations für die Optimierung weiterer Maßnahmen aufbereitet.

Blickt man auf die zuvor beschriebenen Entwicklungsschritte, so liegt die Analogie „vom Bowling zum Flippern" nahe (vgl. Henning-Thurau et al. 2012). Beim Bowling (wie bei der klassischen Organisationskommunikation) lautet das Ziel, mit einer Kugel (Maßnahmen) auf einem eng begrenzten Weg (Medien) möglichst viele Pins (Kunden) umzuwerfen (Kaufhandlungen auszulösen). Die Kontrolle über die Kugel und ihren Weg hat weitestgehend der Spieler. Ganz anders beim Flippern: Sobald die Kugel im Spiel ist, kann der Spieler ihren Weg kaum noch beeinflussen. Die Kugel (Botschaft) wird von einem Kontaktpunkt (Anspruchsgruppe) zum nächsten geschickt, ihr Weg verändert sich permanent, Glück und Zufall spielen eine große Rolle beim Erfolg – und Erfolg heißt, möglichst viele Kontakte zu erreichen und die Kugel möglichst lange im Spiel zu halten. Ange-

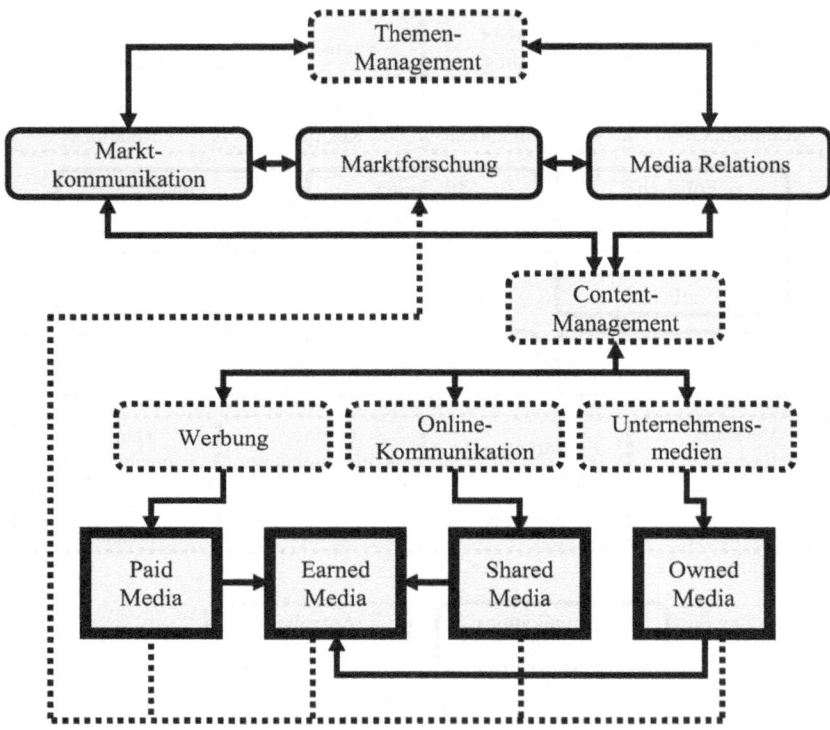

Abb. 1.15 Die Zusammenarbeit von Kommunikations- und Aufgabenbereichen

sichts der kaum planbaren Beeinflussung der Botschaften und Maßnahmen in der modernen Unternehmenskommunikation versprechen diese Analogie und das dahinterstehende Konzept neue Chancen und Herausforderungen, aber auch neue Risiken im Kommunikationsmanagement.

Literatur

Abels, H. (2017). *Identität*. Wiesbaden: Springer VS.
Albert, S., & Whetten, D. (1985). Organizational identity. In L. L. Cummings & B. Staw (Hrsg.), *Research in organizational behavior* (Bd. 7, S. 263–295). Greenwich: JAI Press.
Beckert, J. (2018). *Imaginierte Zukunft*. Berlin: Suhrkamp.

Literatur

Berger, P. L., & Luckmann, T. (2000). *Die gesellschaftliche Konstruktion der Wirklichkeit.* Frankfurt a. M.: Fischer.
Bernays, E. (2007 [1928]). *Propaganda.* Freiburg im Breisgau: Orange.
Birkigt, K., Stadler, M. M., & Funck, H. J. (2002). *Corporate Identity: Grundlagen, Funktionen, Fallbeispiele.* München: Moderne Industrie.
Bleicher, K., & Abegglen, C. (2017). *Das Konzept Integriertes Management: Visionen – Missionen – Programme.* Frankfurt a. M.: Campus.
Blumer, H. (2013). *Symbolischer Interaktionismus.* Frankfurt a. M.: Suhrkamp.
Coase, R. H. (1937). The nature of the firm. *Economica, 4*(16), 386–405.
Cornelissen, J. (2017). *Corporate communication. A guide to theory & practice.* London: Sage.
Domizlaff, H. (1992). *Die Gewinnung des Öffentlichen Vertrauens. Ein Lehrbuch der Markentechnik.* Hamburg: Marketing Journal.
Drucker, P. F. (2010). *Was ist Management?* Berlin: Econ.
Ebert, H. (2014). Organisationskultur und Verhaltensstile von Unternehmen: Einflussgrößen für die Kommunikationsstrategie. In A. Zerfaß & M. Piwinger (Hrsg.), *Handbuch Unternehmenskommunikation* (S. 431–447). Wiesbaden: Springer Gabler.
Einwiller, S. (2014). Reputation und Image: Grundlagen, Einflussmöglichkeiten, Management. In A. Zerfaß & M. Piwinger (Hrsg.), *Handbuch Unternehmenskommunikation* (S. 371–391). Wiesbaden: Springer Gabler.
Freeman, R. E. (1984). *Strategic management: A stakeholder approach.* Englewood Cliffs: Financial Times Prentice Hall.
Freud, S. (2009). *Das Ich und das Es.* Frankfurt a. M.: Fischer.
Friedman, M. (13. September 1970). The social responsibility of business is to increase its profits. *The New York Times Magazine,* S. 8.
Goffman, E. (2007). *Wir alle spielen Theater. Die Selbstdarstellung im Alltag.* München: Piper.
Hallahan, K., Holtzhausen, D., von Ruler, B., Verčič, D., & Sriramesh, K. (2007). Defining strategic communication. *International Journal of Strategic Communication, 1*(1), 3–35.
Hellmich, S. N. (2015). What is socioeconomics? An overview of theories, methods, and themes in the field. *Forum for Social Economics, 44*(1), 1–23.
Henning-Thurau, T., vor dem Esche, J., & Bloching, B. (2012). Flippern statt Bowling – Marketing im Zeitalter von Social Media. *Marketing Review St. Gallen, 4,* 8–15.
Horton, D., & Wohl, R. (1956). Mass communication and para-social interaction. Observations on Intimacy at a Distance. *Psychiatry, 19,* 215–229.
Jung, C. G. (1984). *Die Beziehungen zwischen dem Ich und dem Unbewußten.* Solothurn: Walter.
Kant, I. (1990). Kritik der reinen Vernunft. In W. Weischedel (Hrsg.), *Werkausgabe* (Bd. III). Frankfurt a. M.: Suhrkamp.
Kemming, J. D. (2019). Broadening und Deepening – die Positionierung des Markenkonzeptes. In J. D. Kemming & J. Rommerskirchen (Hrsg.), *Marken als politische Akteure* (S. 3–20). Wiesbaden: Springer Gabler.
Kotko-Rivera, M. E. (2006). Rediscovering the later version of Maslow's hierarchy of needs: Self-transcendence and opportunities for theory, research, and unification. *Review of General Psychology, 10*(4), 302–317.

Kotler, P., & Mindak, W. (1978). Marketing and public relations: Should they be partners or rivals? *Journal of Marketing, 42*(10), 13–20.

Le Bon, G. (2009). *Psychologie der Massen*. Hamburg: Nikol.

Maslow, A. (1943). A theory of human motivation. *Psychological Review, 50*(4), 370–396.

Mead, G. H. (1980). Die soziale Identität. In G. H. Mead (Hrsg.), *Gesammelte Werke* (Bd. 1, S. 241–252). Frankfurt a. M.: Suhrkamp.

Neuhäuser, C. (2011). *Unternehmen als moralische Akteure*. Frankfurt a. M.: Suhrkamp.

Piwinger, M., & Bazil, V. (2014). Impression Management: Identitätskonzepte und Selbstdarstellung in der Wirtschaft. In A. Zerfaß & M. Piwinger (Hrsg.), *Handbuch Unternehmenskommunikation* (S. 471–490). Wiesbaden: Springer Gabler.

Read, L. E. (1958). *I, Pencil*. Irvington-on-Hudson: Foundation for Economic Education.

Rommerskirchen, J. (2015). Was ist korporative Kommunikation? Grundriss einer Phänomenologie. *Journal für korporative Kommunikation, 1,* 4–16. PID: https://nbn-resolving.org/urn:nbn:de:0168-ssoar-61935-1. Zugegriffen am 10.03.2020.

Rommerskirchen, J. (2017). Konstruktion und Interpretation. *Journal für korporative Kommunikation, 1,* 31–55. PID: https://nbn-resolving.org/urn:nbn:de:0168-ssoar-60508-9. Zugegriffen am 10.03.2020.

Rosengren, K. (2000). *Communication. An introduction*. London: Sage.

Roslon, M. (2020). Parasoziale Macht – Konzeption eines Machtbegriffs im Rahmen der Analyse von Marken-Kunden-Beziehungen. In J. Rommerskirchen (Hrsg.), *Die neue Macht der Konsumenten* (S. 115–135). Wiesbaden: Springer Gabler.

Schmid, B. F., & Lyczek, B. (2008). Die Rolle der Kommunikation in der Wertschöpfung der Unternehmung. In M. Meckel & B. Schmid (Hrsg.), *Unternehmenskommunikation* (S. 3–152). Wiesbaden: Gabler.

Schwaninger, M. (1994). *Managementsysteme*. Frankfurt a. M.: Campus.

Schweickart, N., & Töpfer, A. (2006). *Wertorientiertes Management*. Berlin: Springer.

Steinmann, H., & Schreyögg, G. (2005). *Management: Grundlagen der Unternehmensführung*. Wiesbaden: Gabler.

Tropp, J. (2011). *Moderne Marketing-Kommunikation*. Wiesbaden: VS.

Ulrich, H. (2001). *Systemorientiertes Management: das Werk von Hans Ulrich*. Bern: Haupt.

Veblen, T. (2007). *Theorie der feinen Leute*. Frankfurt a. M.: Fischer.

Weber, M. (2008). *Wirtschaft und Gesellschaft. Grundriss der verstehenden Soziologie*. Frankfurt a. M.: Zweitausendeins.

Zerfaß, A. (2014). Unternehmenskommunikation und Kommunikationsmanagement: Strategie, Management und Controlling. In A. Zerfaß & M. Piwinger (Hrsg.), *Handbuch Unternehmenskommunikation* (S. 21–80). Wiesbaden: Springer Gabler.

Die Arbeit an der Kommunikation 2

2.1 Theorie der Kommunikation

Kommunikation ist eine Form des sozialen Handelns. Durch soziales Handeln koordinieren alle Lebewesen ihre eigenen Handlungen mit denen anderer Lebewesen. Die Beweggründe und Motive des Verhaltens können sehr unterschiedlich sein. Zumeist sind sie instinktiv, wenn beispielsweise ein Lebewesen auf der Suche nach Nahrung ein Beutetier sucht oder dieses dem Fressfeind ausweichen will, zuweilen auch intentional, wenn das Lebewesen einen bestimmen Ort aufsucht, an dem es Beutetiere vermutet. In jedem Fall muss das Lebewesen die erwarteten Handlungen des anderen als ein wahrscheinliches künftiges Verhalten prognostizieren. Diese Antizipation ist für George Herbert Mead (1980a) die Voraussetzung für soziales Handeln, sei es eine instinktive unbewusste Handlungssteuerung oder die bewusste und intentionale Koordination von Erfahrungen, Umweltinformationen und Handlungszielen.

Das soziale Handeln, so die klassische Definition von Max Weber (2008, S. 3), hat für die Akteure einen *Sinn*, da es auf das Verhalten der anderen bezogen ist. Jeder Akteur handelt also in einer bestimmten Art und Weise, weil er aus guten Gründen vermutet, dass sein Gegenüber darauf in einer bestimmten Art und Weise reagieren wird. Der Sinn einer Handlung entsteht deshalb aus der Antizipation der nachfolgenden Handlungen anderer. Daraus entstehen *soziale Beziehungen*, d. h. ein „aufeinander gegenseitig *eingestelltes* und dadurch orientiertes Sichverhalten mehrerer" (Weber 2008, S. 19) wird nun möglich. Soziales Handeln in sozialen Beziehungen schafft eine soziale Ordnung und vermittelt den Akteuren ein Gefühl der Sicherheit in der Antizipation von Handlungsfolgen. Dadurch können Akteure verlässlich miteinander handeln, einander vertrauen und kooperieren, d. h., sie können sich über ein gemeinsames Ziel und die Mittel zur Erreichung dieses Ziels verständigen und dies in Handlungen umsetzen.

Kommunikation ermöglicht das soziale Handeln durch die Verständigung der Akteure über ihre Intentionen. Ohne Kommunikation wäre soziales Handeln nur instinktiv möglich, ohne soziale Beziehungen und ohne gemeinsame Abstimmungen über Mittel und Ziele. Für die Verständigung müssen die Akteure Zeichen einsetzen, die die Gedanken des einen für den anderen erkennbar darstellen. Zur Kommunikation gehören folglich einige Voraussetzungen (vgl. Burkart 2002, S. 25 ff.): Erstens müssen die Akteure körperlich in der Lage sein, Zeichen einzusetzen, und kognitiv dazu, diese Zeichen bewusst zur Darstellung von Intentionen einzusetzen bzw. als solche zu erkennen *(Zeichengebrauch)*. Zweitens müssen zwei oder mehr Akteure miteinander in Kontakt treten *(Sozialität)*. Ein Selbstgespräch ist keine Kommunikation, da hierbei keine Intentionen und keine Botschaften übermittelt werden. Drittens müssen die Akteure eigene Gedanken, Intentionen, Ziele und Mittel-Zweck-Überlegungen entwickeln können *(Intentionalität)*. Ohne die Fähigkeit, Handlungen zur Verwirklichung von Absichten einzusetzen, und ohne das Verständnis von Kausalität, also die Beziehung von Ursache und Wirkung, wäre Kommunikation sinn- und ziellos. Die zielgerichtete Intention setzt ein Selbstbewusstsein voraus, bei dem die Akteure sich sowohl ihrer selbst als handelndes Wesen bewusst sind als auch der Tatsache, dass sie und ihre Handlungen von anderen wahrgenommen werden. Selbstbewusstsein bedeutet, sich selbst als handelndes Subjekt und zugleich als Objekt der Wahrnehmung im sozialen Raum zu verstehen. Viertens müssen die Akteure interagieren, d. h., sie müssen die Rolle des Senders und des Empfängers von Zeichen wechselseitig tauschen können *(Reziprozität)*. Die Akteure müssen davon ausgehen, dass auch die anderen Akteure Zeichen zur Verständigung einsetzen können. Und fünftens müssen die Akteure wahrhaftig sein *(Wahrhaftigkeit)*. Diese normative Voraussetzung ist notwendig, da zumindest das Gegenüber davon überzeugt sein muss, dass die Botschaft vom Sender wahrhaftig gemeint ist. Wenn der Empfänger der Botschaft davon ausgeht, dass der Sender den Unterschied zwischen einer wahren und einer unwahren Botschaft nicht kennt oder verschleiert, um ihn zu täuschen, wird die Kommunikation sinnlos, da sie keine glaubwürdigen Intentionen vermittelt und kein soziales Handeln einleiten wird. Ohne das Vertrauen in die Glaubwürdigkeit des anderen und seine Kommunikation ist keine Kooperation möglich und kann kein gemeinsames Ziel erreicht werden.

2.1 Theorie der Kommunikation

Kommunikation dient also dem sozialen Handeln von Lebewesen und findet in einem sozialen Feld statt. Das Erlernen und das Ausüben von Kommunikation ist auf andere Lebewesen angewiesen und kann nur zusammen mit ihnen sinnvoll und wirksam sein. Dies gilt in besonderem Maße für Lebewesen mit einem umfangreichen Zeichenrepertoire und einem komplexen, auf Kooperationen basierenden Sozialleben – wie Menschen. Ihr Zeichenrepertoire umfasst nicht nur Gestik, Mimik und Sprache, sondern auch die kultur- und situationsabhängige Bedeutung dieser *Zeichen*. Eine Geste kann in unterschiedlichen Kulturen verschiedene Bedeutungen haben, ein Gesichtsausdruck kann in der einen Situation ernst, in der anderen ironisch gemeint sein, geschriebene oder gesprochene Wörter einer Sprache können mehrere Bedeutungen haben. Die Zeichen können auf Gegenstände, Gefühle oder Gedanken verweisen *(Denotationen)* und für den Sprecher zusätzliche Bedeutungen *(Konnotationen)* haben. Ein Zeichen kann beispielsweise auf eine Stadt verweisen und eigene Erinnerungen an diese Stadt wachrufen oder auf einen angebissenen Apfel und Gefühle für die Marke Apple aktivieren. Zeichen mit Bedeutungen sind *Symbole* und Kommunikation basiert auf *symbolischer Interaktion*, d. h. darauf, dass Menschen den Zeichen zur Verständigung eine Bedeutung geben und andere Menschen die Bedeutungen von Zeichen interpretieren.

Wer welche Zeichen wie einsetzt oder interpretiert, wird maßgeblich vom Habitus eines Menschen bestimmt. Der *Habitus* beschreibt ihn und seine Position in der Gesellschaft, seine Einstellungen, Haltungen und Bewertungsmuster (vgl. Bourdieu 1987, S. 277 ff.). Der Habitus eines Menschen ist das Produkt seines Lebens in Gesellschaft, seiner Sozialisation und seiner Zugehörigkeit zu sozialen Gruppen. Sein Habitus *ist* seine personale und soziale Identität. Seine Identität und sein Lebensstil werden von seinen *Kapitalien* geprägt, also von dem ökonomischen, kulturellen und sozialen Kapital, das ihm zur Verfügung steht. Sie lenken seine Gefühle, sein Denken und sein Handeln und damit auch seine Beziehungen zu anderen Menschen; denn erst durch die Anerkennung seiner Kapitalien durch die anderen werden diese zu seinem symbolischen Kapital und definieren seine Position im sozialen Umfeld.

Kapitalien und ihre Anerkennung, Identität und Position fußen auf menschlichen Interpretationen. Sie basieren, wie alles Wissen, nur auf der sinnlichen *Wahrnehmung* der Welt und der subjektiven Interpretation dieser Sinnes-Daten (vgl. Popper und Eccles 1991, S. 511 f.). Damit Menschen die Bedeutung von Symbolen für sich und für andere erlernen, müssen sie mit anderen Menschen kommunizieren und handeln. In der Sozialisation erfahren Menschen, welche Bedeutungen die Symbole haben können und welche Reaktionen der Gebrauch dieser Symbole bei anderen auslöst. Sie lernen dabei, die Reaktionen der anderen Menschen auf ein Symbol – mit mehr oder weniger großer Wahrscheinlichkeit – vorherzusagen, zu *antizipieren*.

Sie lernen, dass die Interpretation eines Symbols von der Identität des anderen, seiner Vorstellung von der Identität des Sprechers und der Situation, in der beide miteinander kommunizieren, abhängt. Der Satz „Dort ist eine Bank" führt erst dann zu der gewünschten Handlung, wenn der Sprecher antizipiert, dass sein Gegenüber beurteilen kann, ob er zu einer Sitzbank gehen oder Geld abheben will. Die Bedeutung des Zeichens „Bank" und damit ihre symbolische Funktion in der Kommunikation erschließt sich dem Sprecher folglich erst in einem *Perspektivenwechsel* und einem gedanklichen Rollentausch *(role-taking)*, bei der Sprecher den Gebrauch des Symbols und dessen Bedeutung auch aus der Sicht seines Gegenübers sieht: „Man stellt sich selbst als handelnd gegenüber anderen vor. In dieser Vorstellung tritt man nur in indirekter Rede als Subjekt des Handelns auf und ist dennoch ein Objekt" (Mead 1980b, S. 243). Das Subjekt muss sich objektivieren, damit Kommunikation und gemeinsames Handeln möglich sind.

Die Bedeutung von Symbolen für die Kommunikation und das gemeinsame Handeln entstehen somit in der Interaktion der Akteure. Die Akteure interpretieren dabei alle wahrnehmbaren *Dinge* wie Wörter, Laute, Bilder, Situationen, Handlungen oder andere Menschen als Symbole (vgl. Blumer 2013, S. 90). Die Dinge sind *Phänomene*, sie werden von Menschen in einer bestimmten Situation wahrgenommen und interpretiert. Menschen definieren damit die Bedeutungen der Symbole für sich. Bedeutungen sind „soziale Produkte, sie sind Schöpfungen, die in den und durch die definierenden Aktivitäten miteinander interagierender Personen hervorgebracht werden" (Blumer 2013, S. 67). Allerdings prägt die Situation keinesfalls die Bedeutungen in den Köpfen der Akteure, diese bleiben Vermutungen jedes einzelnen Akteurs, die daher auch unterschiedlich ausfallen und zu Missverständnissen führen können, die dann erst im gemeinsamen Handeln und in der kommunikativen Klärung beseitigt werden.

Auch die Identität der Akteure selbst ist eine Form der Interpretation. Menschen interpretieren ihr Wissen über sich selbst, ihre vergangenen Erfahrungen und künftigen Erwartungen. Sie bewerten dabei einige Aspekte als salient für sich, andere werden beiseitegeschoben und vergessen. Identität ist ein Narrativ. Das soziale Umfeld spielt auch hierbei eine große Rolle, da es die Interpretationen und die Bewertungen der Erfahrungen und Erwartungen beeinflusst. Menschen formen also ihre Identität in einem aktiven Konstruktionsprozess zu einem *Selbstbild*, das ihre Erfahrungen aus der Vergangenheit, ihre Beziehungen zu anderen Menschen, ihr Wissen und ihre Überzeugungen beinhaltet (vgl. Morf und Koole 2014). Aus dem Selbstbild projizieren Menschen ihre Erwartungen an ihre Zukunft auf ein erwünschtes Selbst. Dieses *Selbstkonzept* verknüpft ihre Wünsche und Ziele (ideales Selbst) sowie die bestehenden und erwarteten sozialen Verpflichtungen (Soll-Selbst) in einem potenziellen künftigen Selbstbild.

2.1 Theorie der Kommunikation

Der normative Status, den Menschen einnehmen, beschreibt die aktuellen Haltungen eines Akteurs in einer Situation und in einem sozialen Umfeld mit anderen Akteuren. Er verpflichtet Menschen, in ihrem sozialen Handeln ihr eigenes Selbstbild mit ihrem Selbstkonzept zu verbinden (Brandom 2015, S. 57 ff.). Die menschliche Autonomie und der freie Wille des Menschen sind im sozialen Handeln und in den sozialen Beziehungen immer auch durch Selbst-Verpflichtungen begrenzt und im normativen Status gebündelt, der die eigene Vergangenheit, die aktuelle Identität und die erhoffte Zukunft zusammenführt. Der normative Status ist daher eine Festlegung auf eine Haltung in Bezug auf unsere Überzeugungen, Einstellungen und Ziele.

Die Interpretationen der wahrgenommenen Phänomene sind zugleich Urteile oder Bewertungen der Dinge. Diese positiven oder negativen Bewertungen der Dinge beeinflussen die Konten, die Menschen für diese Dinge führen (vgl. Brandom 2000, S. 818). Wir führen Konten für Menschen, die wir mögen, und für solche, die wie nicht mögen, sowie für die Gegenstände, die uns umgeben. Menschen sind kontoführende Wesen und bewerten permanent die wahrgenommenen Dinge. Auf Grundlage dieser Bewertungen handeln Menschen gegenüber diesen Dingen.

Auf der Ebene des normativen Status werden individuelle Dinge verarbeitet, auf einer höheren Ebene kollektive Dinge wie Gruppen von Menschen. Solche Gruppen können real sein, beispielsweise eine Seminargruppe im Studium, oder fiktiv, wie „die Deutschen" oder „die Porschefahrer". Die Menschen, die wir begrifflich zu einem Kollektiv machen, kennen wir tatsächlich oder nur vom Hörensagen, sie haben echte Eigenschaften, die sie zu einer Gruppe machen, oder werden nur durch zufällige Übereinstimmung im Handeln zu einer Gruppe. In jedem Fall weisen Menschen diesen Kollektiven echte oder nur vermutete Eigenschaften und Handlungsformen zu, die in *normativen Einstellungen* hinterlegt sind. Die Beobachtung „typischer" Phänomene, die also bezeichnend für ein Kollektiv sind, lösen ebenso positive oder negative Bewertungen aus, die das Konto der normativen Einstellungen für eine Gruppe verändern. Dieses Kollektiv-Konto prägt die tatsächliche oder auch nur erwünschte Zugehörigkeit zu einer Gruppe oder einem Milieu (In-Group) sowie die Abgrenzung von Gruppen mit negativem Kontostand (Out-Group).

Kommunikation als soziale Handlung besteht somit aus einer Abfolge von Einzelschritten (s. Abb. 2.1). Der Akteur antizipiert in einem Perspektivenwechsel die Erwartungen seines Gegenübers in der konkreten Situation an ihn und legt sich auf einen normativen Status und eine Bewertung fest, wobei er sein Selbstbild mit seinem Selbstkonzept verbindet und mit seinen normativen Einstellungen abgleicht, die sein Gegenüber zum Mitglied einer Gruppe macht, für die er ein

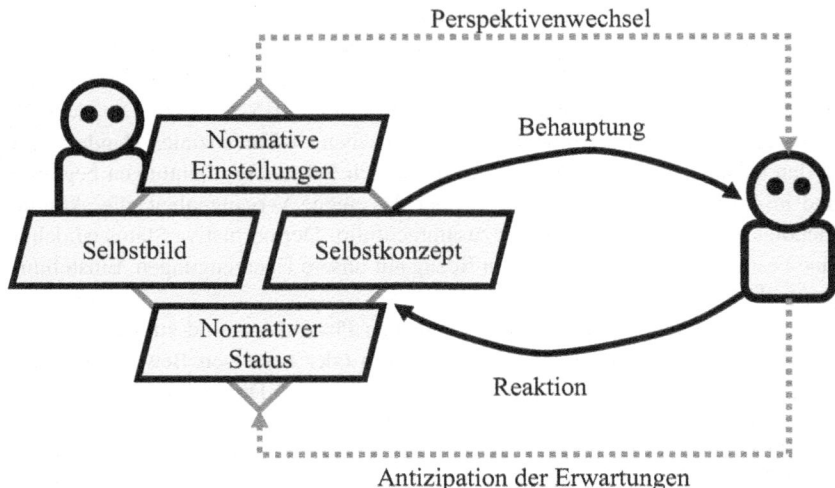

Abb. 2.1 Modell der Kommunikation

bewertendes Konto führt. Daraus entwickelt der Akteur eine Behauptung, die er durch Zeichen darstellt. Sein Gegenüber nimmt die Zeichen wahr, interpretiert die Behauptung und reagiert darauf. Dabei durchlaufen Wahrnehmungen und Bewertungen des Gegenübers ebenfalls die Instanzen seines normativen Status, Selbstbilds, Selbstkonzepts und seiner normativen Einstellungen. Der Kreislauf der Kommunikation schließt sich und beginnt von Neuem.

Grundsätzlich gilt dieses Kommunikationsmodell auch für Unternehmen. Für die Planung ihrer Kommunikation müssen sie die Erwartungen der Anspruchsgruppen antizipieren. Sie können ihre Vermutungen über die Erwartungen zwar durch repräsentative Befragungen oder Konsumentenbeobachtungen verifizieren, für die Gesamtheit der Menschen in einer Anspruchsgruppe bleiben es aber zumeist doch Einschätzungen der Einstellungen, Wünsche und Ziele einer Gruppe, die aus vielen einzelnen, unterschiedlichen Personen bestehen.

Da auch das Unternehmen aus vielen Menschen besteht und keine homogene Identität besitzt, können die kommunikationswissenschaftlichen und psychologischen Konzepte und Termini nicht einfach übertragen werden. Unternehmen „haben" keine Identität, sie haben weder Wünsche noch Ziele. All dies wird von vielen Menschen geplant, entwickelt und konstruiert, die im Unternehmen eine bestimmte Aufgabe haben und das Unternehmen und seine Ziele aus einer bestimmten Perspektive sehen. In Analogie zum vorherigen Kommunikationsmodell kann man aber

2.1 Theorie der Kommunikation

die internen Festlegungen, aus denen sich die Unternehmenskommunikation bildet, mit den vier Kernbegriffen Unternehmensgrundsätze, – identität, -strategie und -vision bezeichnen (s. Abb. 2.2).

In der Kommunikation stehen dem Unternehmen dabei die Anspruchsgruppen gegenüber. Das Konzept der Anspruchsgruppen beschreibt die Haltungen einer Gruppe von Menschen gegenüber dem Unternehmen. In der Unternehmenskommunikation sind Anspruchsgruppen daher Typologien, die die vielen unterschiedlichen Erwartungen einzelner Personen an das Unternehmen auf einige wenige relevante Aspekte reduzieren und als typische *Nutzenbeiträge* des Unternehmens für die Mitglieder der Anspruchsgruppe formulieren. Umgekehrt haben die Anspruchsgruppen auch einen spezifischen Wert für das Unternehmen, die in typischen *Wertbeiträgen* zusammengefasst werden. Die Beziehung zwischen dem Unternehmen und seinen Anspruchsgruppen wird also einerseits durch den Nutzen beschrieben, den das Unternehmen für die Anspruchsgruppe hat, andererseits durch den Wert der Anspruchsgruppe für das Unternehmen (s. Tab. 2.1). Die aggregierten Nutzen- und Wertbeiträge der Anspruchsgruppen erleichtern den Perspektivenwechsel und die Antizipation der typischen Erwartungen der einzelnen Gruppen (vgl. Schmid und Lyczek 2008, S. 74 ff.). Den Unternehmensnutzen für die Anspruchsgruppen und den Wert der Anspruchsgruppen für das Unternehmen kann man für einige zentrale Gruppen wie in Tab. 2.1 dargestellt zusammenfassen.

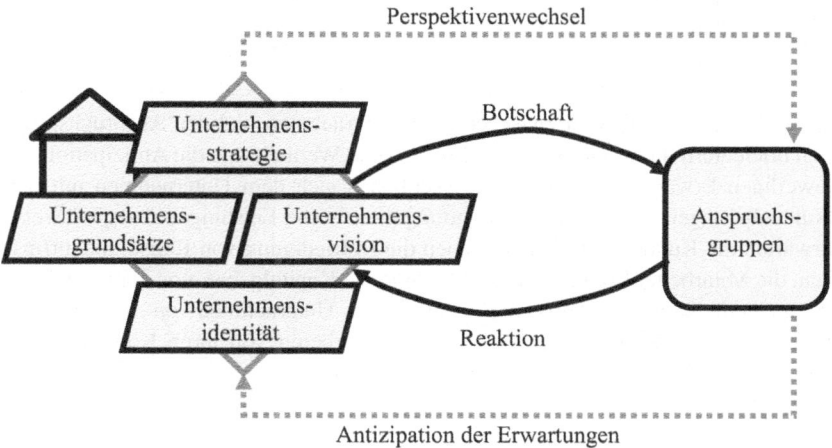

Abb. 2.2 Modell der Unternehmenskommunikation

Tab. 2.1 Potenzielle Nutzen- und Wertbeiträge. (Quelle: nach Schmid und Lyczek 2008, S. 76 f.)

Unternehmensnutzen für die Anspruchsgruppe (potenzielle Nutzenbeiträge)	Anspruchsgruppe	Anspruchsgruppenwert für das Unternehmen (potenzielle Wertbeiträge)
Bedürfnisbefriedigung Funktionaler Nutzen Sozialer Nutzen (Status)	Kunden	Reputation Loyalität Zusammenarbeit bei kundenintegrierender Produktentwicklung
Löhne oder Gehälter Wissen und Fähigkeiten Berufliche und private Kontakte Sozialer Status Employability	Mitarbeiter	Reduzierte Kosten für Humankapital Kooperationseffekte in Arbeitsprozessen Erhöhte Produktivität durch Vertrauen
Gewerkschaftsbeiträge Friedliche Konfliktlösung Unterstützung von Arbeitnehmerinteressen und deren Rechten	Gewerkschaften	Stabilität und Bereitschaft zur friedlichen Konfliktlösung
Renditen, Zinsen, Dividenden Informationen zu Unternehmen, Branchen und Märkten	Eigen- und Fremdkapitalgeber	Reduzierte Kapitalkosten Günstige Finanzmarktwahrnehmung
Positive Netzwerkeffekte Kostenreduktion durch Zusammenarbeit in der Prozessoptimierung und Technologieentwicklung	Lieferanten	Positive Netzwerkeffekte Kostenreduktion durch Zusammenarbeit bei der Prozessoptimierung und Technologieentwicklung

In der Kommunikation zwischen dem Unternehmen und den Anspruchsgruppen erleichtern die wechselseitigen Nutzen- und Wertbeiträge die Antizipation der jeweiligen Erwartungen. Einerseits erschließen sich dem Unternehmen mit den Nutzenbeiträgen die typischen Erwartungen an seine Leistungen, beispielsweise erwarten die Kunden vom Unternehmen die Befriedigung von Konsumbedürfnissen, die Mitarbeiter Löhne oder Gehälter und die Kapitalgeber monetäre Renditen. Andererseits hängt der Wert der Kunden für das Unternehmen von der Zahlungsbereitschaft der Kunden ab, der Wert der Mitarbeiter von ihren Kosten für das Unternehmen, der Wert der Kapitalgeber von ihrer monetären Unterstützung des Unternehmens.

2.2 Strategische Kommunikation

Kommunikation, so die allgemeine Definition, ermöglicht die Verständigung über die Bedeutung von Zeichen zur Handlungskoordinierung zwischen Akteuren. Die Koordinierung kann einem gemeinsamen Wunsch folgen, beispielsweise im Wald spazieren zu gehen oder damit zu warten, bis der Regen nachlässt. Die Verständigung über die Handlungsziele und das gemeinsame Einverständnis darüber mögen zumeist unproblematisch sein. Manchmal haben zwei oder mehr Menschen aber unterschiedliche Wünsche und Ziele und müssen sich darüber verständigen, wessen Wünsche und welche Ziele nun gemeinsam umgesetzt werden sollen – und dann wird die Kommunikation strategisch.

Strategische Kommunikation will die Gedanken und Handlungen des oder der anderen beeinflussen. Der strategisch Handelnde hat ein Ziel, und seine Kommunikation hat den Zweck, den oder die anderen zur erfolgreichen Unterstützung bei der Erreichung seines Ziels zu motivieren. Insofern ist sein Handeln nicht ohne Einschränkungen an jeder Form von Kooperation orientiert, sondern nur an der geplanten und erfolgsorientierten Verständigung über die Mittel, die zur Umsetzung seines intendierten Ziels führen (vgl. Habermas 2004, S. 128). Strategische Kommunikation ist daher immer zweckrational, sie will die Verständigung und das gemeinsame Handeln so beeinflussen, dass der Akteur sein geplantes Ziel erreicht. Auch hierbei ist der Perspektivenwechsel notwendig, um die Handlungen und Ziele der anderen Akteure in ihrem sozialen Umfeld zu verstehen und ihre möglicherweise abweichenden Überlegungen beeinflussen zu können. Zusammengefasst bedeutet dies:

▶ *Strategische Kommunikation* dient der geplanten Handlungskoordinierung zwischen einem Akteur und seinem sozialen Umfeld. Dabei muss der Akteur sein Selbstbild, seinen normativen Status und seine normativen Einstellungen so aneinander anpassen, dass sein Selbstkonzept als Handlungsziel umsetzbar ist.

In jeder Gruppe von Menschen finden sich mehr oder weniger divergierende Ziele und daher auch strategische Kommunikationen. Dies gilt sowohl für die Kommunikation innerhalb des Unternehmens als auch für die mit den Anspruchsgruppen. Für einige unterstützende Gruppen mag die bessere wirtschaftliche Position des Unternehmens im Vordergrund stehen, für andere riskante Gruppen eher die Stärkung seiner Legitimität. In jedem Fall muss das Unternehmen strategisch kommunizieren, um seine selbstgesetzten Ziele verfolgen zu können und sich damit seiner Unternehmensvision zu nähern (vgl. Hallahan et al. 2007, S. 4). Auch die strategische Unternehmenskommunikation ist erfolgsorientiert; sie will die wirtschaftlichen und sozialen Ziele des Unternehmens umsetzen und gemeinsam mit den dafür notwendigen Anspruchsgruppen die effektivsten und effizientesten Mittel einsetzen. Für die Unternehmenskommunikation bedeutet dies:

▶   *Strategische Unternehmenskommunikation* dient der geplanten Handlungskoordinierung zwischen dem Unternehmen und seinen Anspruchsgruppen. Das Unternehmen muss dazu seine Grundsätze in eine Unternehmensidentität und eine Unternehmensstrategie übertragen, die die Unternehmensvision als Handlungsziel umsetzbar macht.

Auch hierbei ist die Auswahl der passenden Ziele und der dazu notwendigen Mittel eine strategische Überlegung, die nicht zuletzt die Wahl der richtigen *Kommunikationsinstrumente* betrifft. Die wichtigsten Instrumente in der strategischen Kommunikation sind die Information, der Dialog und die Persuasion.

Information

Eine *Information* ist die kommunikative Darstellung von Tatsachen und Entscheidungen gegenüber einer Anspruchsgruppe. Die Information lenkt die Aufmerksamkeit auf die dargebotenen Fakten und gegebenenfalls deren Begründungen. Die Information soll die Mitglieder der Anspruchsgruppe davon überzeugen, dass diese Tatsachen für sie wichtig und die getroffenen Entscheidungen für alle Beteiligten richtig sind. Typische Informationsmedien sind Pressemitteilungen, Kurznachrichten und Ad-hoc-Meldungen sowie abverkaufsorientierte Werbeanzeigen mit Preisangaben, die sogenannten Schweinebauchanzeigen. Die Information ist einseitig und symmetrisch, sie geht vom Unternehmen aus und wendet sich direkt an die Anspruchsgruppen. Einseitig bedeutet hierbei, dass es keinen kommunikativen Austausch und keine Rückmeldung gibt, symmetrisch bedeutet, dass das Unternehmen den Anspruchsgruppen auf Augenhöhe begegnet sowie möglichst objektiv und rational berichtet.

Dialog

Der *Dialog* ist zweiseitig und symmetrisch. Im Fokus steht hierbei der freie Austausch von Meinungen und Argumenten zur Klärung der Haltung der Diskussionsteilnehmer zu einem Gesprächsthema. Die Dialogbeiträge der Teilnehmer beanspruchen dabei Gültigkeit, d. h., jeder Sprecher bringt seine Argumente zum Thema mit Verweis auf bestehende, überprüfbare Tatsachen, auf eine subjektive Überzeugung oder auf gemeinsame, anerkannte soziale Normen des Handelns vor. Diese drei argumentativen Verweise oder Begründungen einer Behauptung nennt Jürgen

2.2 Strategische Kommunikation

Habermas in seiner Diskurstheorie die Geltungsansprüche auf Wahrheit *(Konstativa)*, auf Wahrhaftigkeit *(Expressiva)* und Richtigkeit *(Regulativa)* (vgl. Habermas 2004, S. 112). Für Habermas geht es beim Diskurs nicht nur um die Darstellung von Ansichten und Haltungen, sondern auch um die Verständigung über die unterschiedlichen Positionen und ihre Ansprüche auf Geltung. Aus der dialogischen Verständigung, so Habermas, könne dann ein gemeinsames und von allen geteiltes Einverständnis für die Wege zur Lösung eines Problems entstehen. Die Kommunikationsform des Dialogs dient somit im Diskurs dem strategischen und erfolgsorientierten Handeln, d. h. der Verständigung und dem Einverständnis über die Mittel, die zur Erreichung eines Ziels sinnvoll und notwendig sind. Der Dialog ist eine Form der kooperativen Handlungsabstimmung zur Problemlösung durch Argumente. In der *Diskussion* sollen Meinungen zum Thema und Begründungen für die Behauptungen der Teilnehmer ausgetauscht werden. Der Begriff Diskussion bezeichnet die Untersuchung und Prüfung der Argumente aller Sprecher und ihrer Begründungen für ihre Haltungen. Im Gegensatz dazu bezeichnet die *Debatte* die bloße Darstellung von Thesen in einem Streitgespräch. Der Begriff Debatte stammt aus dem Französischen und bedeutet so viel wie „niederschlagen". Hierbei geht es nicht um die gemeinsame Prüfung der guten Gründe für ein Argument im Gespräch, sondern um die rhetorische Platzierung von Behauptungen in einem kommunikativen Wettkampf. Am Ende der Debatte steht nicht das kooperative Einverständnis, sondern bestenfalls die Abstimmung über die Gewinner des Wettstreits. In der Unternehmenskommunikation bergen öffentlichkeitswirksame Debatten in sozialen Medien daher immer ein großes Risikopotenzial für das Anliegen und die Reputation des Unternehmens. Für die Wahrung der Streitkultur in einer fairen Diskussion sollte das Unternehmen deshalb den Rahmen des Gesprächs so planen, dass alle Teilnehmer ihre Behauptungen auch begründen können und im Zweifelsfall müssen.

Derartige Dialoge funktionieren nur, wenn das Unternehmen die Anspruchsgruppen oder wichtige Repräsentanten dieser Gruppen aktiv zum Gespräch einlädt und in seine Überlegungen für künftige Entscheidungen glaubwürdig einbezieht. Für eine symmetrische Kommunikation ist es hierbei notwendig, dass beide Seiten im Diskurs eine Lösung anstreben und die Argumentation zwanglos ist, d. h., dass keine Partei monetäre oder juristische Druckmittel vorbringt. Typische Formen des Dialogs finden Anwendung in Gesprächen zwischen der Unternehmensleitung und Gewerkschaftsvertretern, offenen Diskussionsforen mit Anwohnern sowie Treffen mit Konsumentenbeiräten, Politikern und Investoren.

Persuasion
Die dritte Kommunikationsform ist die der *Persuasion*, sie ist zugleich die häufigste und vielfältigste Form der Unternehmenskommunikation. Im weitesten

Sinne beschreibt die Persuasion „alle absichtlichen Versuche, Verhalten mit Hilfe von Kommunikation zu beeinflussen" (Schönbach 2019, S. 13). Sicherlich beeinflussen auch Informationen und Argumentationen das Verhalten von Menschen, allerdings ist dies – im Gegensatz zur Persuasion – nicht ihr eigentliches Ziel. Persuasion bedeutet, gezielt das Wissen, die Meinungen, die Einstellungen, die Werte und schließlich das Verhalten von Menschen so zu verändern, dass sie das Unternehmen unterstützen wollen. Die Persuasion dient zumeist nicht direkt dem Verkauf von Gütern und Leistungen, sie bewirkt dies aber mittelbar, indem sie Vorstellungen, Gefühle und Assoziationen prägt und Sympathie für das Unternehmen, seine Werte und Ziele weckt. Die emotionale Kommunikationsform der Persuasion beschrieb Edward Bernays schon vor fast 100 Jahren als die „moderne Propaganda", d. h. als „das stetige, konsequente Bemühen, Ereignisse zu formen oder zu schaffen mit dem Zweck, die Haltung der Öffentlichkeit zu einem Unternehmen, einer Idee oder einer Gruppe zu beeinflussen" (Bernays 2007, S. 31).

Zu diesen Ereignissen zählen alle Formen der Unternehmenskommunikation, beispielsweise Veranstaltungen und Messen, Aktionärsversammlungen und Branchentagungen, aber auch „mediale Ereignisse" wie Werbung in Massenmedien oder digitalen Medien. Alle diese Ereignisse stehen aber vor derselben Wahrnehmungsschwelle: Sie werden als Teil der strategischen Unternehmenskommunikation erkannt, ihre Glaubwürdigkeit wird bezweifelt, die Absicht der Manipulation unterstellt und daraufhin Abwendung (Reaktanz) ausgelöst. Die Aufmerksamkeit ist generell zu einem hart umkämpften Gut geworden und technische Möglichkeiten wie *Ad-Blocker* erschweren den Zugang zu den Rezipienten von Internetmedien (vgl. Schönbach 2019, S. 97 ff.).

Zudem wirken die klassischen Persuasionsstrategien wie Gegenseitigkeit, Konsistenz, soziale Anpassung und Sympathie vor allem in direkten Interaktionen *(Face-to-Face)*, da sie auf Aufmerksamkeit, Glaubwürdigkeit und Emotionalität angewiesen sind – und gerade diese Aspekte sind bei der massenmedial vermittelten Werbung problematisch. Die klassische Werbung muss sich in den meisten Fällen darauf beschränken, mittels Humors, Spannung, Musik oder anderer Hilfsmittel ein Minimum an kognitiver oder emotionaler Aufmerksamkeit von den Rezipienten der Massenmedien zu erhalten (s. Abschn. 4.4). Die Glaubwürdigkeit von Werbung ist nicht weniger problematisch und die meisten Studien gehen davon aus, dass Werbung lediglich schon bestehende Einstellungen verstärken kann – aber dass keine noch so gut geplante Persuasionsstrategie tatsächlich größere Veränderungen bei Haltungen und Einstellungen oder des Verhaltens bewirkt (vgl. Kroeber-Riel und Gröppel-Klein 2013, S. 591 ff.; Felser 2015, S. 280 ff.).

2.2 Strategische Kommunikation

Und schließlich ist eine emotionale Beziehung zu einem dispersen Publikum über kurze Spots im Fernsehen und Anzeigen in Zeitschriften kaum möglich und störanfällig.

Als hilfreiche Mittler in der Interaktion zwischen Unternehmen und Konsumenten haben sich deshalb in den letzten Jahren vor allem Personen erwiesen, die als Instrument der strategischen Absichten nützlich sein können, weil diese natürlichen „Personae" eine Art persönliche Beziehung inszenieren können. Diese inszenierte Beziehung wird auch „parasoziale Beziehung" genannt, da sie lediglich einseitig, vom Konsumenten zur Personae, aufgebaut und aufrechterhalten wird, jedoch nicht zu tatsächlichen und dauerhaften Interaktionen führt (vgl. Horton und Wohl 1956). Erfolgreiche Personae sind beispielsweise als sympathisch empfundene Schauspieler in Fernsehfilmen und -serien, die die Produkte des Unternehmens sichtbar verwenden *(Product Placement)*, oder „ganz normale Menschen", die glaubhaft darstellen können, dass sie bestimmte Produkte selbst nutzen würden und deshalb empfehlen könnten (*Peers* oder *Influencer*). Auch Repräsentanten des Unternehmens wie der Geschäftsführer, der CEO oder andere Manager sprechen für das Unternehmen als Personae und bezeugen die Glaubwürdigkeit der kommunizierten Botschaften, um Vertrauen zu erzeugen.

In der Praxis der Unternehmenskommunikation, insbesondere im Bereich der Werbung, ist es oft zielführend, unterschiedliche Kommunikationsformen zu kombinieren oder abwechselnd einzusetzen. Zum einen können dadurch unterschiedliche Zielgruppen innerhalb der Anspruchsgruppen besser angesprochen werden, indem man rationale und emotionale Botschaften in Informationen und Persuasionen einsetzt, zum anderen kann man damit auf die spezifischen Ansprüche einzelner Teilgruppen besser reagieren (vgl. Cornelissen 2017, S. 72). Dialoge eignen sind vor allem für konkrete Anliegen der Anspruchsgruppen, die man in kleinen Gruppen oder mit Vertretern dieser Gruppen lösungsorientiert aushandeln kann. Auf die Angebote der Unternehmen bezogen sind rationale Informationen gut geeignet, um komplexe und verständliche Leistungen zu erklären (z. B. Versicherungen), emotionale Persuasionsstrategien eignen sich für eher leicht verständliche Produkte mit anschaulichen Qualitätskriterien (z. B. Hotels) (vgl. Zhang et al. 2014).

Bei der Auswahl der passenden *Strategie* geht es um die Frage, welche kommunikativen Mittel zur Erreichung eines vom Unternehmen angestrebten Ziels passend sein können. Die Mittel orientieren sich an den Anspruchsgruppen, die in die Zielerreichung einbezogen und damit zu einer Kooperation bewegt werden sollen und müssen. Für diese Überlegungen ist die Spieltheorie hilfreich, da sie die Handlungsoptionen und Präferenzen der Akteure in ein Strategiemodell umwandelt (vgl. Rommerskirchen 2017, S. 255 ff.). Die nicht-kooperative Spieltheorie geht davon aus, dass die Akteure nicht durch Verträge, Gesetze oder Absprachen in ihren Entscheidungen gebunden sind und frei über die Zustimmung oder Ablehnung einer Zusammenarbeit entscheiden können. Bei jeder Entscheidung kann also jeder der Akteure die Zusammenarbeit unterstützen (kooperieren) oder sie ablehnen (defektieren) und damit über den Fortgang des Spielverlaufs und die Zielerreichung frei entscheiden. In spieltheoretischen Experimenten und Modellen zeigt sich, dass die Defektion eines oder beider Akteure zu niedrigeren Auszahlungsgewinnen führt als die beiderseitige Kooperation (vgl. Fehr und Schmidt 1999). Zwar ist die Ablehnung der Zusammenarbeit für den einzelnen defektierenden Spieler immer vorteilhafter als seine Zustimmung, wenn parallel der andere Spieler kooperiert, das für beide Parteien bestmögliche Spielergebnis können sie aber erzielen, wenn beide kooperieren. Da die Akteure im Spielverlauf jedoch nicht miteinander interagieren dürfen und ihre Entscheidungen separat treffen müssen, ist das (unsichere) Vertrauen in die Kooperation des Mitspielers die Voraussetzung für das optimale Spielresultat.

Die spieltheoretische Situation ähnelt damit der Abstimmung von Handlungen zur Zielerreichung zwischen dem Unternehmen und den Anspruchsgruppen (vgl. Rommerskirchen 2020). Jede Partei hat ein Ziel und will ihr Verhandlungsergebnis optimieren. Wenn eine oder beide Parteien die Zusammenarbeit verweigern, wird das Ergebnis immer schlechter sein, als wenn sie miteinander kooperieren. Die Experimente der Spieltheorie zeigen, dass die Strategie Kooperation der Strategie Defektion überlegen ist und aus einem Nullsummen-Spiel, bei dem die möglichen Gewinne des einen immer die Verluste des anderen bedeuten, in ein Positivsummen-Spiel verwandelt, bei dem beide den größtmöglichen Nutzen aus der Zusammenarbeit ziehen. Das Vertrauen in die Mitspieler, d. h. der Glaube an die Vertrauenswürdigkeit der anderen, ist eine wesentliche Grundlage für eine optimale Zusammenarbeit (vgl. Bartling et al. 2018). In zahlreichen Studien zeigte sich, dass Vertrauen die Effektivität und die Effizienz der Kooperation erhöht und alle Mitspieler bzw. Verhandlungspartner ihre Gewinne aus der Zusammenarbeit ausweiten können. Misstrauen reduzierte die Gewinne insgesamt und für jeden Mitspieler. Daher sind die Herstellung und Festigung einer vertrauensvollen Beziehung zu den Menschen in den Anspruchsgruppen eine der wichtigsten Aufgaben für das Unternehmen, wenn es eine Strategie zusammen mit diesen Gruppen umsetzen will. Dafür sind ehrliche und transparente Informationen über Entscheidungen und Ziele des Unternehmens sowie Dialoge mit den Gruppen zumeist die bessere Kommunikationsform als die versteckte Persuasion.

2.3 Themen entwickeln

Unternehmen stehen heute im Rampenlicht der öffentlichen Aufmerksamkeit. Ein kritisches Publikum beobachtet jede Entscheidung und kommentiert jedes Handeln von Unternehmen. Äußerungen von Managern zu wirtschaftlichen oder politischen Themen werden weltweit diskutiert und jeder Fehltritt wird in einem globalen Auditorium verhandelt und verurteilt. Die postmodernen Risikogesellschaften (vgl. Beck 1986) reagieren äußerst sensibel auf Risiken in der Produktsicherheit, bei Umwelt- und Gesundheitsschäden oder finanziellen Unsicherheiten. Die Erwartungen der Öffentlichkeit an die Legitimitätssicherung der Unternehmen sind groß und die Menschen fordern von den Unternehmen die umfassende und globale Verantwortung für alle Entscheidungen und Handlungen.

Gleichzeitig dringen die Unternehmen in immer mehr Lebensbereiche vor und ökonomisieren die Lebenswelten der Menschen. Kaum ein Produkt kann heute noch lediglich nützlich und funktionell sein, es muss auch einen symbolischen und kulturellen Mehrwert bieten, damit es die Aufmerksamkeit der Konsumenten verdient. Kleidung (Turnschuhe), Nahrung (Bioprodukte) oder Mobilität (Hybridautos) repräsentieren immer auch einen Lebensstil der Konsumenten, den die Unternehmen mit ihren Gütern unterstützen. Der postindustrielle Kulturkapitalismus verwandelt alles und jeden in ein bedeutungsvolles Symbol (vgl. Reckwitz 2017, S. 114 ff.).

Diese beiden Entwicklungen werden von der Medialisierung und Digitalisierung zusätzlich vorangetrieben und beschleunigt (vgl. Ingenhoff und Röttger 2008). Medialisierung bedeutet in diesem Fall, dass die Unternehmen sich in den Medien darstellen müssen, um von ihren Kunden kontinuierlich wahrgenommen und nicht vergessen zu werden. Zugleich wollen die Unternehmen in den Medien präsent sein, damit ihre eigenen Botschaften und Geschichten einen Unterschied zu den Wettbewerbern markieren können. Medien und Unternehmen ringen dabei um die knappe Aufmerksamkeit der Rezipienten und forcieren die strategische *Personalisierung, Emotionalisierung, Moralisierung* und *Skandalisierung*. Die Digitalisierung der globalen Kommunikationsmedien erleichtert die Planung, Ausführung und Auswertung dieser Strategien, da digitale Medien vor allem die sofortige Auswertung der steigenden oder fallenden Aufmerksamkeit, der positiven oder negativen Bewertungen und der reputationsfördernden oder -gefährdenden Verknüpfung mit anderen Inhalten und Geschichten zeitnah ermöglichen. Allerdings verschärft die Digitalisierung damit zugleich auch den Wettbewerb der Medien um die Aufmerksamkeit der Rezipienten sowie den der Unternehmen um eine positive Bewertung ihrer Reputation.

Chancen und Risiken für die Unternehmen liegen hier dicht beieinander. Das richtige Thema zur richtigen Zeit kann die Chancen auf eine positive Wahrnehmung erhöhen und die Risiken negativer Einflüsse reduzieren. Umgekehrt kann das falsche Thema zur falschen Zeit den Fortbestand des Unternehmens gefährden. Eine knappe Definition eines „Themas" lautet: Aus der Perspektive eines Unternehmens sind Themen *(Issues)* alle Anliegen seiner Anspruchsgruppen, die seine Wirtschaftlichkeit und/oder seine Legitimität betreffen. Die internen und externen Anspruchsgruppen und ihre Anliegen, aus denen sich Themen entwickeln könnten, müssen deshalb kontinuierlich beobachtet werden. Das Themenmanagement *(Issues Management)* plant und steuert den Prozess von der Beobachtung der Unternehmensumwelt bis zur Entwicklung von Botschaften. Für die Beobachtung, die Bewertung und die strategische Planung eines Themas sind daher die potenziellen und die realen Bedeutungen eines Anliegens für das Unternehmen und seinen Marktbereich, die möglichen Erwartungen der verschiedenen Anspruchsgruppen bei diesem Anliegen und ihre unterschiedlichen Interpretationen hinsichtlich der Relevanz und der Bewertungen des Anliegens sowie versteckte und offensichtliche Konflikte für die Arbeit, die Leistungen und die Reputation des Unternehmens zu beachten.

Das Themenmanagement ist allerdings nicht auf die reine Reaktion eingeschränkt, es kann auch proaktiv Themen entwickeln und die Inhalte, die Form und die Vermittlung vorbereiten (vgl. Huck-Sandhu 2014). Das mediale *Agenda-Setting* setzt damit eigene Schwerpunkte und kann erwünschte Themen frühzeitig in die Unternehmensstrategie einbinden. Bestimmte Begriffe, ihre Bedeutung und ihre Bewertung kann das Unternehmen dann prägen, bevor andere dies tun. Das Themenmanagement kann daraus eine Botschaft formen und über die Medien in die Öffentlichkeit tragen, sodass das ausgewählte Thema mit dem Unternehmen in Verbindung gebracht wird. Unerwünschte Themen können auf diese Weise zwar nicht dauerhaft unterdrückt werden, jedoch hat das Unternehmen in einer frühen Phase noch die Gelegenheit, es in eine bestimmte Richtung zu drehen und dadurch eventuell abzuschwächen.

Für die Hervorhebung oder Abschwächung eines Themas ist der kommunikative Rahmen *(Framing)* entscheidend. Rahmen beeinflussen, wie die Rezipienten ein Thema wahrnehmen, welche Assoziationen entstehen und wie sie die Botschaften bewerten (s. Abschn. 3.2). Der Rahmen stellt ein Thema in einem konkreten wirtschaftlichen, sozialen, politischen, kulturellen oder moralischen Zusammenhang dar und verbindet damit das jeweilige aktuelle Thema mit anderen bekannten Kontexten. Jeder Rahmen begrenzt ein Thema, zeigt einen Ausschnitt der Wirklichkeit und stellt bestimmte Aspekte in den Mittelpunkt. Bestimmte andere Argumente und Gesichtspunkte blendet der Rahmen aus, sie bleiben außerhalb. Begriffe

2.3 Themen entwickeln

(Atomkraft oder Kernkraft), Analogien und Metaphern sowie Personen sind Symbole der Rahmung und sollen die Gedanken der Betrachter in eine bestimmte Richtung lenken.

Die meisten Themen entstehen aus einem oder mehreren Einzelfällen. Im Zeitverlauf häufen sich die wenigen einzelnen Probleme dann zu einem Thema und steigern sich im ungünstigsten Fall zu einer lang anhaltenden Krise. Ein typisches Beispiel für solche Phasen hierfür sind Probleme einzelner Konsumenten bei der Nutzung eines Produkts, das fehlerhaft ist oder in bestimmten Situationen Defekte aufweist und deshalb die Funktionsdauer des Produkts reduziert oder gar die Gesundheit der Nutzer gefährdet. Gelingt es dem Unternehmen frühzeitig, diese problematischen Einzelfälle durch den Austausch der Produkte oder eine Erstattung des Kaufbetrags zu lösen, bleibt es ein Anliegen einiger weniger und das Thema selbst bleibt latent (Latenzphase, s. Abb. 2.3). Je riskanter die Nutzung des Produkts und je größer seine Verbreitung ist, umso wahrscheinlicher ist es jedoch, dass mit der Zeit aus den wenigen Einzelfällen ein öffentliches Anliegen und somit ein mediales Thema wird (aktive Phase). Verweigert das Unternehmen dann die

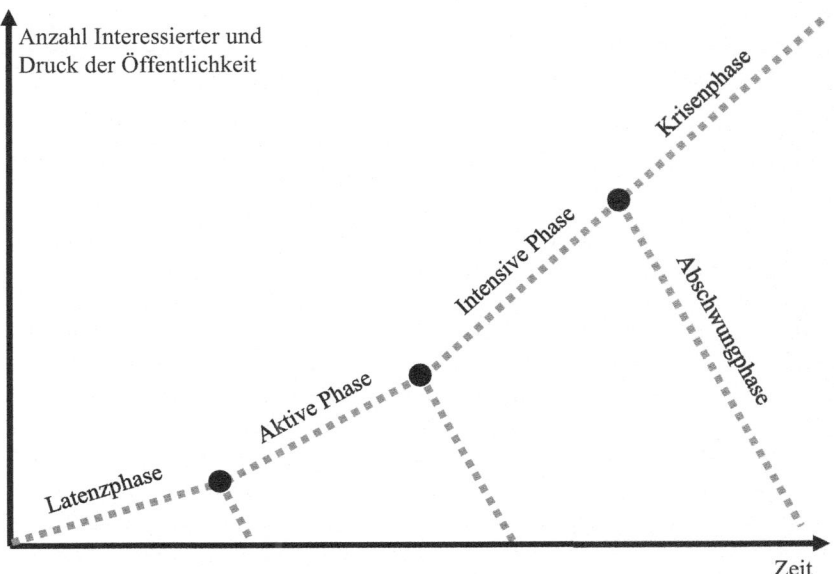

Abb. 2.3 Phasen eines Themas. (Quelle: in Anlehnung an Cornelissen 2017, S. 193; Ingenhoff und Röttger 2008, S. 330)

Ansprüche der Konsumenten auf eine zufriedenstellende Lösung, wird aus dem potenziellen Anliegen einiger weniger bald ein konkretes Anliegen der Öffentlichkeit (intensive Phase). In diesem Fall können nur öffentlich kommunizierte Produktrückrufe oder Schadenserstattungen die weitere Eskalation des Themas verhindern (Abschwungphase), anderenfalls kommt es zur Krise mit weitreichenden schädlichen Auswirkungen auf die Reputation und den Marktwert des Unternehmens.

2.3.1 Themen und Öffentlichkeit

Die Öffentlichkeit und die öffentliche Meinung spielen für das Themenmanagement eine große Rolle, allerdings sind beide Begriffe nur schwer zu definieren oder zu erfassen. Denn „die Öffentlichkeit" und „die öffentliche Meinung" sind immer nur eine Vermutung bzw. eine Zuschreibung. Die Öffentlichkeit setzt sich aus mehr oder weniger vielen einzelnen Personen zusammen und die öffentliche Meinung spricht aus mehr oder weniger reichweitenstarken Medien oder durch populäre Institutionen. Einige glauben, dass die öffentliche Meinung von Meinungsforschungsinstituten erfasst werde, andere, dass sie von der Bild-Zeitung vertreten wird, wieder andere, dass die großen politischen Parteien oder einige Bürgerbewegungen die Meinung der Öffentlichkeit zu einem Thema repräsentieren.

Unter dem Begriff „öffentliche Kommunikation" versteht man eine Form der Kommunikation, bei der weder die Beteiligung aller Interessierten noch der Inhalt, die Form oder die Mitteilungskanäle beschränkt sind (vgl. Theis-Berglmair 2014, S. 146). Die öffentliche Kommunikation als Darstellungsform der Öffentlichkeit zu beschreiben, wäre jedoch zu stark vereinfacht. Dies liegt vor allem daran, dass die Darstellung der öffentlichen Meinung von einflussreichen Akteuren stärker beeinflusst und gesteuert wird als von einzelnen Bürgern. Korporative Akteure wie Parteien, Unternehmen oder Interessenverbände verfügen über eine bessere Ausstattung mit zeitlichen, personellen und finanziellen Ressourcen als der Einzelne und können dadurch den Zugang und die Inhalte der öffentlichen Kommunikation stärker prägen. Problematisch wird dieser ungleiche Einfluss auf die öffentliche Kommunikation dadurch, dass die darin vermeintlich abgebildete öffentliche Meinung oftmals als Wissen über „die Wirklichkeit der Alltagswelt" (Berger und Luckmann 2000, S. 21) aufgefasst wird. Die mediale „Konstruktion der Realität" (Luhmann 2009, S. 95) in der Öffentlichkeit unterliegt dann den Machtverhältnissen in der Gesellschaft und wird von den unterschiedlichen Einflussmöglichkeiten der Akteure verzerrt.

2.3 Themen entwickeln

Versteht man die sogenannte Öffentlichkeit als Beobachtungs- und Bewertungsinstanz, so kommen ihr zwei Funktionen zu. In der Funktion der Öffentlichkeit als *Beobachtungsinstanz* wird ein Thema erst dann allgemein, d. h. gesamtgesellschaftlich relevant, wenn es von der Öffentlichkeit verfolgt und diskutiert wird. Die Öffentlichkeit entscheidet somit über die Relevanz von Themen durch ihre breite Beteiligung am Diskurs. Als *Bewertungsinstanz* erhält die Öffentlichkeit eine normative Funktion, wenn ein Thema im Diskurs positiv oder negativ dargestellt wird. Subjektive Meinungen und Empfindungen, der Zugang zu Daten und Fakten sowie die individuelle Fähigkeit der kritischen Reflexion von Äußerungen anderer Personen oder die Bewertung ihrer Glaubwürdigkeit erschweren jedoch oftmals den Übergang von einem öffentlichen Diskurs zur Bewertung der öffentlichen Meinung. Eine Vielzahl sozialpsychologischer und mediensoziologischer Phänomene wie beispielsweise das Framing, die Schweigespirale, der Third-Person-Effekt oder der Hostile-Media-Effekt (vgl. die Übersicht in Bonfadelli und Friemel 2011, S. 181 ff.) kommen hinzu und machen die Meinungsbildung des Einzelnen in der Öffentlichkeit noch komplexer.

Für das Themenmanagement im Unternehmen ist die Erfassung von Themen der Öffentlichkeit in den letzten Jahren zudem durch die sogenannten sozialen Medien und die Kommunikationsplattformen zugleich erleichtert und erschwert worden (vgl. Theis-Berglmair 2014, S. 156). Einerseits bieten sie einen leichten Zugang zur öffentlichen Kommunikation, indem jeder seine Anliegen einbringen und weltweit (weitgehend) ungehindert äußern kann. Auch für das Themenmanagement sind diese Kommunikationen leicht zugänglich. Andererseits befürchten viele Unternehmen einen (vermeintlichen) Kontrollverlust über die öffentliche Meinung, da wahre und unwahre Behauptungen nur noch schwer voneinander zu trennen sind. Vor allem aber führt die Entwicklung aller Medien insgesamt zu einer Diffusion der Öffentlichkeit in Teilöffentlichkeiten und der öffentlichen Meinung in partielle Meinungen. Immer kleinere Gruppen von Menschen rezipieren unterschiedlichste Medien und kommunizieren miteinander in immer kleineren Foren. Die Erfassung und Aggregation dieser Kommunikationssplitter stellt das Themenmanagement heute vor große Herausforderungen, gilt es doch, immer kleinere Teilchen zu einem großen Bild – einem Thema – zusammenzusetzen.

2.3.2 Strategien der Themenidentifizierung

Um alle potenziellen Themen in der Unternehmensumwelt und damit bei den Anspruchsgruppen zu erkennen, sollte der Blickwinkel deshalb so weit wie möglich sein. Methodisch hat sich dafür in den letzten Jahren eine schrittweise

Makro-Mikro-Analyse bewährt. Auf der Beobachtung des Makro-Umfeldes der Anspruchsgruppen folgt dabei eine Analyse für das Mikro-Umfeld, also das Unternehmen und seine Handlungsfelder. Die Umweltanalyse des Makro-Umfeldes wird zumeist mit dem Begriff DESTEP bezeichnet, die Unternehmensanalyse des Mikro-Umfeldes mit dem Begriff SWOT.

Der Terminus DESTEP ist ein englisches Akronym und steht für *Demographic, Economic, Social-cultural, Technological, Ecological and Political environment.* Die sechs Begriffe verweisen auf die wichtigsten Einflussfaktoren in den unterschiedlichen Anspruchsgruppen, aus denen Anliegen an das Unternehmen entstehen können (s. Abb. 2.4). In der *demografischen Umwelt* sind wichtige Faktoren beispielsweise der demografische Wandel, die Veränderungen der Geschlechterrollen und die stärkere Zuwanderung. In der *ökonomischen Umwelt* gehören die

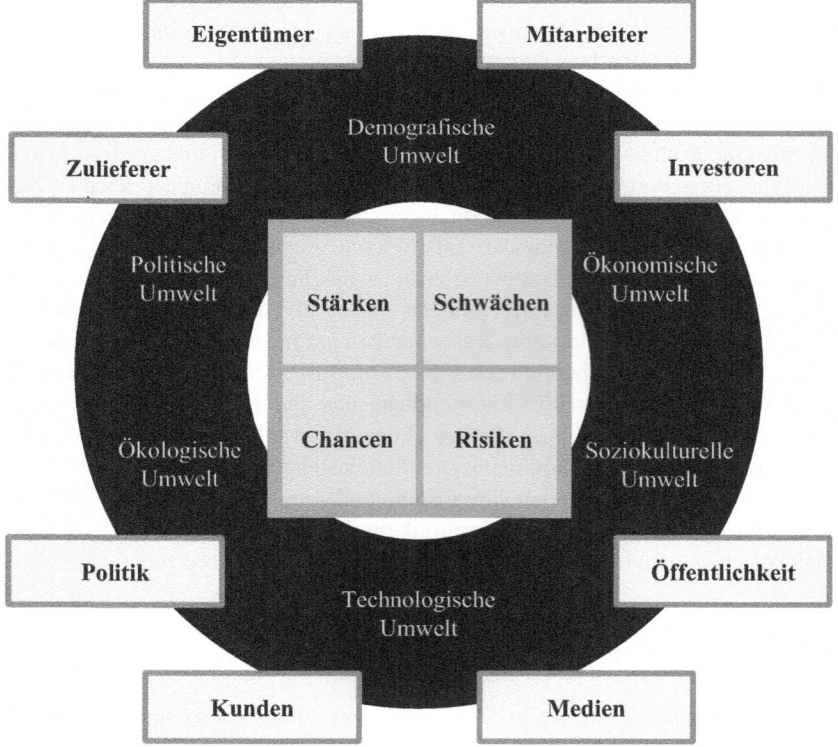

Abb. 2.4 Themenidentifizierung

2.3 Themen entwickeln

Digitalisierung von Entwicklungs-, Fertigungs- und Distributionsprozessen sowie der Wandel im Konsumentenverhalten und in der Arbeitswelt zu den aktuell wichtigsten Faktoren. Die *soziokulturelle Umwelt* hält Faktoren wie Nachhaltigkeitsforderungen, soziale und kulturelle Disparitäten sowie die Unsicherheiten gegenüber der Entwicklung der Digitalisierung und der künstlichen Intelligenz bereit. Zu den aktuell wichtigsten Faktoren der *technologischen Umwelt* gehören vermutlich die vielen Konzentrationsprozesse der Plattform-Ökonomie, bei der die Konvergenz der Technologien und ihre Digitalisierung eine große Rolle spielen. Wichtige Faktoren der *ökologischen Umwelt* sind der Klimawandel und die daraus entstehenden Fragen bezüglich der nachhaltigen Verwendung von Ressourcen sowie der Belastungen der natürlichen Umwelt durch die konventionellen Verfahren. Und schließlich sind Faktoren der *politischen Umwelt* die Auflösung nationalstaatlicher Souveränität in der Europäischen Union, die Ausweitung der Globalisierung sowie eine Verschärfung der politischen Spaltungen in der Gesellschaft.

Aus der Beobachtung dieser sechs Einflussfaktoren und ihrer Kommunikationen muss das Themenmanagement seine Schlüsse ziehen. Die Analysefragen sind dabei zunächst: Ist das Anliegen ein potenzielles Thema, welches das Unternehmen betrifft? Wird sich das Anliegen zu einem Thema entwickeln oder kann man die einzelnen Anliegen schnell und einfach lösen? Falls sich ein Anliegen zum Thema weiterentwickelt, stellen sich Fragen wie: Hat das Unternehmen bereits eine Lösung für das Thema und will es proaktiv in die Diskussion einsteigen? Oder hat das Unternehmen noch keine Lösung für das Thema, kann oder will aber aktiv an der Lösung arbeiten? Und wenn keine Lösung in Sicht ist: Kann man das Thema so verändern, dass es für das Unternehmen lösbar sein wird?

Aus diesen Fragen wird deutlich, dass eine Reihe von Entscheidungen zu fällen ist, die nicht nur die Kommunikationsabteilungen im Unternehmen, sondern auch alle anderen Bereiche betreffen. Die Aufgabe des Themenmanagements ist daher zunächst die Beobachtung der Umwelten, dann die Analyse des potenziellen Themas und schließlich die Herbeiführung von Entscheidungen in einem Gremium zum Umgang mit dem Thema, wobei alle Unternehmensbereiche einbezogen werden müssen. Damit dieses Gremium jedoch entscheidungsfähig sein kann, muss es die möglichen Konsequenzen jeder Handlung kennen. Hierfür ist die Entwicklung einer SWOT-Analyse ein übliches Verfahren. SWOT ist wiederum ein englisches Akronym und steht für *Strengths, Weaknesses, Opportunities, Threats*. Die vier Felder ermöglichen die Verortung eines Themas im Unternehmen sowie seiner Lösungsansätze und deren Positionierung im Themenmanagement. Die Stärken und Schwächen untersuchen die derzeitige Position eines Unternehmens in Bezug auf seine Fähigkeiten, Abläufe und Produkte. Die Chancen und Risiken deuten auf seine möglichen künftigen Positionierungen angesichts der analysierten

Entwicklungen in den Unternehmensumwelten. Dabei sollen alle vier Felder die wichtigsten Anspruchsgruppen und deren Anliegen berücksichtigen. Themen, die dabei als Risiken identifiziert werden, müssen dem Risikomanagement des Bereichs Krisenkommunikation zur weiteren Untersuchung und Bearbeitung übermittelt werden (s. Abschn. 2.5). Schlussendlich soll die SWOT-Analyse dem Entscheidungsgremium offen und nachvollziehbar die Position des Unternehmens und seine Entwicklungsmöglichkeiten aufzeigen, die sich aus den Untersuchungen des Themenmanagements der sechs Umwelten ergeben. Dafür muss die Unternehmensanalyse möglichst objektiv sein, und alle Schritte der Diagnose müssen mit glaubwürdigen Daten und Fakten belegt sein.

2.3.3 Strategien des Themenmanagements

Aus der Umweltanalyse (DESTEP) und der Unternehmensanalyse (SWOT) wird das Themenmanagement eine Vielzahl potenzieller und wiederkehrender Probleme erkennen, die entweder für das Unternehmen nicht relevant sind oder vermutlich niemals zu öffentlichen Themen werden. Immer mehr Themen aus den Unternehmensumwelten sind jedoch für die Unternehmensführung und das Management des Unternehmens relevant und müssen als aktive oder gar intensive Phasen eingestuft werden. In der aktiven und intensiven Phase müssen das Unternehmen und seine Kommunikationsbereiche auf die Anliegen der Anspruchsgruppen eingehen und für sie befriedigende Lösungen vorbereiten, die dann die Abschwungphase des Themas einleiten sollen. Einige Themen bleiben jedoch dauerhaft virulent und können vom Unternehmen allein nicht gelöst werden. Solche Dauerthemen sind beispielsweise der Klimaschutz und die Energieerzeugung sowie der Datenschutz und die Sicherheit von Produkten oder Leistungen.

Aber auch bei diesen Dauerthemen muss das Themenmanagement kontinuierlich den Übergang von einem aktiven zu einem intensiven Thema, die Gefährdungspotenziale für das Unternehmen und Lösungsmöglichkeiten identifizieren. Bei den meisten Themen wird es immer wieder zu Veränderungen in den Umwelten kommen, wenn beispielsweise politische Parteien oder Medien es auf ihre Agenda setzen, Nichtregierungsorganisationen oder Bürgerbewegungen eine schnelle Lösung fordern oder neue technologische Möglichkeiten entwickelt werden. Um Themen und Anspruchsgruppen nicht aus den Augen zu verlieren, bietet sich eine Positions-Relevanzmatrix im Themenmanagement an (vgl. Cornelissen 2017, S. 196). Darin werden die Anspruchsgruppen und ihre aktuellen Äußerungen zu einem Thema bewertet und in der Matrix mit einer Position hinterlegt (s. Abb. 2.5). Auf der vertikalen Achse der Matrix wird bewertet, wer das

2.3 Themen entwickeln

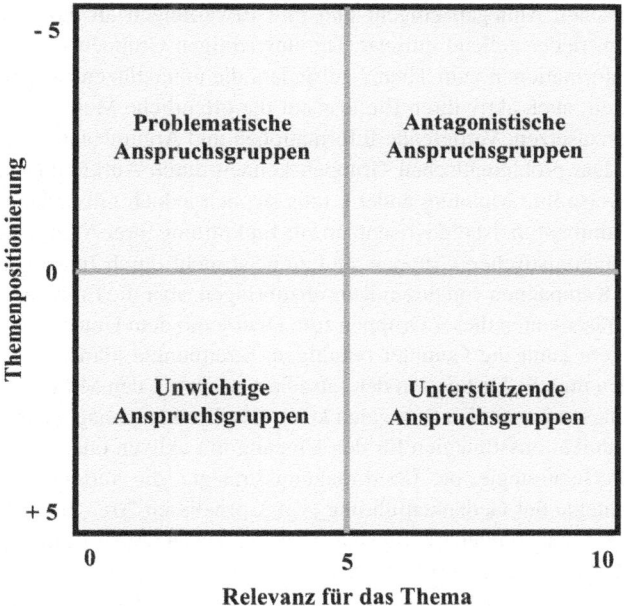

Abb. 2.5 Positions-Relevanzmatrix. (Quelle: nach Cornelissen 2017, S. 196)

Unternehmen unterstützt oder sich ihm widersetzt. Eine Skala von +5 bis −5 zeigt das Ausmaß der Unterstützung bzw. des Widerspruchs an. Auf der horizontalen Skala wird die Relevanz der Anspruchsgruppen für das Thema und seine Lösung bewertet, hierbei reicht die Skala von 0 (unwichtig) bis 10 (sehr wichtig). In der Matrix finden sich vier Bewertungsfelder, denen jeweils eine oder mehrere Anspruchsgruppen zugeordnet werden können. *Unwichtige Gruppen* unterstützen das Unternehmen zwar, leisten aber keinen realen Beitrag zum Thema und zu dessen Lösung. *Unterstützende Gruppen* bieten hingegen Lösungen an, die sie mit ihren Möglichkeiten und ihrem Einfluss auch umsetzen können. Die *problematischen Gruppen* wenden sich zwar gegen das Unternehmen, allerdings ist ihr Einfluss gering und sie können keinen Druck aufbauen. Dies können jedoch die *antagonistischen Gruppen*, die das Unternehmen aktiv behindern wollen und auch die Macht dazu haben.

Jede dieser Gruppen und ihre Äußerungen müssen dauerhaft beobachtet werden, da sie jederzeit ihre Position in der Matrix wechseln können. Und für jede dieser Gruppen muss eine Kommunikationsstrategie entwickelt werden, die auf ihre spezifischen Anliegen eingeht und ihre Erwartungen an das Unternehmen möglichst zufriedenstellend umsetzt. Die unwichtigen Gruppen sind zumeist mit weiteren Informationen zum Thema zufrieden, die unterstützenden Gruppen sind oftmals bereit, auch aktiv ihren Einfluss auf die öffentliche Meinung oder andere Gruppen einzusetzen. Vertiefende Informationen und Argumentationen helfen ihnen dabei. Die problematischen Gruppen können durch Aufklärungskampagnen möglicherweise ihre Meinung ändern, falls sie sich jedoch mit anderen Gruppierungen zusammentun, ist ein Krisenplan zur Entkräftung ihrer Argumente notwendig. Die antagonistischen Gruppen sind zumeist nicht durch Informationen oder allgemeine Kampagnen von ihrem Kurs abzubringen, aber die Einladung an ausgewählte Repräsentanten dieser Gruppen zum Dialog mit dem Unternehmen und seinen Managern kann die Gemüter beruhigen, Streitpunkte klären sowie Irrtümer richtigstellen und die Diskussion der Tatsachen wieder in den Mittelpunkt rücken.

Neben diesen generellen Strategien kennt das Themenmanagement vier spezielle Kommunikationsstrategien für den Umgang mit aktiven oder intensiven Themen: die Pufferstrategie, die Überbrückungsstrategie, die Verteidigungsstrategie und die Strategie der Gedankenführung (vgl. Cornelissen 2017, S. 198). Darüber, welche dieser vier Strategien für welches Thema, welche Anspruchsgruppe und zu welchem Zeitpunkt die richtige ist, muss das Themenmanagement beraten und den Entscheidern im Unternehmen vorschlagen. Die Entscheidung bezüglich der Strategie hängt nicht nur von den Kosten, sondern auch von der Haltung des Unternehmens zu den Anspruchsgruppen sowie dessen Werten und Zielen ab (vgl. Hallahan et al. 2007, S. 16). Die Unternehmensgrundsätze, die Identität des Unternehmens und seine Vision geben auch der Kommunikation im Themenmanagement einen Rahmen, in dem sie sich bewegen kann.

Die *Pufferstrategie* versucht, das Thema zu blockieren und seine Weiterentwicklung zu verhindern. Die Strategie des Unternehmens soll beibehalten werden. Die dabei störenden Anliegen einzelner Anspruchsgruppen sollen durch das Aufdecken negativer Auswirkungen auf das Unternehmen diskreditiert und eigene Entscheidungen verschoben oder auf externe Gruppen, wie beispielsweise die Politik, abgeschoben werden.

Eine *Überbrückungsstrategie* kommuniziert Offenheit für die Anliegen relevanter Anspruchsgruppen und demonstriert die Bereitschaft für Veränderungen. Dabei versucht das Unternehmen, einzelne Gruppen in seine Überlegungen dialogisch einzubeziehen und gemeinsam mit ihnen nach Lösungen zu suchen, die sowohl die Rentabilität des Unternehmens als auch die Forderungen der Anspruchsgruppen realisieren können. Wichtig ist dabei die Transparenz der Gespräche, der Lösungsvorschläge und der Probleme, die sich aus den Zielkonflikten der Lösungsansätze ergeben.

2.3 Themen entwickeln

Die *Verteidigungsstrategie* setzt darauf, ein Thema aktiv so zu ändern, dass es zu den Zielen des Unternehmens passt. Diese Strategie will weder die Anliegen blockieren (Pufferstrategie) noch will sie sich ihnen anpassen (Überbrückungsstrategie), sondern durch öffentliche Meinungskampagnen und nicht-öffentliche Lobbyarbeit die wichtigen Anspruchsgruppen von der eigenen Position und deren Vorteilen überzeugen. Diese Strategie kann das Unternehmen reaktiv verfolgen, also als Reaktion auf Kritik, und proaktiv entwickeln, um vorhersehbaren Entwicklungen entgegenzusteuern. Die Verteidigungsstrategie kann dazu die Erkenntnisse von Thinktanks veröffentlichen, auf widersprüchliche wissenschaftliche Erkenntnisse hinweisen oder auf konträre Positionen in der öffentlichen Meinung. Im Kern geht es der Verteidigungsstrategie darum, Zweifel an den Anliegen der antagonistischen Anspruchsgruppen zu säen und die Richtigkeit der eigenen Entscheidungen in den Vordergrund zu stellen.

Die *Strategie der Gedankenführung* setzt voraus, dass das Themenmanagement ein relevantes Anliegen frühzeitig erkennt und das Handeln des eigenen Unternehmens als wegweisend in der Diskussion des Themas bei der Lösung der daraus entstehenden Probleme darstellt. Das Unternehmen übernimmt dann die Führungsrolle innerhalb der Branche und versucht, seine eigene Strategie als Maßstab des vorbildlichen Handelns zu vermitteln.

Jede dieser vier Strategien setzt dabei unterschiedliche Maßnahmen und Instrumente in der Kommunikation ein. Die *Pufferstrategie* ist eine defensive Minimalstrategie. Sie versucht, das Thema weitgehend zu verschweigen und lediglich in Pressemitteilungen auf künftige Entscheidungen im Unternehmen oder ausstehende Entscheidungen der Politik zu verweisen. Die *Überbrückungsstrategie* setzt hingegen auf die transparente und kontinuierliche Berichterstattung über die Erfolge der gemeinsamen Gespräche des Unternehmens mit den Anspruchsgruppen in Pressekonferenzen, auf öffentlichen Tagungen und Medienkampagnen. Die *Verteidigungsstrategie* kombiniert in der Regel verdeckte und öffentliche Bemühungen, um das Thema zu steuern. Dazu gehören sowohl Hintergrundgespräche mit Journalisten, Politikern und Repräsentanten wichtiger Anspruchsgruppen als auch öffentlichkeitswirksame Kampagnen von externen Organisationen, die das Unternehmen unterstützt. Die *Strategie der Gedankenführung* versucht, die Vordenkerrolle des Unternehmens glaubwürdig zu inszenieren, indem beispielsweise die Überzeugungen und Visionen der Unternehmensführung in Interviews mit Journalisten oder in öffentlichen Gesprächen mit Kritikern kommuniziert werden. Teil der Strategie ist es auch, zentrale Schlüsselbegriffe oder Metaphern rund um das Thema frühzeitig so zu prägen und zu rahmen *(Framing)*, dass sie mit dem Unternehmen und seiner Strategie in Verbindung gebracht werden. Die Geschichte, die sich daraus entwickeln und erzählen lässt, integriert klassische rhetorische

Elemente wie Archetypen (das Unternehmen als Held oder als Opfer), Mythen (das Unternehmen als David im Kampf gegen Goliath) und Wertsetzungen (Freiheit ist wichtiger als Verbote, Umweltschutz wichtiger als Profit).

2.4 Das Unternehmen als guter Bürger

Unternehmen arbeiten in, mit und für die Gesellschaft. In der Gesellschaft finden Unternehmen ihre Kunden und Mitarbeiter, mit der Gesellschaft entwickeln sie neue Produkte und Leistungen, für die Bedürfnisse der Gesellschaft bieten sie diese als Güter zum Verkauf an. Die guten Beziehungen zu den Menschen in der Region, in der Unternehmen tätig sind, Güter absetzen, Mitarbeiter finden und vieles anderes, sind daher die Grundlage für ihren wirtschaftlichen Erfolg. Solche guten Beziehungen müssen sich Unternehmen erarbeiten, sie müssen sie pflegen und ausbauen. Dazu sollten Unternehmen die Gesellschaft über ihr Handeln und ihre Ziele offen informieren, auf Kritik und Widerspruch reagieren sowie die Wünsche und Erwartungen der Gesellschaft respektieren. Gelingt all dies einem Unternehmen, wird es von der Gesellschaft anerkannt und unterstützt. Mit seiner gestärkten sozialen Legitimität kann ein solches Unternehmen auf Glaubwürdigkeit und Vertrauen hoffen, auf seine Abwehrkräfte gegen Vorwürfe und bei Krisen bauen und anspruchsvolle wirtschaftliche Ziele anstreben.

Unternehmen, die all dies ignorieren und ihre soziale Rolle auf eine rein ökonomische Funktion reduzieren wollen, müssen in unserer Zeit mit massivem Misstrauen und aktivem Widerstand rechnen. In den 1970er-Jahren konnte der Ökonom Milton Friedman (1970) mit der Behauptung, dass Unternehmen als isolierte Wirtschaftseinheiten nur das Ziel haben sollten, profitabel zu sein, und ausschließlich gegenüber ihren Eigentümern verantwortlich sind, noch zahlreiche Unterstützer finden. Fünf Jahrzehnte später ist die soziale Verantwortung von Unternehmen für die Gesellschaft ein öffentliches Thema und vielen Menschen ein wichtiges Bedürfnis. Diese soziale Verantwortung ist weitreichend, sie erstreckt sich von der Produktsicherheit über den schonenden Umgang mit Ressourcen bis zur Unterstützung von Wohltätigkeitsorganisationen. Die Ziele für nachhaltige Entwicklung *(Sustainable Development Goals, SDGs)*, die die Vereinten Nationen im Jahr 2015 veröffentlicht haben, fordern beispielsweise die Bekämpfung von Armut, Hunger und Ungleichheit sowie ressourcenschonende Wirtschafts- und Konsumformen (vgl. Vereinte Nationen 2019). Die dort formulierten globalen 17 Ziele für nachhaltige Entwicklung kann zwar kein Unternehmen allein umsetzen, sie gelten inzwischen aber in der Wirtschaft und in der Politik als Messlatte für gemeinsame ambitionierte Projekte.

2.4 Das Unternehmen als guter Bürger

Für viele Unternehmen beinhaltet die soziale Verantwortung auch die Sorge um das Gemeinwohl, und sie nehmen dafür eine offensive Haltung gegen nationalistische, rassistische oder sexistische Positionen ein. Damit dringen Unternehmen tief in die Sphären gesellschaftspolitischer Debatten ein, sie fordern als verantwortungsbewusste Akteure ihr Recht auf Mitsprache und Mitgestaltung des Gemeinwohls. Die Ausweitung und die Vertiefung der sozialen Rolle von Unternehmen in der Gesellschaft haben weitreichende Folgen. Sie polarisieren nicht nur die Gesellschaft in Unterstützer und Gegner, sondern auch die Märkte in stark gemeinwohlengagierte Unternehmen mit einer umfassenden Verantwortungskonzeption und andere, die diesem Trend eher skeptisch begegnen und die Unterstützung sozialer Projekte oder politischer Programme für eine Privatangelegenheit halten.

Die Frage nach der Verantwortung von Unternehmen und ihrer Rolle in der Gesellschaft ist jedoch nicht neu. Vielmehr ist es eine der ältesten Fragen der Menschheit. Schon vor mehr als 4000 Jahren, noch am Anfang unserer Zivilisationsgeschichte, beschreibt das Gilgamesch-Epos zentrale Konflikte: Es geht in diesem klassischen Epos um die Misshandlung von Menschen, die als Arbeiter ausgebeutet werden, und den Missbrauch der Natur, die als Warenlager ausgenutzt wird. Es geht um Formen der Kooperation und der Steuerung von Produktionsprozessen sowie die Vereinbarkeit der moralischen Grundlagen einer Gemeinschaft mit ihrer zivilisatorischen Entwicklung (vgl. Sedláček 2012). Auch die Entstehung des Alten Testaments ist eng verbunden mit der Ausformung früher kapitalistischer Strukturen und den daraus erwachsenden Konflikten mit den moralischen und religiösen Konventionen antiker Gesellschaften (vgl. Sombart 1911; Weber 1921).

In der klassischen griechischen Philosophie wird die Rolle von Unternehmen in der Gesellschaft immer wieder diskutiert: Bei Hesiod geht es um den effizienten Einsatz begrenzter Ressourcen, bei Xenophon um die Bedeutung der Arbeitsteilung und des organisierten Handels für den volkswirtschaftlichen Wohlstand sowie den Gebrauchs- und den Tauschwert von Waren. Letzteres greift auch Aristoteles, der „Erfinder" der Ökonomie als Wissenschaft, auf und kritisiert die wirtschaftliche Nutzenmaximierung und das bloße Streben nach Reichtum. Der antike Philosoph fordert die Wirtschaft deshalb auf, die Bürger und ihre Gemeinschaft in ihrem Streben nach einem wahrhaft guten Leben zu unterstützen. Dabei sind materielle Güter für die Bedürfnisse der Menschen und die Unabhängigkeit der Gemeinschaft wichtige Mittel, aber nicht das eigentliche Ziel eines guten Lebens.

All diese Themen und Fragen spielten auch im Mittelalter, beispielsweise bei Franz von Assisi und seiner Armutslehre oder Thomas von Aquin und seiner Lehre vom gerechten Preis, eine wesentliche Rolle; und auch die große theologische Streitfrage des Mittelalters, die letztendlich dann zur Kirchenspaltung führte, war im Kern eine ökonomische Frage: Besaß Jesus Christus einen Geldbeutel und somit Eigentum? Aus den langen, blutigen Kriegen, die in der Folge dieses vordergründig theologischen, aber eben auch ökonomischen Streits im 16. Jahrhunderten entbrannten, entstanden nicht nur die politischen Umwälzungen der Neuzeit, sondern auch die Erfindung der modernen Ökonomie durch den Moralphilosophen Adam Smith und die wegweisenden Gedanken zur politischen Ökonomik von John Stuart Mill und Karl Marx. Allen drei Denkern, Smith, Mill und Marx, ging es in ihren ökonomischen Schriften um die Auflösung der Widersprüche zwischen dem egoistischen Streben Einzelner und der Ermöglichung des guten Lebens aller – und damit um die Frage nach der sozialen Rolle von Unternehmen und ihrer Verantwortung für die Gesellschaft und das Gemeinwohl.

In der Praxis entwickelte sich die Ökonomie jedoch nicht in die erhoffte Richtung. In der sogenannten zweiten Industriellen Revolution um das Jahr 1900 entstanden neue Industrien wie die Elektrotechnik, die Chemie und der Fahrzeugbau und die Erschließung des Erdöls als Energiequelle begann. Dies förderte die Entstehung mächtiger Konzerne und Kartelle mit engmaschigen Vernetzungen zwischen Industrie- und Bankkapital (vgl. Kocka 2014; s. Abschn. 2.1). Reichtum und Macht lagen in der Hand einiger weniger Großindustrieller wie Cornelius Vanderbilt, Andrew Carnegie und John D. Rockefeller in den USA oder Emil Kirdorf in Deutschland. Unter ihrer Führung entwickelte sich der Konzernkapitalismus zu einem eigenständigen System mit eigenen Regeln und einem neuen Machtbewusstsein. Die Großindustrie mit den sogenannten *Robber Barons* an ihrer Spitze verstand sich immer weniger als Teil der Gesellschaft und zunehmend als deren Führungselite, die nicht nur die Wirtschaft, sondern auch die Politik und die Politiker nach ihren Wünschen lenken wollte.

Die Kritik an diesem anmaßenden Konzernkapitalismus ließ nicht lange auf sich warten. Thorstein Veblen verurteilte um die Jahrhundertwende nicht nur den demonstrativen Müßiggang der neuen Oberklasse mit scharfen Worten, sondern auch deren ökonomische Grundlage, die Industriemonopole, die von einem rücksichtslosen Macht- und Profitstreben angetrieben würden (vgl. Veblen 2007, 2015). Wenige Jahre später forderte auch John Maurice Clark eine neue ökonomische Verantwortung der Unternehmen: *„We need an economics of responsibility, developed and embodied in our working business ethics"* (Clark 1916, S. 210). In dem verantwortungslosen Streben der Unternehmer nach Profit sah er die Wurzel allen Übels in der modernen Ökonomie der Massengesellschaften, forderte Gerechtigkeit statt Wohltätigkeit und eine *„broadened attitude toward the responsibilities of business relationships"* (Clark 1916, S. 229). Und in den 1950er-Jahren entwickelte Howard R. Bowen (1953) in seinem Buch *Social Responsibilities of the Businessman* die begrifflichen Grundlagen für ein erweitertes Konzept von Verantwortung, die Unternehmen gegenüber gesellschaftlichen Gruppen hätten. Die

2.4 Das Unternehmen als guter Bürger

Idee einer sozialen Verantwortung von Unternehmen als Teil der Gesellschaft war damit, wenn auch ganz und gar nicht neu, so doch wiedererweckt.

Allerdings schlug das Pendel zunächst wieder in die entgegensetzte Richtung, denn die Entwicklung der Systemtheorien von Talcott Parsons und Niklas Luhmann waren dieser Idee nicht förderlich. Sie betrachteten die Unternehmen als Teil des Wirtschaftssystems und damit in Abgrenzung zu den anderen Systemen wie Politik, Kultur und Gemeinwesen. Das ureigenste Interesse jedes Systems und seiner Subsysteme sei die Stärkung seiner eigenen, spezifischen Prozesse und Themen. In der Wirtschaft gehe es um Geld, um die Moral kümmere sich die Kultur. Aufgrund dieser Differenz zwischen Wirtschaft und Kultur, Unternehmen und Gesellschaft kommt Luhmann zu seiner berühmten Vermutung, dass die Wirtschaftsethik so etwas wie die englische Küche sei, also lediglich ein Gerücht, über das man besser nicht spreche, da sie gar nicht existiere: „Es gibt Wirtschaft, es gibt Ethik – aber es gibt keine Wirtschaftsethik" (Luhmann 1993, S. 134). In den 1980er- und 1990er-Jahren war die Debatte um die Unternehmensverantwortung dementsprechend auch weitgehend zum Stillstand gekommen.

Zwar hatte der *Club of Rome* schon ab 1972 immer wieder vor der Begrenztheit der natürlichen Ressourcen wie Erdöl und damit den *Grenzen des Wachstums* gewarnt, doch führte dies zunächst zu rein ökonomischen Reaktionen: Die Rohstoff- und Energiepreise stiegen ebenso wie die Arbeitslosigkeitsquote und alles zusammen erschwerte das Wirtschaftswachstum in vielen Ländern. Die Folge waren zunächst eine neoliberale Politik in den großen westlichen Industriestaaten *(Reagonomics, Thatcherismus)*, dann der politische und ökonomische Zusammenbruch der ehemaligen sozialistischen Ostblockstaaten und vieler lateinamerikanischer Länder. Diese Entwicklungen erleichterten den Vertretern der neoklassischen Wirtschaftstheorie die globale Ausweitung ihrer profitorientierten Vorstellungen. Unterstützung erhielten sie von einflussreichen politischen Institutionen wie dem Internationalen Währungsfonds und der Weltbank, die sich 1990 auf den sogenannten Washington-Konsens verständigten. Dessen ökonomische und politische Strategie lautete: Liberalisierung des Handels, Privatisierung von Unternehmen und Institutionen sowie Deregulierung von Märkten und Preisen. Kurzum: Mehr freier Markt mit freien Unternehmen, weniger Staat und Gemeinwohl.

Mit dem Jahrtausendwechsel schwächte sich diese Ideologie der befreiten Märkte ab. Die Hoffnungen in die neuen Märkte der Informationstechnologie endeten im Frühling 2000 ebenso wie die auf endlose Bankkredite für Hausbesitzer im Herbst 2007 mit dem Zusammenbruch von Unternehmen und Banken. An den Börsen der Welt verloren einige Menschen ihr Vermögen, andere ihre spärlichen Rücklagen für den Ruhestand, und nun sollte die Politik – und damit die Steuern zahlenden Bürger – die Wirtschaft und die verantwortungslos handelnden

Unternehmen retten. Die sozioökonomische Wirtschaftstheorie ersetzte die bloße Profitorientierung der Unternehmen durch die kooperative Einbindung der Interessen ihrer Anspruchsgruppen. Fundiert wurde dieser Wandel durch die verhaltensökonomischen Experimente aus dem Feld der Spieltheorien. Die These des Sozialphilosophen John Rawls (1979), dass die Gerechtigkeit und der faire Umgang miteinander für die meisten Menschen wichtige Handlungsziele seien, konnte auch experimentell bestätigt werden (vgl. Fehr und Schmidt 1999). In der Wirtschaftstheorie ersetzte die Fairness im Umgang miteinander den kalten Egoismus des Profitstrebens, der *Homo socius* trat an die Stelle des *Homo oeconomicus*. Der Ruf nach mehr Verantwortung der Unternehmen für das Gemeinwohl wurde lauter und viele Menschen forderten eine neue und zugleich sehr alte soziale Rolle von Unternehmen in der Gesellschaft (ausführlich in Rommerskirchen 2018). Die neoklassische Betrachtung der Wirtschaft als Nullsummenspiel, in dem es immer gleich viele Gewinner wie Verlierer gibt, wurde durch ein Positivsummen-Spiel abgelöst, in dem Vertrauen und Kooperation zu mehr Gewinnern als Verlierern führen.

2.4.1 Die Verantwortung des Unternehmens

In diesem „Spiel" müssen sich auch die Unternehmen auf neue Regeln einstellen. Eines der bekanntesten Managementmodelle zur Unternehmensverantwortung stammt von Archie B. Carroll (1991). Er schlägt eine Differenzierung in vier Verantwortungsbereiche als hierarchische Pyramide vor: die ökonomische, die legale, die ethische und die voluntative Verantwortung (s. Abb. 2.6). Für Carroll lautet der

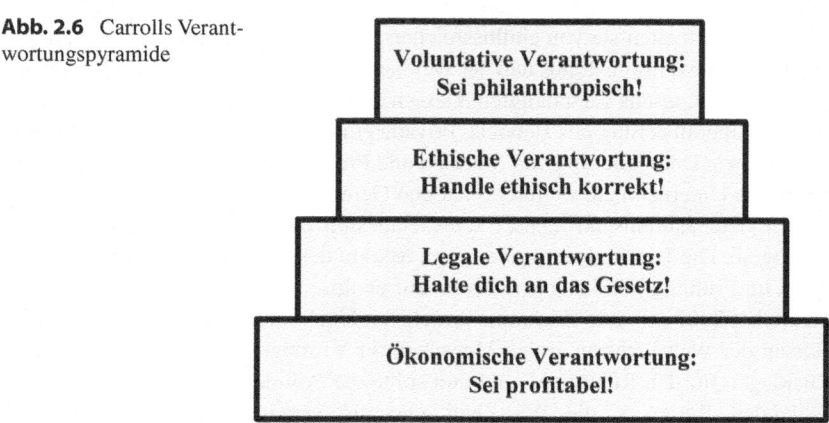

Abb. 2.6 Carrolls Verantwortungspyramide

2.4 Das Unternehmen als guter Bürger

erste Imperativ unternehmerischen Handelns folglich: Sei profitabel! Umsatz und Gewinn müssen maximiert werden, damit das Bestehen des Unternehmens gesichert ist. Darauf aufbauend folgt der zweite Imperativ: Halte dich an das Gesetz! Die Arbeit des Unternehmens muss innerhalb des geltenden Rechts erfolgen. Der dritte Imperativ geht darüber hinaus: Handle ethisch korrekt! Die moralischen und ethischen Erwartungen der Gesellschaft sind für Carroll ein wesentlicher Teil der Verantwortung des Unternehmens. Und schließlich lautet sein vierter Imperativ: Sei philanthropisch! Die freiwillige und gemeinwohlorientierte Unterstützung der Kultur, der Bildung und der Wohlfahrt ist für ihn die höchste Stufe der Verantwortung des Unternehmens als Teil der Gesellschaft. Aus Carrolls Pyramide lässt sich zwar deskriptiv ein Handlungskonzept der Unternehmensverantwortung ableiten, aber weder eine normative Begründung für konkrete Handlungsweisen noch eine analytische Untersuchung von Zielkonflikten zwischen den Ebenen seines Modells. Interpretiert man Carroll so, dass die erste Ebene Priorität vor der zweiten, dritten und vierten hat, so wären die Legalität und die moralische Legitimität unternehmerischen Handelns nur mögliche sekundäre und tertiäre Handlungsweisen nach der Maximierung des monetären Erfolgs.

Problematisch ist bei Carroll auch die Verantwortung selbst, ihre Instanzen und ihre Reichweite bleiben diffus. Für die Diskussion der konkreten Verantwortung von Unternehmen und der damit einhergehenden Handlungs- und Zielkonflikte muss daher zunächst das Konzept Verantwortung selbst geklärt werden. Zumeist wird Verantwortung als Relation betrachtet, wobei das Subjekt, das Objekt, die Instanz und die Kriterien der Verantwortung zugeordnet werden müssen (vgl. Heidbrink 2003; Höffe 1993). Die Frage lautet dann: *Wer trägt wofür und wem gegenüber gemäß welcher Kriterien die Verantwortung?*

Subjekte der Verantwortung (Wer?) können natürliche Personen wie Menschen, aber auch juristische Personen wie Wirtschaftsunternehmen, Vereine und Verbände sein. Sie alle können Akteure sein, Entscheidungen treffen und Handlungen ausführen bzw. ausführen lassen, für die sie eine zurechenbare Verantwortung tragen. Als *Objekte* der Verantwortungsdiskussion (Wofür?) kommen Entscheidungen und Handlungen in Frage, die ökonomische, juristische, moralische oder ethische Konflikte offenlegen und eine Begründung erforderlich machen. *Adressat* dieser Begründung (Wem gegenüber?) können als Instanz der Verantwortung der oder die Eigentümer eines Unternehmens, ein Gericht, die Gesellschaft oder das Gewissen des Einzelnen sein. Als *Kriterien* der Verantwortung (Welche Kriterien?) kommen die notwendige, tatsächliche oder mögliche Zuständigkeit in Frage. Daraus ergeben sich die in Abb. 2.7 dargestellten Verantwortungsebenen und Zuordnungen.

Die Ebenen unterscheiden vier Verantwortungsbereiche: Wirtschaft, Recht, Moral und Ethik. Weitgehend unproblematisch sind die wirtschaftliche Ver-

Subjekt *wer*	Objekt *wofür*	Instanz *wem*	Kriterien *welche*
Geschäfts-führung	**Wirtschaft**	Eigentümer	Notwendig
Juristische Person	**Recht**	Gericht	Notwendig
Persona	**Moral**	Gesellschaft	Tatsächlich
Natürliche Person	**Ethik**	Gewissen	Möglich

Abb. 2.7 Verantwortungsebenen des Unternehmens

antwortung der Geschäftsführung und die rechtliche Verantwortung der jeweils zuständigen juristischen Personen, die diese vor den Eigentümern oder den Gerichten haben. Die Eigentümer beauftragen die Geschäftsführung mit der Wahrung ihrer wirtschaftlichen Interessen im Rahmen der Werte und Ziele des Unternehmens und müssen dafür notwendigerweise auch die Verantwortung tragen. Notwendig ist auch die rechtliche Verantwortung für die Einhaltung von Verträgen, die dem nationalen oder supranationalen Recht unterliegen, da die Verteilung von Rechten und Pflichten der Kern jeder Gemeinschaft vernünftiger Wesen ist.

Problematischer ist die moralische Verantwortung von Unternehmen. Moralfähig und sich einer möglichen moralischen Schuld bewusst sein kann zunächst nur ein sozialisierter Mensch, der in einer bestimmten Kultur lebt und ihre moralischen Grundlagen kennt (vgl. Rommerskirchen 2019a; s. Abschn. 1.2). Unternehmen sind jedoch Korporationen, die aus vielen einzelnen Personen mit unterschiedlichen Zuständigkeiten und Verantwortlichkeiten bestehen. Die Gesellschaft erwartet und fordert aber, dass Unternehmen die geltenden Normen und moralischen Grundsätze respektieren. Welche Grundsätze dies sind und wie verpflichtend sie sein sollen, muss die Zivilgesellschaft klären. Die Erwartungen der Gesellschaft an das Unternehmen und seine Mitarbeiter, die für das Unternehmen und im Auftrag des Unternehmens handeln, richten sich daher an das Unternehmen als abstrakte

2.4 Das Unternehmen als guter Bürger

Einheit, an eine *Persona* (s. Abschn. 1.3). Als Persona nimmt das Unternehmen in der Gesellschaft eine soziale Rolle mit parasozialen Beziehungen ein, die moralische Rechte und Pflichten begründen. Wenn Unternehmen die Identität der Persona, die Rolle in der Gesellschaft und die Beziehungen zu den Menschen übernehmen wollen, dann kann die Gesellschaft diesen Personae auch die kollektive Verantwortung für ihre Entscheidungen zuweisen und ihr moralisches oder unmoralisches Handeln sanktionieren.

Für die Übernahme dieser moralischen Verantwortung und die Pflicht zur Rechenschaft gegenüber der Gesellschaft werden zumeist drei Konzept diskutiert: *Corporate Citizenship*, *Corporate Stewardship* und *Corporate Social Responsibility*. Der Ansatz der *Corporate Citizenship* beschreibt das Unternehmen als Teil der Zivilgesellschaft und weist ihm aus der wechselseitigen Abhängigkeit eine moralische Verantwortung mit Rechten und Pflichten zu. Im Sinne einer republikanischen Bürgerschaftstheorie überträgt dieser Ansatz dem Unternehmen in der Gemeinschaft die Aufgabe, einen Beitrag zum Gemeinwohl zu leisten. Gute Bürgerschaft *(Good Citizenship)* bedeutet hierbei mehr als seine rechtliche Pflicht zu tun – auch das Unternehmen soll seinen Beitrag zum Gemeinwohl leisten und die gesellschaftlichen Ziele aktiv unterstützen.

Der *Corporate Stewardship*-Ansatz geht davon aus, dass das Management eines Unternehmens eine treuhänderische Pflicht gegenüber den Kapitalgebern, den Mitarbeitern, den Kunden und der Gesellschaft hat. Die leitenden und entscheidenden Manager *(Stewards)* sollen im Rahmen der Fürsorge für das ihnen anvertraute Unternehmen möglichst umsichtig agieren, natürliche Ressourcen nachhaltig bewirtschaften und die Interessen der Anspruchsgruppen in den Vordergrund stellen. Der Unterschied zwischen diesen beiden Konzepten ist folglich das Subjekt der moralischen Zuweisung: Die Vertreter der *Corporate Citizenship* verstehen das Unternehmen als Persona, der durch die parasoziale Interaktion mit der Gesellschaft eine moralische Rechenschaftspflicht zukommt. Die Vertreter der *Corporate Stewardship* sehen hingegen die Mitarbeiter und Manager der Unternehmen in der Pflicht, für ihre Entscheidungen und Handlungen eine persönliche moralische Rechenschaft abzulegen.

Das umfassendste, aber auch diffuseste Konzept von Verantwortung bietet die Position der *Corporate Social Responsibility*. Sie unterstellt eine umfassende Verantwortung des Unternehmens und aller in und für das Unternehmen tätigen Personen für alle Handlungen, die zum Kernbereich der Leistungserbringung beitragen und darüber hinaus Konsequenzen haben. Neben der Verantwortung für den Erhalt und die Rentabilität des Unternehmens *(Profit)* gibt es demnach eine Verantwortung für die Menschen innerhalb und außerhalb des Unternehmens *(People)* und deren ökologische Umwelt *(Planet)* (vgl. Elkington 1997).

Die vierte Verantwortungsebene ist die ethische Verantwortung, die eine konkrete, aber auch anspruchsvolle akteurgebundene Verantwortung beschreibt. Da ethisches Handeln immer an die Überlegungen und Entscheidungen eines freien, vernünftigen und autonomen Wesens geknüpft sind, kann nur ein einzelner Mensch ethisch handeln und muss sich dafür vor seinem Gewissen verantworten. Die Ethik kennt teleologische, utilitaristische und deontologische Paradigmen mit unterschiedlichsten Ausrichtungen. Dass ein Mitarbeiter auf der Grundlage seiner ethischen Überlegungen handelt, ist möglich und verdienstvoll – aber nicht notwendig. Als Mitarbeiter muss er in erster Linie seine notwendige wirtschaftliche und rechtliche Verantwortung übernehmen, dann die moralische Verantwortung, die die Gesellschaft tatsächlich von ihm erwartet. Aus ethischen Gründen rechtswidrig oder geschäftsschädigend zu handeln, kann zwar eine mögliche Lösung für Konflikte zwischen dem Unternehmen und einem einzelnen Mitarbeiter sein, daraus kann man aber keine notwendige oder tatsächliche Verantwortung ableiten. Ethisch verantwortlich ist der einzelne Mensch, nicht das Unternehmen.

2.4.2 Der Zweck des guten Unternehmens

Die tatsächliche moralische Verantwortung von Unternehmen stützt sich auf zahlreiche Befragungen von Bürgern und Konsumenten in den letzten Jahren. Mehr als der Hälfte der in Deutschland Befragten ist es wichtig oder sehr wichtig, dass Unternehmen sozial und ökologisch verantwortlich handeln (vgl. die Langzeitstudie VuMA 2020, S. 6). Drei Viertel der Befragten erwarten von Marken eine aktive Rolle bei der Lösung von sozialen und ökologischen Problemen und eine klare Haltung dazu (vgl. Havas 2019). Jeder zweite Befragte ist der Meinung, dass Unternehmen eine Haltung zu gesellschaftspolitischen Themen wie Umwelt- und Klimaschutz, technologischem Wandel, Armut und Gleichberechtigung vertreten sollten (vgl. Lambertin 2019). Die moralischen Erwartungen an die Unternehmen sind daher tatsächlich in der Mehrheit nachweisbar und kein kurzlebiges Modethema. Da die Zustimmung zu diesen Themen bei den jüngeren Befragten in allen Umfragen größer war als bei den älteren, wird die Moralforderung künftig sehr wahrscheinlich auch nicht geringer werden, sondern sich als lang anhaltender Trend vermutlich etablieren und noch deutlicher in Erscheinung treten.

Viele Unternehmen weltweit haben dies bereits erkannt und arbeiten mit Nachdruck an ihrer sozialen Rolle als gutes Unternehmen (vgl. Mattias und Kemming 2019). Eines der bekanntesten Beispiele ist der Konzern Unilever mit seinem *Sustainable Living Plan*. Der Plan sieht vor, dass Unilever sowohl profitabel wachsen will als auch seinen ökologischen Fußabdruck reduzieren und seinen positiven

2.4 Das Unternehmen als guter Bürger

sozialen Einfluss in der Welt verstärken möchte. Die Ziele des Konzerns sind ambitioniert: Er will die Gesundheit und die Ernährung von mehr als einer Milliarde Menschen verbessern, für mehr Fairness am Arbeitsplatz, Chancengleichheit für Frauen und Inklusion eintreten sowie die von ihm verursachten Belastungen der Umwelt bei Treibhausgasen, Wasserverbrauch, Abfall und landwirtschaftlichen Rohstoffen halbieren. Unilever sieht in diesen Zielen und Maßnahmen auch klare Vorteile für sich als Unternehmen: mehr Wachstum im Markt aufgrund erhöhter Nachfrage nach moralischen Gütern, geringere Kosten durch den effizienteren Umgang mit Ressourcen, geringere Risiken durch negative Auswirkungen des Klimawandels oder schwindende Rohstoffe auf die Lieferkette sowie mehr Vertrauen bei seinen Anspruchsgruppen und eine höhere Attraktivität für Bewerber.

Auch der Finanzmarkt betont die moralische Verantwortung von Unternehmen. Larry Fink, Chef des Großinvestors Blackrock, des mit mehr als sechs Billionen US-Dollar verwalteten Kundengeldern größten Investmentfonds der Welt, fordert von den Unternehmen, in die er investiert, ein klares Bekenntnis zu einem gesellschaftlichen Engagement. Die Weltgesellschaft und ihre Anspruchsgruppen, so Fink, erwarten von den Unternehmen einen Beitrag zum Gemeinwohl:

> „Society is demanding that companies, both public and private, serve a social purpose. To prosper over time, every company must not only deliver financial performance, but also show how it makes a positive contribution to society. Companies must benefit all of their stakeholders, including shareholders, employees, customers, and the communities in which they operate. Without a sense of purpose, no company, either public or private, can achieve its full potential. It will ultimately lose the licence to operate from key stakeholders" (Fink 2018).

Nicht nur zu Worten, sondern auch zu konkreten Taten führen die Entscheidungen eines Ethikrates im norwegischen Pensionsfonds. Der größte Staatsfonds der Welt muss bei der Anlage seines Vermögens von mehr als einer Billion US-Dollar die vom Rat definierten ethischen Ziele berücksichtigen. Er darf weder in Unternehmen investieren, die Massenvernichtungswaffen herstellen, noch in solche, die gegen die Menschenrechte verstoßen oder mit Tabak, Kohle oder Palmöl handeln.

Die Konsumenten fordern ihrerseits nicht nur die Unternehmen zum moralischen Handeln auf, sondern lehnen immer öfter auch problematische Güter ab (vgl. Kemming 2019). Unternehmen, die ihren moralischen Erwartungen nicht entsprechen wollen, stellen die Konsumenten öffentlich in sozialen Medien bloß und rufen zum Boykott ihrer Güter auf. Bei moralisch handelnden Unternehmen demonstrieren sie hingegen ihre Unterstützung. Der soziale Zweck eines Unternehmens und sein Beitrag zum Gemeinwohl *(Public Value)* werden für die Konsumenten zu einem wichtigen Kaufmotiv. Der Kauf moralischer Güter macht die

Konsumenten glücklicher als der Kauf rein funktionaler Güter. Glückliche Konsumenten sind zufriedener und vertrauensbereiter, zahlen höhere Kaufpreise, äußern sich positiv und ignorieren negative Vorwürfe. All dies erhöht die Reputation des Unternehmens, stärkt die Loyalität seiner Kunden, die Zufriedenheit seiner Mitarbeiter und seine Attraktivität als Arbeitgeber für neue Bewerber: Moralisch gute Unternehmen sind wirtschaftlich erfolgreiche Unternehmen.

Dabei geht die Forderung nach einem Engagement für das Gemeinwohl weit über die klassischen wertorientierten Unternehmensgrundsätze und -visionen hinaus, da sie ein ganzes Bündel an moralischen, sozialen und politischen Erwartungshaltungen beinhalten, die nicht nur die unmittelbaren Geschäftsbereiche des Unternehmens betreffen. Dazu können beispielsweise die Haltungen zur Zuwanderung, zu Bildungsinhalten oder zur Diversität der Ethnie, der Kultur, des Geschlechts, der sexuellen Orientierung, der Religion oder körperlicher und geistiger Behinderungen eine Rolle spielen. Unternehmen stehen vor großen Herausforderungen, aber auch Chancen, wenn sie diese Erwartungen sinnvoll und widerspruchsfrei in ihre Kommunikation und in ihre konkreten Handlungen integrieren wollen.

Doch auch die Risiken sind kaum zu übersehen, und einige Kritiker dieser Entwicklung vermuten in der Kommunikation eines Unternehmenszwecks oftmals ein bloßes Differenzierungsmerkmal, mit dem sich die Unternehmen das Vertrauen ihrer Kunden erschleichen wollen: „Wer die gleichen Werte besitzt wie ich, dem vertraue ich. Bei dem kaufe ich auch ein oder dessen Produkte kaufe ich" (Reichertz 2019, S. 81). Andere Kritiker hinterfragen die Legitimation von Unternehmen, in gesellschaftspolitischen Debatten eine Haltung einzunehmen. Angesichts des starken prägenden Einflusses beliebter Marken auf die Gefühle und den Lebensstil vieler Menschen befürchten sie eine „Diktatur der Marken" (Bak 2019, S. 127). Problematisch ist zudem der Anspruch von Wirtschaftsunternehmen, sich bei sozialen, ethischen, moralischen und politischen Themen als Vorbild zu positionieren und damit eine globale Lösung zu präsentieren. Die für Gemeinschaften notwendigen Diskurse zur Klärung der kulturspezifischen Anliegen bei diesen Themen werden damit ausgeblendet und die Autonomie der Bürger wird untergraben (vgl. Rommerskirchen 2019b). Denkt man diese Entwicklung weiter, wird die Entscheidung, ob man Kunde oder Mitarbeiter eines Unternehmens sein möchte, zur Haltungs- und Gewissensfrage. Werden dann auch die Karrierechancen eines Angestellten von seiner sozialen und politischen Übereinstimmung mit den Unternehmenswerten abhängen und kann eine unpassende Haltung oder Äußerung zur Kündigung führen? Die Marktlogik, dass Innovationen und niedrige Preise Unternehmen erfolgreich machen, würde damit ausgeschaltet und die Kompetenz von Mitarbeitern nachrangig.

2.5 Risiken erkennen, Krisen vermeiden

Der technologische Fortschritt und die weltweite Verbreitung des Rundfunks und des Internets haben die Gesellschaften verändert. In den Informationsgesellschaften kann heute nahezu jeder jede Art von Informationen unmittelbar und global bereitstellen und wahrnehmen, neben wichtigen und wahren Informationen aber auch unwichtige und irrtümliche Meinungen. Dabei gilt nach wie vor die Behauptung von Niklas Luhmann: „Was wir über die Gesellschaft, ja über die Welt, in der wir leben, wissen, wissen wir durch die Massenmedien" (Luhmann 2009, S. 9). Die Macht der Medien aller Art bei der „Konstruktion der Realität" (Luhmann 2009, S. 95) ist ungebrochen, sie liegt heute aber nicht mehr nur in den Händen der Journalisten, sondern bei vielen Millionen Menschen, die die Inhalte der Medien konsumieren und produzieren.

Für Unternehmen bietet diese Entwicklung erneut große Chancen, aber auch gefährliche Risiken. Jede Entscheidung und jede Handlung des Unternehmens kann von einem globalen Publikum beobachtet und bewertet werden, dazu gehören vorbildliche Entscheidungen ebenso wie Fehltritte. In den Informationsgesellschaften gelangen falsche Entscheidungen und unterlassenes Eingreifen von Mitarbeitern, das Vertuschen von Informationen oder Verschleiern von Fehlern immer schneller an die Öffentlichkeit und eskalieren immer öfter zu existenziellen Krisen für das Unternehmen. Die Unternehmen und damit die Unternehmenskommunikation müssen auf Vermutungen und Vorwürfe wiederum immer schneller reagieren und dem weltweiten Publikum eine strategisch und juristisch abgesicherte Position mitteilen. Anderenfalls droht eine Krise, deren Entwicklung und deren negative Auswirkungen auf das Unternehmen immer schwerer zu kontrollieren sind.

Das wichtigste Ziel der Krisenkommunikation ist die glaubwürdige Darstellung des Unternehmens gegenüber seinen Anspruchsgruppen als aktiv handelnder Akteur, der in jeder Lage die Ereignisse so kontrollieren kann, dass die materiellen und immateriellen Ziele des Unternehmens sichergestellt sind. Im schlimmsten Fall vermittelt ein Unternehmen den Eindruck, dass es unvorbereitet in eine Krise rutscht, keinen Plan hat und die Kontrolle verliert. Im besten Fall ist das Unternehmen gut vorbereitet und kann sofort nach Bekanntwerden eines Problems die notwendigen Schritte einleiten, damit alle beteiligten Personen innerhalb und außerhalb des Unternehmens die richtigen Dinge tun und sagen, um das Problem zu lösen oder zumindest seine Ausweitung zu verhindern. Eine gute Krisenkommunikation basiert deshalb auf Krisenplänen, die für alle möglichen und relevanten Risiken, die das Unternehmen beschädigen können, passende Lösungen bereithält. Welche Risiken wie relevant sind, bestimmt das Risikomanagement in Abstimmung mit dem Themenmanagement und der Krisennachsorge, die die vergangenen Krisenkommunikationen evaluiert und dadurch künftige Kommunikationsprozesse zu optimieren hilft.

Der Übergang von einem relevanten und akuten Thema zu einem Risiko und schließlich zu einer Krise ist nicht immer eindeutig zu bestimmen. Eine allgemeine Definition einer Unternehmenskrise lautet (vgl. Cornelissen 2017, S. 212):

▶ Eine Krise ist ein Ereignis oder ein Thema, dass ein entschiedenes und sofortiges Handeln des Unternehmens notwendig macht.

Notwendig wird dies, wenn die Öffentlichkeit eine Reaktion fordert, die Medien ihre Berichterstattung intensivieren, Umweltschäden oder gar Menschenleben auf dem Spiel stehen. In all diesen Fällen mach die Krise das Handeln des Unternehmens erforderlich. Die Einberufung eines Arbeitskreises zur Lösung des Problems, widersprüchliche Äußerungen, Schweigen, Lügen und unkoordiniertes Handeln befeuern die Krise des Unternehmens und führen zu schweren Schäden. Um dies so weit wie möglich zu verhindern, sollte die Krisenkommunikation auf die wichtigsten Phasen ihrer Arbeit in Abstimmung mit den Frühwarnsystemen des Themenmanagements vorbereitet sein (s. Abb. 2.8). Die vier Phasen der Krisenkommunikation sind erstens das *Risikomanagement*, in dem Risiken analysiert werden, zweitens die *Krisenplanung*, in der Maßnahmen und Instrumente

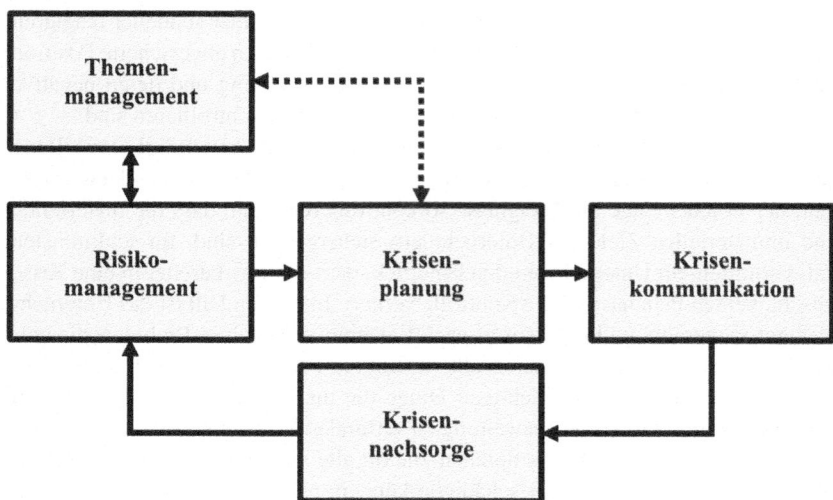

Abb. 2.8 Phasen des Managements der Krisenkommunikation. (Quelle: in Anlehnung an Schwarz und Löffelholz 2014, S. 1307)

vorbereitet werden, drittens die akute *Krisenkommunikation* und viertens die *Krisennachsorge*, in der die vorhergegangenen Schritte und ihre Wirkungen reflektiert und optimiert werden.

2.5.1 Das Risikomanagement

Um die Entstehung von Krisen zu vermeiden oder gegebenenfalls die richtige Reaktion des Unternehmens im Krisenfall zu ermöglichen, ist ein Risikomanagement unerlässlich. Alle Themen, die das Themenmanagement zuvor als potenzielles Risiko identifiziert hat, müssen deshalb dem Risikomanagement mitgeteilt werden (s. Abschn. 2.3). Die Kernaufgabe des Risikomanagements ist nun die Analyse von anstehenden Entscheidungen, Prozessen und den daraus entstehenden Konsequenzen innerhalb und außerhalb des Unternehmens. Darüber hinaus entwirft das Risikomanagement mögliche Szenarien, die sich aus den Handlungen von Managern, Mitarbeitern, Lieferanten und anderen Anspruchsgruppen ergeben und Auswirkungen auf das Unternehmen haben könnten. Zu diesen Auswirkungen gehören zum einen Risiken der Legitimität, die die Reputation und damit das Vertrauen in das Unternehmen schädigen, zum anderen ökonomische Risiken, die den wirtschaftlichen Erfolg des Unternehmens gefährden. Beide Risikoarten sind oftmals eng miteinander verknüpft und vermögen einzelne Risiken so zu kumulieren, dass sie als Gesamtkrise die Existenzgrundlagen des Unternehmens zerstören.

Sicherlich gibt es Krisensituationen, die völlig unerwartet eintreten und das Unternehmen überraschen. Seltene Naturkatastrophen, dramatische Unfälle oder Terroranschläge sind zumeist nicht vorhersehbar, und niemand vermag sich vollständig dagegen abzusichern. Derartige *unkalkulierbare Risiken* und Krisen sind jedoch die Ausnahme. Die allermeisten Krisen entstehen aus Risiken, die das Unternehmen sehr wohl kannte und entweder ignorierte oder bewusst in Kauf nahm. Die Krise ist dann die Folge falscher Einschätzungen der Situationen oder der Hoffnung auf einen zufällig anderen Verlauf der Ereignisse. In den meisten Fällen *kalkulierbarer Risiken* ist eine eintretende Krise Folge eines Versagens des Risikomanagements. Gelingt es dem Unternehmen hingegen, eine riskante Situation für sich zu nutzen, um die eigene Reputation oder seine Rentabilität zu stärken, so ist dies oftmals das Ergebnis eines erfolgreichen Risikomanagements. Insofern kann man die Tätigkeit des Risikomanagements auch als entscheidenden Beitrag für die Verwandlung von Risiken in Chancen betrachten.

Unabhängig von diesen Überlegungen ist ein Risikomanagement grundsätzlich notwendig, da es zum Wesen eines jeden Unternehmens gehört, Entscheidungen mit Auswirkungen auf die Zukunft auf der Grundlage von Informationen über die

Vergangenheit und die Gegenwart zu treffen. Da die Anzahl der zur Verfügung stehenden Informationen, ihre Zuverlässigkeit und ihre Relevanz für künftige Entwicklungen generell eingeschränkt sind, prägen riskante Entscheidungen immer das unternehmerische Handeln. Dabei unterscheidet die Theorie der rationalen Wahl zunächst zwischen Entscheidungen unter Sicherheit und unter Unsicherheit (s. Abb. 2.9). Eine *sichere Entscheidung* läge vor, wenn vollständige Informationen über alle künftigen Entwicklungen vorliegen würden – eine Option, die in der

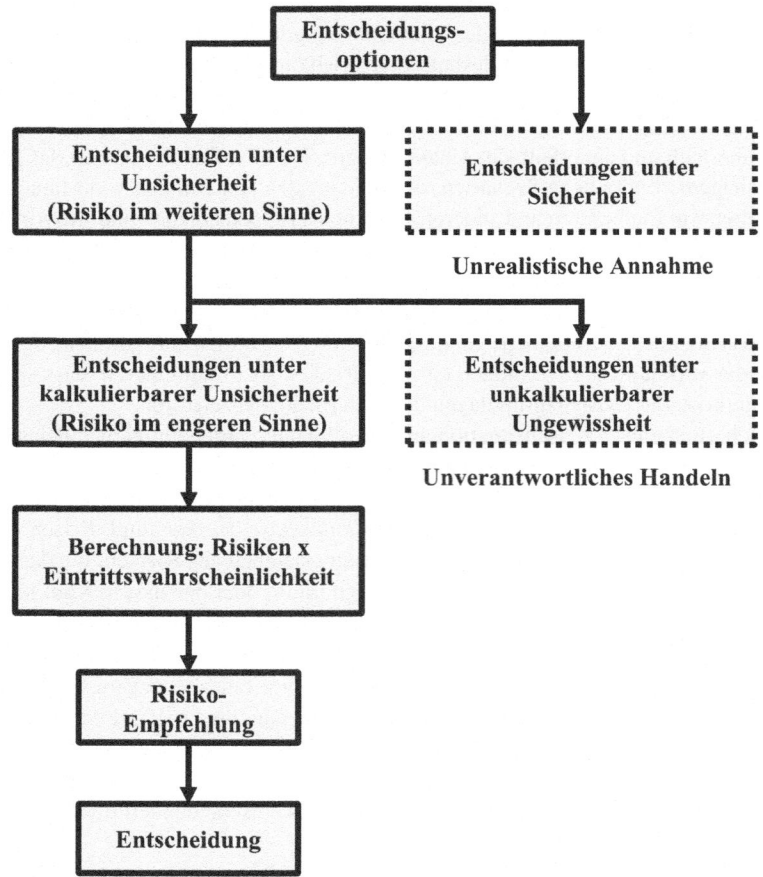

Abb. 2.9 Entscheidungen und Risiken. (Quelle: in Anlehnung an Schmitz und Wehrheim 2006, S. 15)

2.5 Risiken erkennen, Krisen vermeiden

Praxis nicht vorkommt. Als *Entscheidung unter Unsicherheit* und damit als riskante Entscheidung im weitesten Sinne beschreibt die Theorie die Möglichkeit, dass anschließende Handlungen von den Erwartungen abweichen und sich entweder positive (Chance) oder negative (Gefahr) Anschlusshandlungen entwickeln (vgl. Schmitz und Wehrheim 2006, S. 15 ff.).

Die Konsequenzen der Entscheidungen unter Unsicherheit sind immer kontingent, jedoch können diese unter Bedingungen der *kalkulierten Unsicherheit* oder der *unkalkulierbaren Ungewissheit* getroffen werden. Im Fall der kalkulierten Unsicherheit kennt der Entscheider objektive oder zumindest subjektive Indikatoren hinsichtlich der Eintrittswahrscheinlichkeit der Alternativen und der sich ergebenden Folgen. In diesem Fall handelt es sich um Risiken im engeren Sinne. Entscheidungen unter Ungewissheit sind solche, bei denen keine Vorstellung über die nachfolgenden Konsequenzen besteht. Ohne Prognosen über die Folgen sind keine rationalen Entscheidungen möglich, sondern rein zufällig; ein solches Verhalten von Mitarbeitern oder Managern wäre verantwortungslos. Das Risikomanagement muss sich daher mit der Frage beschäftigen, welche positiven oder negativen Folgen eine Entscheidung haben kann und mit welcher Eintrittswahrscheinlichkeit dieser Folgen zu rechnen ist. Aus der Berechnung möglichst aller Risiken im engeren Sinne als Produkt aus den Folgen und ihrer Eintrittswahrscheinlichkeit entsteht so eine analytisch begründete Empfehlung des Risikomanagements an die Entscheider.

Die Ergebnisse der Berechnung der Risiken und ihrer Eintrittswahrscheinlichkeit kann man in einer Matrix als Risikokarte darstellen, in der die Optionen in vier Quadranten eingeteilt werden (s. Abb. 2.10). Die Entscheidung für Option A führt zwar zu geringen Schäden, diese treten jedoch sehr wahrscheinlich auch ein. Option B wird das Unternehmen vermutlich massiv schädigen. Auch Option C kann zu hohen Schäden führen, dies ist aber zumindest eher unwahrscheinlich. Die Option D verursacht geringe Schäden, deren Eintreten zudem sehr unwahrscheinlich ist. Das Risikomanagement müsste in diesem Fall und bei vergleichbaren Resultaten die Option D als sichere Alternative empfehlen und Option B als hochriskant ablehnen. Die Optionen A und C sind aus Sicht des Risikomanagements als gleichwertig zu betrachten, in diesem Fall müsste der Entscheider auswählen, welche Risiken er eingehen will und kann. Für die Krisenplanung ergibt sich aus der Risikomatrix eine Priorisierung: Alle Risiken in Quadrant B müssen vorrangig in der Planung behandelt bzw. vorbereitet werden, dann Risiken der Quadranten C, A und schließlich D.

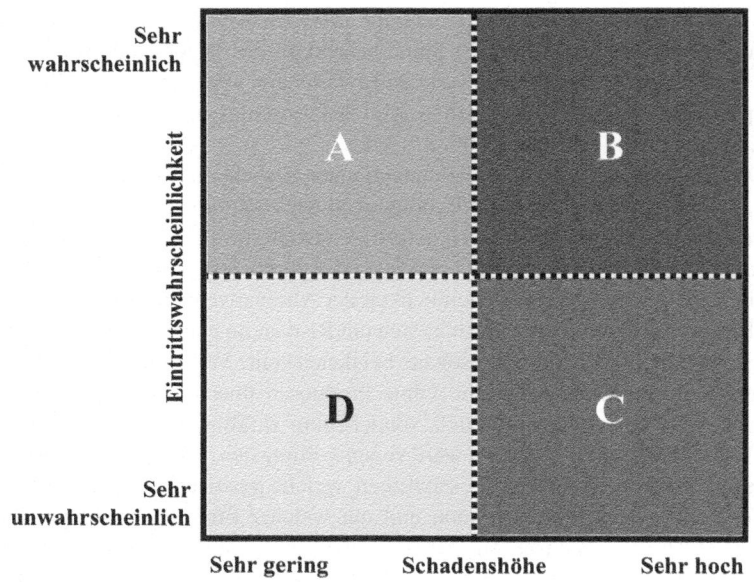

Abb. 2.10 Risikomatrix. (Quelle: in Anlehnung an Schmitz und Wehrheim 2006, S. 82)

2.5.2 Die Krisenplanung

Auch das beste Risikomanagement kann eine Krise nicht verhindern. Zum einen wird es immer unkalkulierbare Risiken wie vom Menschen verursachte Unfälle und Naturkatastrophen geben, zum anderen werden die kalkulierbaren Risiken immer unüberschaubarer. Die Erwartungen von Bürgern, Politikern und Investoren an das Unternehmen steigen kontinuierlich. Die Produkte sollen sicher und günstig, aber auch umweltfreundlich und von fair bezahlten Mitarbeitern hergestellt worden sein. Die Unternehmen sollen sich durch Innovationen im globalen Wettbewerb behaupten, gleichzeitig aber in ihrer Region verankert sein, die geforderten Steuern zahlen und die Kultur unterstützen (s. Abschn. 2.4). All das ist so selbstverständlich wie schwer zu erreichen und daher immer auch der Nährboden für mögliche Krisen aller Art. Die Krisenplanung muss das Unternehmen deshalb auf alle Ereignisse und Themen, aus denen sich eine Krise ergeben kann, vorbereiten.

Ein wichtiger Schritt in der Früherkennung und Prävention von Krisen ist die enge Zusammenarbeit mit dem Themenmanagement. Beide Arbeitsbereiche können gemeinsam im Rahmen der Umweltanalyse (DESTEP) und der Unterneh-

2.5 Risiken erkennen, Krisen vermeiden

mensanalyse (SWOT) jene Themen als relevant für Unternehmen erkennen, aus denen sich Krisen entwickeln können. Eine frühzeitige Identifizierung ermöglicht dann Entscheidungen und Positionierungen, die aus dem Risiko eine Chance für das Unternehmen machen können. Werden beispielsweise Produktbestandteile als gesundheitsgefährdend eingeschätzt oder Länder, in denen diese Bestandteile abgebaut oder hergestellt werden, als problematisch betrachtet, so können innerhalb des Unternehmens rechtzeitig Maßnahmen für Änderungen eingeleitet werden. Wird das Thema dann in der Gesellschaft und in den Medien akut, kann das Unternehmen auf diese Änderungen verweisen und sein Handeln als Chance in der Differenzierung von seinen Wettbewerbern nutzen. Für das Unternehmen ist die Krise damit abgewendet.

In der engen Zusammenarbeit von Themen- und Risikomanagement können zudem die unterschiedlichen Anspruchsgruppen, in denen sich Themen entwickeln, identifiziert und präventiv einbezogen werden. Falls Risiken nicht vermieden oder in Chancen verwandelt werden können, kann das Unternehmen dann zumindest im Dialog mit problematischen und unterstützenden Gruppen frühzeitig Sensibilität zeigen und Lösungsoptionen unterbreiten. Das Risiko ist damit zwar nicht aus der Welt, aber das Unternehmen kann dadurch seine Bereitschaft zur kooperativen Problemlösung demonstrieren. Für das Vertrauen in das Unternehmen, seine Kompetenz und damit seine Reputation in den Anspruchsgruppen kann dieses Vorgehen entscheidende Vorteile bringen und größere Schädigungen zumeist abwenden. Das proaktive Bemühen um eine gute Reputation in den wichtigsten Anspruchsgruppen erweist sich hierbei immer wieder als entscheidender Vorteil, es macht Unternehmen resilienter gegen Vorwürfe und Schuldzuweisungen und eröffnet Handlungsspielräume in der Diskussion.

Wichtige Elemente in der Krisenprävention sind *Krisenpläne*. In diesen Plänen sollten nicht nur die Position des Unternehmens zum Krisenthema enthalten sein, sondern auch die benötigten Hintergrundinformationen, die diese Positionierung erläutern und die mit alternativen Positionierungen verbundenen Probleme und Risiken erklären. Für Anfragen von Journalisten oder Investoren liefern diese Informationen die notwendigen Argumente, mit denen einfache Schuldzuweisungen abgewehrt werden können. Krisenpläne müssen auch die spezifischen Verantwortlichkeiten von Abteilungen und Mitarbeitern im Unternehmen enthalten sowie die Kontaktdaten von Ansprechpartnern in den Anspruchsgruppen. Für die Krisenkommunikation sind beide Informationen die notwendige Voraussetzung, damit in plötzlichen Krisensituationen die richtigen Personen im Unternehmen schnell in Kontakt zu den relevanten Partnern in den Medien, in der Politik, in gesellschaftlichen Gruppen und bei den Investoren gebracht werden und dort die richtigen Argumente vorbringen können.

Zur Vorbereitung auf Krisen gehört auch die Etablierung von *Krisenstäben*, in denen verantwortliche Mitarbeiter und Führungskräfte auf ihre Rolle in der Krisenkommunikation vorbereitet werden. Zu den wichtigsten Kompetenzen in den Krisenstäben gehören Mitarbeiter aus den Bereichen Öffentlichkeitsarbeit, Recht, Sicherheit, Qualitätskontrolle und dem Vorstand (vgl. Coombs 2012). Die Aktualisierung der Krisenpläne sowie die Entwicklung von Argumentationsleitlinien und Übungen zur Vorbereitung auf die Kommunikation mit Vertretern der wichtigsten Anspruchsgruppen sind zentrale Bestandteile der Arbeit von Krisenstäben. Insbesondere Medientrainings, in denen die sachlich richtige und juristisch abgesicherte Argumentation gegenüber Journalisten eingeübt wird, erleichtern den Verantwortlichen das Handeln in der Krisenkommunikation und können Schäden für das Unternehmen abwehren. Zu den wichtigsten präventiven Maßnahmen, die die Krisenstäbe erarbeiten sollten, gehören Intra- und Internetseiten mit Daten und Informationen zum Thema und der begründeten Position des Unternehmens hierzu sowie möglichen Lösungen von Problemen und Konflikten. Der Krisenstab sollte diese Onlineseiten als sogenannte *Dark Sites* vorbereiten und aktuell halten, um sie im Krisenfall schnell anpassen und veröffentlichen zu können. Eine Seite mit Fragen und Antworten rund um die Krisensituation vermittelt den Eindruck, dass das Unternehmen gut vorbereitet ist und kompetent mit dem Problem umgeht.

Zwar sind die Antizipation kalkulierbarer und unkalkulierbarer Risiken, die Einschätzung ihres Schadenspotenzials für das Unternehmen und die Entwicklung von Handlungsplänen eine notwendige Voraussetzung für eine erfolgreiche Krisenkommunikation. Allerdings sind Krisen, ihre Ursachen und ihr Verlauf niemals exakt vorherzusehen. Ein starres Handlungsgerüst und exakte Anweisungen sind daher in der Realität selten hilfreich. Zielführender sind regelmäßige Trainings, in denen die Krisenstäbe mit konkreten Situationen konfrontiert werden, auf die sie reagieren müssen. Fehler und Lücken in Krisenplänen, unzureichende Informationen oder mangelhafte Argumentationen zeigen sich oftmals erst in der „realen" Simulation von Krisen. Ein wichtiges Lernelement dieser Simulation ist auch die Förderung der Fähigkeit, eigene Entscheidungen unter Zeitdruck zu treffen und nicht zuletzt zu improvisieren, wenn nicht alle Daten vorliegen. Auch echte Krisen fordern diese Fähigkeit, und gut vorbereitete Mitarbeiter machen im Ernstfall weniger Fehler.

2.5.3 Die Krisenkommunikation

Die richtige Vorbereitung auf eine Krise ist das eine Problem, die richtige Kommunikation in der Krise das andere Problem, das es zu lösen gilt, um eine Beschädigung

2.5 Risiken erkennen, Krisen vermeiden

des Unternehmens zu verhindern. In der akuten Phase einer Krise erwarten die Kunden, die Gesellschaft, die Politik, die Investoren und viele andere Menschen schnelle Antworten und Lösungen. Die Informationsgesellschaft baut heute sehr schnell einen hohen Druck auf die Unternehmen auf. Insbesondere Journalisten fordern schnelle Reaktionen, sie können und wollen nicht darüber berichten, dass ein Unternehmen sich demnächst vielleicht äußern will. Um eigenmächtige Interpretationen der Ereignisse oder gar falsche Schuldzuweisungen in der Öffentlichkeit zu vermeiden, sollten die ersten Stellungnahmen des Unternehmens möglichst zeitnah erfolgen. Das Unternehmen sichert sich damit die „frühzeitige Mitbestimmung von Deutungsmustern" und signalisiert sein „ernsthaftes Interesse an der Bewältigung der Krise und ihrer negativen Auswirkungen für Anspruchsgruppen" (Schwarz und Löffelholz 2014, S. 1312). Der Unterschied zwischen einer schnellen und einer vorschnellen Reaktion bleibt jedoch eine Gratwanderung, bei der wiederum nur eine gute Vorbereitung helfen kann. Grundsätzlich und allgemein gelten für die ersten Reaktionen in der Krisensituation fünf Regeln:

- *Aktualität:* Sobald Meldungen über Ereignisse oder Vorwürfe bekannt werden, muss das Unternehmen reagieren und die aktuelle Lage in der Berichterstattung kennen. Was wird berichtet und was wissen die Mitarbeiter im Themen- und Krisenmanagement über die Tatsachen und Hintergründe? Eine mögliche Differenz zwischen berichteten und echten Tatsachen muss so schnell wie möglich analysiert werden, damit das Unternehmen eventuelle Falschmeldungen korrigieren kann.
- *Offenheit:* Das Unternehmen muss sich für alle als erster Ansprechpartner bewerben. Betroffene, Interessierte und Medienvertreter suchen Menschen, die ihre Fragen beantworten können. Die Menschen sollten dann idealerweise die geschulten und gut informierten Mitarbeiter des Unternehmens sein und keinesfalls kritische Organisationen, Wettbewerber oder gar dubiose Verschwörungstheoretiker.
- *Transparenz:* Sobald ein Unternehmen in den Verdacht gerät, sein Wissen über die Tatsachen zu verbergen, eskaliert die Krise unkontrollierbar. Dann werden alle Informationen veröffentlicht, seien sie real oder erfunden, und niemand schaut mehr auf die Stellungnahmen des Unternehmens. Das ehrliche Bemühen um die schnelle und transparente Aufklärung der Vorwürfe sowie die vorbehaltlose Suche nach den wahren Ursachen und Schuldigen müssen glaubhaft demonstriert werden.
- *Konsistenz:* Die Darstellungen aller Informationen und alle Aussagen zur Krise müssen stimmig sein. Widersprüche motivieren Skeptiker zu Nachfragen und Verdächtigungen. Sinnvoll sind daher die zentrale Formulierung einer konsis-

tenten Botschaft durch die Krisenkommunikation, die sich auf den Wissenstand über die bekannten Tatsachen stützt, und die Verteilung dieser Botschaft an alle im Unternehmen beteiligten Personen.
- *Empathie:* Falls Menschen verletzt oder gar getötet wurden, müssen die Sprecher des Unternehmens ihr Mitgefühl zeigen. Ehrliche Emotionen und aufrichtige Empathie sind in solchen Situationen oftmals wichtiger als die Darstellung von Fakten. Das Streben nach Profit darf keinesfalls wichtiger erscheinen als der Schutz der Gesundheit und des Lebens von Menschen.

Zwei Problemfelder sollte die Krisenkommunikation dabei immer berücksichtigen. Erstens müssen alle Informationen, die herausgegeben werden, wahr sein. Die Krisenkommunikation muss festhalten, wer wie welche Fakten übermittelt und überprüft hat, damit alle Aussagen lückenlos belegbar sind. Zweitens: Öffentlich Verantwortung zu übernehmen, wird immer Konsequenzen haben, persönliche, juristische und finanzielle. Eine vorschnelle Erklärung zur Verantwortungsübernahme kann die Manager und das ganze Unternehmen zu Fall bringen. Derartige Zugeständnisse müssen zuvor mit der Geschäftsführung, der Rechtsabteilung und den Versicherungen genau abgestimmt werden. In der Krisenkommunikation ist die Verantwortungsübernahme einzelner Personen manchmal die einzige Lösung, sie ist aber immer eine Kapitulationserklärung.

Nach den ersten Reaktionen des Unternehmens und der Beobachtung des Umfeldes darauf muss die Krisenkommunikation eine Strategie festlegen. Verhalten sich die wichtigen Anspruchsgruppen positiv und sind sie neugierig auf weitere Aussagen des Unternehmens, kann die Strategie offener und dialogischer ausfallen als bei negativen und skeptischen Reaktionen. Die konkrete Kommunikationsstrategie hängt aber immer auch vom Thema, der Position und der Prävention des Unternehmens ab.

Als mögliche Strategien kommen zehn typische Kommunikationsformen in Frage, die sich in drei unterschiedliche Strategie-Cluster einteilen lassen (vgl. Coombs 2010).

1. Das erste Strategie-Cluster ist das Leugnen *(deny)* der Vorwürfe. Entweder bestreitet das Management das Vorhandensein einer Krise *(denial)*, es beschuldigt Akteure außerhalb des Unternehmens *(scapegoat)*, oder es stellt jene Personen und Gruppen zur Rede, die das Unternehmen beschuldigen *(attack the accuser)*.
2. Das zweite Strategie-Cluster versucht, die Vorwürfe abzuschwächen *(diminish)*. Hierzu gehören die Strategien, die eigene Verantwortung für die Entstehung und den Verlauf der Krise herunterzuspielen *(excuse)* sowie die schädlichen Auswirkungen der Krise kleinzureden *(justification)*.

3. Zum dritten Strategie-Cluster des Aushandelns *(deal)* gehören fünf Kommunikationsstrategien: der Verweis auf gute Taten in der Vergangenheit und das Einschmeicheln bei den Anspruchsgruppen *(integration)*, die Demonstration der Sorge für die Opfer der Krise *(concern)*, Geschenke und Geldzahlungen an die Opfer und deren Angehörige *(compassion)*, das Ausdrücken von Bedauern *(regret)* sowie die Verantwortungsübernahme und das Bitten um Verzeihung *(apology)*.

Neben diesen zehn Kommunikationsstrategien spielt auch die Überlegung eine Rolle, wie andere Unternehmen in ähnlichen Situationen reagiert haben und wie das eigene Unternehmen in anderen Situationen zuvor gehandelt hat bzw. wie es in der Vergangenheit in vergleichbaren Situationen reagierte (vgl. Schwarz und Löffelholz 2014, S. 1313 f.).

Das gemeinsame übergeordnete Ziel jeder dieser Strategien ist der Schutz des Unternehmens vor materiellen und immateriellen Schäden, sei es die Wirtschaftlichkeit oder die Legitimität, der Schutz der Rentabilität oder der Reputation, der Erhalt von Arbeitsplätzen oder des Images. Jede Kommunikationsstrategie in der Krise sollte versuchen, diese Ziele möglichst gleichwertig zu verfolgen. In der Praxis müssen jedoch oftmals Güterabwägungen getroffen werden, denn für einige Unternehmen ist die Wirtschaftlichkeit wichtiger als die Legitimität oder umgekehrt. Die konkrete Krise sowie die Situation des Unternehmens im Markt und in der Gesellschaft erzwingen bei der Abwägung der Güter und der Ziele zumeist eine individuelle Entscheidung. Der Mehrwert der vielen Praxisbücher mit ihren geglückten oder missglückten Beispielen aus der Krisenkommunikation einzelner Unternehmen ist daher zumeist eingeschränkt, da die exemplarischen Anleitungen nur in wenigen Fällen übertragbar sind. Als Trend der letzten Jahre lässt sich jedoch eine Priorisierung des Reputationserhalts zulasten der Gewinnsicherung feststellen. Viele Unternehmen, insbesondere in ausdifferenzierten Märkten mit vergleichbaren Angeboten, verzichten unter dem Druck der Medien und der Informationsgesellschaften eher auf Einnahmen und investieren in die Sicherheit ihrer Produkte und ihrer Mitarbeiter, um ihren Ruf als gutes Unternehmen zu schützen. Diese Unternehmen haben erkannt, dass ihre Reputation langfristig mehr wert ist als kurzfristige Gewinnsteigerungen.

2.5.4 Die Krisennachsorge

Für die Mitarbeiter der Krisennachsorge oder des Krisenkommunikationscontrollings gilt die Maxime: Nach der Krise ist vor der Krise. Die zentrale Frage ist deshalb, was das Unternehmen aus der vergangenen Krise lernen kann, um sich besser auf künftige Krisen vorzubereiten. Dabei gilt es zunächst, die Abläufe im Unternehmen zu prüfen und mögliche Schwachpunkte zu finden. Unproblematisch ist dieses Vorgehen, wenn alle beteiligten Arbeitsbereiche ihre Informationslagen, Entscheidungen und Handlungen zuvor dokumentiert haben und diese nun gesichtet werden können. Auch für die möglicherweise anstehenden juristischen Auseinandersetzungen sind diese Dokumentationen unerlässlich. Sie belegen die rechtliche Verantwortlichkeit der einzelnen Mitarbeiter und können vor Gericht entscheidende Beweise sein. Fehlende und lückenhafte Dokumentationen müssen dann in Gesprächen mit den Mitarbeitern und ihren externen Ansprechpartnern ergänzt werden.

Der Ablauf der Überprüfung orientiert sich an den Phasen der Krisenkommunikation. In der ersten Phase, dem Risikomanagement, muss ermittelt werden, ob das Thema frühzeitig erkannt, richtig analysiert und als Krise eingeordnet wurde. Da diese Prüfung vor allem die Zusammenarbeit des Themen- und des Risikomanagements betrifft, müssen das Vorgehen der Mitarbeiter beider Arbeitsbereiche und deren Schnittstellen untersucht werden. Die zweite Phase der Krisenplanung muss daraufhin geprüft werden, ob die Krisenstäbe und deren Krisenpläne auf die fragliche Krise ausreichend vorbereitet waren und ihre Unterlagen dem aktuellen Stand entsprachen. Bezogen auf die dritte Phase, die akute Krisenkommunikation, geht es um die Überprüfung der unmittelbaren und richtigen Umsetzung der Krisenpläne, die Koordination der Mitarbeiter im Unternehmen, die Ansprache der externen Anspruchsgruppen sowie Einheitlichkeit und Angemessenheit der eingesetzten Kommunikationsstrategien. Dabei muss ebenfalls analysiert werden, welche Strategie bei welchen Ansprechpartnern erfolgreich war und welche nicht die erwünschte Wirkung erzielt hat.

Die typischen Instrumente der Wirkungsanalyse sind die Medienresonanzanalyse und die Imagebefragung. Objekte der Medienresonanzanalyse sind die Berichterstattungen in den Medien. Die quantitative Analyse misst zunächst die Anzahl der Meldungen über das Unternehmen und die Reichweite der Berichte in den Anspruchsgruppen. Wenige Berichte mit geringer Reichweite führen dann zum Auftrag an die Krisenkommunikation, ihre Medienauswahl und ihre Ansprechpartner in den Medien zu überprüfen und beides zu optimieren. Die qualitative Medienresonanzanalyse bewertet die Medieninhalte hinsichtlich der Übereinstimmung zwischen den Botschaften der Krisenkommunikation und der daran anschließenden Berichte. Wurden die Botschaften des Unternehmens kaum berücksichtigt oder von den Journalisten durch andere Einflüsse oder eigene emotionale Einschätzungen stark verändert, muss die Krisenkommunikation die Form und die Inhalte ihrer Meldungen überarbeiten. In Hintergrundgesprächen mit den Journalisten sollten dann die Ursachen der Differenzen zwischen den Botschaften des Unternehmens und der medialen Berichterstattung geklärt werden. Für die Krisennachsorge ergeben sich daraus wichtige Lerneffekte zur Optimierung nachfolgender Krisenkommunikationen.

Regelmäßige Imagebefragungen bei den wichtigsten Anspruchsgruppen sollten für die meisten Unternehmen heute zum Standard geworden sein. Die Krisennachsorge sollte sich hierbei nach einer Krise mit spezifischen Fragen einbringen. Wichtige Erkenntnisse gewinnt die Krisennachsorge aus Fragen zu Einstellungsveränderungen vor und nach der Krise, d. h. durch Fragen zur Sympathie, zum Vertrauen und zur Loyalität oder der Preissensibilität. Krisenspezifische Fragen sollten zusätzlich die Bewertungen in den Anspruchsgruppen über die mediale Berichterstattung zum Unternehmen in und nach der Krise, die Reaktionen und die Lösungsversuche des Unternehmens betreffen. Bei der Auswertung der Antworten auf diese Fragen im Zeitverlauf, d. h. vor, in und nach der Krise, gewinnt die Krisennachsorge die entscheidenden Erkenntnisse über die Erreichung des wichtigsten Ziels jeder Krisenkommunikation: Konnte die Krisenkommunikation das Unternehmen gegenüber seinen Anspruchsgruppen jederzeit glaubwürdig als aktiv handelnden Akteur darstellen, der die Ereignisse so kontrollieren konnte, dass die materiellen und immateriellen Ziele des Unternehmens sichergestellt sind? Je detaillierter die Krisennachsorge diese Frage untersucht und je differenzierter sie die positiven und die negativen Arbeitsergebnisse aller Beteiligen im Risikomanagement, in der Krisenplanung und in der Krisenkommunikation ermittelt, desto größer sind die Lerneffekte der Arbeitsbereiche für die Vorbereitung auf die kommenden Risiken und Krisen.

Literatur

Bak, P. M. (2019). Marken als Instrument psychologischer Nivellierung und Diskriminierung. In J. D. Kemming & J. Rommerskirchen (Hrsg.), *Marken als politische Akteure* (S. 117–129). Wiesbaden: Springer Gabler.
Bartling, B., Fehr, E., Huffman, D., & Netzer, N. (2018). *The causal effect of trust*. Working Paper Nr. 304. IZA – Institut of Labor Economics. https://www.iza.org/publications/dp/11917/the-causal-effect-of-trust. Zugegriffen am 10.03.2020.
Beck, U. (1986). *Risikogesellschaft. Auf dem Weg in eine andere Moderne*. Frankfurt a. M.: Suhrkamp.
Berger, P. L., & Luckmann, T. (2000). *Die gesellschaftliche Konstruktion der Wirklichkeit*. Frankfurt a. M.: Fischer.
Bernays, E. (2007 [1928]). *Propaganda*. Freiburg i. Br.: Orange.
Blumer, H. (2013). *Symbolischer Interaktionismus*. Frankfurt a. M.: Suhrkamp.
Bonfadelli, H., & Friemel, T. (2011). *Medienwirkungsforschung*. Konstanz: UVK.

Bourdieu, P. (1987). *Die feinen Unterschiede*. Frankfurt a. M.: Suhrkamp.
Bowen, H. R. (1953). *Social responsibilities of the businessman*. New York: Harper & Brothers.
Brandom, R. (2000). *Expressive Vernunft*. Frankfurt a. M.: Suhrkamp.
Brandom, R. (2015). *Wiedererinnerter Idealismus*. Frankfurt a. M.: Suhrkamp.
Burkart, R. (2002). *Kommunikationswissenschaft*. Wien: Böhlau.
Carroll, A. B. (1991). The pyramid of corporate social responsibility. toward the moral management of organizational stakeholders. *Business Horizons, 8*(9), 39–48.
Clark, J. M. (1916). The changing basis of economic responsibility. *The Journal of Political Economy, 24*(3), 209–229.
Coombs, W. T. (2010). Parameters for crisis communication. In W. T. Coombs & S. J. Holladay (Hrsg.), *The handbook of crisis communication* (S. 17–53). Chichester: Wiley-Blackwell.
Coombs, W. T. (2012). *Ongoing crisis communication: Planning, managing, and responding*. Thousand Oaks: Sage.
Cornelissen, J. (2017). *Corporate communication. A guide to theory & practice*. London: SAGE.
Elkington, J. (1997). *Cannibals with parks: The triple bottom line of 21st century business*. London: Capstone Publishing.
Fehr, E., & Schmidt, K. (1999). A theory of fairness, competition, and cooperation. *The Quarterly Journal of Economics, 114*, 817–868.
Felser, G. (2015). *Werbe- und Konsumentenpsychologie*. Heidelberg: Springer.
Fink, L. (2018). *A sense of purpose*. https://www.blackrock.com/corporate/investor-relations/2018-larry-fink-ceo-letter. Zugegriffen am 10.03.2020.
Friedman, M. (13. September 1970). The social responsibility of business is to increase its profits. *The New York Times Magazine*, S. 8.
Habermas, J. (2004). *Wahrheit und Rechtfertigung*. Frankfurt a. M.: Suhrkamp.
Hallahan, K., Holtzhausen, D., von Ruler, B., Verčič, D., & Sriramesh, K. (2007). Defining strategic communication. *International Journal of Strategic Communication, 1*(1), 3–35.
Havas. (2019). *Havas meaningful brands*. https://www.havasmedia.de/press/havas-studie-meaningful-brands-75-aller-deutschen-erwarten-von-marken-eine-klare-haltung. Zugegriffen am 10.03.2020.
Heidbrink, L. (2003). *Kritik der Verantwortung. Zu den Grenzen verantwortlichen Handelns in komplexen Kontexten*. Göttingen: Velbrück.
Höffe, O. (1993). *Moral als Preis der Moderne*. Frankfurt a. M.: Suhrkamp.
Horton, D., & Wohl, R. (1956). Mass communication and para-social interaction. Observations on intimacy at a distance. *Psychiatry, 19*, 215–229.
Huck-Sandhu, S. (2014). Corporate messages entwickeln und steuern: Agenda setting, framing, storytelling. In A. Zerfaß & M. Piwinger (Hrsg.), *Handbuch Unternehmenskommunikation* (S. 652–668). Wiesbaden: Springer Gabler.
Ingenhoff, D., & Röttger, U. (2008). Issues management. In M. Meckel & B. Schmid (Hrsg.), *Unternehmenskommunikation* (S. 325–354). Wiesbaden: Springer Gabler.
Kemming, J. D. (2019). Broadening und Deepening – die Positionierung des Markenkonzeptes. In J. D. Kemming & J. Rommerskirchen (Hrsg.), *Marken als politische Akteure* (S. 3–20). Wiesbaden: Springer Gabler.
Kocka, J. (2014). *Geschichte des Kapitalismus*. München: C. H. Beck.

Literatur

Kroeber-Riel, W., & Gröppel-Klein, A. (2013). *Konsumentenverhalten*. München: Vahlen.

Lambertin, J. (2019). Empirische Erkenntnisse zur Rezeption von Marken als politischen Akteuren in Deutschland. In J. D. Kemming & J. Rommerskirchen (Hrsg.), *Marken als politische Akteure* (S. 41–51). Wiesbaden: Springer Gabler.

Luhmann, N. (1993). Wirtschaftsethik – als Ethik? In J. Wieland (Hrsg.), *Wirtschaftsethik und Theorie der Gesellschaft* (S. 134–147). Frankfurt a. M.: Suhrkamp.

Luhmann, N. (2009). *Die Realität der Massenmedien*. Wiesbaden: VS.

Mattias, C., & Kemming, J. (2019). Fallbeispiele für Marken als politische Akteure. In J. D. Kemming & J. Rommerskirchen (Hrsg.), *Marken als politische Akteure* (S. 21–47). Wiesbaden: Springer Gabler.

Mead, G. H. (1980a). Welche sozialen Objekte muß die Psychologie voraussetzen? In G. H. Mead (Hrsg.), *Gesammelte Aufsätze* (Bd. 2, S. 222–231). Frankfurt a. M.: Suhrkamp.

Mead, G. H. (1980b). Die soziale Identität. In G. H. Mead (Hrsg.), *Gesammelte Werke* (Bd. 1, S. 241–252). Frankfurt a. M.: Suhrkamp.

Morf, C. C., & Koole, S. L. (2014). Das Selbst. In K. Jonas, W. Stroebe & M. Hewstone (Hrsg.), *Sozialpsychologie* (S. 141–195). Berlin/Heidelberg: Springer.

Popper, K. R., & Eccles, J. (1991). *Das Ich und sein Gehirn*. München: Piper.

Rawls, J. (1979). *Eine Theorie der Gerechtigkeit*. Frankfurt a. M.: Suhrkamp.

Reckwitz, A. (2017). *Die Gesellschaft der Singularitäten*. Berlin: Suhrkamp.

Reichertz, J. (2019). Purpose-Marketing: Unternehmen als Sinn- und Wertelieferant. In J. D. Kemming & J. Rommerskirchen (Hrsg.), *Marken als politische Akteure* (S. 69–87). Wiesbaden: Springer Gabler.

Rommerskirchen, J. (2017). *Soziologie & Kommunikation. Theorien und Paradigmen von der Antike bis zur Gegenwart*. Wiesbaden: Springer VS.

Rommerskirchen, J. (2018). Die soziale Rolle von Unternehmen. *Journal für korporative Kommunikation, 1*, 14–26. PID: https://nbn-resolving.org/urn:nbn:de:0168-ssoar-60282-4. Zugegriffen am 10.03.2020.

Rommerskirchen, J. (2019a). *Das Gute und das Gerechte*. Wiesbaden: Springer.

Rommerskirchen, J. (2019b). Markt und Moral – was man für Geld (nicht) kaufen kann. In J. D. Kemming & J. Rommerskirchen (Hrsg.), *Marken als politische Akteure* (S. 99–115). Wiesbaden: Springer Gabler.

Rommerskirchen, J. (2020). Symmetrische und asymmetrische Macht. In J. Rommerskirchen (Hrsg.), *Die neue Macht der Konsumenten* (S. 89–113). Wiesbaden: Springer Gabler.

Schmid, B. F., & Lyczek, B. (2008). Die Rolle der Kommunikation in der Wertschöpfung der Unternehmung. In M. Meckel & B. Schmid (Hrsg.), *Unternehmenskommunikation* (S. 3–152). Wiesbaden: Gabler.

Schmitz, T., & Wehrheim, M. (2006). *Risikomanagement. Grundlagen, Theorie, Praxis*. Stattgart: Kohlhammer.

Schönbach, K. (2019). *Verkaufen, Flirten, Führen*. Wiesbaden: Springer VS.

Schwarz, A., & Löffelholz, M. (2014). Krisenkommunikation: Vorbereitung, Umsetzung, Erfolgsfaktoren. In A. Zerfaß & M. Piwinger (Hrsg.), *Handbuch Unternehmenskommunikation* (S. 1303–1319). Wiesbaden: Springer Gabler.

Sedláček, T. (2012). *Die Ökonomie von Gut und Böse*. München: Hanser.

Sombart, W. (1911). *Die Juden und das Wirtschaftsleben*. Leipzig: Duncker & Humblot.

Theis-Berglmair, A. M. (2014). Meinungsbildung in der Mediengesellschaft: Akteure und Prozesse öffentlicher Kommunikation im Zeitalter des Social Web. In A. Zerfaß &

M. Piwinger (Hrsg.), *Handbuch Unternehmenskommunikation* (S. 145–162). Wiesbaden: Springer Gabler.

Veblen, T. (2007). *Theorie der feinen Leute*. Frankfurt a. M.: Fischer.

Veblen, T. (2015). *The theory of business enterprise*. Peterborough: Chizine.

Vereinte Nationen. (2019). *Ziele für nachhaltige Entwicklung – Bericht 2019*. https://www.un.org/Depts/german/pdf/SDG%20Bericht%20aktuell.pdf. Zugegriffen am 10.03.2020.

VuMA. (2020). Touchpoints. https://www.vuma.de/vuma-praxis/vuma-berichtsband. Zugegriffen am 10.03.2020.

Weber, M. (1921). *Gesammelte Aufsätze zur Religionssoziologie. Teil 3: Das antike Judentum*. Tübingen: Mohr.

Weber, M. (2008). *Wirtschaft und Gesellschaft. Grundriss der verstehenden Soziologie*. Frankfurt a. M.: Zweitausendeins.

Zhang, H., Sun, J., Liu, F., & Knight, J. (2014). Be rational or be emotional: Advertising appeals, service types and consumer responses. *European Journal of Marketing, 48*, 2105–2126.

Botschaften entwickeln 3

3.1 Mit Mitarbeitern sprechen

Mitarbeiter sind das Herz eines Unternehmens. Die Kunst der (Mitarbeiter-)Kommunikation besteht darin, die Handlungen aller Mitarbeiter für den größtmöglichen Unternehmenserfolg zu koordinieren. Unternehmen werden erst durch das Handeln der Mitarbeiter zu lebendigen, korporativen Akteuren. Sie sind aktive und produktive Elemente eines Unternehmens und sollten ihr Wissen und ihre Kompetenzen in die Wertschöpfung einbringen. Deshalb sollte unter Mitarbeiterkommunikation mehr verstanden werden als die Informationsweitergabe oder Dienstanweisung „von oben nach unten". Die Mitarbeiterkommunikation stellt einen wechselseitigen Prozess dar, bei dem die Perspektiven aller beteiligten Akteure berücksichtigt werden müssen.

Das primäre Ziel der internen Kommunikation lautet, allen Mitarbeitern das Gefühl zu geben, ein wertvoller Bestandteil der Unternehmung zu sein. Schon Anfang der 1990er-Jahre wurden signifikante Zusammenhänge zwischen der Identifikation mit dem Arbeitgeber und der Leistungsbereitschaft für das Unternehmen nachgewiesen (vgl. Kotter und Heskett 1992). In den letzten Jahren ist zudem ein gesellschaftlicher Wertewandel zu beobachten, weg von materiellen hin zu postmateriellen Werten und dem Wunsch nach Selbstverwirklichung (vgl. Ingleheart 1989). Im Zuge dieser Wertetransformation hat sich auch die Haltung gegenüber dem Beruf verändert, sodass heutzutage häufig nicht mehr (nur) das Einkommen oder mögliche Aufstiegschancen als relevante Kriterien im Job gelten, sondern vor allem „weiche" Faktoren wie das soziale Umfeld, die persönliche Selbstverwirklichung oder die Vereinbarkeit von Karriere und Familie (vgl. Weitzel et al. 2015). Für viele Mitarbeiter sollte der Beruf auch eine Berufung sein. Sie wollen ihr berufliches Umfeld aktiv mitgestalten und wünschen sich eine gewisse Wertschätzung für ihre Tätigkeiten.

Für Unternehmen sind die Gewinnung, die Entwicklung und die Bindung von Mitarbeitern zudem zu einer zentralen Herausforderung geworden. In Zeiten des Fachkräftemangels rückt die Ressource Mitarbeiter zunehmend in den Fokus, da die Mitarbeiter leichter Chancen bei anderen Arbeitgebern finden können, um ihre persönliche Situation zu verbessern. Dennoch können die Unternehmen Arbeitsplätze nicht zu Wohlfühloasen machen, sondern müssen aufgrund des hohen Konkurrenzdrucks und des hohen Anspruchsdenkens auf den Märkten ein produktives und motivierendes Arbeitsklima schaffen. Verschärft wird diese Situation durch die Markttransparenz, die durch das Internet geschaffen wird. Unternehmen sind hinsichtlich ihrer gesamten Performance ein Thema in öffentlichen Diskursen, dies gilt für die Produkte, Dienstleistungen und auch den Umgang sowie die Kommunikation mit Mitarbeitern. Letztere können oftmals auf Online-Bewertungsportalen für Arbeitgeber von jedermann eingesehen werden.

Mitarbeiter selbst müssen als Kommunikatoren verstanden werden, die als glaubwürdige Sprecher und Botschafter ihrer Marke bzw. ihres Unternehmens fungieren. Die Herausforderung lautet, durch kommunikativen Umgang zufriedene, loyale und motivierte Mitarbeiter zu schaffen, die sich mit dem Unternehmen identifizieren und die Markenidentität verinnerlichen und nach außen kommunizieren (vgl. Wittke-Kothe 2001, S. 2; Esch und Vallaster 2004). Die Mitarbeiterkommunikation ist ein zentrales Mittel, um dieses Ziel zu erreichen.

Unter Mitarbeiterkommunikation kann der umfassende Prozess der Koordination von Informationen, Aktivitäten und personellen Ressourcen verstanden werden (vgl. Wiswede 1981; Einwiller et al. 2008, S. 225). Im Vordergrund sollte dabei nicht der technische und förmliche Aspekt der Informationsweitergabe stehen, sondern es sollte stets ein Stil gepflegt werden, der auf respekt- und würdevollem Miteinander basiert. Siegfried Schick (2014, S. 2) konstatiert, dass die interne Kommunikation „die Mitarbeiter in die Lage versetzen [muss], die Versprechen und Botschaften des Unternehmens durch ihre Arbeit und ihre Kommunikation einzulösen".

3.1.1 Die Rolle des Mitarbeiters

Formell ist die Rolle eines Mitarbeiters vertraglich festgelegt und hierarchisch in ein Organigramm eingegliedert. Hieraus könnte man schließen, dass es genügen

3.1 Mit Mitarbeitern sprechen

würde, Mitarbeiter mit relevanten Informationen „von oben" zu versorgen und Dienstanweisungen zu Vorgehensweisen und Arbeitsaufgaben zu erteilen. Diese Sichtweise wäre jedoch ein Kurzschluss, da Mitarbeiter viel mehr als wertvolle Ressource und maßgebliche Anspruchsgruppe in der internen Arena begriffen werden müssen.

Bei Mitarbeitern handelt es sich um Menschen, die aus soziologischer und psychologischer Sicht in Beziehungs- und Machtstrukturen eingebunden sind. Die kommunikative Ansprache der Mitarbeiter ist in einen umfassenden Prozess des *Behavioral Brandings* eingebunden, bei dem es gilt, die Markenidentität bei den Mitarbeitern zu verankern (vgl. Esch et al. 2019). Die richtige kommunikative Ansprache kann die Performance der gesamten Unternehmung erhöhen und Wettbewerbsvorteile sichern.

Aus soziologischer Perspektive kann die Bedeutung der Mitarbeiter für eine Unternehmung durch die Rollentheorie analytisch erfasst werden. Die Rollentheorie geht davon aus, dass an Menschen stets eine bestimmte Erwartung hinsichtlich ihres Verhaltens gestellt wird (vgl. Linton 1945, S. 49 ff.). Rollenanforderungen werden in unterschiedlichen Facetten an Mitarbeiter gerichtet: Diese reichen von dem Anspruch, stets freundlich und zuvorkommend mit Kunden zu kommunizieren, über den *Code of Conduct* bis hin zu *Compliance*-Regeln. Unternehmungen können somit als Geflecht von Rollenbeziehungen verstanden werden.

Jeder Mensch spielt unterschiedliche Rollen. Wir sind Eltern, Kinder, Beziehungspartner, Freunde und vieles mehr. Allerdings sind Menschen mehr als die Summe ihrer Rollen, mit denen sie in soziale Gruppen und Strukturen eingebunden sind. Als soziale Subjekte reflektieren Menschen die ihnen zugewiesenen Rollen und Verhaltensanforderungen, sie verfügen über eine Rollendistanz und bewerten aus ihrer Perspektive, wie sie mit den Rollenanforderungen umgehen und diese ausfüllen (vgl. Goffman 2007). Rollen werden aus soziologischer Perspektive nicht mechanisch ausgefüllt oder gehen nicht allein in den Erwartungen an die Rolle auf, sondern werden stets individuell inszeniert.

Wenn verschiedene Rollen divergierende oder gar widersprüchliche Rollenanforderungen an eine Person stellen, kann dies zu Rollenkonflikten oder Rollenstress führen (vgl. Goode 1960). Dieser kann auch entstehen, wenn die Rollenanforderungen zu stark von den eigenen Überzeugungen abweichen. So könnte man sich die Frage stellen, wie ein Mensch damit umgeht, wenn er eine Affinität für Nachhaltigkeit entwickelt, aber in einem Unternehmen arbeitet, dass sich wenig um Nachhaltigkeitsbelange kümmert. Um derartige Spannungen zu vermeiden, hilft es, eine klare Unternehmensidentität zu formulieren. Mitarbeiter können sich an ihr sowohl rational als auch emotional orientieren: Sie können darüber reflektieren, wie sie über ihren Arbeitgeber denken und wie sie sich dabei fühlen. Je besser ein Mitarbeiter die Unternehmensidentität versteht und je wohler er sich damit fühlt, als desto geringer wird er die Distanz zu seiner Rolle wahrnehmen, d. h., der Grad an Identifikation ist entsprechend hoch.

In individualisierten Gesellschaften bringen Mitarbeiter zudem eigene Vorstellungen und Kompetenzen in die Rollendarstellung ein. Sie können beispielsweise ihre Rolle sehr motiviert und engagiert ausfüllen – oder rein mechanisch bis hin zur starren Erfüllung ihrer Tätigkeit, was einer inneren Kündigung gleicht. Im Rahmen der Mitarbeiterkommunikation und des *Behavioral Brandings* gilt es, diese Person-Rolle-Formel zu verstehen, der zufolge Individuen die Rollen ausfüllen, und die Kommunikation so zu gestalten, das stets beide Ebenen des Mitarbeiters angesprochen werden. Nur so wird ein Mitarbeiter dazu motiviert, die ihm zugewiesenen Rollenerwartungen zu verstehen, anzunehmen und mit eigenem Engagement auszufüllen.

3.1.2 Behavioral Branding

Mitarbeiterkommunikation ist weit mehr als Informationsvermittlung oder die Vermittlung von Arbeitsanweisungen – sie muss die Mitarbeiter als Personen ansprechen und diese langfristig an die Ziele und Visionen des Unternehmens binden, weshalb man auch von einem umfassenden Prozess des *Behavioral Brandings* sprechen kann (vgl. Esch et al. 2019). Wenn man sich vor Augen führt, dass lediglich 20 Prozent der Arbeitnehmer ihren Arbeitgeber weiterempfehlen, wird deutlich, wie sehr eine strategische Mitarbeiterkommunikation in vielen Unternehmen vernachlässigt wird (vgl. StepStone 2017).

Drei Ziele kann man hierbei festhalten: Erstens müssen die Mitarbeiter motiviert werden und vom Unternehmen möglichst begeistert sein. Zweitens muss durch eine hohe Selbstverpflichtung *(Commitment)* eine hohe Identifikation des Mitarbeiters mit seinem Arbeitgeber erzielt werden, die sich auf die Leistungsfähigkeit und damit die Wertschöpfung der Unternehmung auswirkt. Drittens müssen begeisternde Erlebnisse für den Kunden realisiert werden, welche sich positiv auf die Kundenzufriedenheit und -loyalität auswirken. Es geht bei der Mitarbeiterkommunikation also stets sowohl um die fachlich-informative Dimension als auch um die soziale, emotionale und integrative Dimension.

Erfolgreiches *Behavioral Branding* funktioniert, wenn die Mitarbeiter umfassend über relevante Unternehmensinhalte informiert werden. Für Unternehmen bedeutet dies, dass sie die Arbeitnehmer über angemessene Kanäle konsistent informieren sowie Mitarbeiter fortbilden und für herausfordernde Jobsituationen befähigen. Mitarbeiter müssen verstehen, dass ihre Leistungen einen maßgeblichen Beitrag zur Erreichung der Unternehmensziele darstellen und dies nicht ausschließlich in der funktionellen und mechanistischen Ausführung ihrer jeweiligen Tätigkeiten gelingt, sondern dass ihr Wert darin besteht, einen besonderen, unternehmensbezogenen Mehrwert zu generieren. Mehr denn je sind die Wertschätzung und die Anerkennung der Mitarbeiter der Ansatzpunkt, um erfolgreich intern zu kommunizieren. Dies motiviert den Mitarbeiter, sich in die Gestaltung interner Prozesse aktiv einzubringen. Kommunikation ist demnach keine Einbahnstraße im Sinne einer Abwärtskommunikation, sondern umfasst auch die Aufwärtskommunikation sowie die Horizontalkommunikation, bei der kein hierarchisches Gefälle zwischen den Beteiligten existiert.

3.1.3 Arten der Kommunikation mit Mitarbeitern

Konkret heruntergebrochen auf die operative Ebene können innerbetrieblich verschiedene Kommunikationskanäle bzw. Kommunikationsmedien und -instrumente angeführt werden. Diese können den drei Richtungen der Aufwärts-, Abwärts- und Horizontalkommunikation konkret zugeordnet werden (vgl. Einwiller et al. 2008, S. 224). Dennoch sollte das Gegenüber dabei nicht als rein passiver Empfänger verstanden werden, sondern so dialogisch wie möglich bzw. nötig agiert werden. Grundsätzlich gilt, dass die Art und Weise, wie und über welche Kanäle Kommunikation stattfindet, einen Einfluss darauf nimmt, wie die Botschaft aufgenommen wird: So kann man pauschal sagen, dass die persönliche Face-to-face-Kommunikation per se eine gute Wahl ist, weil sie nicht nur Informationen, sondern auch Emotionen vermitteln kann und zudem wertschätzend wirkt. Allerdings ist diese Form der Kommunikation im Arbeitsalltag ressourcenintensiv sowohl für den Sender als auch für den Empfänger. Insofern muss stets über die Ziele und die jeweiligen internen Zielgruppen sowie den richtigen Zeitpunkt bei der Wahl des Kommunikationsinstruments reflektiert werden: Manchen Gruppen müssen Botschaften gegebenenfalls persönlich überbracht werden, bei anderen genügt eine formelle Nachricht.

Zu den Instrumenten der Abwärtskommunikation kann die E-Mail-Kommunikation gezählt werden. E-Mails sind ein häufig eingesetztes Mittel zur abwärtsgerichteten Mitarbeiterkommunikation und können als effiziente Variante betrachtet werden. Fraglich ist, wie effektiv E-Mails sind, handelt es sich doch um unpersönliche Mitteilungen an zumeist große Verteilerkreise, die eine Vielzahl von Informationen enthalten können. Bei der täglichen Flut an E-Mails erhalten wichtige Informationen möglicherweise nicht die erwünschte Aufmerksamkeit. Ein weiteres, traditionelles Mittel sind Mitarbeiterzeitungen. Diese erscheinen regelmäßig, informieren über Entwicklungen und relevante Aspekte und sollen Gespräche unter den Mitarbeitern anregen. Als Alternative können Broschüren in regelmäßigen oder unregelmäßigen Abständen zu einem themenspezifischen Schwerpunkt, wie z. B. Umweltschutz oder besondere Erlebnisse, herausgegeben werden. Die Betriebsversammlung ist ein Massenevent, bei dem einem großen Publikum Informationen in einem emotionalen persönlichen Vortrag mitgeteilt werden können. Schließlich gehören auch Mitarbeitergespräche hierzu, bei denen durch den Vorgesetzten eine Beurteilung der bisherigen Leistung erfolgt, Entwicklungsmöglichkeiten aufgezeigt werden oder Ziele und Ansprüche formuliert und entwickelt werden. Diese Variante muss als sensible Kommunikationssituation eingestuft werden, in der verbale und nonverbale Missverständnisse möglich sind. Deshalb sollten diese gut vom Vorgesetzten vorbereitet werden.

Demgegenüber ist der Aufwärtskommunikation viel Aufmerksamkeit zu widmen, um als Unternehmen zu performen und die Ziele zu erreichen. Die (Mitarbeiter-)Evaluation ist ein zentrales Element, um die Stimmung oder etwaige Probleme bei der Belegschaft zu ermitteln. Evaluationen können die Einstellungen, die Zufriedenheit, die Bedürfnisse und die Situation der Mitarbeiter herausarbeiten und Verbesserungspotenziale aufzeigen: Je nachdem, ob die Evaluation offen oder anonym, mündlich oder schriftlich erfolgt, werden Mitarbeiter mehr oder weniger ehrlich ihre Sorgen und Nöte offenlegen. Bei Evaluationen sind gewöhnlich Vorgesetzte in die Bewertung involviert oder sie werden informiert, weshalb eine anonyme Befragung notwendig wäre, um z. B. Führungsprobleme offenzulegen oder die Gesamtsituation in einer Abteilung zu verbessern. Weitere Varianten sind das Vorschlagswesen, bei dem Mitarbeiter Verbesserungsvorschläge zu Prozessen oder bestimmten Aspekten äußern können, sowie das Beschwerdemanagement, bei dem kritische Aspekte an eine dafür zuständige Instanz im Unternehmen gerichtet werden können.

Auch für die Horizontalkommunikation, bei der die Beteiligten auf Augenhöhe kommunizieren und sich häufig koordinieren bzw. austauschen und soziale, emotional dominerte und informelle Beziehungen pflegen, kann das Unternehmen Rahmenbedingungen schaffen. Hierzu gehört das Intranet, bei dem allen Beteiligten die Gesamtheit der relevanten Informationen und Dokumente zur Verfügung gestellt wird. Zudem können Chats oder Messenger integriert werden, damit auch über den Flurfunk hinaus kommuniziert werden kann. Hierzu können inzwischen auch externe Tools wie „Slack" gezählt werden, mit denen das Zusammenarbeiten und der Austausch online gefördert werden können. Offline bieten Konferenzen und nicht zuletzt informelle Gespräche Raum für Horizontalkommunikation (vgl. Einwiller et al. 2008, S. 238 f.; Mast 2019, S. 299 f.).

3.1.4 Die Rolle der Führungskräfte

Trotz aller Dialogorientierung muss man daran erinnern, dass die allermeisten Unternehmen klare hierarchische Strukturen besitzen. In diesen Organisationsstrukturen besitzen die Führungskräfte mehr Entscheidungsmacht und Einfluss als die untergeordneten Mitarbeiter. In dieser machtvollen Rolle können die Führungskräfte das Kommunikationsklima maßgeblich beeinflussen und sollten deshalb als gutes Beispiel agieren. Dies tun sie, wenn sie eine Kultur der kommunikativen Offenheit, des Dialogs und des Respekts schaffen, die die Mitarbeiter motiviert, innovativ und kreativ zu denken und so Probleme in der Organisation zu lösen.

Führungskräfte mit ihren fachlichen, organisatorischen und persönlichen Kompetenzen dienen als Rollenvorbild und Handlungsmaßstab für die Mitarbeiter. Eine gute Führungskraft verkörpert die Kultur der Marke nach innen und außen und lebt dies auch authentisch vor (vgl. Frisch et al. 2019, S. 1023). Als Leit- und Identitätsfiguren sollten alle Mitglieder der Unternehmensführung die Verbundenheit zur Marke durch symbolische Handlungen demonstrieren. Führungskräfte können ihre Identifikation mit dem Unternehmen symbolisch zum Ausdruck bringen, indem sie z. B. die eigenen Produkte nutzen und bei geeigneten Gelegenheiten dies auch kommunizieren. Ein Beispiel hierfür liefert der ehemalige Vorstandsvorsitzende der BASF, Jürgen Hambrecht, der bei öffentlichen Auftritten einen BASF-Anstecker trug und so öffentlich signalisierte, dass er vom Wertekanon des Unternehmens überzeugt ist (vgl. Esch et al. 2019, S. 998).

Allerdings erschöpft sich die Aufgabe von Führungskräften nicht darin, Vorbild zu sein, sondern sie haben im Rahmen der Mitarbeiterkommunikation eine steuernde Rolle. Sie müssen ihre Mitarbeiter motivieren und deren Engagement stärken. Um dies zu erreichen, schlägt Claudia Mast (2014, S. 1134) drei mögliche kommunikative Strategien vor: Bei der *erklärenden Strategie* ordnet der Vorgesetzte alle Vorkommnisse im Unternehmen in einen sinnvollen Gesamtzusammenhang ein, beispielsweise neue Ausrichtungen oder mögliche Veränderungen. Dies gelingt, indem er aufzeigt, wie es dazu kam und wo dies hinführt und trägt somit zum Verstehen beim Mitarbeiter bei. Die *nutzwertorientierte Strategie* verfolgt das Ziel, Fakten und Ereignisse in einen relationalen Zusammenhang zu bringen, um Mehrwerte aufzuzeigen und Handlungsempfehlungen auszusprechen, wie die Ziele zu erreichen sind. Die *wertorientierte Strategie* stellt das Gemeinschaftliche einer Organisation in den Vordergrund, leistet emotionale Ansprache und bekräftigt somit die Bindung an das Unternehmen.

3.1.5 Bedingungen und Herausforderungen der Mitarbeiterkommunikation

Unternehmen agieren auf dynamischen Märkten und stehen unter großem Druck, erfolgreich zu agieren. Die optimale Ausschöpfung der personellen Ressourcen kann einen entscheidenden Wettbewerbsvorteil bringen und die Mitarbeiterkommunikation zum Schlüssel des Markterfolgs werden. Bereits bei der Anwerbung von Mitarbeitern herrscht auf dem Arbeitsmarkt ein starker Wettbewerb um qualifizierte und passende Mitarbeiter. Eine Stellenbeschreibung bezieht sich nicht nur auf das Fachwissen und die Kompetenzen des Mitarbeiters, sondern auch die soziale Passung und die Teamfähigkeit. Es geht nicht mehr nur um „*High Potentials*", sondern auch um die „richtigen Potentials" (vgl. Esch et al. 2019, S. 962).

Bestimmte Kompetenzen und Entwicklungen können erst im Unternehmen entwickelt werden, andere müssen die Mitarbeiter selbstständig durch Fortbildungen erlangen, um sich den permanent verändernden Rahmenbedingungen anzupassen. Da sich die Bedingungen auf Märkten durch teils disruptive Entwicklungen immer wieder ändern, ist der Wandel zum Normalfall geworden und die Mitarbeiter müssen bereit sein, sich dem anzupassen. Diese Transformationen werden als *Change* bezeichnet. *Change*-Prozesse sind als riskante und sensible Prozesse zu verstehen, die zu einer großen Verunsicherung unter den Angestellten führen und einer erkennbaren Vision bedürfen, die verständlich kommuniziert und mit einer klaren Linie durchgeführt werden muss. Eine permanente Herausforderung für alle Unternehmen ist es, dabei das Engagement, die Loyalität und das Vertrauen der Mitarbeiter in den Arbeitgeber zu erhalten und zu stärken. Sobald die Mitarbeiter in den *Change*-Prozessen das Gefühl entwickeln, dass die Führungsebene eine eigennützige Agenda zur wirtschaftlichen Stärkung des Unternehmens an ihnen vorbeiplant, steht die Beziehung der Arbeitnehmer zum Arbeitgeber schnell auf der Kippe.

Das *Engagement* der Mitarbeiter für das Unternehmen als intrinsische Motivation *(Commitment)* ist wesentlicher Faktor für den wirtschaftlichen Erfolg. Mangelnde Motivation, Unzufriedenheit und Vertrauensverluste müssen im Rahmen der Mitarbeiterkommunikation frühzeitig erkannt und behoben werden. Dazu gehört auch die transparente Kommunikation der operativen und strategischen Ziele des Unternehmens, damit die Mitarbeiter wissen, was ihr Arbeitgeber wie mit ihrer Hilfe umsetzen will.

In den letzten Jahren ist nicht zuletzt der *Verdienstabstand* zwischen Männern und Frauen (*Gender Pay Gap*) zu einem Thema für die Mitarbeiterkommunikation geworden. Seit Beginn des 21. Jahrhunderts beträgt dieser Verdienstabstand kontinuierlich circa 22 Prozent, bei leitenden Arbeitnehmern sogar 24 Prozent. Die zahlreichen Ursachen hierfür können an dieser Stelle nicht diskutiert werden, dazu gehören auch branchentypische Gehaltsunterschiede im produzierenden Gewerbe und in Dienstleistungsunternehmen sowie die ungleiche Verteilung von Vollzeit- und Teilzeitstellen. Zur Sicherung des internen Betriebsfriedens und zur Erhöhung der Zufriedenheit muss die Mitarbeiterkommunikation auch bei diesem Thema Transparenz schaffen.

Eine weitere kommunikative interne Herausforderung stellen die unterschiedlichen *Alterskohorten* in einem Unternehmen dar. Häufig arbeiten Mitarbeiter aus unterschiedlichen Generationen in einem Unternehmen zusammen und müssen gemeinsam korporative Ziele verfolgen, obwohl die individuellen Ziele durchaus divergieren können. Für einige von ihnen steht die Pflichterfüllung im Vordergrund, für andere die Familie oder die Freizeit mit Freunden. Dies stellt eine Herausforderung für die Ansprache und die Motivationsstrategien dar und kann in der zwischenmenschlichen Kommunikation durchaus Konfliktpotenzial haben.

Eine externe Herausforderung sind die *gesellschaftspolitischen Erwartungen* an das Unternehmen. Die Gesellschaft fordert Nachhaltigkeit und soziales Engagement sowie ein moralisch und politisch „richtiges" Handeln, und die Unternehmensführung will dies umsetzen. Dabei müssen aber immer auch Entscheidungen getroffen werden, die als Kompromisse einigen Menschen Vorteile, anderen Menschen Nachteile bringen. Das „richtige" Handeln ist zumeist mit Kosten und Ausgaben verbunden, die dann den Gewinn des Unternehmens und damit die Lohnsteigerungen der Mitarbeiter reduzieren oder Neuanstellungen verhindern. Die Herausforderung für die Mitarbeiterkommunikation ist kaum zu übersehen und schwer zu lösen: Wie berücksichtigt man die Interessen und Einstellungen möglichst aller Mitarbeiter bei der Entwicklung der „richtigen" Haltung des Unternehmens? Müssen Mitarbeiter fürchten, dass eine „falsche" Haltung oder Lebensführung ihre Position oder ihre Karriere im Unternehmen gefährdet, und werden die Gesinnung sowie die freie Meinungsäußerung zu gesellschaftspolitischen Themen zum Kündigungsgrund? Rechtsstaatlich scheinen diese Probleme (noch) nicht relevant zu sein, aber angesichts des zunehmenden Drucks auf die Unternehmen, sich auch durch eine Haltung zu positionieren und vom Wettbewerb zu differenzieren, können diese Fragen möglicherweise zu Diskussionen im Unternehmen führen. Auch diesen Herausforderungen muss sich die interne Kommunikation stellen, damit sie ihren Beitrag für die strategische Unternehmenskommunikation leisten kann.

3.2 Storytelling

Geschichten gewinnen im Rahmen der Ökonomie immer mehr an Bedeutung. Sie stellen zunehmend die Dominanz mathematisch-prognostischer Modelle zur Erklärung des Konsumverhaltens in Frage. Der Nobelpreisträger Robert Shiller geht in seinem Ansatz der *Narrative Economics* davon aus, dass das ökonomische Verhalten von Menschen nicht durch rationales Kalkül, sondern durch Geschichten, welche über die wirtschaftlichen Bedingungen und Entwicklungen formuliert werden, beeinflusst und gelenkt wird (vgl. Shiller 2019). Er führt dies exemplarisch an der Erzählung über die Laffer-Kurve aus: Allein der Glaube an dieses Modell hat ganze Nationalökonomien beeinflusst – es ist aber in der Realität gescheitert. Auch der Wirtschaftsökonom Jens Beckert betont die Kraft fiktionaler Narrationen als Treiber gegenwärtiger (Konsum-)Handlungen (vgl. Beckert 2018). Die Ökonomie „entdeckt" gegenwärtig die Sozialwissenschaften als Quelle für Erklärungsmodelle des Marktes wieder, wie es bereits Ludwig von Mises in den 1930er-Jahren betrieben hat (vgl. Mises 1933).

Die Sozialwissenschaften gehen davon aus, dass Menschen ihre Umwelt unentwegt interpretieren (s. Abschn. 2.1). Geschichten eignen sich gut, um Interpretationen zu lenken, weil Menschen zumeist in narrativen und gerade nicht in mathematischen Strukturen denken und leben. Ganz zentral sind für Menschen die Narrationen, die sie über sich selbst erzeugen: Menschen gestalten ihre personale und soziale Identität, indem sie all das, was sie in ihrem bisherigen Leben erlebt und erfahren haben und zukünftig zu erreichen hoffen, in einen sinnvollen Gesamtzusammenhang erzählerisch eingliedern. Vor dem Hintergrund einer derartigen (Lebens-)Geschichte können die Menschen die Frage, wer sie sind, sowohl für sich selbst als auch für andere nachvollziehbar beantworten.

Die Unternehmenskommunikation kann sich diese Relevanz von Narrativen zunutze machen. Wenn man davon ausgeht, dass auch strategische Unternehmenskommunikation darauf abzielt, eine Unternehmensidentität zu formulieren, scheinen also Geschichten ein wesentlicher Baustein für erfolgreiches Kommunikationsmanagement zu sein – dies wird unter dem Begriff des Storytellings behandelt. Es spricht vieles dafür, dass es die Mühe wert ist, die Geschichte eines Unternehmens als Basis für Kommunikationsmaßnahmen zu nutzen. Dies liegt vor allem an den vielfältigen kommunikativen Vorzügen, die Geschichten bieten: Durch Geschichten gelingt es, eine klar konturierte Markenidentität zu formulieren, Aufmerksamkeit und Interesse zu wecken, Informationen ansprechend und zielgruppenkonform zu vermitteln, Gefühle bei dem Rezipienten der Geschichte auszulösen und in ihrem Gedächtnis einfach zu verankern (vgl. Herbst 2008, S. 11). Darüber hinaus erlauben es Geschichten, spezifische und insbesondere aktuelle Themen in den narrativen Gesamtzusammenhang einzubinden. Sie können demnach wesentlich dazu beitragen, die Identität des Unternehmens greif-, versteh- oder sogar erfahrbar zu machen und das Unternehmen in aktuelle Diskurse einzubinden bzw. zu positionieren und damit relevante Botschaften zu vermitteln.

Definitorisch zusammengefasst ist Storytelling „eine Kommunikationsoperation des Public Relations-Managements gewinnorientierter Organisationen des Wirtschaftssystems. Das Public Relations-Management operiert dabei in einem erzählenden Kommunikationsmodus und kommuniziert narrative Selbstdarstellungen in Form von Corporate Storys. Diese Corporate Storys weisen tradierte Elemente und Strukturen von Erzählungen wie Akteure, Ereignisse, Orte, zeitliche und logische Verläufe und Handlungsmuster auf, die das Identitäts-, Aufmerksamkeits- und Deutungsmanagement der Organisation unterstützen" (Krüger 2015, S. 100).

Die Adressaten der Geschichten können dabei vielfältig sein. So sollten Geschichten nicht ausschließlich für Kunden konzipiert werden, sondern auch weitere Anspruchsgruppen berücksichtigen: Sie können auch für Mitarbeiter im Rahmen der internen Kommunikation, für Investoren und Multiplikatoren oder für alle Akteure der öffentlichen Arena als sinnstiftende Elemente verwendet werden.

3.2.1 Geschichten und ihre Wirkung

Das Leistungsvermögen von Geschichten im Rahmen der Unternehmenskommunikation wird ersichtlich, wenn man sich deren Wirksamkeit aus Sicht eines Rezipienten bzw. Konsumenten vor Augen führt. Menschen interpretieren die Unternehmensbotschaften vor dem Hintergrund ihrer sozialen Wissensstände. Eine wesentliche Aufgabe der Unternehmenskommunikation besteht darin, einen erwünschten Interpretationsprozess in Gang zu setzen und damit ein Bild der Marke (Image) im Kopf des Konsumenten zu etablieren. Geschichten eignen sich für diesen Zweck, da sie es dem Gehirn erleichtern, die intendierte Botschaft und die dafür relevanten Informationen zu verstehen.

Das menschliche Gehirn verarbeitet ständig Informationen, die es aus der Umwelt über alle Sinneskanäle wahrnimmt. Neurowissenschaftlichen Erkenntnissen zufolge wird ein Großteil der Informationen – Zaltman (2003) geht von 95 Prozent aus – unbewusst verarbeitet. Das liegt daran, dass bewusstes Denken den Körper viel Energie kostet und der Anteil dieser Denkprozesse daher möglichst geringgehalten wird. Außerdem verläuft die unbewusste Verarbeitung wesentlich schneller als die bewusste und der Abgleich mit bereits bekannten Strukturen erfolgt leichter. Das bedeutet, dass Informationen aus der Umwelt, insofern sie auf Seiten des Interpreten keine besondere Relevanz besitzen, eher unbewusst als bewusst verarbeitet werden – genau das trifft auf unternehmensseitige Anstrengungen wie Werbung häufig zu. Aus diesem Grund sollten Kommunikationsmaßnahmen auch an unbewusste Verarbeitungsprozesse anschlussfähig sein, und dies können Geschichten leisten.

Unbewusste Verarbeitung spielt sich vornehmlich im limbischen System ab. Das limbische System ist eine komplexe Struktur unterhalb der Großhirnrinde, die unter anderem für die Speicherung und den Abruf von Wissensstrukturen zuständig ist. Dabei werden die Wissensstrukturen stets von emotionalen Bewertungen begleitet: Eine der wesentlichen Erkenntnisse der Neurowissenschaften besteht darin, dass Denken und – sogar das vermeintlich rationale – Entscheiden zu großen Teilen emotionale Prozesse darstellen bzw. emotional eingefärbt sind (vgl. Damasio 2001).

In Zeiten, in denen die Aufmerksamkeit des Konsumenten wie eine Währung gehandelt wird (vgl. Franck 1998), kann Storytelling als ein Schlüsselelement verstanden werden, um an die Lebenswelt des Konsumenten anschlussfähig zu werden und in dessen Aufmerksamkeitsfokus zu rücken. Geschichten erreichen den Konsumenten emotional und können ihm selbst komplexe Botschaften oder langweilige Informationen verständlich in einem sinnvollen Gesamtzusammenhang vermitteln.

Theoretisch begründet werden kann die Wirkweise von Storytelling unter Rückgriff auf die Theorie des *Framings*. Frames sind kognitive Referenzrahmen, die Menschen nutzen, um Ereignisse und Erlebnisse zu interpretieren. Als subjektive Wissensstrukturen deuten Frames Informationen und weisen den wahrgenommenen Informationen eine Bedeutung zu (vgl. Goffman 1977, S. 19).

Es können vier Arten von Frames unterschieden werden (vgl. Entman 1993, S. 52 f.):

1. *Kommunikator-Frames* existieren auf Seiten der Unternehmen. Die Mitarbeiter, welche für die Unternehmenskommunikation verantwortlich sind, deuten Ereignisse und bereiten sie als Themen im Rahmen des Storytellings auf.
2. Die *Rezipienten-Frames*, d. h. die individuellen Frames der Rezipienten, stellen die Interpretationsschemata der jeweiligen Anspruchsgruppen dar. Die Kommunikator-Frames sollten denen der Rezipienten möglichst entsprechen, damit Themen anschlussfähig an die lebensweltlichen Perspektiven der Adressaten sind.
3. Als *kulturelle Frames* wird die Menge aller Frames bezeichnet, die von einer bestimmten sozialen Gruppe geteilt werden. So teilt die Leserschaft einer Zeitschrift beispielsweise häufig eine bestimmte politische Haltung.
4. Schlussendlich existieren *Botschafts-Frames*. Hierbei handelt es sich um die Frames, die in der Gestaltung und Formulierung kommunikativ zum Ausdruck kommen, die also manifest erfahrbar sind und dabei latente Botschaften oder Erzählstränge aufweisen.

Framing kann strategisch im Rahmen unternehmensseitiger Konstruktionsprozesse genutzt werden, um bestimmte Themen, Objekte, Trends oder Diskurse in Beziehung zueinander zu setzen und diese als relevant dazustellen (vgl. Scheufele

2003, S. 46). Dieser Prozess muss strategisch gesteuert werden, um einen Beitrag zur Wertschöpfung des Unternehmens zu leisten. Huck-Sandhu (2014, S. 659 f.) zufolge kann dies gelingen, indem Unternehmen sich entweder an öffentlichen Diskussionen beteiligen oder strategisch zur Steuerung von Public Relations genutzt werden. Die erste Strategie funktioniert, indem politische oder soziale Bewegungen und deren Perspektive auf die Welt mit der Perspektive des Unternehmens verschränkt werden und deren Strahlkraft für sich genutzt wird (vgl. Benford und Snow 2000). Die zweite Strategie umfasst die breite Steuerung von Themen gegenüber anderen Kommunikatoren, sodass das Unternehmen über unterschiedliche Wege, aber schlussendlich in einem einheitlichen Gesamtrahmen positioniert wird (vgl. Dahinden 2006).

Um Frames in einen sinnvollen Gesamtzusammenhang zu betten, eignet sich der Weg, eine übergeordnete Narration über das Unternehmen zu formulieren. Die Anordnung von Elementen in einer Geschichte erlaubt es, die einzelnen Aspekte sinnvoll und kohärent anzuordnen und zudem aus Sicht des Rezipienten effizient zu vermitteln: Storytelling als Kommunikationsmodus ermöglicht dem Kunden eine einfache Interpretation der Botschaften und der Haltung von Unternehmen.

3.2.2 Elemente erfolgreichen Storytellings

Zentrale Elemente für erfolgreiches Storytelling stellen die Handelnden, ihre Handlungen sowie die ihnen zur Verfügung stehenden Requisiten dar (vgl. Herbst 2008, S. 93 ff.). Dabei muss es gelingen, diese Bausteine zu einem emotionalen Handlungsstrang zu verknüpfen. Darüber hinaus müssen Geschichten weitere Elemente umfassen, um wirkungsvoll die Identität des Unternehmens zu kommunizieren: Sie müssen Botschaften beinhalten, die entweder ideologischen oder moralischen Impetus aufweisen, um die Haltung des Unternehmens deutlich zu machen (vgl. Fog et al. 2005, S. 31 f.). Damit Geschichten die gewünschten Effekte evozieren können, werden die Handelnden als spezifische typische Charaktere inszeniert, als sogenannte *Archetypen*.

Personen bzw. Charaktere können einer Marke ein Gesicht geben und helfen den Kunden, sich mit der Marke zu identifizieren. Archetypen stellen in der Theorie von Jung (2000) universelle personale Handlungsschablonen dar. Universell bedeutet Jung zufolge, dass die Interpretationen und Konnotationen, die diesen Typen zugeordnet werden, unabhängig von Kulturen oder Zugehörigkeiten zu sozialen Gruppen stabil sind. So steht beispielsweise die Mutter für Schutz, aber zugleich für eine besondere mütterliche Vereinnahmung.

Von klein auf sind Menschen mit Archetypen vertraut und kennen deren typische Handlungsmuster und Charaktereigenschaften. Auf diese Weise können Archetypen helfen, Orientierung in einem Handlungsstrang zu bieten. Bestimmten Typen, wie z. B. Helden, wecken Vertrauen oder Sympathie, andere hingegen Misstrauen oder Antipathie. Umfassende Darstellungen über die vielfältigen Archetypen finden sich in vielen Einführungswerken zum Storytelling (vgl. Fordon 2018). Mark und Pearson (2001) stellen eine Übersicht möglicher Assoziationen und Archetypen in Geschichten vor, in der beispielsweise der Wunsch nach Stabilität und Ordnung durch den fürsorglichen Betreuer, den kontrollierenden Herrscher oder den innovativen Schöpfer verkörpert werden kann (s. Abb. 3.1). Diese drei Archetypen stellen Facetten des Bedürfnisses der Rezipienten dar, sich sicher zu fühlen.

Der Herrscher	Der Betreuer	Der Unschuldige	Der Weise
Kontrolle	*Fürsorge*	*Sicherheit*	*Wissen*

Der Schöpfer	**Stabilität & Ordnung**	**Erfüllung & Vollendung**	Der Entdecker
Innovation	Sich sicher fühlen	Sich glücklich fühlen	*Freiheit*

Der Liebende	**Freude & Zugehörigkeit**	**Wagnis & Herrschaft**	Der Rebell
Nähe	Sich verbunden fühlen	Sich erfolgreich fühlen	*Befreiung*

Der Jedermann	Der Narr	Der Zauberer	Der Held
Zugehörigkeit	*Freude*	*Macht*	*Herrschaft*

Abb. 3.1 Assoziationen und Archetypen. (Quelle: in Anlehnung an Mark und Pearson 2001)

3.2 Storytelling

Aus einer sozialkonstruktivistischen Perspektive stellen Bedeutungen von Symbolen wie den Archetypen soziale Konstruktionen dar, die seit vielen Generationen tradiert werden und in verschiedenen Variationen universelle Grundbestandteile der umfangreichen Geschichtswelt der Menschheit darstellen. Eine sozialkonstruktivistische Betrachtungsweise schließt zudem die Möglichkeit ein, dass symbolische Bedeutungen auch von der Kultur einer Gemeinschaft oder der Lebenswelt eines Milieus abhängig sind und dort erschaffen werden (vgl. Rommerskirchen 2017, S. 126 f.).

Kulturgebundene Symbole sind räumlich und zeitlich eingeschränkte Interpretationsmuster. So weisen religiös unterschiedlich geprägte Räume unterschiedliche Vorstellungen von Götterwelten auf. Hier greifen keine übergreifenden Deutungsmuster, sondern diese müssen kontext- und kultursensibel eingesetzt werden. Die Bedeutung von Engeln und Teufeln setzt eine abrahamitische Kulturbindung voraus, die des elefantenköpfigen Gottes Ganesha eine hinduistische. Die Marke Pampers warb lange Zeit erfolglos mit dem Motiv des Klapperstorchs, bevor man erfuhr, dass in Japan die Neugeborenen auf einem Pfirsich, der einen Fluss hinunterschwimmt, ankommen. Erst nachdem das passende kulturelle Narrativ aufgegriffen hatte, wurde Pampers auch in Japan erfolgreich.

Stark zielgruppenorientiert und daher noch eingeschränkter in ihrer Reichweite sind die milieuspezifischen symbolischen Bedeutungsstrukturen. Diese sind gekoppelt an die Narrative in sozialen Gemeinschaften in einer Kultur. Milieus zeichnen sich gegenüber der kulturell geprägten Gemeinschaft dadurch aus, dass ihre Mitglieder einen ähnlichen Lebensstil mit einem diffusen Zusammengehörigkeits- und Wir-Gefühl aufweisen. Vor allem Personen in der Werbung, wie Schauspieler, Popstars, Sportler oder Opernsänger, lösen je nach Milieu sehr unterschiedliche Erinnerungen und Gefühle aus. Diese emotionale Verbindung kann durch symbolische Mittel nicht nur vermittelt, sondern auch erfahrbar werden – so erkennen Schalke-Fans andere Gleichgesinnte nicht lediglich durch deren Heckaufkleber am Auto, sondern empfinden für diese auch gewisse Form der Sympathie. Anderen Schalke-Fans verzeihen diese einen Fahrfehler eher als Fans von Borussia Dortmund.

Je stärker das Symbol in der Geschichte den einzelnen Rezipienten und seine Lebenswelt anspricht, desto größer sind seine Aufmerksamkeit und die Wirkung des Symbols auf ihn. Allerdings sinkt damit auch die Reichweite der Geschichte und der damit erwünschten Bedeutungsvermittlung. Global erkennbare Archetypen werden zwar raum- und zeitlos verstanden, lösen bei den Rezipienten aber auch diffusere Ansprachen aus (s. Abb. 3.2).

Die Handlungen von Personen müssen in der Geschichte in einen Zusammenhang gebracht werden. Dieser wird häufig als Storyline oder Plot bezeichnet. Die

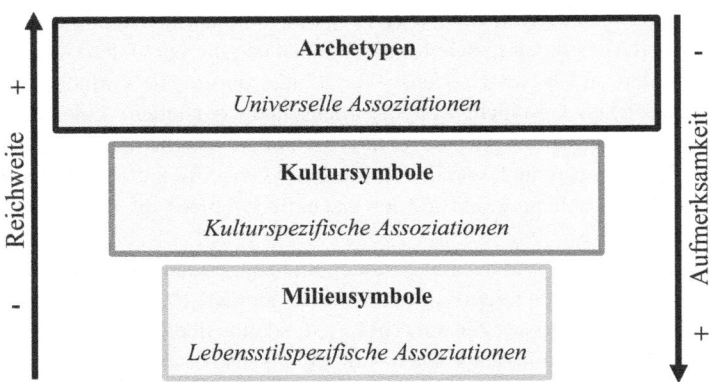

Abb. 3.2 Symbole, ihre Reichweite und ihre Aufmerksamkeit

Handlung koordiniert Akteure, Orte und Zeiten sowie bestimmte Ereignisse, um die intendierte Botschaft zu formulieren. Diese Botschaften können sich in der Unternehmenskommunikation auf die Marke, ihre Werte und Normen beziehen oder auf Dienstleistungen bzw. Produkte der Marke. Für das Storytelling sind insbesondere audiovisuelle Medien prädestiniert, da diese es erlauben, die chronologische Abfolge der Handlung angemessen zu inszenieren.

Um die Geschichte verständlich zu machen, können verschiedene Hilfsmittel, sogenannte Requisiten, eingesetzt werden. Requisiten umfassen Gegenstände und Symbole, die zur Orientierung des Rezipienten beitragen. Sie schaffen Rahmen, indem bestimmte Handlungen von den Handelnden erwartet werden (vgl. Goffman 2007). Allerdings gilt es, im Rahmen des Storytellings nicht lediglich eine Handlung mit bestimmten Requisiten darzustellen, sondern auch eine Dramaturgie zu erzeugen, die den Rezipienten emotional anspricht. Dies kann gelingen, indem die Handelnden in Konfliktsituationen oder Krisen geraten und aus unterschiedlichen Handlungsalternativen auswählen müssen, um eine Lösung für ihre Situation zu finden.

Um einen schnellen Zugriff auf das Geschehen zu bieten, kann auf typischen Handlungsstoff zurückgegriffen werden. Dieser kann einen mythischen bzw. mythologischen Hintergrund aufweisen oder aus alltagskulturellen Zusammenhängen stammen: David gegen Goliath, Retter in der Not oder vom Tellerwäscher zum Millionär (vgl. Herbst 2008, S. 106 ff.).

Erfolgreiches Storytelling zeichnet sich dadurch aus, dass die Konsumenten von der Geschichte und deren Protagonisten emotional ergriffen werden. Die emotionale Ansprache gelingt lediglich durch visuelle und auditive Reize, die jedoch eine komplexes emotionales Erlebnis beim Rezipienten hervorrufen können: Die Interpretation der Narration wird, wie bereits beschrieben, im limbischen System unter Rekurs auf entsprechende Erinnerungsspuren vorgenommen, wobei es zu sogenannten Irradiationen, d. h. Ausstrahlungen auf verschiedene emotionale Muster, kommen kann, weil sich die unterschiedlichen emotionalen Erinnerungspuren gegenseitig beeinflussen. So genügt beispielsweise bereits die Erinnerung an eine Pizza, dass man deren Geruch und deren Geschmack anhand einer ikonografischen Darstellung hervorrufen kann.

3.2.3 Erfolgsgeschichten

Es gibt viele Beispiele für gelungenes Storytelling. Nachfolgend sollen drei Beispiele die Bandbreite und die vielfältigen Einsatzmöglichkeiten andeuten.

Beispiel: Telekom

Im Jahr 2008 entscheidet sich die Telekom dafür, einen Plot um den Auftritt von Paul Potts bei *Britain's got talent*, der britischen Variante von *Deutschland sucht den Superstar*, zu inszenieren. Paul Potts, der leicht übergewichtig und mit einem schiefen Zahn die Bühne der Castingshow betritt, verkündet, die Arie *Nessun Dorma* aus der Oper *Turandot* zu singen. Dafür erntet er anfänglich Skepsis und Gelächter. Doch schon kurz nach seinem Einsatz zeigen die Kameras, wie es der Jury und dem Publikum den Atem verschlägt. Paul Potts gewinnt die Staffel und wird zum international gebuchten Opernsänger – weniger jedoch in Opern als vielmehr in Shows und bei TV-Auftritten.

Die Telekom inszeniert rund um den Prämienauftritt von Potts einen Werbespot, bei dem Zuschauer aus unterschiedlichen kulturellen und sozialen Settings zu Zeugen dieses Auftritts werden und dabei von Potts Performance ergriffen werden – nicht jedoch bei der abendlichen Ausstrahlung der TV-Show, sondern auf ihrem mobilen Endgerät (unter https://www.youtube.com/watch?v=Tg3wWkAmpCE). Die Werbung zielt darauf ab, die Leistungsfähigkeit und die Abdeckung des Mobilfunknetzes zu inszenieren – ohne dass dies jemals thematisiert wird. Nur der Jingle und das Logo am Ende des Spots stellen den Zusammenhang zu dem Unternehmen her. Hier wird gezeigt, wie Menschen „*from zero to hero*" avancieren können. Und Zuschauer können überall Zeuge solch schöner, überraschender Momente werden.

Beispiel: Apple

Weniger rührselig, dafür umso dramatischer inszeniert Apple 1984 seinen ersten Macintosh-Computer. Der Regisseur Ridley Scott inszenierte einen Werbespot, der von dem Roman 1984 von George Orwell inspiriert war. In diesem Spot existiert eine Gesellschaft, die von einem totalitären System regiert und ständig von dem sogenannten Großen Bruder beobachtet und kontrolliert wird.

Der Spot zeigt eine Szene, in der eine große Menge uniformierter Menschen auf eine Leinwand schauen, auf der das Gesicht eines Mannes die Einheit und Gleichheit aller Gemeinschaftsmitglieder verkündet. Durch diese Menschenmenge läuft eine Rebellin, wirft einen Hammer in die Leinwand und zerstört diese (unter https://vimeo.com/6733914).

Die Botschaft des Spots wird nicht laut ausgesprochen, sondern in der Geschichte symbolisiert. Der Spot ist in einem Blaustich gehalten, was implizit auf IBM anspielt. IBM dominierte damals den Markt und wurde auch *the big blue* genannt. Der Kauf eines Apples stellt eine revolutionäre und rebellische (Konsum-)Handlung gegen den marktdominanten Wettbewerber dar. Dieses Beispiel zeigt das typische Muster von David gegen Goliath – und dies schafft der Spot, ohne ein einziges Produkt der Marke zu zeigen.

Beispiel: Edeka

Andere Marken nutzen Storytelling wiederum, um auf gesellschaftsrelevante Themen aufmerksam zu machen. Der „Eatkarus"-Spot von Edeka zeichnet eine Welt von starker Adipositas, monotoner Tristesse und routinierten Bewegungsabläufen. Die Essensaufnahme ist zu einer Nebentätigkeit geworden. Der Protagonist, der Sohn der Familie, ist der Einzige, der mit der Ausgangslage unzufrieden ist. Als er einen Vogel sieht, fühlt er sich von diesem inspiriert und möchte ebenfalls fliegen können. Seine anfänglichen Versuche scheitern, da er zu schwer ist. Als der Junge den Vogel beim Konsum von Beeren beobachtet, erschließt er einen Kausalzusammenhang zwischen der Fähigkeit zu fliegen und einer gesunden Ernährungsweise. Schließlich verliert er an Gewicht und kommt seinem Traum vom Fliegen ein großes Stück näher. Die moralische Botschaft lautet am Ende: „Iss wie der, der du sein willst."

Diese drei Beispiele spannen einen emotionalen Raum auf, der von herzerweichend und überraschend bis hin zu dramatisch und triumphierend reicht. Von großer Bedeutung ist, dass die Story sich in die gesamte Kommunikationsstrategie einfügen muss, sodass der Kunde eine kohärente Erfahrungswelt der Marke aufbauen kann.

3.2.4 Einordnung des Storytellings in die Unternehmenskommunikation

Storytelling eignet sich, um komplexe Themen oder Botschaften nachvollzieh- und sogar emotional erfahrbar zu machen. Dies umfasst vor allem die Identität eines

Unternehmens. So kann Storytelling genutzt werden, um folgende Fragen zu beantworten: Wer bin ich? Wofür stehe ich? Was will ich? (vgl. Huck-Sandhu 2014, S. 663).

Wenn jede Maßnahme sich nahtlos in die Geschichte des Unternehmens einfügt, kann es zudem gelingen, als authentische Marke zu wirken. Authentizität kann in Zeiten kritischer und aufgeklärter Konsumenten sowie großer Transparenz als wichtiger Baustein zum Aufbau von Marken-Kunden-Beziehungen und von Vertrauen zu Marken betrachtet werden: Wer authentisch erscheint, bei wem Kunden wissen, woran sie sind, der wirkt offen, sympathisch und transparent und an dem kann man sich orientieren (vgl. Fordon 2018, S. 64 ff.). Und genau diese Orientierung müssen Marken bieten, damit Kunden sich orientieren können – und in Form von Geschichten scheinen Marken die Chance zu haben, enormen gesellschaftlichen Einfluss auf die Vorstellungswelten und Interpretationsmuster von Konsumenten nehmen zu können.

Allerdings fällt es Unternehmen zunehmend schwer, die Konsumenten zu beeinflussen. Konsumenten emanzipieren sich zunehmend aus dem Einflussbereich von Unternehmen. Storytelling bietet ihnen die Chance, die Geschichte aktiv weiterzuerzählen oder sogar weiterzuentwickeln. Geschichten bieten somit Interpretationsspielräume, die auf Seiten des Unternehmens gesteuert werden können.

Dies gelingt jedoch nicht vollends. Diese Entwicklung zu aktiven Rezipienten stellt Unternehmen auch vor die Herausforderung, zu diesen Themen Stellung zu beziehen. Exemplarisch konnte konstatiert werden, dass Unternehmen sich sogar zusehends als politische Akteure positionieren (vgl. Kemming 2019). Das Storytelling bietet gerade für derartige Entwicklungen einen relevanten Anknüpfungspunkt zur aktiven Steuerung der eigenen Identität im gesellschaftlichen Diskursuniversum.

3.3 Wenn der Chef spricht

Aufmerksamkeit ist für Unternehmen ein wesentliches Ziel. Bekanntheit und Sympathie, Image und Reputation, Vertrauen und Loyalität basieren auf der Aufmerksamkeit, die das Unternehmen sich verschaffen kann. Um Aufmerksamkeit zu erzeugen, bedient sich die Unternehmenskommunikation unterschiedlichster Medien. Dazu gehören klassische Massenmedien, Kommunikations- und Informationsplattformen sowie digitale interaktive Medien. Während sich die Anzahl und die Angebote dieser Medien exponentiell vermehren, bleibt die Zeit als natürliche Ressource, die für die Wahrnehmung und Verarbeitung der medial angebotenen Inhalte notwendig ist, konstant. Die Zeit lässt sich nicht vermehren und das gleichbleibende

Angebot an Zeit ist unabhängig von der steigenden medialen Nachfrage (vgl. Franck 2014, S. 195). Die Konsequenz daraus lautet: Je knapper das Gut Zeit ist, desto wertvoller wird die Aufmerksamkeit.

Der Kampf um Aufmerksamkeit ist im Wettbewerb der Unternehmen immer auch ein Kampf um den medialen Raum, in dem sie ihre Informationen vermitteln können: „Die *Marktplätze* für das Massengeschäft mit Information sind die Medien" (Franck 2014, S. 195). Wie auf allen Marktplätzen geht es auch auf diesem um die Kunst des Werbens für das eigene Angebot und die geschickte Lenkung des Interesses seiner Besucher. Bei der Wahl der dazu passenden Mittel gilt es, die drei klassischen Elemente der Rhetorik zu berücksichtigen, wie sie schon von Aristoteles (2019) beschrieben wurden: die richtigen Argumente *(lógos)*, die Emotionen des Publikums *(páthos)* und den Charakter des Redners *(éthos)*. Deshalb ist die Information auf den medialen Marktplätzen zwar die wesentliche Handelsware, ohne ihre Emotionalisierung und Personalisierung blieben aber vermutlich viele dieser Plätze leer. Der Charakter des Redners, seine Glaubwürdigkeit als Person, bereitet den positiven Gefühlen des Publikums und damit dem Vertrauen in seine Argumente den Boden.

Die Unternehmen und die Medien brauchen daher reale Menschen, die die Informationen als persönliche und deshalb glaubwürdige Botschaften übermitteln. Wichtige Botschafter und glaubwürdige Zeugen ihres Anliegens *(Testimonials)* sind beispielsweise populäre Personen *(Celebrities)* oder Menschen, die der Zielgruppe ähneln *(Peers)*. Seit einigen Jahren rückt der der Chef des Unternehmens oder des Vorstands *(CEO)* immer mehr in den Fokus. Er verkörpert als oberster Entscheidungsträger das Unternehmen, seine Grundsätze und seine Ziele besonders glaubwürdig. Er ist in den Augen der Öffentlichkeit der Repräsentant und das „Gesicht des Unternehmens" (Deekeling und Arndt 2014, S. 1238).

Die klassische Rolle des Chefs bestand in erster Linie in der strategischen Ausrichtung des Unternehmens. Er bestimmte, welche Geschäftsbereiche ausgebaut oder reduziert werden sollten, er kontrollierte die Effektivität dieser Bereiche und der verantwortlichen Mitarbeiter bei der Zielerreichung. Die Unternehmenskommunikation sprach „im Namen des Unternehmens" zur Öffentlichkeit und schützte den Chef nach außen ab. Er selbst sprach nur in vertraulichen Gesprächen mit ausgewählten Journalisten und Investoren oder auf der Eigentümerversammlung, wo er seine Verdienste für das Unternehmen präsentierte. Die breite Öffentlichkeit nahm die Chefmanager zumeist nur dann zur Kenntnis, wenn sie in ihrer Rolle scheiterten: Jürgen Schrempp und die Hochzeit im Himmel (DaimlerChrysler), Josef Ackermann und das Victory-Zeichen im Gericht (Deutsche Bank), Hilmar Kopper und die *Peanuts* (Deutsche Bank) oder Rom Sommer und die T-Aktie als sichere Zusatzrente (Deutsche Telekom). In der Erinnerung blieben sie vor allem durch ihre Misserfolge.

Ausnahmen davon sollen auch erwähnt werden: Einige wenige populäre Gründer von Großunternehmen wie Henry Ford, Claus Hipp als Chef eines Familienunternehmens oder Wolfgang Grupp als alleiniger Inhaber von Trigema sahen bzw. sehen sich als Verkörperung des Unternehmens. Und einigen Managern wie Lee Iacocca (Chrysler) und Steve Jobs (Apple) gelang es, sich als Heilsbringer und charismatische Anführer zu inszenieren. Die Chefs der meisten Unternehmen scheuten jedoch das Licht der Öffentlichkeit und blieben hinter den Kulissen. Auch heute weiß kaum jemand, wer die großen nationalen und internationalen Konzerne wie Walmart, Nestlé oder Shell anführt.

Der Wunsch nach Aufmerksamkeit für das Unternehmen und die deshalb als notwendig erkannte Personalisierung ändern diese Situation seit einigen Jahren. Immer mehr Unternehmensführer trauen sich eine neue, öffentliche Rolle zu, und auch die Vorstandsvorsitzenden der börsennotierten Konzerne suchen die große Bühne. Die Öffentlichkeit erfährt nicht nur die Namen der Chefs und CEOs, sondern auch ihren beruflichen Weg und ihre Hobbies. Sie werden als Person mit dem Unternehmen identifiziert, wortwörtlich zum Kopf des Unternehmens und zur „Projektionsfläche für den Erfolg oder Misserfolg des Unternehmens" (Deekeling und Arndt 2014, S. 1239). Die öffentliche Wahrnehmung ihrer Person und die Bewertung ihrer Kommunikation werden für die Unternehmen immer wichtiger.

3.3.1 Die Inszenierung der Kommunikation

Zur Ausgestaltung dieser Rolle gehören aber auch die geplante Einbindung der Personen in die strategische Kommunikation des Unternehmens und die operative Inszenierung ihres Auftretens. Die öffentliche Rolle der Person wird zum immateriellen Wert für das Unternehmen, ihre positive Bewertung kann den Unternehmenswert steigern. Schlechte Planungen und missglückte Inszenierungen können dem Unternehmen und seinem Wert aber auch schaden. Für die strategische Planung der Person und seiner Kommunikation gilt es daher, zunächst die intern bestehenden Vorstellungen über das Unternehmen und die Erwartungen der externen Anspruchsgruppen zu reflektieren. Anschließend stellt sich die Frage, welche Positionierung das Unternehmen für die Zukunft plant. Erst aus der Klärung des bestehenden *Selbstbilds* und des erwünschten *Selbstkonzepts* kann die Unternehmenskommunikation den Weg vom Ist-Stand zum Soll-Stand ableiten und die notwendigen Instrumente bereitstellen, die diesen Weg bahnen (vgl. Piwinger und Bazil 2014, S. 476). Dem Kommunikationscontrolling ermöglicht die abschließende Ist-Soll-Analyse den prüfenden Blick auf die Effektivität der eingesetzten Instrumente und die Empfehlungen für anschließende Handlungen.

Ein mögliches Instrument dabei ist die *CEO-Kommunikation* als „systematische Gestaltung der öffentlichen Wahrnehmung des obersten Entscheidungsträgers in einem Unternehmen zur Durchsetzung seiner unternehmerischen Agenda" (Deekeling und Arndt 2014, S. 1240). Vor der konkreten Planung dieses Instruments müssen jedoch drei grundsätzliche Fragen geklärt werden: Will das Unternehmen eine Person in den Vordergrund stellen oder soll das Unternehmen bzw. die Marke für sich stehen? Eignet sich die konkrete Person für die geplante Rolle und sind ihre Biografie, ihr Charakter und ihr Auftreten dafür hilfreich? Will die Person diese Rolle übernehmen, in der Öffentlichkeit stehen und dem Unternehmen als Kommunikationsinstrument dienen?

Wenn das Unternehmen und der Entscheidungsträger sich für eine aktive Rolle entscheiden, muss die Unternehmenskommunikation in enger Abstimmung mit dem CEO den Rahmen und die personale Kommunikation der Selbstdarstellung entwickeln. Rahmen und Kommunikation sind wesentliche Bestandteile der *Konstruktion* der Rolle und der Inszenierung. Erving Goffman (2007) hat dies ausführlich beschrieben und in seiner Bühnentheorie entwickelt, in der es eine Vorderbühne und eine Hinterbühne gibt. Auf der Vorderbühne wird die Inszenierung ausgeführt und das Publikum schaut zu. Was auf der Hinterbühne passiert, soll dem Blick der Öffentlichkeit möglichst nicht zugänglich sein. Auf der Hinterbühne finden interne Besprechungen in Konferenzen oder das private Familienleben statt. Auf der Vorderbühne präsentieren sich das Unternehmen und der CEO in ihrer Rolle im aufgeführten Stück (vgl. Piwinger und Bazil 2014, S. 477 f.). Das Drehbuch des aufgeführten Stücks und damit den Rahmen der Inszenierung bestimmt die Unternehmenskommunikation. Dieser konstruierte Rahmen *(Frame)* kann das Büro des CEOs sein, aber auch eine große Versammlung oder das private Wohnzimmer. Der Rahmen und damit der Kontext der Wahrnehmung kann die alltägliche Arbeit, der Besuch in einem Produktionswerk oder die Erholung im Urlaub sein. Im Rahmen treten auch andere Personen auf, einzelne Mitarbeiter, Anwohner oder Politiker.

Zur Inszenierung der unterschiedlichen Rahmen gehören auch die Requisiten. Im Bücherregal des Büros dürfen nicht zu wenige und nicht zu viele Bücher stehen, sonst gilt der CEO entweder als ungebildet oder als introvertierter Bücherwurm. Die Bilder im Büro müssen ihn mit den richtigen Menschen zeigen, dies können seine Kinder, bekannte Politiker oder Wissenschaftler sein. Die Kleidung und deren Farben sind wichtige Symbole, schwarz demonstriert Macht, blau Modernität, rot Aggressivität. Körperschmuck wie Uhren oder Halsketten sind schlicht oder protzig. Der Rahmen entscheidet darüber, wie der CEO wahrgenommen wird: als mächtig oder sympathisch, distanziert oder volkstümlich. Die Planung des Rahmens entscheidet darüber, wie er wahrgenommen werden soll.

3.3 Wenn der Chef spricht

Zur Inszenierung gehören auch die Sprache und damit die Stimmhöhe, Tempo und Lautstärke sowie die Beherrschung der Hochsprache oder eines regionalen Dialekts. Je nach Situation prägt all dies die Wirkung der Person und den Eindruck, den sie bei ihrem Publikum hinterlässt. Diese Planung ist aber immer auch eine Gratwanderung zwischen positiven und negativen Bewertungen im Publikum (vgl. Piwinger und Bazil 2014, S. 483): Versucht er zu sehr als sympathischer Chef gesehen zu werden, gilt er schnell als unterwürfig und kriecherisch. Stellt er seine Kompetenz etwas zu sehr in den Vordergrund, wirkt er bald eingebildet und angeberisch. Will er anderen Menschen ein Vorbild sein, hält man ihn vielleicht für abgehoben. Sagt er offen und ehrlich seine Meinung, kritisieren ihn einige als unvorsichtigen und leichtsinnigen Menschen.

Der CEO und seine Drehbuchschreiber können hier viele Fehler machen, und ein einfaches Rezept gibt es nicht. Empathie und die Überlegung, welche Rolle und welcher Rahmen für die konkrete Person passend sind, helfen zumeist, die gröbsten Fehltritte zu vermeiden. Durch die Planung sollen bestimmte Charaktereigenschaften hervorgehoben und damit die Assoziationen und die Gefühle des Publikums geprägt werden. Diese *Inside-out-Perspektive*, also die Beeinflussung des Umfelds durch strategische Botschaften, ist jedoch nur die eine Hälfte der Planung (vgl. Deekeling und Arndt 2014, S. 1241 f.). Die andere Hälfte beschäftigt sich mit der Analyse der Erwartungen der Anspruchsgruppen an das Unternehmen und die Person des CEO in einer *Outside-in-Perspektive*. Die Antizipation der Erwartungen an den Repräsentanten des Unternehmens setzt wiederum Einfühlungsvermögen voraus, diesmal aber in die unterschiedlichen Gruppen in der Unternehmensumwelt. Entscheidend ist auch wieder die Stimmigkeit der Person und der Botschaften sowie der Strategie des Unternehmens.

Diese Übereinstimmung der verschiedenen Einflussfaktoren wird im besten Fall als authentisch wahrgenommen, wenn die Person, ihr Charakter und ihr Auftreten perfekt zur Rolle und zum Unternehmen passen. Diese wahrgenommene Authentizität ist dann zumeist das Resultat einer guten und erfolgreichen Inszenierung und Konstruktion der Person des CEO in seinen Rollen. In den letzten Jahren ist diese Aufgabe für die Unternehmenskommunikation und für die CEOs aber deutlich komplizierter geworden. Typischerweise lautete das Ziel der Inszenierung, den CEO als kompetente, intelligente und entscheidungsstarke Führungspersönlichkeit darzustellen. Es galt, seine Autorität und sein Charisma als Manager, der den Weg kennt, zu kommunizieren. Je weniger die Medien und die Öffentlichkeit dabei über den Menschen selbst erfuhren, desto einfacher war die Inszenierung des CEOs. Die „zwei Körper des Königs" (vgl. Kantorowicz 1990) galt es auseinanderzuhalten, der CEO gehörte in die Öffentlichkeit, der Mensch sollte sich dahinter verbergen.

3.3.2 Neue Herausforderungen

Zu den aktuellen Herausforderungen in der CEO-Kommunikation gehört es, mit der Inszenierung der Rolle professionell zu arbeiten. Dazu gehört zunächst die Antizipation der Erwartungen der unterschiedlichen Anspruchsgruppen, und diese Erwartungen können sich mehr oder weniger deutlich voneinander unterscheiden. Einige Anspruchsgruppen erwarten vom CEO lediglich die Führung des Unternehmens, andere zudem sein Engagement für soziale, moralische oder politische Belange (s. Abb. 3.3). Damit tauchen neue Rollen wie die des empathischen sozialen CEOs oder des moralisch und politisch engagierten CEOs auf – weil sie aus den Erwartungen der Unternehmensumwelt und den veränderten strategischen Ausrichtungen des Unternehmens entstehen und damit möglich oder notwendig werden. Wenn die Öffentlichkeit das soziale Wohlergehen der Mitarbeiter, die Frauenförderung, die Diversität und die Inklusion in den Fokus rückt, muss der CEO mit seiner Rolle und seiner Kommunikation diese Forderungen in einer Strategie glaubhaft vertreten. Wenn dem Unternehmen der aktive Beitrag zum Gemeinwohl, zur Verbesserung des nachhaltigen Umgangs mit Ressourcen und von moralisch

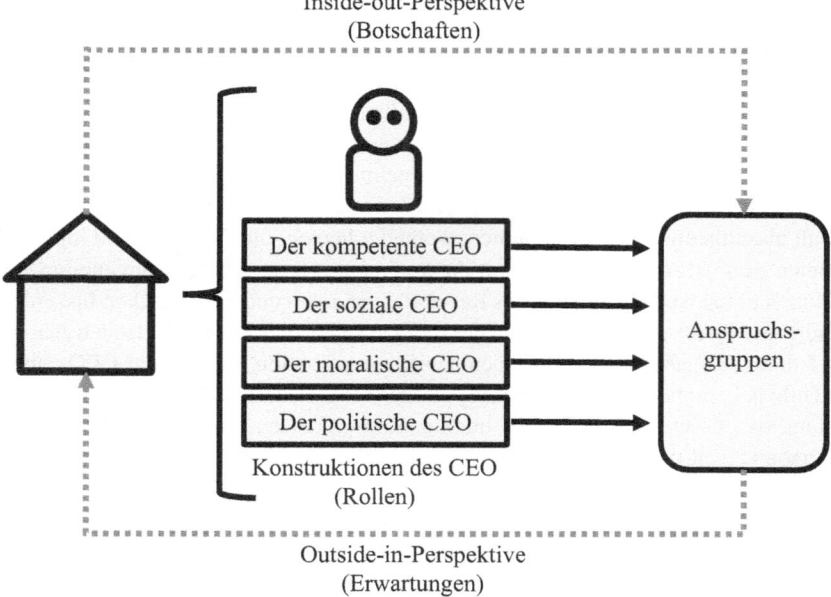

Abb. 3.3 Die Konstruktion des CEOs und seine Rollen

3.3 Wenn der Chef spricht

akzeptablen Arbeitsbedingungen wichtig ist, muss der CEO sein Unternehmen in der Öffentlichkeit dabei als Stimme der Moral aktiv unterstützen. Ebenso sind politische Haltungen in der Öffentlichkeit, die diskriminierende oder nationalistische Positionen vertreten, für Unternehmen und CEOs immer öfter ein Anlass, die Bedeutung eines sozialen Zusammenhalts und gleichzeitige Weltoffenheit zu betonen.

Manchmal entstehen diese neuen Rollen auch aus der Biografie oder der persönlichen Haltung des CEOs zu einer konkreten Debatte und daraus entwickelt sich eine Bereicherung für die Unternehmensstrategie. Der CEO wird zu einer eigenen Marke im Unternehmen, mit einer eigenen Bedeutung und eigenen Symbolen, die die Identität des Unternehmens verändert, erweitert und modernisiert. Der Unternehmenskommunikation hilft ein solcher CEO, neue Themen mit einer eigenen Agenda und eigenen Botschaften in der Öffentlichkeit zu platzieren. Er kann die wesentlichen Impulse einbringen, die dann auch die Grundsätze und die Ziele des Unternehmens beeinflussen. Entscheidend ist aber auch hierbei, dass die Einheitlichkeit im Auftritt gesichert bleibt. Der CEO muss das gesamte Unternehmen gegenüber allen Anspruchsgruppen repräsentieren und ein konsistentes Bild vermitteln.

Neben den neuen Rollen des CEOs stellen auch die Globalisierung und die Digitalisierung den Bereich der Unternehmenskommunikation vor neue Herausforderungen. Die Globalisierung fordert die Präsenz und Reaktionsfähigkeit des Unternehmens an 24 Stunden und 365 Tagen im Jahr. Wenn der CEO als Sprecher des Unternehmens auftritt, muss die Kommunikationsabteilung ihn dabei unterstützen, seine Kommunikation abstimmen und mit ihm vorbereiten. Die Digitalisierung der Kommunikationsmedien ist ein Teil der Globalisierungsprozesse. Mit den sozialen Medien kommen jedoch neue Aspekte dazu. Zum einen gilt es, eine Vielzahl von Kommunikationsmedien möglichst gleichzeitig zu bedienen. Einige dieser Medien sind eher textbasiert, andere eher visuell in ihrer Kommunikation. Um zugleich eine inhaltlich konsistente CEO-Kommunikation sicherzustellen, müssen die Argumente, Aussagen, Positionen und Symbole vorbereitet sein. Zum anderen besteht für jede Kommunikation in sozialen Medien die Gefahr des Kontrollverlusts. Der offene Zugang und die Interaktionsmöglichkeiten in sozialen Medien erlauben jedem Teilnehmer eine Reaktion. Diese Reaktion kann zustimmend oder kritisch sein, die Botschaften des Unternehmens können akzeptiert oder verfälscht werden. Dabei lösen sich klassische Kommunikationsformen auf: „Formelle und informelle Kommunikation, offizielle und private Themen, die hierarchische und die nicht-hierarchische Ebene vermischen sich" (Deekeling und Arndt 2014, S. 1249). Die Verlautbarungskommunikation, in der das Unternehmen die Kontrolle über den Sprecher, die Medien und den Zeitpunkt hatte, funktioniert in sozialen Medien nicht mehr. Die CEO-Kommunikation muss heute die Vielzahl der Erwartungen und der Rollen, der Medien und der Kommunikationsarenen miteinander verknüpfen.

Hierbei werden auch drei Risiken sichtbar, auf die die Unternehmenskommunikation vorbereitet sein muss.

1. Das erste Risiko sind die Rollen des CEO und die *Rollenkonflikte* im Umgang mit den Erwartungen der Anspruchsgruppen. Beispielsweise fordert die Öffentlichkeit immer schnellere Lösungen für ökologische oder soziale Missstände, der Finanzmarkt hingegen eine verlässliche und dauerhafte Strategie. Diesen beiden widersprüchlichen Erwartungen zugleich gerecht zu werden, ist kaum möglich und erfordert vom CEO auch diplomatisches Geschick in den Verhandlungen mit diesen Gruppen.
2. Ein zweites Risiko für die Unternehmenskommunikation sind der CEO selbst und seine Rolle *im* Unternehmen. An der Spitze eines Konzerns, mit großer Verantwortung und zumeist beträchtlichen finanziellen Zuwendungen ausgestattet, wachsen auch die Versuchungen im Streben nach Prominenz. Da der CEO permanent im Licht der Öffentlichkeit steht und sich damit auch in einem Wettbewerb um die Aufmerksamkeit des Publikums mit anderen Chefmanagern und Personen des öffentlichen Lebens befindet, überschreitet seine Selbstinszenierung zuweilen die Grenzen seiner Aufgaben. Die „Attraktionsökonomie" verleitet zum „ostentativen Konsum" (Franck 2014, S. 196), zum Missbrauch des Firmenjets beim Flug in den Urlaub, zu peinlichen Selbstdarstellungen in den bunten Blättern oder der Gewährung großzügiger finanzieller Unterstützung von privaten Anliegen auf Kosten des Unternehmens.
3. Ein drittes Risiko ist der CEO *für* das Unternehmen. In börsennotierten Unternehmen ist der CEO formell ein angestellter Manager, dessen Aufgabe die Führung der Geschäfte ist. Erfolgreiche Manager machen Unternehmen erfolgreich, sie steigern die Profitabilität, den Markt- und Markenwert und werden selbst zu einem wichtigen immateriellen Kapital des Unternehmens. Allerdings endet auch der Arbeitsvertrag mit einem CEO eines Tages, und nicht jeder Manager will ihn dann bis zum Ruhestand verlängern. Sein Ausscheiden oder gar sein Wechsel zu einem anderen Konzern ist dann auch ein finanzielles Risiko für das Unternehmen. So modernisierte Kasper Rorsted einige Jahre lang den Düsseldorfer Henkel-Konzern sehr erfolgreich. Als er Mitte Januar 2016 seinen Wechsel zum Sportartikelhersteller Adidas verkündete, verlor der Aktienkurs von Henkel kurzfristig fünf Prozent an Wert, der von Adidas legte um zehn Prozent zu. Nicht jedes Unternehmen möchte sich und seinen Marktwert derart von einer Person abhängig machen. In manchen Unternehmen hegt der Aufsichtsrat deshalb aus guten Gründen die Inszenierung des Chefmanagers ein und betont, dass das Unternehmen oder die Marke der eigentliche Star ist und im Lichte der Öffentlichkeit stehen sollte.

3.4 Das Ringen um die Macht

In jedem Rechtsstaat ist die Politik eine wichtige Anspruchsgruppe für Unternehmen, da sie die Rahmenbedingungen festlegt, in denen Unternehmen arbeiten. Die Politik reguliert das Handeln von Unternehmen durch zahlreiche Steuern, Monopolkontrollen, Ein- oder Ausfuhrbeschränkungen, Arbeitsschutzgesetze, Mindestlöhne und vieles mehr. Die Unternehmen profitieren beispielsweise von den Straßen und Bahnlinien, Schulen und Hochschulen, Regulierungsbehörden und der Rechtssicherheit, die die Politik aufbaut, unterhält und steuert.

Aus der Systemtheorie lässt sich die Beziehung zwischen Politik und Wirtschaft strukturell erklären (vgl. Parsons und Smelser 1956): Das System Politik hat die Macht, über Gesetze und Verordnungen konkrete Handlungen zu erlauben oder zu verbieten. Damit erleichtert oder erschwert die Politik die Arbeit von Unternehmen. Das System Wirtschaft verfügt über das erwirtschaftete Geld, welches in Form von Steuern und Abgaben in das System Politik fließt. Je erfolgreicher die Unternehmen als Subsysteme des Systems Wirtschaft arbeiten, desto mehr Geld geht an das System Politik. Den politischen Institutionen als Subsystemen des Systems Politik erleichtert das Geld aus der Wirtschaft die Regelung und Unterstützung ökonomischer Prozesse und Akteure. Beide Systeme sind voneinander abhängig und profitieren von wechselseitigen Kooperationen.

Dabei ist ihre Beziehung durchaus widersprüchlich, da die Wirtschaft möglichst wenige Regulierungen wünscht und die Politik möglichst viel Kontrolle über die Unternehmen anstrebt. In diesem spannungsgeladenen Verhältnis müssen Politik und Wirtschaft eine Arbeitsbeziehung aufbauen, die für beide Seiten und das Gemeinwesen vorteilhaft ist. Diese Arbeitsbeziehung ist Bestandteil der Unternehmenskommunikation, wenn sie sich an andere politische Akteure richtet und das Unternehmen dadurch selbst auch zum politischen Akteur wird und *politische Kommunikation* betreibt (vgl. Bentele 1998, S. 130). Andere politische Akteure sind regionale, nationale oder supra- und internationale politische Parteien und Institutionen, Vereine und Verbände sowie Regierungen und Nichtregierungsorganisationen.

Die politische Kommunikation von Unternehmen mit anderen politischen Akteuren über „öffentliche Angelegenheiten" wird zumeist als *Public Affairs* bezeichnet, die Interessenvertretung von Unternehmen gegenüber anderen politischen Akteuren als *Lobbying*. Während Lobbying die nicht-öffentliche und direkte Kommunikation mit Entscheidungsträgern in politischen Institutionen beschreibt, ist Public Affairs eine öffentliche Kommunikation, die beispielsweise in Massenmedien stattfindet. Da der Begriff Lobbying heute eher negativ konnotiert ist, wird die gesamte politische Kommunikation von Unternehmen zunehmend unter dem Oberbegriff Public Affairs geführt (vgl. Filzmaier und Fähnrich 2014, S. 1186).

Das Kommunikationsmanagement in den Beziehungen zwischen Wirtschaft und Politik hat sich in den letzten Jahrzehnten durch zwei Entwicklungen stark verändert und zu einem anspruchsvollen Arbeitsfeld entwickelt. Die eine Entwicklung ist die *Globalisierung* der Akteure, die andere deren *Ausdifferenzierung*. Auf der einen Seite verteilen die weltweit tätigen Großkonzerne ihre Produktions-, Distributions- und Verwaltungsstätten auf viele unterschiedliche Länder und werden damit für die nationalen Regulierungen immer schwerer zu erfassen. Auf der anderen Seite sind Macht, Legitimation und Zuständigkeiten politischer Institutionen zunehmend komplexer auf unterschiedliche Akteure in den Staaten und über Staatsgrenzen hinweg verteilt. In den meisten Politikfeldern ist der Entscheidungsprozess auf Kommunen, Länder, Bund und europäische Institutionen verteilt. Durch die Globalisierung und die Ausdifferenzierung haben sich die Breite des Arbeitsfelds und die Anzahl der Anspruchsgruppen für die politische Unternehmenskommunikation vervielfacht. Maßgeblich für die politische Kommunikation ist daher zum einen die Kenntnis politischer Systeme und ihrer Akteure, zum anderen die Beherrschung der Formen strategischer politischer Kommunikation, ihrer Instrumente und der Grenzen der Legitimität.

3.4.1 Das politische System

Der Begriff Politik stammt vom altgriechischen Wort *pólis*, er bezeichnete einen Stadtstaat und seine Bürger. Die Aufgabe der Politik war und ist die Regelung des Zusammenlebens in der Gemeinschaft. In modernen staatlichen Gemeinschaften arbeiten zahlreiche Akteure mit unterschiedlichen Interessen an der Herstellung und Durchsetzung allgemein verbindlicher Entscheidungen zur Lösung gemeinsamer politischer Probleme. Das politische System Deutschlands definiert der Artikel 20 des deutschen Grundgesetzes als einen demokratischen und sozialen Bundesstaat. Daraus lassen sich die wesentlichen Strukturprinzipien ableiten: die Demokratie, der Bundesstaat, der Rechtsstaat und der Sozialstaat. Die Demokratie sichert die Volkssouveränität und ihre Mehrheitsentscheidungen in einem Repräsentativsystem, der Bundesstaat das Zusammenwirken von Bund und Ländern, der Rechtsstaat die Rechtsgleichheit, Rechtssicherheit und den Schutz vor Willkür und schließlich der Bundesstaat die Verpflichtung zu sozialem Handeln und sozialer Gerechtigkeit. Die Gesetzgebung als Kernbereich staatlicher Kompetenz ist durch die Gewaltenteilung auf drei Organe verteilt: die gesetzgebenden Parlamente, die vollziehende Gewalt der Regierung und die Rechtsprechung.

Aus dem Strukturprinzip der Bundesstaatlichkeit folgt die Aufgaben- und Organverteilung im föderalen politischen System (vgl. Rudzio 2003). An der Spitze stehen die drei Gewalten des Bundes und das Grundgesetz, in allen 16 Bundesländern folgen darunter wiederum jeweils eine Legislative, eine Exekutive und eine Judikative mit eigener Landesverfassung. Auf der Bundesebene koordinieren Bund und Länder die Gesetzgebung im deutschen Bundestag und im Bundesrat, in dem die Länder vertreten sind. Bei zustimmungspflichtigen Gesetzen, die also die Kompetenzen von Bund und Ländern gemeinsam betreffen, muss der Bundesrat zustimmen. Die dritte Ebene sind die Kommunen, die vor allem Verwaltungsaufgaben für Bund und Länder übernehmen. In den Kommunalparlamenten wird über regionale Aufgaben abgestimmt.

Die Verteilung der Zuständigkeiten zwischen den drei Ebenen ist komplex und nicht immer eindeutig, an dieser Stelle muss daher eine grobe Skizze genügen: Die Kommunen organisieren die Wasser- und Energieversorgung, Müllabfuhr und Straßenreinigung vor Ort. Die Länder sind insbesondere für die Bereiche Bildung, Kultur, Polizei, Rechtspflege und Gesundheitswesen zuständig. Der Bund übernimmt unter anderem die Verteidigung, die soziale Sicherung und die Forschung sowie die Wirtschaftsförderung und das Verkehrswesen. Letzteres ist ein typisches Beispiel für die Schwierigkeiten in der Kompetenzverteilung. Für Autobahnen und Bundesstraßen ist der Bund zuständig, das Land für Landesstraßen, der Kreis für Kreisstraßen und die Kommunen für Kommunalstraßen. Falls der Bund aber eine Bundesstraße durch eine parallele Autobahn ersetzt, wird die Bundesstraße zur Landesstraße herabgestuft, für die nun das Land zuständig ist. Für Unternehmen, die ein neues Firmengebäude in einem Ort planen, steht möglicherweise eine Reihe von Gesprächen an, um zu klären, wer für eine Autobahnabfahrt auf eine Landesstraße und die Erweiterung einer Kreisstraße über mehrere Kommunalstraßen hinweg bis zum Firmengelände zuständig ist und die Kosten übernimmt.

Für die politische Kommunikation von Unternehmen ist aber in der Regel die Entscheidungsfindung in der Politik relevant und dafür muss man verstehen, wie Gesetze entstehen. Dies beginnt mit einem Gesetzesvorschlag. Das Initiativrecht dazu haben Bundestag und Bundesrat, im Bundestag eine Fraktion bzw. mindestens fünf Prozent aller Abgeordneten. Ein einzelner Abgeordneter kann folglich kein Gesetz vorschlagen, er braucht Unterstützer. In den meisten Fällen werden Gesetze von der Regierung, d. h. im Fachministerium von den zuständigen Beamten und Staatssekretären, entwickelt, dann im Kabinett besprochen und den Landesvertretern im Bundesrat für eine Stellungnahme zugeleitet. Dieser Entwurf wird anschließend in einer ersten Lesung den Abgeordneten des Bundestages vorgestellt und dort diskutiert. Von dort geht der Entwurf in den oder die Fachausschüsse. Ein Gesetzentwurf muss möglicherweise in mehreren Ausschüssen diskutiert werden, wenn er beispielsweise die Planungen des Haushalts, des Wirtschafts- und Sozialministeriums sowie eine Veränderung von Bundesrecht beinhaltet. In den Fachausschüssen sitzen die stimmberechtigten Abgeordneten aus allen Parteien, die dorthin externe Fachleute einladen und sie anhören können. Dies können beispielsweise Vertreter von Unternehmen oder Verbänden sein, die den Abgeordneten die Auswirkungen eines Gesetzes auf einzelne Branchen oder Unternehmen erläutern. Mit ihrer Expertise und Fachstudien helfen die Fachleute den Abgeordneten, die praktischen Konsequenzen ihrer Entscheidung zu erkennen und mögliche Kompromisse zwischen den Interessen des Ministeriums und denen der angehörten Fachleute zu finden.

Aus den Fachausschüssen geht der Gesetzesentwurf dann in die zweite Lesung im Parlament, wo die Opposition noch Änderungsanträge stellen kann, und danach in die dritte Lesung zur Abstimmung. Wenn das Gesetz die Finanzen oder die Verwaltung der Länder betrifft, muss das im Bundestag beschlossene Gesetz noch dem Bundesrat vorgelegt werden. Dies ist in den meisten Fällen so. Falls die Länder dem Gesetz nicht zustimmen, geht es in den Vermittlungsausschuss von Bund und Ländern. Dort wird es nochmals gemeinsam beraten und überarbeitet. Nach der endgültigen Zustimmung von Bund und Ländern fertigt der Bundespräsident das Gesetz an und es wird im Bundesgesetzblatt veröffentlicht. Damit ist das Gesetz gültig und kann von der Regierung durchgesetzt werden.

Beeinflusst wird der Gesetzgebungsprozess zunehmend durch die Zusammenarbeit mit den Institutionen der Europäischen Union. Grundsätzlich gilt es dabei aber zu bedenken, dass Nationalstaaten souverän sind und in den Staaten nur die Gesetze gelten, denen sie selbst zugestimmt haben. Die Europäische Union kann zwar durch Richtlinien, Verordnungen und Entscheidungen die nationale Gesetzgebung und das unmittelbar geltende Recht beeinflussen, die Umsetzung in nationales Recht bleibt aber den Parlamenten in den Mitgliedstaaten vorbehalten. Die Verträge zwischen den Mitgliedsstaaten und der EU sehen aber in vielen politischen Bereichen vor, dass Entscheidungsbefugnisse auf die europäischen Institutionen übertragen wurden und von den Mitgliedern anschließend ratifiziert werden.

Die drei wichtigsten europäischen Institutionen sind das Europäische Parlament, die Kommission und der Rat. Im Europäischen Parlament beraten und diskutieren die Abgeordneten aus den Mitgliedstaaten öffentlich ihre Vorhaben, in den Fachausschüssen der EU werden sie vorbereitet und dort können wiederum Experten angehört werden. Die Europäische Kommission gilt als „Motor und Hüter der Verträge", sie entwickelt Vorschläge für neue Gesetze und achtet auf deren Einhaltung in den Staaten. Bei Missachtung der Verträge und Entscheidungen kann sie einzelne Staaten beim Europäischen Gerichtshof anklagen, der seine Urteile mit Geldstrafen durchsetzen kann. Im Rat der Europäischen Union sitzen die Regierungschefs der Mitgliedsstaaten, in den dazugehörigen Ministerräten deren jeweilige Fachminister für Sicherheit, Finanzen, Gesundheit, Verkehr und so weiter. In

3.4 Das Ringen um die Macht

diesen Gremien beraten die nationalen Politiker ihre Ideen und Vorschläge, die sie in die europäische Ebene einbringen wollen.

Darüber hinaus ist die Bundesrepublik Deutschland Mitglied in zahlreichen internationalen Organisationen, mit denen sie gemeinsame Vorhaben entwickelt. Daraus resultieren erneut Überlegungen und Ziele, die die nationale Gesetzgebung beeinflussen. An dieser Stelle können nur einige der wichtigsten Organisationen genannt werden. Für den Bereich der Wirtschaft sind dies die Organisation für wirtschaftliche Zusammenarbeit und Entwicklung (OECD), die G8-Konferenzen der Regierungschefs sowie die Welthandelsorganisation (WTO), die sich mit der Regulierung internationaler Handels- und Wirtschaftsbeziehungen befasst. Auch die Programme der internationalen Entwicklungshilfefonds und zahlreiche Rohstoffübereinkommen haben Einfluss auf die nationale Gesetzgebung. Die Weltbank ist eine multinationale Entwicklungsbank, die auch globale Finanzströme und Investitionen regelt und bei Investitionsstreitigkeiten zwischen Staaten eingreift. Die Vereinten Nationen (UN) streben die Sicherung des Weltfriedens, die Einhaltung des Völkerrechts, den Schutz der Menschenrechte und die Förderung der internationalen Zusammenarbeit an. Der UN-Wirtschafts- und Sozialrat beschäftigt sich mit globalen Wirtschaftsproblemen, er fördert und unterstützt Programme zur allgemeinen Verbesserung des weltweiten Lebensstandards und koordiniert die Arbeit der zahlreichen Sonderorganisationen, die die Vereinten Nationen mit Wirtschaftsfragen beauftragen.

Weitere Akteure im politischen System sind die Bürgerbewegungen und Nichtregierungsorganisationen (NROs) als Teil der Zivilgesellschaft. Fast 10.000 anerkannte NROs sind in den Bereichen Umwelt- und Sozialstandards, Menschenrechte, Entwicklungspolitik, Korruptionsbekämpfung und Klimawandel tätig. Viele von ihnen arbeiten weltweit und unterstützen Politik und Unternehmen mit ihren Kenntnissen. Sie beraten Unternehmen und Politiker, nehmen an Anhörungen in Ausschusssitzungen teil und organisieren Kampagnen, Protestaktionen und eigene Lobbytätigkeiten. Eine der ältesten NRO ist das internationale Rote Kreuz. Auf der ganzen Welt aktiv und bekannt sind auch Greenpeace, Amnesty International, Ärzte ohne Grenzen oder Transparency International. Sie greifen oftmals Konflikte in der Zivilgesellschaft und der Wirtschaft auf, tragen sie in die Öffentlichkeit und können einen hohen Entscheidungsdruck auf die politische Entscheidungsfindung und das Handeln von Unternehmen aufbauen. Eine starre Haltung von Unternehmen gegen die Anliegen von Bürgerbewegungen und Nichtregierungsorganisationen führt oft zu einer Eskalation des Themas und der Vorwürfe und mündet nicht selten in eine Krise, in der sich die Öffentlichkeit auf die Seite der nicht gewinnorientierten NROs und gegen das Unternehmen stellt.

3.4.2 Formen politischer Kommunikation

Für Unternehmen gibt es in Deutschland eine ganze Reihe von Möglichkeiten, ihre Interessen im politischen System zu vertreten bzw. vertreten zu lassen. Dazu können Unternehmer selbst als Akteure auftreten und in den eigenen Medien oder über die Massenmedien Informationen und Stellungnahmen veröffentlichen. In Kontakt zum politischen System treten können sie entweder mit eigenen Mitarbeitern aus dem Bereich politische Kommunikation, über Repräsentanten wie den CEO oder mithilfe externer professioneller Berater und Lobbyisten. In der politischen Kommunikation spielen traditionell Verbände eine große Rolle, da sie die Interessen mehrerer Mitgliedsunternehmen oder einer ganzen Branche bündeln und so das Gewicht ihrer Stimme erhöhen. Die Verbände haben zudem die Möglichkeit, sich beim Bundestag (Öffentliche Liste über die Registrierung von Verbänden) und beim Europäischen Parlament (Transparenzliste der Europäischen Union) als Interessensvertreter registrieren zu lassen. Dort registrierte Verbände haben das Recht, zu Anhörungen in Gesetzgebungsverfahren eingeladen zu werden, und können mit einem eigenen Hausausweis direkten Zugang zu den Abgeordneten erlangen. Einzelpersonen oder einzelne Unternehmen haben diese Möglichkeit in der Regel nicht. Im Bundestag sind fast 2400 Verbände als Interessensvertreter registriert, bei der Europäischen Union mehr als 7500 (Stand Januar 2020).

Auf der anderen Seite stehen die Politik und ihre Akteure. Dazu gehören neben den politischen Parteien vor allem die Regierung mit ihren Ministerien und die Abgeordneten in den Ländern und im Bund. Die Abgeordneten sind laut Art. 38 des deutschen Grundgesetzes unabhängige gewählte Vertreter des Volkes und nur ihrem Gewissen gegenüber verantwortlich und weder an Aufträge noch Weisungen gebunden. Ihre Kernaufgabe ist die Förderung des Gemeinwohls, und nicht die Unterstützung einzelner Interessensgruppen wie Unternehmen. Zur politischen Förderung des Gemeinwohls gehört aber durchaus die Unterstützung der Wirtschaft bei der Schaffung von Arbeitsplätzen, bei der Gewinnerzielung und beim Ausbau von Geschäftsfeldern der Unternehmen. Damit Politiker Entscheidungen treffen können, die für die Wirtschaft hilfreich sind, brauchen sie Informationen über die Fakten und die möglichen Konsequenzen ihrer Entscheidungen. Eine wichtige Quelle für diese Informationen sind die Unternehmen und die Wirtschaftsverbände, aber auch die Verbände der Zivilgesellschaft und die Nichtregierungsorganisationen. Sie alle müssen die Abgeordneten und die Politik informieren und beraten, damit diese ihre Aufgaben für das Gemeinwohl erfüllen kann.

Alle Gruppen, die an der Beratung des politischen Systems beteiligt sind, haben eigene Interessen. Im politischen System müssen diese unterschiedlichen und oft-

3.4 Das Ringen um die Macht

mals einander widersprechenden Interessen abgewogen und zumeist in einem Kompromiss zusammengeführt werden. Unternehmen wollen ihre Geschäftstätigkeiten ausbauen und Gewinne erhöhen, neue Produkte anbieten und Arbeitsplätze schaffen. Internationale Organisationen, Bürgerbewegungen und Nichtregierungsorganisationen wollen die Lebensbedingungen der Menschen, die Umwelt und Rohstoffe sowie Fauna und Flora schützen. Die Politik muss einen Kompromiss finden, der die unterschiedlichen Interessen der vielen gesellschaftlichen Gruppen berücksichtigt und dabei das Gemeinwohl fördert. Die legitimen Informationen, die diese Gruppen bereitstellen, müssen der Politik dabei helfen. Unwahre Informationen, falsche oder verschwiegene Fakten und Manipulationen der Argumente werden früher oder später offengelegt und schaden den trügerischen Gruppen dann massiv.

Für die koordinierte Zusammenarbeit mit dem politischen System gilt es zunächst, die drei Dimensionen „der Politik" differenziert zu betrachten: die Strukturen, Theorien und Institutionen politischer Systeme *(polity)*, die politischen Prozesse der Entscheidungsfindung und Beschlussfassung *(politics)* sowie die politischen Inhalte wie Wirtschafts-, Arbeits- oder Gesundheitspolitik *(policy)*. Die Handlungsfelder der politischen Kommunikation liegen zumeist in der Dimension der Prozesse, manchmal auch der Inhalte und nur sehr selten in den Strukturen (vgl. Schieder 2017, S. 518). Allgemein kann man daher definieren: Im Arbeitsfeld politische Kommunikation geht es um die *Interessensvertretung,* die *Beratung* und die *Beeinflussung* politischer Prozesse und Inhalte. Inhaltlich bereichert die politische Kommunikation das politische System, indem sie über neue Ideen und Problemlösungen informiert oder auf Risiken bestehender Beschlüsse und anstehender Entscheidungen hinweist. Dazu müssen die Akteure der politischen Kommunikation in die politischen Prozesse eingebunden werden bzw. sie müssen einen Zugang zu den relevanten Beratungsorganen haben. Dieser Zugang kann formell über die Einladung zur Anhörung erfolgen oder informell durch persönliche Gespräche.

Aus der Theorie des Neokorporatismus lassen sich die organisierten Strukturen und Kontaktpunkte zwischen Wirtschaft und Politik ableiten. Grundsätzlich unterhalten Wirtschaft und Politik eine Kooperationsbeziehung zum beiderseitigen Vorteil, bei der viele Akteure auf unterschiedlichen Ebenen eingebunden sind (vgl. Schmidt 2007, S. 126 ff.). Die Politik ist zuständig für die Organisation, Rahmung und Institutionalisierung der Austauschbeziehungen. Sie legitimiert den Zugang zu Entscheidern und limitiert ihn zugleich, indem sie ausgewählte Personen und Verbände zu Beratungen einlädt und ihnen Hausausweise übergibt. Die Akteure der Wirtschaft verstehen sich im Rahmen ihrer Tätigkeit der politischen Kommunikation primär als Dienstleister, die die politischen Institutionen bei ihrer Arbeit für das Gemeinwohl unterstützen und dabei eigene Interessen formulieren, bündeln und in die Prozesse einbringen. In diesen neokorporatistischen Arbeitsbeziehungen haben sich über die Jahre routinierte und professionelle Interaktionsformen der wechselseitigen Beratung und Aufgabenteilung entwickelt (vgl. Schieder 2017, S. 534).

Die vielschichtigen Vernetzungen zwischen Wirtschaft und Politik können hier nur beispielhaft für die wichtigsten Akteure, ihre Handlungsfelder und Instrumente sowie ihre Adressaten dargestellt werden (s. Abb. 3.4). Akteure sind die Unterneh-

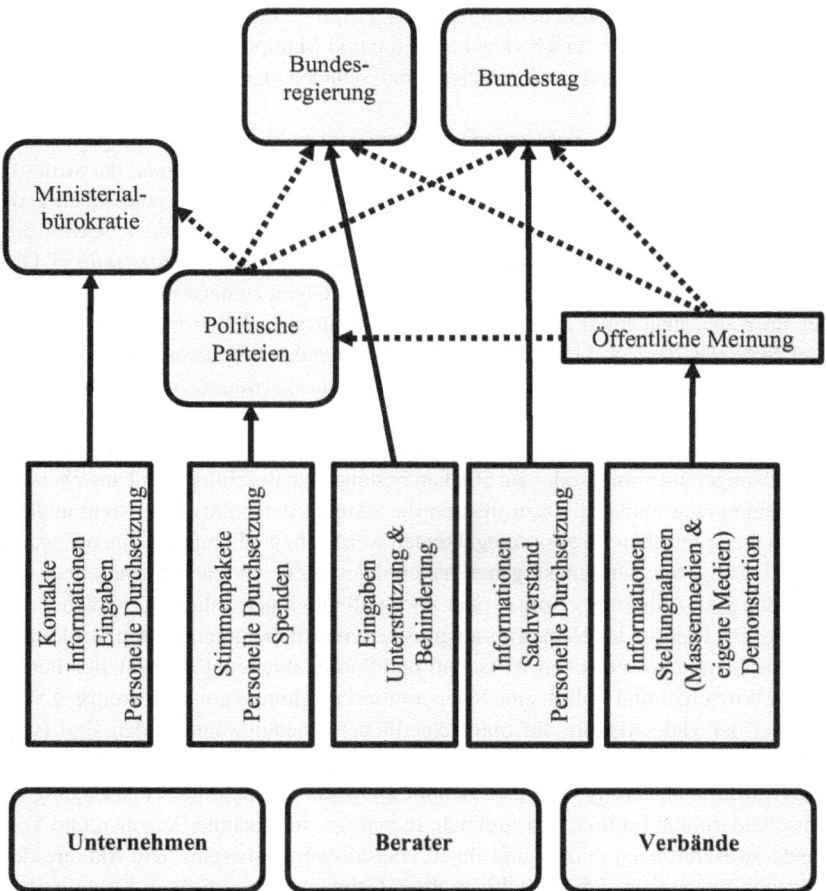

Abb. 3.4 Akteure, Instrumente und Adressaten politischer Kommunikation. (Quelle: in Anlehnung an Rudzio 2003, S. 99)

men, die Berater und die Verbände, Handlungsfelder sind die öffentlichen Public Affairs und das nicht-öffentliche Lobbying, die Politikfeld- und Kommunikationsberatung sowie die Regierungs- und die Kampagnenberatung. Zentrale Adressaten sind die politischen Parteien, Parlamente und Regierungen auf den Ebenen Kommunen, Länder, Bund und Europäische Union.

Seitens der Unternehmen sind vor allem Experten zu einzelnen Themenfeldern und der CEO als Sprecher des Unternehmens wichtige Akteure. Die Experten entwerfen Vorschläge, die sie mit der Ministerialbürokratie abstimmen, um neue Gesetze oder Novellierungen anzuregen. Grundlagen dafür sind unternehmenseigene Studien und Prognosen künftiger Auswirkungen, die sich auf die Arbeit des Unternehmens auswirken. Die Chefmanager der großen Unternehmen können über eigene Medien sowie Interviews in Massenmedien und in Hintergrundgesprächen mit Journalisten die Haltung des Unternehmens darstellen und öffentlich zu Parteiprogrammen oder Gesetzesvorhaben Stellung beziehen, auf die Medienagenda einwirken und die Politik damit unterstützen oder Vorhaben ablehnen. In den letzten Jahren ist auch die Beziehung zwischen der Regierung und dem CEO *(Government Relations)* ein wichtiges Thema für die politische Kommunikation geworden (vgl. Argenti 2016, S. 235). Die Zusammenarbeit reicht von der Konsultation vor wichtigen Regierungsvorhaben bis zur offiziellen Begleitung der Regierung bei Auslandsreisen. Einzelne Mitarbeiter eines Unternehmens können auch über ihre Mitgliedschaft und die Mitarbeit in Parteien Einfluss nehmen oder Bürgerbewegungen und Nichtregierungsorganisationen unterstützen (personelle Durchsetzung). Durch Spenden können Unternehmen einzelne Parteien zwar finanziell unterstützen, diese müssen aber öffentlich ausgewiesen werden und sind für die Politik ein heikles Thema.

Berater in Public-Affairs-Agenturen, Anwaltsfirmen, die auch Lobbying betreiben, sowie Einzellobbyisten und Politikberater spielen eine immer größere Rolle und arbeiten im Auftrag von Unternehmen oder Verbänden (vgl. Schieder 2017, S. 534). Oftmals sind sie auf konkrete Politikfelder spezialisiert und bieten Kommunikationsberatungen für CEOs oder Politiker an. Dabei spielen ihre persönlichen Kontakte und ihre fachliche Expertise für die Politikfelder und bei der strategischen Planung von Kampagnen zur Gewinnung der öffentlichen Unterstützung für politische Projekte eine große Rolle. Sie bedienen sich dabei sowohl des Lobbyings in persönlichen Gesprächen als auch der Public Affairs in der Kampagnenarbeit, wenn sie die Interessen von Unternehmen bündeln und Themen in die Medien tragen.

Im traditionell korporatistischen politischen System Deutschlands sind nach wie vor die *Verbände* wichtig. Sie haben oftmals Zugang zu den wichtigen Fachausschüssen und den Fraktionsarbeitsgruppen, in denen sie die Position einer

Branche und die praktischen Auswirkungen auf die Arbeit von Unternehmen darstellen, Bedenken formulieren, zu Änderungen raten und eigene Vorschläge einbringen können (vgl. Rudzio 2003, S. 90 ff.). Bereits im Vorfeld der Beratungen, im „Referentenstadium", in Gesprächen mit Ministern, Staatssekretären oder Ministerialbeamten können sie neue Gesetze oder Änderungen an bestehenden Gesetzen vorschlagen und konkrete Hinweise für die Gesetzesformulierung einbringen. Dazu erhalten die beteiligten Fachkreise und Verbände die notwendigen Unterlagen, mit denen sie sich über den aktuellen Stand eines Gesetzesentwurfs informieren können. Große, mitgliederstarke Verbände können auch durch Demonstrationen und Protestaktionen die Medien und die Öffentlichkeit für oder gegen politische Projekte aktivieren. Die personelle Durchsetzung der politischen Institutionen ist ein weiterer wichtiger Faktor, da viele Politiker auch Mitglieder von Verbänden sind und dadurch als Mittler bei der Interessensvertretung tätig sind.

In den letzten Jahren hat sich die politische Kommunikation insbesondere durch die Verbreitung sozialer Medien und Kommunikationsplattformen deutlich gewandelt (vgl. Oswald und Johann 2018). Sowohl Politiker als auch Unternehmen nutzen die neuen Kommunikationsformen und ihre Möglichkeiten sowohl zur öffentlichkeitswirksamen Darstellung ihrer Positionen als auch zur interaktiven Kommunikation mit Bürgern und Nichtregierungsorganisationen. Die politische Kommunikation mit ihren korporatistischen Vernetzungen hat dadurch an Transparenz gewonnen und ihren schlechten Ruf als „Hinterzimmer-Politik", in der geheime Absprachen und anonyme Geldgeschenke die Agenda bestimmen, zumindest reduzieren können.

Allerdings ist auch der Erklärungsdruck für Positionen und Entscheidungen auf Politiker und Unternehmensvertreter gewachsen. Für die politische Kommunikation der Unternehmen hat dies die Konsequenz, dass sie immer öfter auf politische Themen reagieren, die eigene Position erklären und diese auch in eine konsistente Unternehmensstrategie integrieren muss. Die Bedeutung der politischen Kommunikation und die damit verbundenen Herausforderungen für die Unternehmen sind damit stark gewachsen und werden in den nächsten Jahren sehr wahrscheinlich noch weiter zunehmen. Dabei spielen auch die Forderungen nach mehr Moral im Markt und nach einem gemeinsamen Bemühen um das Gemeinwohl durch nachhaltiges Wirtschaften und umweltschonendes Verhalten eine immer wichtigere Rolle. Zielkonflikte zwischen Ökonomie und Legitimität sind dabei nicht auszuschließen und fordern von den Unternehmen insbesondere in der politischen Kommunikation eine gut geplante Kommunikationsstrategie. Nicht zuletzt die dialogische Einbeziehung von Bürgerbewegungen und Nichtregierungsorganisationen wird dabei für Unternehmen unverzichtbar und sollte offen, transparent und mit ehrlichem Engagement betrieben werden, um langfristige Schäden vom Unternehmen abzuwenden.

3.5 Wenn's um Geld geht

Jedes Unternehmen braucht Kapital. Sie brauchen beispielsweise Eigenkapital für Löhne und Gehälter oder Liquidität für unerwartete Ausgaben und Investitionen. Um zusätzliches Kapital zu erhalten, müssen Unternehmen zumeist Investoren überzeugen, ihnen Finanzmittel zur Verfügung zu stellen. Die Kernaufgabe der Finanzkommunikation *(Investor Relations)* ist die Gestaltung der dazu notwendigen Beziehungen zwischen dem Unternehmen und den Investoren auf dem Kapitalmarkt. Die Investoren versorgen das Unternehmen und seine Eigentümer mit Kapital, ihre Investitionen fließen in neue Produktionsbetriebe, Mitarbeiter oder Forschung. So ermöglicht der Kapitalmarkt einen monetären Mehrwert für die Unternehmen, senkt die Eigenkapitalkosten und schafft die Voraussetzungen für neue Investitionen und wirtschaftliches Wachstum.

Damit der Kapitalmarkt seine Aufgaben übernehmen und finanzielle Mittel zur Verfügung stellen kann, muss das Unternehmen einige Vorarbeiten leisten. Die Finanzkommunikation, als Teilbereich der Unternehmenskommunikation, muss dem Kapitalmarkt zeitnahe, vollständige und ehrliche Informationen über die Leistungsfähigkeit des Unternehmens zur Verfügung stellen. Je offener und transparenter die Informationen sind, desto besser kann der Kapitalmarkt das Unternehmen bewerten, Risiken vermeiden und seine Investitionen einschätzen.

In kleineren und mittelständischen inhabergeführten Unternehmen sind die Beziehungen zum Kapitalmarkt überschaubar. Der Eigentümer des Unternehmens informiert eine Bank über seinen Umsatz und Gewinn (Geschäftsbericht) sowie seine Ziele zur Verwendung des Kapitals. Die Bank entscheidet dann, in welcher Höhe und zu welchem Zinssatz sie dem Eigentümer zur Erreichung seiner Ziele finanzielle Unterstützung gewähren will. Aus dem Mehrwert, der mithilfe der Investition gewonnen wurde, zahlt der Eigentümer der Bank das geliehene Geld mit Zinsen in einem vereinbarten Zeitraum zurück. Eine Alternative dazu bieten private und institutionelle Investoren *(Equity Funds)*, die Anteile am Unternehmen erwerben und dafür Kapital zur Verfügung stellen.

Komplizierter werden die Beziehungen bei börsennotierten Unternehmen. Die Anteile am Unternehmen und deren Wert werden dann an den Börsen gehandelt, Angebot und Nachfrage regeln den Marktwert des Unternehmens über den Kauf bzw. Verkauf von Aktien zu einem bestimmten Preis. Mit dem Kauf einer Aktie erwirbt der Käufer als Investor einen Anteil am Unternehmen und wird zum Anteilseigner *(Shareholder)*. Das wichtigste Motiv für einen Investor, sich an einem Unternehmen zu beteiligen, ist seine Vermutung, dass er seine Anteile heute günstig erwirbt und in Zukunft zu einem höheren Preis wird verkaufen können, weil der

Umsatz und der Gewinn und damit der Unternehmenswert für alle Investoren gestiegen ist (Kursgewinne). Das wichtigste Motiv für ein Unternehmen, Anteile an der Börse zu verkaufen, ist die Beschaffung finanzieller Mittel von den Investoren. Diese Finanzmittel sind eine Art zinsfreies Darlehen für die Unternehmen und somit zumeist günstiger als andere Arten der Kreditaufnahme am Kapitalmarkt. Enttäuscht das Unternehmen aber die Hoffnungen der Investoren, so verkaufen diese ihre Anteile wieder zu einem niedrigeren Preis und entziehen dem Unternehmen damit benötigtes Kapital. Ein stark fallender Anteilswert und nachlassende Kapitalunterstützung können dann auch zur Zahlungsunfähigkeit des Unternehmens führen.

Die Finanzkommunikation muss deshalb die Steigerung der Attraktivität des Unternehmens für den Finanzmarkt anstreben. Solange der Finanzmarkt von der anhaltenden Wertsteigerung des Unternehmens und seiner positiven Reputation in der Gesellschaft überzeugt ist, kann das Unternehmen auf die ungestörte und günstige Kapitalbeschaffung am Finanzmarkt hoffen (vgl. Kirchhoff und Piwinger 2009, S. 13 ff.). Durch die positive Darstellung des Unternehmens und die Verbreitung guter Nachrichten über seine erfolgreiche Arbeit sichert die Finanzkommunikation den finanziellen Spielraum des Unternehmens. Entsprechen die Nachrichten allerdings nicht der Realität, kann das nachfolgende Misstrauen des Finanzmarktes dem Unternehmen schnell die wirtschaftliche Existenzgrundlage entziehen, indem Anteile verkauft werden und neue Investitionen ausbleiben.

Die wichtigsten Aufgaben der Finanzkommunikation lauten daher, die langfristige Strategie und die künftigen Potenziale der Wertsteigerung zu vermitteln, das Vertrauen des Kapitalmarkts zu gewinnen und zu sichern sowie neue Investoren zu überzeugen und bestehende Investoren an das Unternehmen zu binden (vgl. Kirchhoff und Piwinger 2014, S. 1084). Dazu muss die Finanzkommunikation aber auch die Erwartungen der Akteure im Finanzmarkt kennen, sich ändernde Einstellungen oder Trends erkennen und dieses Wissen ins Unternehmen zurücktragen. Der wesentliche Wandel ist heute für die meisten Unternehmen deutlich zu erkennen: Die Investoren interessieren sich immer weniger für die detaillierte Finanzanalyse einzelner Geschäftsbereiche, sie wollen vielmehr das Geschäftsmodell, seine Werte und seinen Beitrag für das Gemeinwohl verstehen (vgl. Argenti 2016, S. 202). Die Finanzkommunikation muss deshalb nicht mehr nur wirtschaftliche Kennzahlen offenlegen, sondern immer öfter auch die immateriellen Ziele des Unternehmens und seinen gesellschaftlichen Zweck erklären. Auch auf dem Finanzmarkt sind die Wirtschaftlichkeit und die Legitimität eines Unternehmens ausschlaggebend für das Vertrauen in ein Unternehmen und damit für seine Unterstützung an den Finanzmärkten.

Der Aufgabenbereich der Finanzkommunikation wächst dadurch beständig und geht heute weit über die Information über betriebswirtschaftliche Kennwerte hi-

3.5 Wenn's um Geld geht

naus. Vielmehr muss auch die Finanzkommunikation die sozialen, moralischen und politischen Wechselwirkungen zwischen dem Unternehmen und seinen Aktivitäten und den unterschiedlichen Erwartungen der Anspruchsgruppen erkennen und für seinen Aufgabenbereich analysieren. Eine Finanzkommunikation, die die geänderten Erwartungen und die Dynamik der Wechselwirkungen ignoriert, verliert das Zutrauen und die Unterstützung der Anleger.

3.5.1 Akteure der Finanzkommunikation

Der Finanzmarkt als Adressat besteht aus einer ganzen Reihe von institutionellen und nicht-institutionellen Anspruchsgruppen, die sich in zwei Bereiche unterteilen lassen: Anleger und Multiplikatoren. Die Anleger investieren Kapital in Unternehmen, die Multiplikatoren analysieren und bewerten die Kommunikation der Unternehmen und berichten darüber (s. Abb. 3.5).

Die zahlenmäßig größte Gruppe sind die *privaten Anleger*. Jeder sechste Bürger in Deutschland besitzt Aktien oder Anteile an einem Aktienfonds (vgl. Kirchhoff und Piwinger 2009). Im internationalen Vergleich ist dies zwar relativ wenig, allerdings

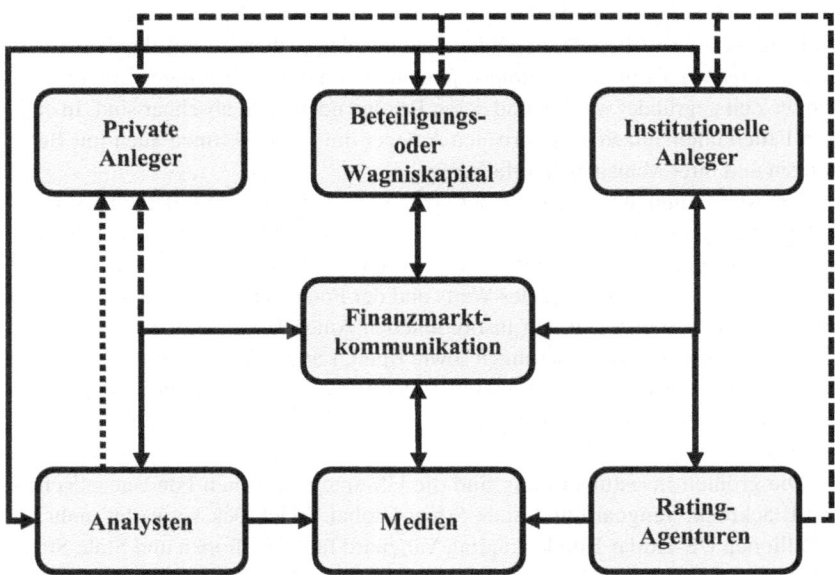

Abb. 3.5 Die Finanzkommunikation und ihre Akteure

sind die mehr als 10 Millionen Kleinaktionäre mit ihrem vielfältigen Streubesitz mehr als ausreichend, um die direkte Kommunikation mit ihnen zu erschweren. Ein weiteres Problem ist, dass die Ansprüche der Anleger unterschiedlicher kaum sein könnten. Einige von ihnen erwarten regelmäßige Kurssteigerungen, andere möglichst geringe Schwankungen des Kurswertes und wieder andere eine vorbildliche Ausrichtung der Unternehmensziele auf den Umweltschutz, soziales Engagement und gute Unternehmensführung. Direktbanken und Nachhaltigkeitsfonds *(Environment, Social, Governance – ESG)* ermöglichen den privaten Anlegern die gezielte Unterstützung von „guten Unternehmen" auch mit geringem Anlagekapital und zu niedrigen Einstiegspreisen.

Da die allermeisten privaten Anleger jedoch nur wenige Anteile an einem Unternehmen besitzen, ist ihr Einfluss auf die Unternehmensstrategie entsprechend gering. Die Finanzkommunikation sollte diese Gruppe jedoch keinesfalls vernachlässigen, denn gerade private Anleger halten ihre Anteile am Unternehmen oftmals über viele Jahre und gerade auch in Krisenzeiten. Die Loyalität der privaten Anleger verringert dann die Volatilität des Unternehmenswerts und wirkt sich stabilisierend auf den Kurswert aus.

Eine besondere Form der Privatanleger sind vermögende Einzelpersonen bzw. Gesellschaften, die aus mehreren wohlhabenden Privatanlegern bestehen und die mit ihrem Beteiligungskapital *(Private Equity)* an der Börse oder außerbörslich Firmenanteile erwerben. Dazu gehören auch Anleger, die sich mit ihrem Wagniskapital *(Venture Capital)* an zumeist jungen Unternehmen beteiligen, die erst vor kurzer Zeit gegründet wurden und deren Erfolge noch nicht absehbar sind. In einigen Fällen unterstützen diese privaten Anleger die jungen Firmen auch mit Beratungen und ihrer Managementerfahrung.

Die Anzahl und die Bedeutung der *institutionellen Anleger* für den Finanzmarkt haben auch in Deutschland in den letzten Jahrzehnten stark zugenommen. Institutionelle Anleger sind professionelle Investoren, die große Vermögen anlegen und ganze Teams mit der Analyse des Werts und der Potenziale von Unternehmen und Branchen beauftragen. Zu den institutionellen Anlegern gehören Kreditinstitute, Pensionskassen und Versicherungen sowie Bund, Länder und ihre Staatsfonds. Ein stark wachsender Bereich sind die Investmentfonds, die das Kapital ihrer Kunden in aktiv gemanagte Fonds oder passive Fonds *(Exchange Traded Funds – ETF)* anlegen.

Die größten Investmentfonds sind die US-amerikanischen Fondsgesellschaften Blackrock, Vanguard und State Street Global. Blackrock verwaltet mehr als 6 Billionen US-Dollar Kundenkapital, Vanguard fast 5 Billionen und State Street Global 2,8 Billionen. Die größten Versicherungskonzerne sind die Allianz (2,3 Billionen US-Dollar) und die AXA-Group (1,7 Billionen US-Dollar), der

3.5 Wenn's um Geld geht

Norwegische Government Pension Fund (1 Billion US-Dollar) und die China Investment Corporation (940 Mrd. US-Dollar) sind die größten Staatsfonds (Stand Januar 2020).

Die *Multiplikatoren* spielen für Anlageentscheidungen der Investoren eine wichtige Rolle, da sie über die Arbeit und die Informationen der Unternehmen berichten (Medien), Daten analysieren und Empfehlungen aussprechen (Analysten) oder Unternehmen und deren Arbeit bewerten (Rating-Agenturen). Zwar ist die Gruppe der Multiplikatoren mit ihren jeweiligen Interessen sehr unterschiedlich, für die Finanzkommunikation der Unternehmen sind sie jedoch wichtige Ansprechpartner, da sie aufgrund ihrer Tätigkeiten und Kompetenzen alle Investoren und deren Anlageentscheidungen beeinflussen und dadurch Verstärker- oder Herdeneffekte auslösen können, die dann größere Kursveränderungen nach sich ziehen. Da die Multiplikatoren sich oftmals gegenseitig beobachten, kann das Verhalten einiger weniger einen massiven Trend für oder gegen ein Unternehmen auslösen.

Die erste Gruppe der Multiplikatoren sind die *Analysten*, die alle zur Verfügung stehenden Daten von Unternehmen sammeln und analysieren, daraufhin eigene Prognosen für die künftige Entwicklung von Unternehmen und Branchen erstellen und den Investoren anschließend Handlungsempfehlungen für den Umgang mit Aktien geben *(„sell", „buy" oder „hold")*. Selbstständige Analysten *(Sell-side analysts)* sind unabhängig von den finanziellen Interessen der privaten oder institutionellen Investoren und bieten ihre Bewertungen beispielsweise in Aktionärsbriefen zum Kauf an. Bei Analysten, die für institutionelle Investoren arbeiten *(Buy-side analysts)*, muss die Neutralität der Empfehlungen strikt von der Anlageentscheidung getrennt sein. Eine sogenannte „chinesische Mauer" soll manipulierende Absprachen und Einflüsse auf die Bewertungen der Analysten und die Entscheidungen der Investoren verhindern.

Für die Arbeit der Analysten waren bis vor einigen Jahren noch die wesentlichen Kennzahlen der Unternehmen, wie die Bilanz und die Gewinn-Verlust-Rechnung, ausreichend. Für die vollständige Weitergabe dieser Kennzahlen unterliegen börsennotierte Unternehmen einer gesetzlich geregelten Informations- und Publizitätspflicht (vgl. Zitzmann und Decker 2014). Dazu gehören auch die Offenlegung von Beteiligungen am Unternehmen, die Vergütungshöhe des Vorstands und die Benachrichtigung über drohende Risiken wie Produktrückrufe. Neben der rein quantitativen Bewertung dieser Zahlen sind für die Analysten heute jedoch zahlreiche andere Informationen ebenso wichtig, beispielsweise eine klar erkennbare Unternehmensstrategie zur Wertsteigerung, die Qualität des Managements und des Verwaltungsrats sowie eine erfolgreiche Kommunikation, die positiv auf das Image und die Reputation des Unternehmens wirkt (vgl. Achleitner et al. 2008).

Rating-Agenturen sind private Unternehmen, die ähnlich wie die Analysten Unternehmensdaten sammeln und auswerten, diese jedoch gezielt in wertende Rangordnungen einfließen lassen. Die Rangordnungen *(Ratings)* werden oftmals von Massenmedien veröffentlicht und dienen den Investoren zur Orientierung und Absicherung ihrer Anlageentscheidungen. Die Kreditwürdigkeit eines Unternehmens ist dabei die zentrale Bewertungskategorie für Rating-Agenturen wie McGraw-Hills Standard & Poor, Moodys Investor Service oder Fitch Ratings. Sie bewerten Unternehmen als sehr kreditwürdig (AAA) oder als nicht kreditwürdig (C oder D), und viele professionelle Anleger dürfen nur in Unternehmen investieren, die mit BBB oder besser bewertet sind. Einzelne Unternehmen sowie aktive und passive Fonds bewertet das Unternehmen Morningstar in einem Fünf-Sterne-Ranking und berücksichtigt dabei zahlreiche Kriterien wie das Umsatzwachstum, die Kursschwankungen und die Nachhaltigkeit. Für die Bewertung des Unternehmensimages ist vor allem der *Markenwert* relevant, er wird beispielsweise von Rating-Agenturen wie Interbrand *(Best Global Brands)*, Millward Brown *(BrandZ)* oder Brand Finance *(Global 500)* für die großen Unternehmen ermittelt. Die Reputation des Unternehmens bewerten das Fortune Magazin *(World's Most Admired Companies)*, der RepTrak *(World's Most Reputable Companies)* oder der Reputation-Quotient, der aus Kennwerten wie der finanziellen Stärke, der Führungsqualität des Managements, der sozialen Verantwortung des Unternehmens sowie der emotionalen Wirkung der Marke einen Vergleichswert berechnet.

Für die Analysten und die Investoren rücken damit neben der ökonomischen Bewertung von Kennzahlen auch weiche Faktoren in den Fokus, die vor allem das Vertrauen in das Unternehmen und den künftigen Erfolg seiner Arbeit stärken sollen. Für die Handlungsempfehlung der Analysten sind also materielle ebenso wie immaterielle Werte von großer Bedeutung, auch wenn Letztere nicht klar bilanzierbar und schwer zu erfassen sind. Vergleicht man beispielsweise den Markenwert eines Unternehmens bei den drei genannten Instituten, so erhält man sehr unterschiedliche Werte und Bewertungen: Im Jahr 2019 hatte das Unternehmen Microsoft bei Interbrand einen Markenwert von 108 Mrd. US-Dollar, bei Millward Brown von 251 Mrd. US-Dollar und bei Brand Finance von 120 Mrd. US-Dollar. Die für die Institute relevanten Kriterien und deren Gewichtung bei der Berechnung der Werte weichen offensichtlich stark voneinander ab, sind aber nicht überprüfbar, da die Grundlagen der Bewertungen nicht öffentlich zugänglich sind.

Die Medien sind wiederum ein sehr weites Feld, es reicht von den Wirtschaftsnachrichten und der Börsenberichterstattung im Fernsehen und in den großen Tageszeitungen bis zu sehr spezialisierten Branchenforen im Internet und in den sozialen Medien. Die Kompetenz, die Unabhängigkeit und damit die Qualität der Berichterstattung haben eine große Spannweite. Einige Wirtschaftsjournalisten sind auf Branchen mit wenigen Unternehmen spezialisiert, andere auf Fonds oder auf die leicht verständliche Information von Privatanlegern. Ihr Einfluss hängt zumeist von ihrer persönlichen Expertise und dem Vertrauen in das Medium ab, in dem ihre Berichterstattung stattfindet. Die Massenmedien genießen bei den meisten Privatanlegern nach wie vor großes Vertrauen und haben dort eine große Reichweite. Für viele Analysten sind vor allem seriöse Journalisten bei spezialisierten Branchenmedien eine wichtige Informationsquelle. Für die Finanzkommunikation sind sie alle wichtige Kommunikationspartner, die regelmäßig mit aktuellen Informationen versorgt werden müssen. Unternehmen müssen sich auch bei Wirtschaftsjournalisten aller Medienarten als ehrlicher, offener und transparenter Partner bewerben, damit das wechselseitige Vertrauen ineinander zu einer positiven Berichterstattung führen kann und damit die Arbeit des gesamten Unternehmens erleichtert.

3.5.2 Instrumente der Finanzkommunikation

Um die notwendige Offenheit und Transparenz zu sichern, stehen der Finanzkommunikation zahlreiche Instrumente zur Verfügung. Das wichtigste Instrument hierbei sind die *Jahres- und Halbjahresberichte* des Unternehmens. Ihre Veröffentlichung ist gesetzlich vorgeschrieben und der Inhalt muss von einer unabhängigen Stelle geprüft werden. Während die Halbjahresberichte insbesondere kapitalmarktrelevante Informationen für professionelle Investoren und Multiplikatoren weitergeben, enthalten die Jahresberichte auch Mitteilungen über die Strategie des Managements sowie die Werte und Visionen des Unternehmens und sind damit auch für private Anleger und deren Investitionsentscheidungen eine wichtige Quelle (vgl. Achleitner et al. 2008, S. 277 f.). Weitere Instrumente sind *Facts Books* zur Unternehmensentwicklung, Unternehmenspräsentationen und Pressemitteilungen, zu denen sowohl die gesetzlich vorgeschriebenen Ad-hoc-Meldungen über kurswertsensitive Nachrichten gehören als auch regelmäßige Meldungen an Wirtschaftsjournalisten und andere Multiplikatoren.

Relevante Maßnahmen zur Unterrichtung des Kapitalmarkts sind vor allem Presse- und Analystenkonferenzen, auf denen die Geschäftsleitung über die finanzielle Lage des Unternehmens informiert *(Bilanzkonferenz),* sowie interne Veränderungen und strategische Ausrichtungen. Persönliche Gespräche zwischen Management und Pressevertretern bzw. Analysten dienen nicht zuletzt der Vertrauensbildung in die Unternehmensführung und der Wertsteigerung des Unternehmens. Dieser Aspekt steht auch im Mittelpunkt von persönlichen Treffen eines Mitglieds der Geschäftsleitung mit einzelnen Analysten oder Fondsmanagern. Die

Geschäftsleitung kann in diesem Rahmen vertrauliche Rückmeldungen des Finanzmarktes zu strategischen Neuausrichtungen einholen, die Analysten und Fondsmanager können vertiefende Informationen über die Geschäftsentwicklung erhalten. Zu *Investorenkonferenzen* laden üblicherweise Großinvestoren eine Reihe von Unternehmen aus einer bestimmten Branche oder einem Marktsegment ein. Die Unternehmen haben hierbei die Möglichkeit, sich selbst und ihre Kompetenzen für Marktangebote vor interessierten, meist institutionellen Anlegern vorzustellen. Zur *Generalversammlung* lädt wiederum das Unternehmen seine Anteilseigner ein. Die jährliche Generalversammlung ist bei Aktienunternehmen rechtlich vorgeschrieben und das Beschlussfassungsorgan des Unternehmens. Vor allem gegenüber Privatinvestoren ist sie „Aushängeschild und Visitenkarte des Unternehmens" (Achleitner et al. 2008, S. 280) und dient ihnen der Stärkung des Unternehmensimages. Einzelnen Privatinvestoren und sogenannten aktivistischen Großinvestoren dient sie aber immer öfter auch als Bühne, um der Unternehmensleitung unbequeme Fragen zu stellen und um auf Managementfehler öffentlich hinzuweisen.

Mithilfe dieser Instrumente kann die Finanzkommunikation des Unternehmens die wichtigsten Anspruchsgruppen erreichen und über betriebswirtschaftliche Fakten und Strategien des Managements unterrichten. Auf einen kritischen Aspekt, der sich der Kontrolle der Finanzkommunikation weitgehend entzieht, macht jedoch Robert Shiller (2019) aufmerksam: den Einfluss von Geschichten. Laut Shiller können populäre Erzählungen und Narrative die Emotionen und damit das menschliche Interesse anregen, indem sie die Hoffnungen und Ängste der Menschen ansprechen. Wenn solche Narrative eine Verbindung zwischen gesellschaftlichen Themen und Branchen oder einzelnen Unternehmen herstellten, dann könnten sie auch Märkte und Unternehmensbewertungen stark beeinflussen. Problematisch würden diese Geschichten, so Shiller, wenn sie von vielen Personen aufgegriffen, verändert und weitererzählt werden. Die Geschichte bzw. ihre Mutation folgen dann dem Stille-Post-Prinzip, wobei wahre und unwahre Behauptungen, Tatsachen und frei erfundene Schuldzuweisungen vermischt werden. Die meisten Menschen erinnern sich dabei jedoch eher an besonders spektakuläre oder dramatische Elemente der Erzählung, die komplexen Zusammenhänge ökonomischer Fakten verschwinden zunehmend aus der Weitererzählung der Geschichten. Für die Finanzkommunikation einzelner Unternehmen wird es dann immer schwieriger, dem viralen Erfolg erfundener Behauptungen die realen Tatsachen entgegenzuhalten und Vorwürfe zu entkräften.

Nicht nur die Finanzkommunikation, sondern auch das Risikomanagement und die Krisenkommunikation müssen sich deshalb in der modernen Kommunikationswelt mit dem Phänomen von Geschichten und den Risiken des Kontrollverlusts beschäftigen. Ein Beispiel für die Wirkung von Geschichten ist der Vorwurf des Betrugs bei der Programmierung der Software in Dieselmotoren. Im Zentrum der Geschichte standen schnell die gesundheitsschädlichen Abgase der Motoren. Finanzielle Verluste in Milliardenhöhe und Reputationsschäden der deutschen Autoindustrie waren die Folge. Der geringere Verbrauch von Kraftstoff dieser Dieselmotoren im Vergleich zu Benzinmotoren oder die unvermeidlichen Schadstoffe durch Reifen- und Bremsabrieb, die auch bei Elektroautos anfallen, gingen in der Mutation des Narrativs schnell unter.

Ein weiteres Risiko für die Unternehmen ist der öffentliche Ruf nach umfassender moralischer Verantwortung für die Produktionskette, die Produktsicherheit, die Produktionsbedingungen und die faire Gestaltung von Aufstiegschancen für Frauen und viele andere gesellschaftliche Gruppen. Jede Entscheidung von Vorgesetzten und der Geschäftsleitung birgt hierbei zahlreiche Risiken und macht eine umfangreiche Prüfung möglicher Gefahren notwendig.

3.5.3 Ziele der Finanzkommunikation

So unterschiedlich die Unternehmen, ihre Arbeit und ihre Anspruchsgruppen sind, so unterschiedlich sind auch die Aufgabenbereiche der Finanzkommunikation. Für die finanzielle Bewertung von Produktionsunternehmen sind andere Kennwerte relevant als für die von Dienstleistern, in Konsummärkten gelten andere Regeln als im Zulieferergeschäft und etablierte Familienunternehmen bleiben oftmals ihrer Hausbank verbunden, während ambitionierte Start-ups so schnell wie möglich an die Börsen wollen. In allen Unternehmen, die auf die Zusammenarbeit mit dem Finanzmarkt in der einen oder anderen Weise angewiesen sind, gilt aber für deren Finanzkommunikation ein generelles Ziel: das Unternehmen so zu positionieren, dass es für Investoren attraktiv ist und effektiv um deren Kapital konkurrieren kann (vgl. Argenti 2016, S. 205).

Damit reagiert das Unternehmen auf das zentrale Anliegen der Investoren: Jeder Investor hofft auf künftige Wertzuwächse durch Kursgewinne und hohe Dividendenzahlungen (vgl. Janik 2002, S. 239). Allerdings sind in den letzten Jahren auch die Legitimitätsansprüche an die Unternehmen stark gewachsen und der Umweltschutz, soziales Engagement sowie eine gute Unternehmensführung beeinflussen die Anlageentscheidungen aller Investoren. Zudem fordert auch die Politik – in ihrer Funktion als Stellvertreter der Bürger – ein stärkeres Engagement für diese Ziele und kann diese Forderungen über finanzrechtliche Regulierungen verbindlich machen (s. Abb. 3.6). Beispielsweise kann die Politik einen höheren Anteil an ESG-Fonds bei der Einlagensicherung von Banken, Pensionskassen oder

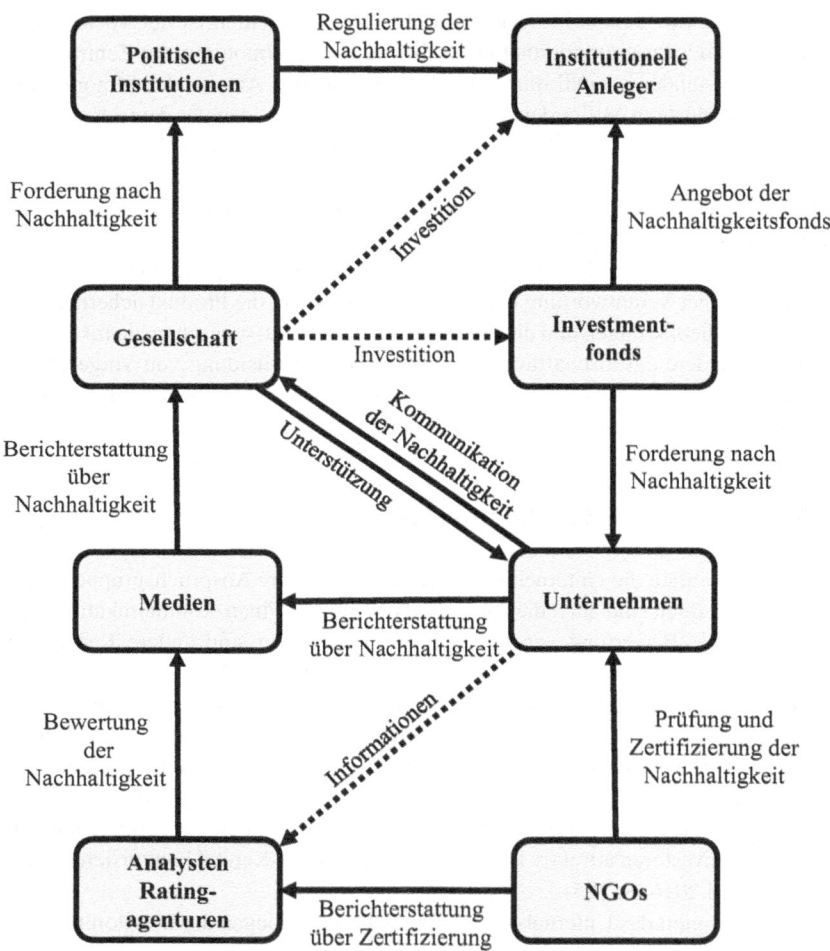

Abb. 3.6 Die Finanzkommunikation und die Nachhaltigkeit

Versicherungen verlangen und so den Anreiz auf die Investmentfonds erhöhen, geeignete Fonds auszubauen und anzubieten. Auch staatliche Rücklagenfonds und Staatfonds können von der Politik zur Unterstützung von nachhaltigen Unternehmen verpflichtet werden.

Die Investmentfonds haben wiederum die finanzielle Macht, von den Unternehmen, in die sie das Geld ihrer Kunden investieren, ein nachweisbares und zer-

3.5 Wenn's um Geld geht

tifizierbares Engagement für Nachhaltigkeitsziele zu verlangen. Die Unternehmen müssen dies in ihren Nachhaltigkeitsberichten offenlegen. Für die Prüfung und Zertifizierung des Engagements der Unternehmen und des Nachweises gegenüber allen Investoren haben sich vor allem zwei Non-Profit-Organisationen etabliert: der US-amerikanische Rat für Nachhaltigkeitsberichterstattungsstandards (*Sustainability Accounting Standards Board* – SASB, unter www.sasb.org) und das Kohlenstoff-Offenlegungsprojekt (*Carbon Disclosure Project* – CDP, unter www.cpd.net).

Die Unternehmen können ihre Bemühungen anschließend der Gesellschaft, den Medien, Analysten und Ratingagenturen mitteilen, dadurch ihre Reputation erhöhen und auf die weitere Unterstützung der Kunden hoffen. Die Gesellschaft wiederum unterstützt nicht nur die Unternehmen, sondern auch die Investmentfonds und die anderen institutionellen Anleger durch verstärkte Investitionen in die zertifizierten Nachhaltigkeitsfonds.

An dieser Stelle zeigt sich die enge Verknüpfung von Unternehmen, Investoren, Politik, Nichtregierungsorganisationen, Medien und Gesellschaft, die die Finanzkommunikation im Sinne des Unternehmens managen muss. Deutlich wird aber auch, wie die Finanzkommunikation auf gesellschaftliche Erwartungen reagieren und die Reputation des Unternehmens stärken kann. Für die Arbeit der Finanzkommunikation lassen sich drei zentrale Kommunikationsziele ableiten:

1. Die Anleger und Multiplikatoren müssen das Unternehmen mit seinen Grundsätzen, seiner Identität, seiner Strategie und seiner Vision verstehen, damit sie seine künftigen Marktpotenziale und seinen Beitrag zum Gemeinwohl erkennen können.
2. Die Botschaften der Finanzkommunikation über die zu erwartenden Erfolge des Unternehmens müssen glaubwürdig sein. Die Prognosen über Entwicklungen der Branche und des wirtschaftlichen Umfeldes müssen in Beziehung zu den Zielen des Unternehmens gesetzt werden, damit Anleger und Multiplikatoren die über- oder unterdurchschnittlichen Erwartungen verstehen und bei ihren Anlageüberlegungen akzeptieren können.
3. Die Kommunikation muss dazu beitragen, die Volatilität des Aktienkurses zu begrenzen. Die allermeisten Anleger präferieren Unternehmen mit einer langfristigen Strategie und einer professionellen Unternehmensführung, die stabile Aktienkurse garantieren und Kursschwankungen reduzieren. Die Antizipation bevorstehender Ereignisse und die Reaktion auf überraschend eintretende Geschehnisse müssen mit dem Themenmanagement und der Krisenkommunikation vorbereitet und abgestimmt werden, damit die Botschaften der Finanzkommunikation bei Anlegern und Multiplikatoren immer den Eindruck erwecken, dass das Unternehmen vorbereitet ist und angemessen reagieren kann.

Mit diesen drei Zielen ist die Rolle der Finanzkommunikation in der wertorientierten Unternehmensführung verortet, die sowohl die Wirtschaftlichkeit als auch die Legitimität des Unternehmens als Werttreiber anerkennt. Die beiden Säulen – Wirtschaftlichkeit und Legitimität – sind in den letzten Jahren zu gleichwertigen Stützen unternehmerischen Handelns geworden, die auch für Anleger relevant sind. Die meisten Anleger haben erkannt, dass eine Fokussierung auf eine kurzfristige Kurssteigerung den Unternehmenswert langfristig schädigt. Nur wenn das Unternehmen sein Handeln an den sozialen, moralischen und gesellschaftspolitischen Erwartungen aller Anspruchsgruppen ausrichtet und seine Rolle als gesellschaftlicher Akteur ernst nimmt, kann es auch langfristig seinen Wert steigern: *„Companies that fulfill their purpose and responsibilities to stakeholders reap rewards over the long-term. Companies that ignore them stumble and fail"* (Fink 2019). Damit dies gelingt, muss die Finanzkommunikation ihre Aufgaben und Ziele eng mit den anderen Unternehmensbereichen abstimmen: mit dem CEO und den anderen Chef-Managern die realistischen Renditeerwartungen, mit dem Themenmanagement die relevanten Themenfelder aus der Unternehmensumwelt, mit der Produktentwicklung neue Angebote für den Markt, mit der Krisenkommunikation die Bewertung der Chancen und Risiken in der Arbeit des Unternehmens. Nur als integrierter Bestandteil der Unternehmenskommunikation in der wertorientierten Unternehmensführung kann die Finanzkommunikation auf dieser Basis eine Strategie entwickeln, mit der sie ihre Aufgaben definieren, Instrumente einsetzen und Ziele umsetzen kann.

Literatur

Achleitner, A.-K., Bassan, A., & Fieseler, C. (2008). Finanzkommunikation. Die Grundlagen der Investor Relations. In M. Meckel & B. Schmid (Hrsg.), *Unternehmenskommunikation* (S. 261–288). Wiesbaden: Gabler.

Argenti, P. A. (2016). *Corporate communication*. New York: McGraw-Hill.

Aristoteles. (2019). *Rhetorik*. Stuttgart: Reclam.

Beckert, J. (2018). *Imaginierte Zukunft*. Berlin: Suhrkamp.

Benford, R. D., & Snow, D. (2000). Framing processes and social movements: An overview and assessment. *Annual Review of Sociology, 26,* 611–639.

Bentele, G. (1998). Politische Öffentlichkeitsarbeit. In U. Sarcinelli (Hrsg.), *Politikvermittlung und Demokratie in der Mediengesellschaft. Beiträge zur politischen Kommunikationskultur* (S. 124–145). Opladen: Westdeutscher.

Dahinden, U. (2006). *Framing: Eine integrative Theorie der Massenkommunikation*. Konstanz: UVK.

Damasio, A. R. (2001). *Descartes' Irrtum. Fühlen, Denken und das menschliche Gehirn*. München: dtv.

Deekeling, E., & Arndt, O. (2014). CEO-Kommunikation: Aufgaben und Strategien für Vorstände und Geschäftsführer. In A. Zerfaß & M. Piwinger (Hrsg.), *Handbuch Unternehmenskommunikation* (S. 1237–1251). Wiesbaden: Springer Gabler.

Einwiller, S., Klöfer, F., & Nies, U. (2008). Mitarbeiterkommunikation. In M. Meckel & B. Schmid (Hrsg.), *Unternehmenskommunikation* (S. 221–260). Wiesbaden: Gabler.

Entman, R. M. (1993). Framing: Toward the clarification of a fractured paradigm. *Journal of Communication, 42*(4), 51–58.

Esch, F.-R., & Vallaster, C. (2004). Mitarbeiter zu Markenbotschaften machen. Erfolg durch konsequente Führung. *Markenartikel, 66*(2), 8–12.

Esch, F.-R., Knörle, C., & Strödter, K. (2019). Behavioral Branding: Durchsetzung der Marke nach innen. In F.-R. Esch (Hrsg.), *Handbuch Markenführung* (S. 983–1010). Wiesbaden: Springer Gabler.

Filzmaier, P., & Fähnrich, B. (2014). Public Affairs: Kommunikation mit politischen Entscheidungsträgern. In A. Zerfaß & M. Piwinger (Hrsg.), *Handbuch Unternehmenskommunikation* (S. 1185–1201). Wiesbaden: Springer Gabler.

Fink, L. (2019). *Purpose & profit*. https://www.blackrock.com/corporate/investor-relations/larry-fink-ceo-letter. Zugegriffen am 10.03.2020.

Fog, K., Budtz, C., & Akabyolu, B. (2005). *Storytelling. Branding in practice*. Berlin: Springer.

Fordon, A. (2018). *Die Storytelling-Methode. Schritt für Schritt zu einer überzeugenden, authentischen und nachhaltigen Marketing-Kommunikation*. Wiesbaden: Springer Gabler.

Franck, G. (1998). *Ökonomie der Aufmerksamkeit. Ein Entwurf*. München/Wien: Hanser.

Franck, G. (2014). Jenseits von Geld und Information: Zur Ökonomie der Aufmerksamkeit. In A. Zerfaß & M. Piwinger (Hrsg.), *Handbuch Unternehmenskommunikation* (S. 193–202). Wiesbaden: Springer Gabler.

Frisch, J., Baum, M., & Esch, F.-R. (2019). Marken-Commitment von Mitarbeitern aufbauen. In F.-R. Esch (Hrsg.), *Handbuch Markenführung* (S. 983–1010). Wiesbaden: Springer Gabler.

Goffman, E. (1977). *Rahmen-Analyse. Ein Versuch über die Organisation von Alltagserfahrungen*. Frankfurt a. M.: Suhrkamp.

Goffman, E. (2007). *Wir alle spielen Theater. Die Selbstdarstellung im Alltag*. München: Piper.

Goode, W. J. (1960). A theory of role strain. *American Sociological Review, 25*(4), 483–496.

Herbst, D. (2008). *Storytelling*. Konstanz: UVK.

Huck-Sandhu, S. (2014). Corporate Messages entwickeln und steuern: Agenda Setting, Framing, Storytelling. In A. Zerfaß & M. Piwinger (Hrsg.), *Handbuch Unternehmenskommunikation* (S. 652–668). Wiesbaden: Springer Gabler.

Ingleheart, R. (1989). *Kultureller Umbruch: Wertwandel in der westlichen Welt*. Frankfurt a. M.: Campus.

Janik, A. (2002). *Investor Relations in der Unternehmenskommunikation*. Wiesbaden: Springer.

Jung, C. G. (2000). *Archetypen und Unterbewußtes*. Augsburg: Weltbild.

Kantorowicz, E. H. (1990). *Die zwei Körper des Königs*. München: dtv.

Kemming, J. D. (2019). Broadening und Deepening – die Positionierung des Markenkonzeptes. In J. D. Kemming & J. Rommerskirchen (Hrsg.), *Marken als politische Akteure* (S. 3–20). Wiesbaden: Springer Gabler.

Kirchhoff, K. R., & Piwinger, M. (2009). *Praxishandbuch Investor Relations. Das Standardwerk der Finanzkommunikation*. Wiesbaden: Gabler.

Kirchhoff, K. R., & Piwinger, M. (2014). Kommunikation mit Kapitalgebern: Grundlagen der Investor Relations. In A. Zerfaß & M. Piwinger (Hrsg.), *Handbuch Unternehmenskommunikation* (S. 1079–1098). Wiesbaden: Springer Gabler.

Kotter, I. P., & Heskett, J. (1992). *Corporate culture and performance*. New York: Free Press.

Krüger, F. (2015). *Corporate Storytelling. Theorie und Empirie narrativer Public Relations in der Unternehmenskommunikation*. Wiesbaden: Springer VS.

Linton, R. (1945). *The cultural background of personality*. New York: D. Appleton-Century Co.

Mark, M., & Pearson, C. (2001). *The hero and the outlaw. Building extraordinary brands through the power of archetypes*. New York: McGraw-Hill.

Mast, C. (2014). Interne Unternehmenskommunikation: Mitarbeiter führen und motivieren. In A. Zerfaß & M. Piwinger (Hrsg.), *Handbuch Unternehmenskommunikation* (S. 1121–1139). Wiesbaden: Springer Gabler.

Mast, C. (2019). *Unternehmenskommunikation*. München: UVK.

von Mises, L. (1933). *Grundprobleme der Nationalökonomie*. Jena: Fischer.

Oswald, M., & Johann, M. (2018). Strategische Politische Kommunikation als ein interdisziplinäres Forschungsfeld. In M. Oswald & M. Johann (Hrsg.), *Strategische Politische Kommunikation im digitalen Wandel* (S. 1–6). Wiesbaden: Springer VS.

Parsons, T., & Smelser, N. (1956). *Economy and society*. London: Routledge.

Piwinger, M., & Bazil, V. (2014). Impression Management: Identitätskonzepte und Selbstdarstellung in der Wirtschaft. In A. Zerfaß & M. Piwinger (Hrsg.), *Handbuch Unternehmenskommunikation* (S. 471–490). Wiesbaden: Springer Gabler.

Rommerskirchen, J. (2017). *Soziologie & Kommunikation. Theorien und Paradigmen von der Antike bis zur Gegenwart*. Wiesbaden: Springer VS.

Rudzio, W. (2003). *Das politische System der Bundesrepublik Deutschland*. Opladen: Leske + Budrich.

Scheufele, B. (2003). *Frames, Framing, Framing-Effekte*. Wiesbaden: Westdeutscher.

Schick, S. (2014). *Interne Unternehmenskommunikation. Strategien entwickeln, Strukturen schaffen, Prozesse steuern*. Stuttgart: Schäffer-Poeschel.

Schieder, A. (2017). *Kommerzielles Lobbying und Public Affairs-Management*. Wiesbaden: Springer VS.

Schmidt, M. G. (2007). *Das politische System Deutschlands*. München: Beck.

Shiller, R. J. (2019). *Narrative economics: How stories go viral and drive major economic events*. Princeton: Princeton University Press.

StepStone. (2017). *Recruiting mit Persönlichkeit*. https://www.stepstone.de/ueber-stepstone/wp-content/uploads/2018/02/Stepstone_Recruiting_Persoenlichkeit_WEB.pdf. Zugegriffen am 10.03.2020.

Weitzel, T., Eckhardt, A., Laumer, S., Maier, C., Stetten, A. von, Weiert, C., & Wirth, J. (2015). *Bewerbungspraxis 2015*. https://www.uni-bamberg.de/fileadmin/uni/fakultaeten/wiai_lehrstuehle/isdl/Bewerbungspraxis_2015.pdf. Zugegriffen am 10.03.2020.

Wiswede, G. (1981). Kommunikation. In P. G. Beckerath, P. Sauermann & G. Wiswede (Hrsg.), *Handwörterbuch der Betriebspsychologie und Betriebssoziologie* (S. 226–231). Stuttgart: Enke.

Wittke-Kothe, C. (2001). *Interne Markenführung. Verankerung der Markenidentität im Mitarbeiterverhalten*. Wiesbaden: Gabler.
Zaltman, G. (2003). *How consumers think: Essential insights into the mind of the market*. Boston: Harvard Business School.
Zitzmann, A., & Decker, T. (2014). Informations- und Publizitätspflichten von Unternehmen. In A. Zerfaß & M. Piwinger (Hrsg.), *Handbuch Unternehmenskommunikation* (S. 271–289). Wiesbaden: Springer Gabler.

Marken sprechen lassen 4

4.1 Die Funktionen der Marke

Marken sind Objekte mit einer besonderen Bedeutung. Diese Objekte, seien es Produkte oder Dienstleistungen, haben als Marke eine Bedeutung, die über ihre bloße Benennung hinausgeht. In der Kommunikation ist die Marke zunächst ein *Zeichen*, das auf ein Ding verweist (Denotation), aber auch ein *Symbol*, das spezifische Assoziationen weckt (Konnotation). Als Zeichen ist die Marke ein juristisches Konzept, es beschreibt ein rechtlich geschütztes Objekt. Ein Name, ein Logo, ein Claim, eine Funktion, eine Farbe oder eine Form können rechtlich geschützt werden und die kommerzielle Verwertung der dann geschützten Marke ist ihrem Eigentümer vorbehalten. Beispielsweise hat die Deutsche Telekom die Farbe Magenta für sich registrieren lassen und Coca-Cola die Konturflasche (auch *Humpelrock*- oder Mae-West-Flasche) für sich patentiert. Als Symbol wird das Objekt vom Unternehmen mit Assoziationen aufgeladen und/oder vom Rezipienten interpretiert. Das Ziel der Unternehmenskommunikation ist es, eine Marke mit geplanten Assoziationen zu versehen, die dann auch von ihren Rezipienten in der erwünschten Form interpretiert werden. Wenn dies gelingt, dann denken die Menschen bei Magenta an die Deutsche Telekom und bei der Konturflasche an Coca-Cola, dann erinnern sie sich an das Produkt und verbinden damit Bilder aus der Werbung, eigene Erfahrungen und Gefühle. Die Konstruktion des Symbols ist die Aufgabe des Unternehmens, seine Interpretation findet in den Köpfen der Rezipienten statt.

Beides, Konstruktion und Interpretation, können übereinstimmen, sie können aber auch mehr oder weniger stark voneinander abweichen, und dann geben die Rezipienten der Marke eine neue oder gar negative symbolische Bedeutung.

Der Wunsch, Objekten eine besondere Bedeutung zu geben, ist nicht neu (vgl. Rommerskirchen 2019, S. 103). Die ältesten bekannten Markierungen von Gütern stammen aus der Antike und dienten beispielsweise dem Nachweis eines besonderen Herstellers (eine Skulptur von Phidias) oder einer besonderen Herkunft (ein Wein aus Nordafrika). Die Skulptur und der Wein wurden durch die Markierung zu außergewöhnlichen Dingen, die nicht von irgendwem geschaffen wurden oder von irgendwoher stammten: Die Zeus-Statue wurde von dem berühmten Bildhauer Phidias aus dem Stein geschlagen und der Wein reifte in Ägypten. Die Objekte erhielten durch ihre Markierungen einen besonderen, bedeutungsvollen *Wert,* der sie auszeichnete, und dieser Wert entstand durch das *Narrativ,* auf das sie verwiesen. Der Bildhauer, der Maler und der Architekt mussten ebenso wie das Anbaugebiet, das Material und das Herstellungsverfahren ein Teil einer Geschichte sein, die in den Köpfen der Menschen eine besondere, nicht alltägliche Erzählung war. Die Objekte verschmolzen mit dem Narrativ und daraus entstanden ihre besondere Bedeutung und ihr Wert in den Köpfen der Menschen und auf dem Markt.

Für Unternehmen spielen Marken heute eine Schlüsselrolle und nahezu alles kann zur Marke werden: Konsumgüter ebenso wie Personen, Orte und Nationen. Begriffe wie Miele, Marx, München und Mexiko bezeichnen zunächst physische Dinge der Welt; zu Marken im sozialpsychologischen Sinne werden sie erst dann, wenn die Bedeutung der Begriffe mehr beinhaltet als den Verweis auf die Dinge. Ihren Wert und ihre Wirkung entfalten Marken somit erst als Symbole, wenn die Begriffe die Dinge übersteigen. Die Marke als Symbol ist dann ein *soziales Phänomen,* sie wird Teil einer kollektiven Erzählung und einer gemeinsamen kulturellen Praxis. Dann leitet die Bedeutung der Marken das Denken von Menschen und deren Handeln als Konsumenten. Die Menschen kaufen dann nicht nur Dinge, die sie zum Leben brauchen, sondern Marken, die sie kennen und denen sie vertrauen, mit denen sie anderen ihren Lebensstil mitteilen, die sie gar lieben.

Für die Unternehmenskommunikation und insbesondere für die Gestaltung der Beziehung zwischen dem Unternehmen und seinen Konsumenten übernehmen die Marken eine Vielzahl an Funktionen (s. Abb. 4.1). Seitens der Unternehmen sind dies die juristische, ökonomische und sozialpsychologische Funktionen (vgl. Häusler 2014).

Juristisch ermöglichen Marken den Schutz von Objekten und allen Zeichen, die auf sie verweisen. Nur die Eigentümer der Objekte und der Zeichen dürfen sie kommerziell einsetzen und somit aus immateriellen Dingen wie Wörtern, Farben und Formen materielle Werte generieren. Nur an bzw. auf ihren Produkten dürfen

4.1 Die Funktionen der Marke

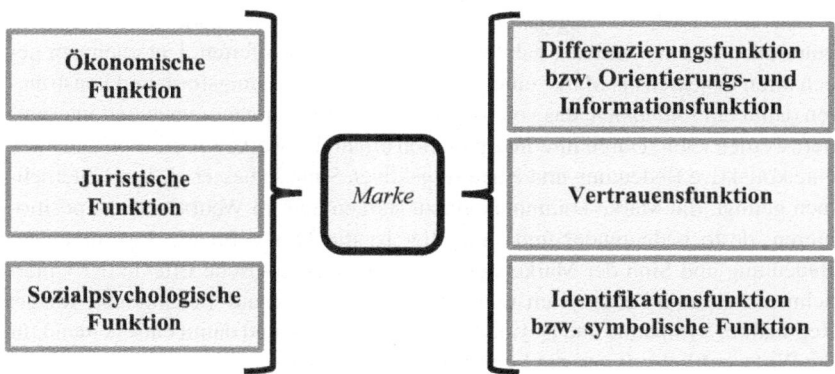

Abb. 4.1 Funktionen der Marke

diese Zeichen verwendet werden oder die Zeichen können als Lizenzen an andere Unternehmen verkauft oder vermietet werden. Wer dieses Eigentumsrecht missachtet, muss mit gerichtlich einklagbaren Geldstrafen rechnen. Marken sind für Unternehmen aus juristischer Sicht relevant, weil sie ihnen die exklusive Kommerzialisierung von Objekten und Zeichen ermöglichen.

Ökonomisch sind Marken als immaterielle Güter zwar (noch) nicht direkt bilanzierbar, mittelbar sind sie aber als *Bedeutungsträger* in den Köpfen der Konsumenten relevant für deren Kaufentscheidungen und damit für den wirtschaftlichen Erfolg der Unternehmen. Ein einzelnes Produkt oder eine einzelne Dienstleistung durch Werbung bekannt zu machen, wäre für ein Unternehmen zu kostenaufwendig und würde in keiner Relation zum erzielbaren Absatz stehen. Ein so komplexes Gebilde wie ein ganzes Unternehmen wäre kommunikativ kaum vermittelbar und bedürfte sehr aufwendiger und langfristiger medialer Darstellungen. Die Werbung für ein Produkt, eine Dienstleistung oder ein Unternehmen wäre weder effizient noch effektiv. Eine Marke als *Repräsentanten* für eine Vielzahl von Produkten, Leistungen oder eines globalen Unternehmens zu gestalten und sie mit den ausgewählten Eigenschaften zu vermitteln, ist dagegen die bessere – effektivere und effizientere – Lösung. Die aktuell wertvollsten Unternehmen der Welt – Apple, Alphabet, Amazon, Microsoft und Facebook – verdanken ihren rasanten Aufstieg vor allem ihrer Bedeutung als Marke. Sie haben in wenigen Jahren die klassischen güterproduzierenden oder güterhandelnden Unternehmen wie General Electric, Walmart, CitiBank, Exxon und Shell als wertvollste Unternehmen am Kapitalmarkt verdrängt (vgl. Parker 2016). Dies gelang ihnen vor allem, weil sie als Marken eine besondere Bedeutung für die Konsumenten erlangen konnten.

Aus der *sozialpsychologischen* Sicht ist die Marke ein Bündel an kollektiven, kulturellen und subjektiven, habituellen Interpretationsofferten. Unternehmen geben ihren Objekten als Marke eine eigenständige Erscheinungsform und konstruieren damit ein *Phänomen,* das von den Konsumenten wahrgenommen und interpretiert werden kann. Durch ihre Interpretation erhält die Marke für die Konsumenten eine kollektive Bedeutung und einen subjektiven Sinn. Je besser es dem Unternehmen gelingt, die Marke kommunikativ zu stärken und im Wettbewerb zu positionieren, desto bedeutender und sinnvoller ist die Marke für die Konsumenten. Bedeutung und Sinn der Marke sind als sozialpsychologische Effekte der Unternehmenskommunikation hoch relevant für die Chance auf Bekanntheit, Image, Reputation, Sympathie und Loyalität der Konsumenten und damit entscheidend für die Wirtschaftlichkeit und die Legitimität des Unternehmens.

Für die Konsumenten erfüllen die Marken ebenfalls drei Funktionen: Sie haben eine *Differenzierungsfunktion* bzw. *Orientierungs- und Informationsfunktion,* eine *Vertrauensfunktion* sowie eine *Identifikationsfunktion* bzw. *symbolische Funktion* (s. Abb. 4.1). Die Konstruktion der Marke durch das Unternehmen macht dessen Produkte und Leistungen unterscheidbar von anderen, ähnlichen Produkten anderer Unternehmen. Die *Differenzierungsfunktion* der Marke ermöglicht den Konsumenten die Zuschreibung eines spezifischen, einzigartigen Nutzens und einer unverwechselbaren Bedeutung, die sie von anderen Marken abgrenzt (vgl. Schmid und Lyczek 2008, S. 46). Damit entlasten bekannte und bedeutungsvolle Marken den Konsumenten bei der Suche nach einem passenden Angebot und reduzieren dadurch die Transaktionskosten. In einer Konsumwelt voller Marken erleichtern sie die Orientierung in der Angebotsvielfalt und verringern die Such- und Informationskosten seitens des Konsumenten und übernehmen eine *Orientierungs- und Informationsfunktion* (vgl. Burmann et al. 2015, S. 2).

Die Vielzahl der Angebote an Marken und die damit verbundene Qual der Wahl erzeugen aber auch Unsicherheiten bei den Konsumenten und erinnern sie an die Informationsasymmetrie zwischen Anbieter und Nachfrager: Die Unternehmen als Anbieter (Auftragnehmer/*Agent*) besitzen möglicherweise Informationen über ihre Angebote, die dem Konsumenten als Nachfrager (Auftraggeber/*Principal*) nicht zugänglich sind (vgl. Akerlof 1970). Diese (vermutete) Asymmetrie kann das Unternehmen nur ausgleichen, wenn es den Konsumenten dazu bringt, ihm bzw. seiner Marke zu vertrauen. Für den Vertrauensaufbau sind die Vertrautheit *(Familiarity),* die Zuversicht *(Confidence)* und schließlich das Vertrauen *(Trust)* in die Marke bei der Risikoabwägung der Kaufentscheidung wichtige Stufen (vgl. Elliott und Yannopoulou 2007). Auch die *Reputation* einer Marke, d. h. die vom Konsumenten vermutete Einstellung anderer Personen zu der Marke, spielt dabei eine große Rolle (vgl. Hammerl et al. 2016). Vermutet der Konsument, dass seine

4.1 Die Funktionen der Marke

soziale Referenzgruppe, also Personen, die er als ihm ähnlich ansieht, eine negative Einstellung zur Marke haben, dann beeinflusst dies auch seine Einstellung zur Marke negativ. Geht er von einer positiven Einstellung seiner Referenzgruppe aus, so bestärkt dies seine Vermutung einer positiven Reputation und damit auch sein Vertrauen in die Marke.

Zudem konstruieren Unternehmen ihre Marken zumeist für eine bestimmte Zielgruppe mit einem bestimmten Lebensstil, mit eigenen Bedürfnissen, Nutzenerwartungen und Geschmackspräferenzen. Als Symbol für diesen Lebensstil hat die Marke für die Konsumenten damit eine *Identifikationsfunktion* (vgl. Schmid und Lyczek 2008, S. 46). Die Konsumenten zeigen mit der Wahl einer Marke ihre Zugehörigkeit zu einer sozialen Gruppe mit einem eigenen Lebensstil. Der Wunsch, die Zugehörigkeit zu dieser Gruppe durch die Wahl der Marke anderen mitzuteilen, gibt der Marke für die Konsumenten einen subjektiven Sinn. Damit übernimmt die Marke eine *symbolische Funktion* und dient dem Bedürfnis der Konsumenten nach Darstellung deren Identität im sozialen Feld, nach Prestige und Anerkennung (vgl. Burmann et al. 2015, S. 2). Die Identität eines Individuums entsteht erst in Gesellschaft, in der primären und sekundären Sozialisation, als soziale Identität mit engen Bezügen zu seinem Umfeld (vgl. Mead 1980; Berger und Luckmann 2000). In diesem Umfeld sind nicht nur andere Menschen, sondern auch die Objekte wichtig, mit denen es sich umgibt und die für das Individuum und andere eine symbolische Bedeutung haben:

„In its widest possible sense, however, a man's Self is the sum total of all that he can call his, not only his body and his psychic power, but his clothes and his house, his wife and children, his ancestors and friends, his reputation and works, his lands and horses, and yacht and bank account."(James 1890, S. 291)

Unabhängig von den Funktionen der Marke für die Unternehmen und die Konsumenten bestehen mehrere Möglichkeiten, die Beziehung zwischen Unternehmen und seiner oder seinen Marken in einer *Markenarchitektur* und damit für die Marktkommunikation zu gestalten (s. Abb. 4.2): Die Marke kann das Unternehmen und alle seine Produkte und Leistungen repräsentieren (*Dachmarken* wie Sony, BMW, Yamaha, Philips oder Dyson), das Unternehmen kann eine Reihe von Produktgruppen mit eigenen Markennamen unter einer gemeinsamen Marke führen (*Familienmarken* wie Beiersdorf mit Nivea, Labello, Hansaplast usw., Unilever mit Dove, Ben & Jerry's, Lipton usw. oder PSA mit Citroën, DS, Opel, Peugeot und Vauxhall) oder das Unternehmen kann seine vielen Einzelmarken in den Vordergrund stellen (*Einzelmarken* bei Procter & Gamble, Ferrero, Nestlé, Mondelēz International).

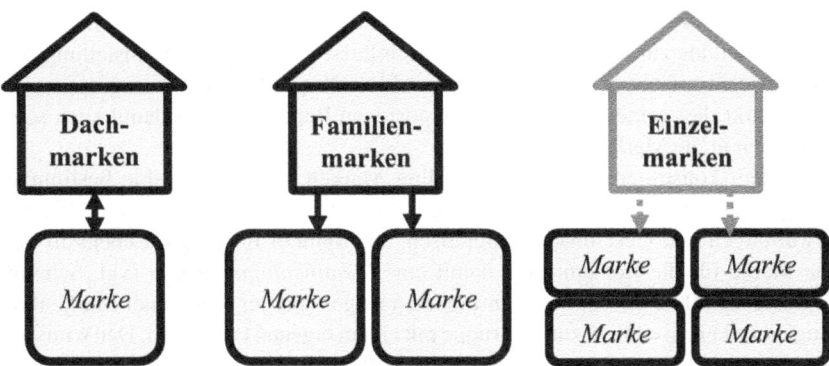

Abb. 4.2 Markenarchitekturen

Je nach Markenarchitektur ergeben sich unterschiedliche Effizienzvorteile. Bei der Dachmarkenstrategie profitieren alle Geschäftsfelder von der einen Marke und die Kommunikationskosten sind gering. Die Synergieeffekte des Images stärken auch sehr unterschiedliche Produkte wie beispielsweise Fernseher, Kopfhörer und Mobiltelefone bei Sony. Allerdings steigt damit auch das Risiko, dass sich Imageschäden eines Produktbereichs auf die anderen negativ auswirken. Bei Familienmarken sind die einzelnen Produktbereiche und deren Marken zwar vom Unternehmen getrennt und müssen separat aufgebaut und geführt werden, können aber durch eine abgestimmte Markenstrategie und gebündelte Kommunikationsmaßnahmen Synergien schaffen. Bei der Einzelmarkenstrategie tritt das Unternehmen zumeist in den Hintergrund und die einzelnen Marken können unabhängig voneinander um Marktanteile ringen und gegebenenfalls in separaten Zielgruppenbereichen positioniert werden. Beschädigungen einer Marke wirken sich dann zwar kaum auf die anderen Marken oder das Unternehmen aus, dafür steigen aber die Kommunikationskosten insgesamt.

4.2 Marken konstruieren

Unternehmen definieren Marken. Sie konstruieren die Dinge und ihre Symbole, mit denen sie ihre Produkte und Dienstleistungen als Marken zu interpretierbaren Objekten machen. Bei der Markenentwicklung muss das Unternehmen drei Leitsätze beachten (vgl. Häusler 2014): Erstens muss die Marke auf die für die Zielgruppe wesentlichen Werte, Botschaften und Visionen reduziert werden. Eine

4.2 Marken konstruieren

klare Marke erleichtert die Kommunikation *(Komplexitätsreduktion)*. Zweitens müssen alle Aktivitäten, d. h. die Produkt-, Preis-, Distributions- und Kommunikationspolitik rund um die Marke, zu einem homogenen, stimmigen Markenerlebnis für den Konsumenten zusammengeführt werden *(Homogenisierung)*. Und drittens muss die Marke sowohl konstant als auch kreativ kommuniziert werden, damit sie Wiedererkennbarkeit, nachhaltige Relevanz und Attraktivität verbindet *(Präsenz)*.

Für den Markenaufbau und die Markenführung sind vier Felder des *Markensteuerrads* entscheidend: der Markennutzen, die Markentonalität, das Markenbild und die Markenattribute (vgl. Esch 2014, S. 101 ff.) (s. Abb. 4.3). Beim *Markennutzen* (Was biete ich an?) kann das Unternehmen den funktionalen oder den psychosozialen Nutzen in den Vordergrund stellen. Eine Bekleidungsmarke kann beispielsweise als wärmend und wetterfest dargestellt werden oder als modisch und exklusiv. Die *Markentonalität* (Wie bin ich?) prägt die erwünschte „Persönlichkeit" der Marke als jung, modern und dynamisch oder klassisch, zurückhaltend und formell. Beim *Markenbild* (Wie trete ich auf?) legt das Unternehmen das

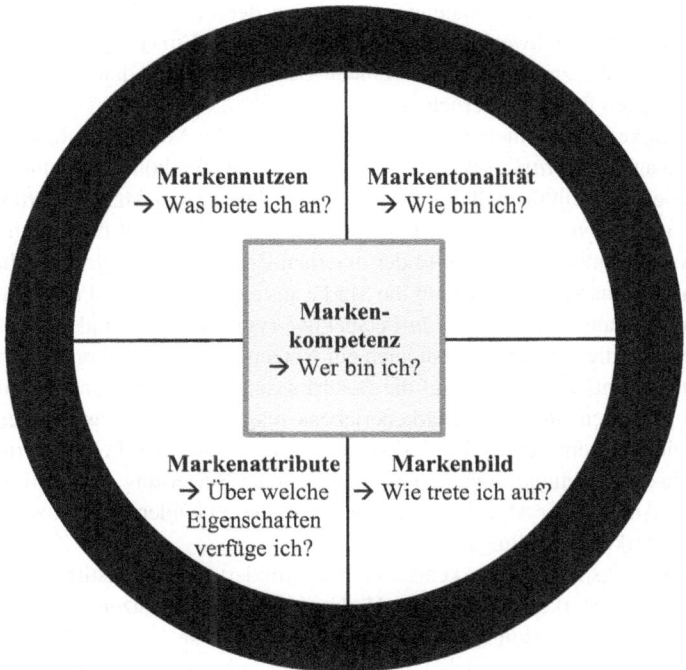

Abb. 4.3 Markensteuerrad. (Quelle: nach Esch 2014, S. 102)

Design, die Kommunikation und die Distribution der Marke fest. Formen, Farben, Materialien sowie Akustik, Haptik und Geruch des Produkts prägen sein Erscheinungsbild ebenso wie die Kommunikation, bei der die Werbung überwiegend in Tageszeitungen oder in sozialen Medien platziert wird, und die Distribution, wenn die Marke nur über eigene Verkaufshäuser oder auch über Onlineshops angeboten wird. Als *Markenattribute* (Über welche Eigenschaften verfüge ich?) kann die Marke z. B. Sicherheit und Zuverlässigkeit, Verantwortung und Nachhaltigkeit oder Attraktivität und Sinnlichkeit ausstrahlen.

Die *identitätsbasierte Markenführung* erweitert diesen Ansatz auf das Management der Beziehung zwischen der Marke und der Zielgruppe. Dieser Ansatz beschreibt die Marke-Kunde-Beziehung als „den Grad der subjektiv wahrgenommenen, kognitiven und affektiven Verbundenheit eines Nachfragers mit einer Marke" (Burmann et al. 2015, S. 74). Das Ziel des *Markenmanagements* ist dabei der Aufbau einer langfristigen, stabilen und loyalen Beziehung zwischen den Konsumenten und der Marke bzw. dem Unternehmen. Für das Unternehmen resultieren aus der erfolgreichen Arbeit des Markenmanagements eine bessere Vorhersehbarkeit künftiger Verkäufe, mehr Planungssicherheit in der Produktion, stabilere Preise und eine geringere Schwankung der Umsätze. Kurzum: Ein erfolgreiches Markenmanagement führt zu engen Marke-Kunden-Beziehungen und damit zu wirtschaftlichen Vorteilen für das Unternehmen.

Das Markenmanagement unterscheidet zwischen der Markenidentität und dem Markenimage. Die *Markenidentität* wird im Unternehmen konstruiert und spiegelt die internen Vorstellungen über die Marke in der Form eines Markenführungskonzepts. Das *Markenimage* beschreibt die Wirkung der Marke auf die Konsumenten und spiegelt damit das Fremdbild der externen Zielgruppe. Insofern ist die Markenidentität zunächst der Blick auf die Marke aus einer *Inside-out*-Perspektive, das Markenimage aus einer *Outside-in*-Perspektive (vgl. Burmann et al. 2015, S. 28). Allerdings ist die Markenidentität auch ein Nutzenversprechen, das aus dem Markenverhalten entsteht und das auf die Bedürfnisse, Erwartungen und Erfahrungen der Konsumenten und ihres Markenerlebens reagiert und so das Markenimage prägt. Die Markenidentität ist deshalb eine Soll-Größe der Positionierung der Marke, das Markenimage eine Ist-Größe, die aus der Bewertung der Positionierung folgt. Die Analyse der Abweichungen zwischen diesen beiden Größen ist die Aufgabe des Markencontrollings.

Die identitätsbasierte Markenführung identifiziert sechs konstitutive Komponenten für die Markenidentität: die Herkunft, die Kompetenzen, die Werte, die Persönlichkeit, die Vision und die Leistungen der Marke (s. Abb. 4.4). Die Herkunft und die Vision bilden dabei einen übergeordneten Rahmen, in dem das konkrete Erscheinungsbild der Marke als Leistungsversprechen an die adressierten

4.2 Marken konstruieren

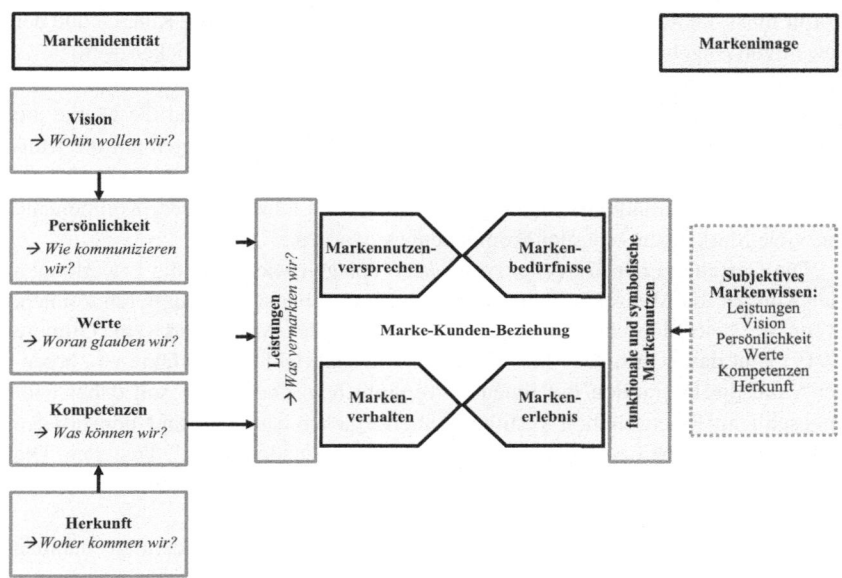

Abb. 4.4 Markenidentität und Markenimage. (Quelle: nach Burmann et al. 2015, S. 74)

Zielgruppen durch die Kompetenzen, die Werte und die Persönlichkeit ausgeformt wird.

Ausgangspunkt ist die erste Komponente, die *Markenherkunft*. Sie beantwortet die Frage: Woher kommen wir? Dabei spielen die geografische Herkunft sowie die Wurzeln des Unternehmens und der Branche eine Rolle. Für das Markenmanagement ist die Herkunft keine feststehende Historie, sondern eine anpassungsfähige und formbare Komponente, die der Marke Glaubwürdigkeit und Authentizität verleihen soll.

Der Gegenpol ist die *Vision* der Marke und damit die Frage: Wohin wollen wir? Die Markenvision legt die Entwicklungsrichtung und die angestrebte Markendifferenzierung für die kommenden fünf bis zehn Jahre fest. Sie soll den internen Zielgruppen als Leitlinie für ihre Arbeit und die erforderlichen Kompetenzen dienen, den externen Zielgruppen als Motivation für ihr Kaufverhalten und ihre Loyalität.

Die *Markenkompetenzen* beantworten die Frage: Was können wir? Die Antwort orientiert sich am Nutzen der Marke für die Kunden und ihrer Preisbereitschaft dafür. Nutzen und Preis der Marke sollten von den Kunden zumindest als gleichwertig gegenüber den Wettbewerbern empfunden werden, möglichst als überlegen.

Dafür muss die Marke stetig an die wechselnden Erwartungen der Kunden und der jeweiligen Angebote der Wettbewerber angepasst und weiterentwickelt werden.

Die *Markenwerte* definieren „das kommunizierte Glaubensbekenntnis" der Marke. Relevant sind diese strategisch konstruierten Werte, wenn die Marke die Überzeugungen der Zielgruppe aufgreifen oder passende Haltungen auf die Kunden übertragen kann. Die daraus entstehende Gemeinsamkeit ist das Wertefundament der Marke-Kunden-Beziehungen. In den letzten Jahren ist diese Komponente für viele Marken zur zentralen Komponente geworden.

Die Gestaltung der *Markenpersönlichkeit* spiegelt wiederum die Erwartungen der Kunden, da Menschen Dinge besser in ihre Lebenswelt integrieren können, wenn sie „wie Menschen" auftreten. Die Theorie des Animismus (vgl. Gilmore 1919) geht davon aus, dass Menschen dazu neigen, leblose Artefakte zu „beseelen", um die Interaktion mit ihnen zu vereinfachen. Die Marke soll daher über menschliche Eigenschaften verfügen, einen eigenen verbalen und nonverbalen Kommunikationsstil besitzen und damit eine Art „Persönlichkeit" darstellen. Die Markenpersönlichkeit ist die Antwort auf die Frage: Wie kommunizieren wir – Marke und Kunde – miteinander?

Die bislang fünf konstitutiven Komponenten der Markenidentität münden schließlich in der *Markenleistung* und damit der Frage des Unternehmens gegenüber dem Markt: Was vermarkten wir? Die Antwort auf diese Frage berücksichtigt zunächst die Markenarchitektur des Unternehmens und damit die Entscheidung, wie die Beziehung zwischen dem Unternehmen und seiner oder seinen Marken gestaltet wird (Dachmarken, Familienmarken oder Einzelmarken). Dabei repräsentiert die Marke das ganze Unternehmen, einen Produktbereich oder sie steht für sich. Anschließend betont die Markenleistung die funktionalen Kerneigenschaften der Marke, die sie von anderen Angeboten abgrenzt (Differenzierungsfunktion), sowie die wesentlichen symbolischen Interpretationsofferten an die Konsumenten in der Zielgruppe (Identifikationsfunktion). Die Markenleistung schlägt somit dem Interessenten und potenziellen Konsumenten eine Begründung für seine Kaufentscheidung vor.

Für die identitätsbasierte Markenführung ist der interne Prozess der Konstruktion der Marke und seiner Identität damit zunächst abgeschlossen und die Marke kann nun kommunikativ positioniert werden. Die Zielgruppe nimmt die von der Marke ausgesendeten Signale wahr und dekodiert sie in ein *Markenimage*. Dieses Markenimage entsteht so als subjektives Wissen in den Köpfen der Mitglieder der Zielgruppe und beinhaltet die kommunikativ und medial vermittelten Komponenten der Markenidentität. Das Unternehmen *prägt* damit das Wissen über den funktionalen und den symbolischen Markennutzen, über die Herkunft, die Kompetenzen, die Werte, die Persönlichkeit, die Vision und die Leistungen der Marke. In der

4.2 Marken konstruieren

identitätsbasierten Markenführung ist das Markenimage daher das „fest verankerte, verdichtete und wertende Vorstellungsbild von der Marke", und das dazugehörige subjektive Markenwissen „repräsentiert das wahrgenommene und gespeicherte Wissen der Nachfrager über die Markenidentität". Beides, Markenimage und Markenwissen, „hängen primär von der Art der Übermittlung der Markenidentität nach außen ab" (Burmann et al. 2015, S. 59 f.).

Für das Markenmanagement haben die Modelle des Markensteuerrads und der identitätsbasierten Markenführung den Vorteil, dass sie die Marke und ihre Wirkung aus einem unternehmensinternen Konstruktionsprozess ableiten. Das gesamte Konstrukt der Marke bleibt dadurch in der Hand des Unternehmens und ist das Ergebnis seiner strategischen Planungen und Kommunikation. Erfolg und Misserfolg der Marke kann das Unternehmen weitestgehend steuern. Mit dieser quasi-naturgesetzlichen Erklärung der Marke setzen beide Modelle die Tradition der von Hans Domizlaff begründeten *Markentechnik* fort: „Markengesetze sind Naturgesetze" (Domizlaff 1992, S. 68). Die gemeinsame Grundlage aller Markentechniker ist die Annahme, dass Kommunikation ein linearer Prozess ist, bei dem der Sender eine Information encodiert und diese vom Empfänger decodiert wird. Diese Container-Metapher reduziert die Kommunikation auf einen technischen Prozess, einen Fluss der Signale vom Sender zum Empfänger, in dem die gesendete Information der empfangenen Bedeutung entspricht und jedes abweichende Verständnis auf Transmissionsfehler zurückgeführt werden kann (vgl. Krippendorff 1994). Die Vorstellung, dass das Markenimage lediglich eine Kopie der Markenidentität sei, dass aus einem Sollen also ein Sein folgen müsse, ist jedoch ein klassischer naturalistischer Fehlschluss, der die wesentliche Eigenleistung der Akteure in der Kommunikation als soziale Handlung, die freie Interpretation der Zeichen als Symbole, übersieht. So wichtig das Markenmanagement für die Konstruktion der Marke auch ist, bleibt es ohne die sozialpsychologische Erklärung der Interpretation der Marke unvollständig.

Für die Information des Marktes über die aus Sicht des Unternehmens wesentlichen Eigenschaften eines Guts ist die Prägung der Marke aber unerlässlich. Die Marke verdichtet die Komplexität der Werte und Visionen, der Identität und der Strategie auf ein klares Zeichen. Das Marketing nutzt das Zeichen „Marke" in der Marktkommunikation als zentralen propositionalen Gehalt, der den Rezipienten den Zugang zur Markenbotschaft mit ihren funktionalen und symbolischen Bedeutungen öffnet. Als Zeichen erscheint die Marke in der Kommunikation mit einem Namen und einem Signet *(Logo),* mit Farben und Formen, mit einer Unterzeile *(Slogan* oder *Claim)* und Motiven (Eisberg, Palmen, Meer, Berge usw.), mit bekannten *(Celebrities)* oder typischen Personen*(Peers),* einer gestalteten Verpackung und Verkaufsflächen. Die meisten erfolgreichen und bekannten Marken schaffen es, die Zeichen über lange Zeit zu erhalten und nur behutsam und in kleinen Schritten zu verändern. Die Marke Nivea tritt seit 1925 in der fast gleichen Dosenform auf: rund, blau und mit weißer Schrift. Keine andere Marke ist in ihrer Erscheinungsform so konstant geblieben, und nahezu jeder kann die Nivea-Dose erkennen.

Ein passender Claim ist eine große Herausforderung für die kreativen Köpfe im Unternehmen und in Agenturen. Der Claim soll die Eigenschaften der Marke auf den Punkt bringen und vom Wettbewerb abgrenzen *(den Claim abstecken)*. Er soll leicht verständlich sein und gut in Erinnerung bleiben, originell und unterhaltsam. Aber auch dies gelingt nur wenigen Marken so gut wie etwa den deutschen Automarken Mercedes-Benz (*Ihr guter Stern auf allen Straßen*, seit 1955), BMW (*Aus Freude am Fahren*, seit 1965) oder Audi (*Vorsprung durch Technik*, seit 1971). Auch der Versicherungskonzern Allianz (*Hoffentlich Allianz versichert*, seit 1958) und die Sparkassen (*Wenn's um Geld geht*, seit 1963) schufen Claim-Klassiker. Im Bemühen, eine Marke durch den Claim zu modernisieren und zu globalisieren, entstehen aber oftmals beliebige angelsächsische Wortkombination ohne jeden Markenbezug (*Live Young*, Evian; *Living Innovation*, Merck; *Science for a better life*, Bayer). Die Automarke Renault hat zehn Jahre auf ihre französische Kreativität hingewiesen (*Créateur d'automobiles*, 2001 bis 2011), bevor sie mit englischen Claims für sich warben (*Drive the Change* und *Passion for Life*). In Befragungen schneiden die allermeisten Claims dann auch schlecht ab (vgl. YouGov 2016): Mehr als 80 Prozent der Menschen können einen Claim weder der passenden Marke noch der Branche zuordnen. Die Mehrheit der Deutschen, unabhängig vom Alter, kann einen angelsächsischen Claim nicht einmal annähernd richtig übersetzen. Und nur wenigen Befragten gelang es, die vom Unternehmen erwünschte Botschaft überhaupt zu erkennen und richtig zu interpretieren.

Die Anforderungen an gute Claims sind hoch. Sie müssen sich erkennbar auf die Marke beziehen (Ritter Sport: *Quadratisch. Praktisch. Gut*; Haribo: *Haribo macht Kinder froh und Erwachsene ebenso*). Sie müssen für die Zielgruppe verständlich sein (Edeka: *Wir lieben Lebensmittel*; VW: *Das Auto*). Sie müssen hängen bleiben und in der Erinnerung abgespeichert werden (EBay: *3-2-1-Meins*; Geox: *Der Schuh, der atmet*). Sie müssen eine Information über die Marke enthalten (Schwäbisch Hall: *Auf diese Steine können Sie bauen*). Darüber hinaus sollen sie durch eine sprachliche Drehung zum Nachdenken anregen (Zalando: *Schrei vor Glück*), unterhaltsam und witzig sein (Ikea: *Wohnst du noch oder lebst du schon?*) sowie falsche Erwartungen ausschließen (Kinder Überraschung: *Spannung, Spiel und Schokolode*). Für die Konstrukteure der Marke ist dies keine leichte Aufgabe.

4.3 Marken interpretieren

Menschen definieren die Bedeutung von Marken. Sie interpretieren die Dinge und ihre Symbole als Objekte mit einer Bedeutung. Diese Bedeutung kann sich auf den funktionalen Nutzen wie Preis, Handhabung oder Service oder den symbolischen Nutzen wie die Unterstützung ihres erwünschten Lebensstils, die Anerkennung von anderen oder das Prestige in der Gesellschaft beziehen. Für Menschen in ihrer Rolle als Konsumenten hängt die Bewertung der Bedeutung von Marken immer auch mit ihren Vorstellungen von der Zukunft ab und davon, welche Veränderungen der Kauf der Marke in ihrem Leben, beim Konsum, bewirken wird (vgl. Beckert 2018, S. 299). Die Bedeutung der Marke ist im besten Fall eine positive Erwartung über den funktionalen und symbolischen Nutzen des Gutes, eine Wertzuschreibung an die Marke.

Interpretationen der Bedeutung einer Marke sind deshalb imaginierte Erwartungen eines Käufers an den Konsum des Gutes. Diese Vorstellungen reduzieren die Unsicherheit des Konsumenten über den künftigen zu erwartenden funktionalen und symbolischen Nutzen der Marke. Die Markenkommunikation muss dazu die Vorstellungen des Konsumenten über den zu erwartenden Nutzen und damit die Bedeutung der Marke für ihn mit Zeichen, Inhalten, Botschaften und Symbolen konkretisieren. Die Interpretation dieser Konkretisierungen und damit der Bedeutung der Marke als Wertzuschreibung an das Gut hängt folglich sowohl von der Kommunikationsarbeit des Unternehmens als auch von den bestehenden Einstellungen des Konsumenten sowie seinem sozialen Umfeld ab. Auch die beste Markenkommunikation versickert zumeist wirkungslos, wenn sie beim Konsumenten und seinen Bezugsgruppen auf eine ablehnende Haltung stößt. Die Interpretation der Marke folgt dabei nicht nur den vom Unternehmen erwünschten Wirkungsmustern, sondern wird von multikausalen soziologischen und psychologischen Einflüssen gelenkt.

Die Schlüsselrolle der Interpretation für das Verständnis der Kommunikation als soziale Handlung geht auf die Traditionslinie des Pragmatismus zurück, die in der Neuzeit mit Immanuel Kant beginnt und von Peirce, Dewey und James sowie Mead und Blumer maßgeblich geprägt wurde (vgl. Rommerskirchen 2017, S. 151 ff.). Der Pragmatismus geht davon aus, dass die physischen und psychischen Dinge nicht direkt zugänglich sind, sondern nur über die mentale Bewertung der Wahrnehmungen dieser Dinge. Das bewertende Urteil stützt sich erstens auf eigene Erfahrungen in der Vergangenheit, aus denen internalisierte Haltungen und Werte entstanden sind, zweitens auf das Erleben des sozialen Umfeldes und seiner Handlungen gegenüber den Dingen, durch die sie als soziale Schöpfungen definiert werden, und drittens auf die Antizipationen der künftigen eigenen Position im sozialen Umfeld (s. Abschn. 2.1).

Edward Bernays beschreibt diese sozialen Einflüsse auf die Markenbedeutung prägnant, wenn er feststellt, dass Menschen ein Gut nicht wegen seiner Nützlichkeit kaufen, sondern weil es ihnen hilft, eine Sehnsucht zu befriedigen. Diese Sehnsucht ist jedoch kein bloßer subjektiver und spontaner Wunsch, sondern sie wird durch die Sozialisation in und die Zugehörigkeit zu einer Kulturgemeinschaft initiiert und geformt: „Da der Mensch von Natur aus ein Gemeinschaftswesen ist, empfindet er auch dann als Mitglied der Herde, wenn er allein zuhause im stillen Kämmerlein sitzt" (Bernays 2007, S. 50). Die wichtigsten Sehnsüchte wie die Verwirklichung eines erwünschten Lebensstils, Anerkennung, Status und Prestige kann der einzelne Mensch nur in Gesellschaft verwirklichen. Die Bedeutung der Marken als Symbole, die er zur Erfüllung seiner Sehnsüchte erwerben will, hängt deshalb immer von seiner Vermutung ab, welche Bedeutung diese Symbole für die anderen haben. Aus einer soziologischen Perspektive setzt sich folglich die Interpretation der Bedeutung der Marke aus der (retrospektiven) Sozialisation, der (aktuellen) Rezeption und der (prospektiven) Antizipation des Individuums in seinem sozialen Umfeld zusammen.

Die *Cultural Studies* heben vor allem die Kulturabhängigkeit der Interpretation hervor. Für sie entstehen Bedeutungen erst im Kräfteverhältnis von Identität, Kultur und Macht. Die in der Botschaft seines Senders enthaltenen Bedeutungen bewirken keine passive Rezeption und Übernahme, sondern sie werden von der Identität des Empfängers und den gesellschaftlichen Machtverhältnissen aktiv rekonstruiert und umgestaltet (vgl. Hall 1980). Für die Markenkommunikation bedeutet dies, dass die Rezipienten die Marke „machen": Sie übernehmen oder verändern die vom Unternehmen erhoffte Bedeutung, die Kunden können Marken untergehen lassen oder zu Ikonen und Mythen des Kulturkapitalismus erheben. Beispielsweise wollte das Unternehmen Harley-Davidson – zumindest bis Anfang der 1990er-Jahre – solide Motorräder für den erfolgreichen amerikanischen Mittelstand, die Polizei und das Militär verkaufen (vgl. Holt 2004, S. 155). Die Kulturindustrie erfand jedoch eine ganz andere Geschichte, die sie in Filmen wie *The Wild One*, *Hell's Angels*, *Easy Rider* und *Terminator II* erzählte: Die Geschichte vom Fahrer einer Harley als reaktionärem Revolverhelden und libertärem Gesetzlosen. Der Outlaw-Mythos, der die Motorräder zu den treuen Rossen der Männer am Rande der Gesellschaft machte, entstand aber nicht etwa in der Marketingabteilung des Unternehmens, sondern entwickelte sich seit den 1950er-Jahren innerhalb jugendlicher Subkulturen und wurde bald von der Popkultur stilisiert (vgl. Holt 2004, S. 165).

Einen wesentlichen Beitrag hierfür leistete der Film *Easy Rider* aus dem Jahr 1969, in der Blütezeit der Hippies und der Blumenkinder-Epoche. In diesem modernen Western erfahren seine Protagonisten, verkörpert von Peter Fonda, Dennis

4.3 Marken interpretieren

Hopper und Jack Nicholson, auf ihren umgebauten Harleys ein Amerika, das seine ursprünglichen Werte wie Freiheit und Selbstbestimmung verloren hat. Douglas Holt charakterisiert diese modernen Westernhelden als Männer, die die Autonomie und die Macht der weißen Männer, ihre ursprüngliche Freiheit und ihren rauen Individualismus wiederherstellen wollen (vgl. Holt 2004, S. 168). In den westlichen Jugendkulturen dieser Zeit wurde eine individuell umgebaute Harley-Davidson nach dem Vorbild der *Easy Rider*-Motorräder schnell zum Symbol der Sehnsucht nach Selbstermächtigung und der Befreiung von gesellschaftlichen Zwängen.

Diesem in der Jugend- und Popkultur geprägten Bild ergab sich das Unternehmen Harley-Davidson jedoch eher widerwillig, als dass es daran mitgearbeitet hätte. Für den Film *Easy Rider*, in dem auch reichlich illegale Drogen konsumiert wurden, verweigerte das Unternehmen jede Unterstützung und stellte auch keine Motorräder zur Verfügung. Harley-Davidson war schlichtweg blind für die Zeichen der Zeit und ignorierte den neuen symbolischen Gehalt der Marke. Erst Jahre später, am Rande des wirtschaftlichen Ruins Anfang der 1980er-Jahre, erkannte Harley-Davidson die Möglichkeiten des Mythos und absorbierte ihn für seine eigenen Zwecke der Selbstdarstellung. Quell des Mythos waren jedoch die Fahrer der Harleys, eine subversive Graswurzelbewegung, die der Marke einen neuen Sinn gaben (vgl. Rommerskirchen 2018).

Auch für die sozialpsychologischen Ansätze steht die Eigenleistung des Konsumenten bei der Bedeutungsinterpretation im Vordergrund. Zwei grundlegende Theorien bilden dabei den Ausgangspunkt: Erstens die Theorie des Animismus von Gilmore (1919), der feststellte, dass Menschen dazu neigen, leblose Artefakte zu *„beseelen"*. Menschen fällt der alltägliche Umgang mit Autos, Computern oder Küchenmaschinen oftmals leichter, wenn sie diesen Dingen *quasimenschliche Eigenschaften* zuschreiben.

Die zweite Theorie schufen Donald Horton und Richard Wohl in den 1950er-Jahren, als sie feststellten, dass Fernsehzuschauer emotionale Beziehungen zu Personen entwickelten, die sie nur aus ihrem Auftritt im Fernsehen kannten. Diese Beziehung zwischen Zuschauer und Performer beschrieben Horton und Wohl als *parasoziale Beziehung*, die von einer einseitigen und simulierten parasozialen Interaktion begleitet wird (vgl. Horton und Wohl 1956). Der Performer wird dabei zur *Persona*, er kontrolliert die Beziehung und lenkt die Emotionen seiner Zuschauer zu sich.

Auf der Grundlage dieser beiden Theorien entwickelten sozialpsychologische Studien weitere Modelle zum Verständnis der Bedeutungsinterpretation von Marken. Die erste Studiengruppe stellt fest, dass Konsumenten Marken wie Menschen bewerten. Die Forscher greifen dafür zunächst auf die Untersuchungen zur

Wahrnehmung sozialer Stereotype zurück. Die Stereotypen-Forschung *(Stereotype Content Model)* aggregiert die Wahrnehmung von Menschen in typischen schematischen Gruppen, beispielsweise als Senioren oder Hausfrauen sowie als arme oder wohlhabende Menschen (vgl. Fiske et al. 2007). Anschließend differenziert das Modell deren Einschätzung auf zwei Achsen: *Wärme* und *Kompetenz* (s. Abb. 4.5). Die Wärme-Achse fragt nach der Einschätzung der positiven (warmen) oder negativen (kalten) Absichten der Menschen in den Stereotypen-Gruppen gegenüber den Befragten. Als warm werden positive und kooperierende Absichten festgehalten, als kalt die eher negativen und konkurrierenden Absichten. Auf der Kompetenz-Achse sollen die Probanden ihre Einschätzung festhalten, ob die Menschen in den Gruppen ihre Absichten und Ziele verwirklichen können. Die Fähigkeit, eigene Ziele zu verwirklichen, wird als Kompetenz bezeichnet, nicht kompetenten Menschen wird diese Fähigkeit abgesprochen. Wärme oder Herzlichkeit beschreibt positive Attribute wie Hilfsbereitschaft, Aufrichtigkeit, Freundlichkeit und Vertrauenswürdigkeit, Kompetenz die Effizienz, Intelligenz, Gewissenhaftigkeit und Befähigung. In den Befragungen in den Vereinigten Staaten von Amerika wurden beispielsweise Hausfrauen als warm und kompetent, wohlhabende Menschen als kompetent und kalt, Senioren als warm und inkompetent sowie arme Menschen als kalt und inkompetent bewertet. Eine Studie in Deutschland kommt zu ähnlichen Bewertungen, dort werden beispielsweise Singles oder Männer als kompetenter und kälter bewertet als verheiratete Menschen oder Frauen (vgl. Asbrock 2010).

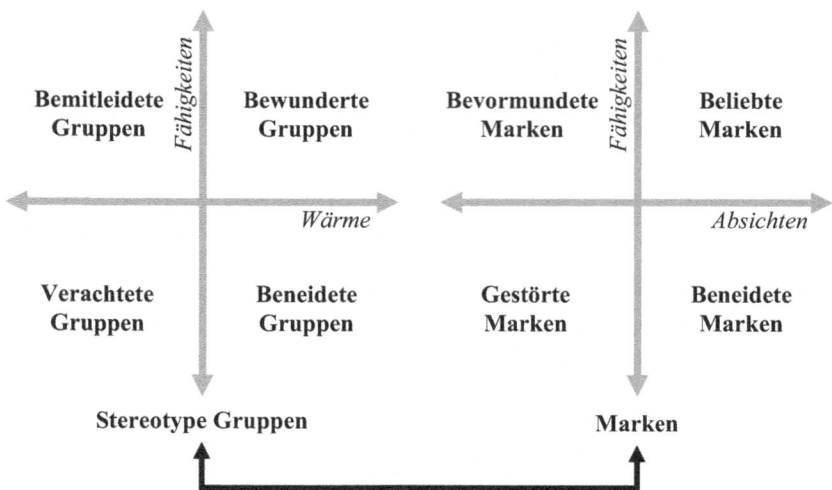

Abb. 4.5 Stereotypen-Modell und Markenrahmen-Modell (vgl. Kervyn et al. 2012)

4.3 Marken interpretieren

Aus der Positiv/Negativ-Einschätzung der beiden Achsen werden anschließend vier Matrixfelder abgeleitet: Stereotype Gruppen, die als warm und kompetent eingeschätzt werden, werden bewundert *(Admiration)*, kompetente und kalte Gruppen werden beneidet *(Envy)*, warme und inkompetente Gruppen werden bemitleidet *(Pity)*, kalte und inkompetente Gruppen werden verachtet *(Contempt)*. Neurologische Untersuchungen von Probanden bestätigten diese Zuordnungen von Einschätzungen (vgl. Cikara und Fiske 2011).

Im Markenrahmen-Modell *(Brands as Intentional Agents Framework – BIAF)* werden die Einschätzungsachsen für die Bewertung von Marken angepasst und als *Absichten* und *Fähigkeiten* der Marke bezeichnet (vgl. Kervyn et al. 2012). Daraus ergeben sich wieder vier Quadranten in der Matrix (s. Abb. 4.5): Marken mit schlechten Absichten und geringen Fähigkeiten werden als gestörte Marken *(Troubled Brands)* bezeichnet, dort werden der Ölkonzern British Petrol und die Bank Goldman Sachs eingeordnet. Marken mit guten Absichten, aber geringen Fähigkeiten, sind bevormundete Marken *(Paternalized Brands)*. Die Probanden sehen hier die US-Bahngesellschaft Amtrak oder die US-Postbehörde USPS. Und Marken mit starken Fähigkeiten, aber schlechten Absichten sind beneidete Marken *(Envied Brands)* wie Rolex oder Porsche. Und Marken, denen gute Absichten und starke Fähigkeiten zugeschrieben werden, sind beliebte Marken *(Popular Brands)*. In der Studie verorten die Probanden Marken wie Coca-Cola oder Campell's in diesem „goldenen Quadranten" (Aaker et al. 2012), der eine gute Reputation und hohe Loyalität verspricht.

Die zweite sozialpsychologische Studiengruppe erweitert die Annahme, dass die Konsumenten Marken wie Menschen bewerten, auf die Beziehungen, die sich zwischen ihnen entwickeln. Der Beziehungsaufbau basiert auf den quasimenschlichen *Eigenschaften,* die Marken zugesprochen werden. Diese Eigenschaften werden in fünf *Dimensionen* der Markenpersönlichkeit zusammengefasst (vgl. Aaker 1997): Die Dimension Aufrichtigkeit beschreibt Marken als bodenständig, ehrlich, gesund und heiter, die Dimension Erregung oder Spannung beschreibt sie als gewagt, modern, temperament- und fantasievoll. Kompetenz wird zuverlässigen, intelligenten und erfolgreichen Marken zugesprochen, Kultiviertheit den vornehmen und charmanten Marken. Die fünfte Dimension Robustheit wird mit Naturverbundenheit und Zähigkeit in Verbindung gebracht.

Aus dieser Zuschreibung von Eigenschaften entwickeln Konsumenten emotionale *Beziehungen* zu den Marken, aus denen Vertrauen in und Loyalität zu Marken entstehen können (vgl. Fournier 1998). In der Forschung zeigten sich eine Reihe von *Beziehungsarten*, die Menschen zu Marken aufbauen und pflegen, wie beispielsweise beste oder zufällige Freundschaften, engagierte oder zweckmäßige Ehen, geheime Affären oder kurze Liebschaften sowie Abhängigkeit oder Versklavung. Je nach Beziehungsart sind die Dauer und die Intensität unterschiedlich, manche sind kurz und intensiv, andere entwickeln sich über lange Zeit zu stabilen Verbindungen und treuen Partnerschaften. Die Konsumenten, so die Erkenntnis aus der sozialpsychologischen Forschung, wählen Marken nicht zuletzt aufgrund der von ihnen zugeschriebenen Markenpersönlichkeit und der von ihnen erwünschten Markenbeziehung aus. Die Marken haben für die Persönlichkeit und den Lebensstil des Konsumenten eine emotionale Bedeutung und einen subjektiven Sinn (vgl. Fournier 1998, S. 370).

Das *konsumentenpsychologische Markenmodell* integriert diese Forschungen auf drei Ebenen und in fünf Segmenten (vgl. Schmitt 2012): Die innerste Ebene, das objektzentrierte Engagement, fokussiert auf die Nutzenvorteile der Marke für den Konsumenten (s. Abb. 4.6). Die mittlere Ebene, das selbstzentrierte Engage-

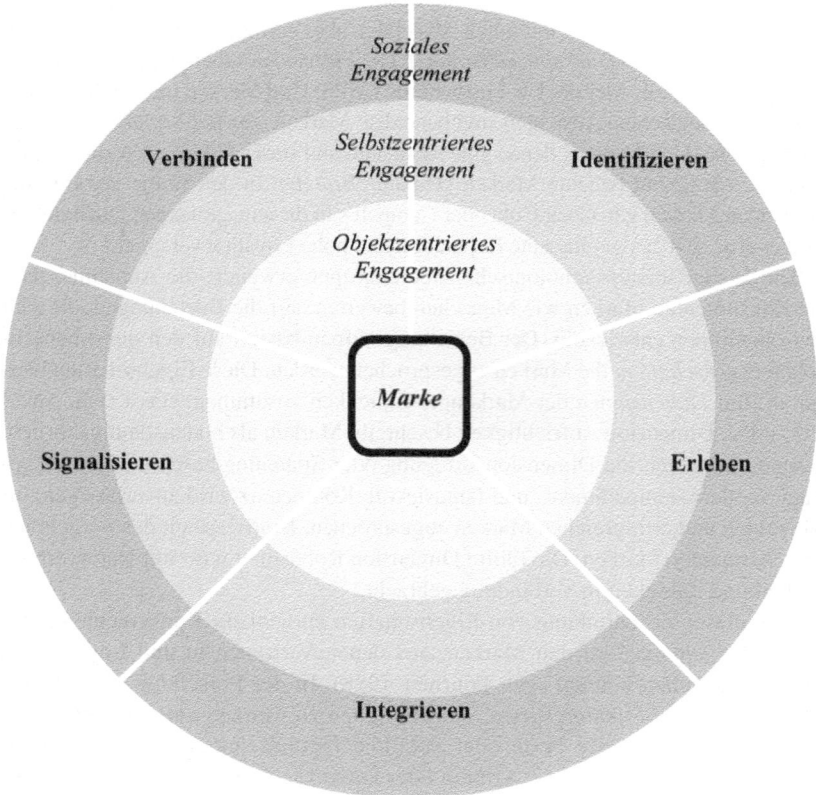

Abb. 4.6 Konsumentenpsychologisches Markenmodell. (Quelle: nach Schmitt 2012)

ment, betrachtet die persönliche Relevanz der Marke. Die äußere Ebene, das soziale Engagement, erfasst die Zuschreibung des Konsumenten hinsichtlich der sozialen Aktivitäten der Marke, seiner persönlichen Verbundenheit und seines Gemeinschaftsempfindens. Der Beziehungsaufbau entwickelt sich dabei von der inneren, eher funktionalen Ebene hin zur äußeren emotionalen Ebene, auf der starke Bindungen entstehen können.

Auf jeder der drei Ebenen finden sich in fünf Segmenten die spezifischen Aktivitäten des Konsumenten. Im Segment *Identifizieren* analysieren Konsumenten zunächst die Markenkategorie, dann die Assoziationen und schließlich die Beziehungen zu anderen Marken. Im *Erleben*-Segment entwickelt der Konsument erst eine multisensorische Wahrnehmung der Marke, dann Gefühle, die sich zu einer Markenbeteiligung an seinem emotionalen Erleben steigern. Die *Integration* der Marke in das Leben des Konsumenten steigert sich vom Verständnis des Markenkonzepts über die Markenpersönlichkeit bis zur Markenbeziehung, die ihn mit der Marke verbindet. Im Segment *Signalisieren* nimmt der Konsument im ersten Schritt die Marke als Zeichen der Information wahr, dann ihre Identität, und am Ende interpretiert er sie als bedeutsames Symbol. Im fünften Segment, dem *Verbinden*, steht am Anfang die Haltung des Konsumenten gegenüber der Marke, dann eine Bindung zur Marke und schließlich seine Gemeinschaftlichkeit mit der Marke.

4.4 Marken kommunizieren

In der Unternehmenskommunikation nehmen Marken eine Schlüsselrolle ein. Sie bündeln die funktionalen und symbolischen Bedeutungen, die das Unternehmen rund um das Gut konstruiert. In der Kommunikation reduzieren sie die Komplexität der hinter dem Gut stehenden Werte und Visionen, Identitäten und Strategien des Unternehmens auf ein einfaches Objekt, die Marke. Aus der Wahrnehmung des Objekts und seiner Interpretation entsteht in den Köpfen der Konsumenten ein mentales Konstrukt, dem sie einen subjektiven Sinn und eine kollektive Bedeutung zuschreiben. Das Konstrukt, sein Sinn und seine Bedeutung wirken anschließend auf die Handlungen des Konsumenten, sie regen soziale Interaktionen mit anderen Konsumenten an, lösen Kaufhandlungen aus oder initiieren parasoziale Beziehungen zur Marke. Die Reaktionen der Konsumenten auf die Marke können dann (die erhofften) positiven Wirkungen für das Unternehmen zeigen, indem sie den Kundenwert erhöhen und dadurch die Wirtschaftlichkeit und die Legitimität des Unternehmens festigen und steigern.

Die Kommunikation der Marke als konstruiertes Objekt durchläuft auf Seiten der Konsumenten mehrere Etappen von der Wahrnehmung bis zur Wirkung (s. Abb. 4.7). Am Anfang steht die notwendige *Wahrnehmung*, also die Rezeption

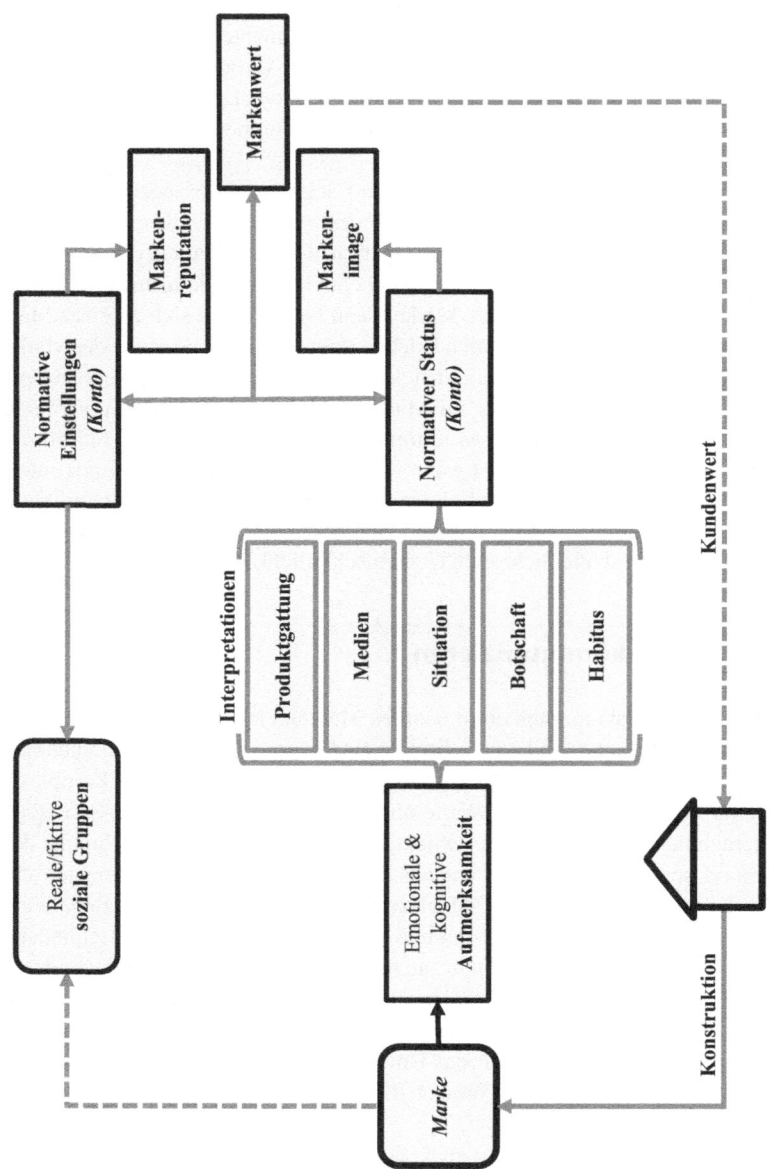

Abb. 4.7 Kommunikation und Interpretation der Marke

4.4 Marken kommunizieren

der Unternehmenskommunikation in Form der Marke durch den Konsumenten. Dies kann in der medialen Werbung, in der Platzierung in Kinofilmen oder in journalistischen Reportagen, in Kundenbewertungen oder Kampagnen erfolgen. Auf die Wahrnehmung folgt eine kognitive oder emotionale Aufmerksamkeit, bei der die Salienz der Marke, d. h. ihre Relevanz für den Rezipienten, zumeist unterbewusst bewertet wird. Eine *emotionale Aufmerksamkeit* wird von aktivierenden Prozessen im Gehirn begleitet, die Basisemotionen wie Freude und Überraschung oder Angst und Ekel auslösen (vgl. Kroeber-Riel und Gröppel-Klein 2013, S. 55 ff.). Aktivierte Basisemotionen sind zentralnervöse Erregungsmuster, die das Gehirn mit kognitiven Bewertungsmustern abgleicht und daraufhin unterdrücken oder in eine Motivation, d. h. eine Zielorientierung, überführen kann. Die Motivation kann beispielsweise zu einer bewussten Beurteilung des Stimulus als positiv führen und dadurch als neues Wissen abgespeichert werden.

Die kognitive Verarbeitung der Wahrnehmung orientiert sich an dem bereits bestehenden Wissen und den gespeicherten Erfahrungen des Rezipienten über den Stimulus und seine Bekanntheit. Bekanntheit wird entweder als aktive oder passive Bekanntheit erfasst. Bei der passiven Markenbekanntheit (gestützte Wiedererkennung oder *Recognition*) erinnert sich der Käufer an die Marke, wenn er sie im Geschäft sieht. Aktive Markenbekanntheit (ungestützte Erinnerung oder *Recall*) bedeutet, dass sich der Käufer ohne Stimulus und aus dem Gedächtnis an eine Marke erinnert. Für den geplanten Einkauf wäre folglich die aktive Markenbekanntheit besser, bei spontanen Kaufentscheidungen eher die passive Markenbekanntheit (vgl. Kroeber-Riel und Gröppel-Klein 2013, S. 455). Die höchste Stufe der Bekanntheit ist die sogenannte dominante Marke, wenn sie für den Konsumenten für eine ganze Produktgattung steht: Schmerztabletten heißen Aspirin, ein Geländewagen ist ein Jeep, für ein Papiertaschentuch fragt man nach einem Tempo, und ein Motorroller ist eine Vespa.

Sowohl die emotionale als auch die kognitive Aufmerksamkeit lösen anschließend die mentale Bewertung des Objekts und seines Stimulus aus. Im Marketing wird diese Objektvalorisierung als *Involviertheit* bezeichnet. Allgemein beschreibt die Involviertheit den Aktivierungsgrad, mit dem der Rezipient eines Stimulus zur weiteren Aufnahme, Speicherung und Verarbeitung von Informationen über das Objekt bereit ist (vgl. Trommsdorff und Teichert 2011, S. 48 ff.). Ist das Objekt unbekannt und der Stimulus schwach *(low Involvement),* ist die Bereitschaft des Rezipienten, die Botschaft in weitere Aktivitäten umzusetzen, eher unwahrscheinlich. Ein starker Stimulus und ein bekanntes, positiv bewertetes Objekt *(high Involvement)* erhöhen die Chance, dass sich der Rezipient weiter aktiv mit der Botschaft auseinandersetzt und sich aus dem Wissen eine Einstellung formt. Das Modell der Elaborationswahrscheinlichkeit zeigt, dass starke Einstellungen zum

Objekt dauerhafter im Gedächtnis abgespeichert sind und nachfolgende Informationssuchen auslösen, widerstandsfähiger gegenüber konträren Botschaften und eher verhaltenssteuernd sind (vgl. Stroebe 2014, S. 247). Allerdings ist die tatsächliche Motivation der Menschen, sich mit den Botschaften der Unternehmenskommunikation auf einem hohen Elaborationsniveau auseinanderzusetzen, selten. Zumeist ist die Verarbeitungsmotivation niedrig und ebenso die Chance, das Wissen, die Einstellungen oder gar das Verhalten von Menschen zu ändern (vgl. Stroebe 2014, S. 266 f.).

Involviertheit ist somit ein mentaler Prozess und keinesfalls eine Eigenschaft von Objekten. Mineralwasser und Autos können keine Involviertheit entwickeln und sie sind nie Produkte mit hoher oder niedriger Involviertheit. Es sind ausschließlich die Rezipienten der Kommunikation, die gegenüber der Botschaft, der Marke oder dem Produkt eine hohe oder niedrige Involviertheit besitzen oder aufbauen – und diese ist immer subjektiv und kann sich von Rezipient zu Rezipient stark unterscheiden. Einige von ihnen empfinden bei Mineralwasser eine hohe Involviertheit und suchen aktiv nach Informationen über den Natriumgehalt, andere können sich kaum an das Automodell erinnern, mit dem sie tagtäglich zur Arbeit fahren. Produktgattungen selbst eine (generelle) Involviertheit zu unterstellen, ist ein naturalistischer Fehlschluss, der Artefakte anthropomorphisiert und ihnen Eigenschaften zuweist, über die sie nicht verfügen können.

Für die weitere Verarbeitung des Stimulus und die Interpretation der Kommunikation spielen fünf Faktoren eine Rolle: die Produktgattung, das Medium, die Situation, die Botschaft und der Rezipient selbst (vgl. Kroeber-Riel und Gröppel-Klein 2013, S. 461 f.). Nachfolgend werden diese Einflussfaktoren nur kurz dargestellt, in der Fachliteratur finden sich ausführliche Abhandlungen und empirische Studien zur Werbewirkungsforschung (vgl. Zurstiege 2007), zur Medienwirkungsforschung (vgl. Bonfadelli und Friemel 2011) und zum Konsumentenverhalten (vgl. Kroeber-Riel und Gröppel-Klein 2013 sowie deren sozialpsychologischen Grundlagen in Jonas et al. 2014).

Bei den *Produktgattungen* wie Kleidung, alkoholischen Getränken oder Zahnpasta trifft die Kommunikation zumeist auf eine rezipientenspezifische Affinität, die bereits besteht und zuvor schon angelegt wurde, oder eine neutrale, desinteressierte oder gar ablehnende Einstellung (vgl. Stroebe 2014, S. 257 f.). Stimuli, die die Basisemotionen ansprechen, können dann zwar auch bei neutralen oder negativen Einstellungen zu kurzfristiger Aufmerksamkeit führen, verändern diese Einstellungen aber zumeist nicht nachhaltig. Die Kommunikation kann zwar kurzfristig das Wissen der Rezipienten verändern, die Veränderung von Einstellungen braucht aber Zeit und eine anhaltende oder zumindest regelmäßig wiederkehrende Kommunikationsverbindung zum Rezipienten.

4.4 Marken kommunizieren

Der zweite Faktor sind die *Medien,* die die Rezipienten konsumieren. Kommunikationsmedien werden mehr oder weniger aktiv oder passiv rezipiert, beispielsweise gilt der Hörfunk als eher passiv konsumiertes Medium, das oftmals „nebenbei" gehört wird, Zeitschriften als eher aktiv konsumierte Medien mit überwiegend exklusiver Zuwendung. Eine Wissens- und Einstellungsänderung gelingt Medien, die vom Rezipienten aktiv wahrgenommen werden, besser als anderen Medien (vgl. Kroeber-Riel und Gröppel-Klein 2013, S. 655 ff.). Auch das Vertrauen in die Glaubwürdigkeit des Mediums spielt für eine Beeinflussung der Einstellung der Rezipienten eine große Rolle (vgl. Bonfadelli und Friemel 2011, S. 77 ff.). Befragungen zeigen, dass in Deutschland das öffentlich-rechtliche Fernsehen und die großen Tageszeitungen allgemein als überwiegend glaubwürdig gelten, soziale Medien dagegen als wenig vertrauenswürdig. Auch hier ist der Schlüssel zur Veränderungsbereitschaft von Wissen und Einstellung das Vertrauen.

Auch die *Situation,* in der sich der Rezipient bei der Kommunikation oder beim Kauf befindet, kann für die Veränderung von Einstellungen und Handlungen mehr oder weniger unterstützend sein (vgl. Kroeber-Riel und Gröppel-Klein 2013, S. 505 ff.). So führen Zeitdruck, Ablenkung und soziale Beobachtung eher zu spontanen Handlungen. Musik und Gedränge in Supermärkten verhindern dann tiefergehende Überlegungen, ob der Konsument das Produkt tatsächlich braucht. Die Verhaltenspsychologie untersucht Effekte wie das Priming und Framing der Kommunikations- oder Kaufsituation, die eher unreflektierte Entscheidungen (System I) oder wohlüberlegte Handlungen (System II) beeinflussen (vgl. Kahneman 2012).

Bei den *Botschaften* kann man zwischen emotionalen und rationalen Botschaften unterscheiden. Positiv bewertete Bilder, Geschichten oder Personen in der Werbung lösen bei Rezipienten mit geringer Involviertheit starke positive Emotionen und eine nur oberflächliche kognitive Verarbeitung der Stimuli aus und können ihre Einstellungen und das Kaufverhalten beeinflussen. Bei Rezipienten mit hoher Involviertheit wirken jedoch eher rationale Botschaften und überzeugende Argumente, auf stark emotionale Botschaften reagieren diese zumeist ablehnend (vgl. Kroeber-Riel und Gröppel-Klein 2013, S. 677 ff.).

Den Rezipienten selbst kann man als Faktor der Kommunikation nicht mit wenigen Sätzen beschreiben. Grundsätzlich gilt jedoch, dass es nur *die* Konsumenten gibt und diese sich in ihrem *Habitus,* d. h. in ihren Präferenzen und Bedürfnissen, Werten und Zielen unterscheiden. Soziologische Typologien wie der ökonomische und der soziale Mensch beschreiben jedoch Grenzwerte auf einer Persönlichkeits- und Handlungsskala, die die Beschreibung und statistische Akkumulation der Habitus von Personengruppen und ihrer zumindest ähnlichen ökonomischen, sozialen und kulturellen Kapitalien erleichtern. Für die Markenkommunikation erlauben die soziologischen Typen zumindest die Vermutung, dass Personen, die sich eher dem nutzenorientierten *Homo oeconomicus* zurechnen, ihre Einstellungen eher auf rationale Argumente und Informationen über ein Gut stützen. Für den Typus des *Homo sociologicus* sind es im Gegensatz dazu vor allem die Beeinflussungen seines sozialen Umfeldes und deren Werthaltungen zur Marke, die seine Einstellungen prägen oder verändern können. Persuasive Kommunikationsformen, die auf Sympathie, Ähnlichkeit und Vertrauen basieren, können seine Einstellungen stärker und nachhaltiger formen.

Diese fünf Faktoren werden in der Markenkommunikation zumeist als die wesentlichen Einflussbereiche auf die Interpretation betrachtet. Die Interpretationen sind dann immer auch Bewertungen der Produktgattungen, der Medien, der Situation und der Botschaft, die der Rezipient der Kommunikation vor dem Hintergrund seines Habitus vornimmt. Die Bewertungen entscheiden darüber, ob die Wahrnehmung und Verarbeitung der Kommunikation sein Wissen, seine Meinungen, seine Einstellungen, sein Verhalten oder gar seine Werte festigen oder verändern. Auf diese Weise formen die Interpretationen und die darin enthaltenen Bewertungen die Identität des Rezipienten und seine Haltung gegenüber der Marke.

Für das Verständnis dieser Prägungen und der daraus entstehenden Wirkungen ist ein kurzer Blick auf die pragmatistische Kommunikationstheorie von Robert Brandom sinnvoll. Brandom (2000) beschreibt Menschen als Kontoführer, die für andere Menschen – und auch Marken – wertende, positive oder negative Konten führen. Menschen entwickeln für andere Menschen oder Marken, die für sie salient sind, eine Haltung, einen sogenannten normativen Status, und führen für sie ein normatives Konto, in dem sie deren soziales Handeln und ihre Kommunikationen positiv oder negativ bewerten.

Auf einer zweiten Ebene entwickeln Menschen auch gegenüber Personengruppen spezifische Einstellungen, die Brandom als *normative Einstellungen* bezeichnet. Diesen Gruppen weisen Menschen gemeinsame Eigenschaften zu, die sie dann erst zu einer realen oder fiktiven Gruppe machen. Solche zugewiesenen salienten Eigenschaften können real sein, beispielsweise die Herkunft, die Ausbildung oder der Familienstand. Fiktive zugewiesene Einstellungen können sich aber auch auf Präferenzen oder Verhaltensformen beziehen, die dann fiktive Personen in der Vorstellung eines Menschen zu einer Gruppe machen: die Zuschauer eines Fernsehformats, die Wähler einer Partei oder die Käufer einer Marke. Bewertungen finden auch auf der Ebene der normativen Einstellungen statt. Gruppen, denen sich die Person durch saliente Eigenschaften ähnlich und verbunden fühlt, werden vom ihr als positiv bewertet und favorisiert *(In-Groups),* andere Gruppen mit anderen zugewiesenen salienten Einstellungen werden negativ bewertet und diskriminiert *(Out-Groups).*

4.4 Marken kommunizieren

Aus diesen kommunikationstheoretischen Annahmen können nun relevante Konzepte für die Bewertungen von Marken abgeleitet werden. So ist das *Markenimage* in erster Linie ein mentales Konstrukt, das aus dem normativen Status und dem dazugehörigen normativen Konto entsteht. Auf dieser konkreten Ebene werden Menschen und Marken zum Objekt der Wahrnehmung, der Interpretation und der Bewertung. Der Kontostand spiegelt dann die Sympathie oder die Ablehnung der Marke im Kopf des Konsumenten. In anderen Worten: Das Markenimage ist Teil des normativen Status und seine Bewertung wird im normativen Konto abgebildet.

Die *Reputation* der Marke spiegelt die normativen Einstellungen des Rezipienten. Der Rezipient vermutet, dass eine reale oder fiktive Personengruppe gegenüber der Marke einen bestimmten normativen Status und einen passenden Kontostand aufweist. Aus diesem zugewiesenen Status bilden sich die normativen Einstellungen des Rezipienten über die Marke. Die normativen Einstellungen sind dabei eine abstraktere Ebene, die sich nicht auf konkrete und reale Erfahrungen beziehen muss, sondern auch das Ergebnis von Vorstellungen sein kann, die durch andere Personen oder Medien beeinflusst wurden. Saliente Eigenschaften, wie vermutete Ähnlichkeiten oder Differenzen, die den Rezipienten mit diesen Gruppen verbinden oder unterscheiden, führen dann zu einer positiven oder negativen Reputation der Marke. Insofern kann die Zuweisung einer positiven Reputation der Wunsch nach Zugehörigkeit zu einer als positiv bewerteten Gruppe sein, eine negative Reputation der Wunsch nach Abgrenzung von dieser als negativ bewerteten Gruppe. Weitere Beeinflussungen der Reputation sind durch Meinungsführer, Mundpropaganda oder Medien möglich und auch hier wieder mit einer positiven oder negativen Tendenz, je nach Bewertung der Personen oder Medien und dem Vertrauen in deren Meinungen.

In der Verarbeitung der Kommunikation versuchen Menschen, diese beiden Ebenen – ihren normativen Status und ihre normativen Einstellungen – anzugleichen. Abweichungen zwischen den Ebenen und den bewertenden Konten führen zu Dissonanzen, die Menschen zumeist durch Einstellungs- oder Verhaltensänderungen zu vermeiden suchen (vgl. Stroebe 2014, S. 264 f.). Konsumenten, die beispielsweise eine Marke positiv bewerten, aber wissen, dass ihre Freunde diese Marke ablehnen, tendieren eher zur Übernahme einer negativen Haltung gegenüber der Marke, um Dissonanzen in ihren Einstellungen zu ihren Freunden und zur Marke zu vermeiden (vgl. Hammerl et al. 2016). Der normative Status und das Markenimage sowie die normativen Einstellungen und die Markenreputation sind deshalb keine voneinander unabhängigen Instanzen, sondern beeinflussen sich kontinuierlich und wechselseitig. Die Marke, der normative Status und die normativen Einstellungen stellen daher die Eckpunkte eines Dreiecks dar, dass im Kopf des Konsumenten ausgeglichen wird.

Das Resultat der Bewertungen ist der Markenwert. Der Konsument schreibt der Marke dabei einen Wert und einen Kontostand zu, der positiv, neutral oder negativ sein kann. Die Bewertung der Beziehungen zu Menschen bezeichnet Robert Brandom (2000) als sogenannten *deontischen Status*. In der Analogie der mentalen Prozesse kann man auch hier wieder die Beziehung zu Marken als einen deontischen Status beschreiben, der sich in einem positiven, neutralen oder negativen Kontostand spiegelt. Idealerweise führen die aufgezeigten Etappen der Verarbeitung der Markenkommunikation zu einer positiven Bewertung der Bedeutung der Marke, die eine belastbare Beziehung zwischen dem Konsumenten und der Marke einleitet oder ausbaut. Eine solche Beziehung bezeichnet man auch als Markenloyalität. Loyale Kunden einer Marke haben für das Unternehmen einige Vorteile: Der Absatz des Gutes wird planbarer und Kommunikationskosten können reduziert werden, da loyale Kunden keine kontinuierliche Erinnerung an die Marke brauchen. Zudem akzeptieren loyale Kunden mögliche Preiserhöhungen eher, sprechen positiver über die Marke und sind widerstandsfähiger gegenüber negativen Nachrichten und Krisen. Folglich steigert die Loyalität der Kunden den Kundenwert, d. h. den Wert des Kunden für das Unternehmen.

Zum Abschluss der Markenkapitel nochmals ein Perspektivenwechsel, dieses Mal zurück zum Blick des Unternehmens auf die Konsumenten. Das Ziel des Unternehmens und seiner Marktkommunikation lautet: Unternehmen wollen durch Kommunikation Rezipienten zu Konsumenten machen. Alle Stimuli, Symbole und Botschaften in allen Medien dienen der strategischen Kommunikation und damit den Zielen des Unternehmens. Die Konsumenten sollen die Produkte und Leistungen des Unternehmens kennen, mögen und kaufen. In der Wirkungshierarchie der Marktkommunikation bedeutet das in zehn Imperativen:

Zehn Imperative der Marktkommunikation
1. **Aufmerksamkeit:** Du sollst unsere Stimuli beachten!
2. **Bekanntheit:** Du sollst uns erkennen!
3. **Image:** Du sollst Dir ein Bild von uns machen!
4. **Reputation:** Du sollst Dir ein Bild der anderen und ihres Bildes von uns machen!
5. **Sympathie:** Du sollst Dich über uns freuen!
6. **Zufriedenheit:** Du sollst mit uns zufrieden sein!
7. **Vertrauen:** Du sollst uns vertrauen wie einem guten Freund!
8. **Loyalität:** Du sollst nur uns kaufen!
9. **Markenbindung:** Du sollst keine anderen Stimuli beachten!
10. **Kundenwert:** Du sollst nicht nach dem Preis fragen!

Literatur

Aaker, J. (1997). Dimensions of brand personality. *Journal of Marketing Research, 34*, 347–356.
Aaker, J. L., Garbinsky, E., & Vohs, K. (2012). Cultivating admiration in brands: Warmth, competence, and landing in the „golden quadrant". *Journal of consumer psychology, 22*(2), 191–194.
Akerlof, G. A. (1970). The market for „lemons": Quality uncertainty and the market mechanism. *The Quarterly Journal of Economics, 84*(3), 488–500.
Asbrock, F. (2010). Stereotypes of social groups in Germany in terms of warmth and competence. *Social Psychology, 41*(2), 76–81.
Beckert, J. (2018). *Imaginierte Zukunft*. Berlin: Suhrkamp.
Berger, P. L., & Luckmann, T. (2000). *Die gesellschaftliche Konstruktion der Wirklichkeit*. Frankfurt a. M.: Fischer.
Bernays, E. (2007 [1928]). *Propaganda*. Freiburg im Breisgau: Orange.
Bonfadelli, H., & Friemel, T. (2011). *Medienwirkungsforschung*. Konstanz: UVK.
Brandom, R. (2000). *Expressive Vernunft*. Frankfurt a. M.: Suhrkamp.
Burmann, C., Halaszovich, T., Schade, M., & Hemmann, F. (2015). *Identitätsbasierte Markenführung*. Wiesbaden: Springer Gabler.
Cikara, M., & Fiske, S. (2011). Bounded empathy: Neural responses to outgroup targets' (mis)fortunes. *Journal of Cognitive Neuroscience, 23*(12), 791–803.
Domizlaff, H. (1992). *Die Gewinnung des Öffentlichen Vertrauens. Ein Lehrbuch der Markentechnik*. Hamburg: Marketing Journal.
Elliott, R., & Yannopoulou, N. (2007). The nature of trust in brands: A psychosocial model. *European Journal of Marketing, 41*(9/10), 988–998.
Esch, F.-R. (2014). *Strategie und Technik der Markenführung*. München: Vahlen.
Fiske, S. T., Cuddy, A., & Glick, P. (2007). Universal dimensions of social cognition: Warmth and competence. *Trends in Cognitive Science, 11*, 77–83.
Fournier, S. (1998). Consumers and their brands: Developing relationship theory in consumer research. *Journal of Consumer Research, 24*, 343–373.
Gilmore, G. W. (1919). *Animism*. Boston: Marshall Jones.
Hall, S. (1980). *Culture, media, language*. London: Unwin Hyman.
Hammerl, M., Dorner, F., Foscht, T., & Brandstätter, M. (2016). Attribution of symbolic brand meaning: The interplay of consumers, brands and reference groups. *Journal of Consumer Marketing, 33*(1), 32–40.
Häusler, J. (2014). Marken im öffentlichen Diskurs. In A. Zerfaß & M. Piwinger (Hrsg.), *Handbuch Unternehmenskommunikation* (S. 393–408). Wiesbaden: Springer Gabler.
Holt, D. B. (2004). *How brands become icons. The principles of cultural branding*. Boston: Harvard Business School.
Horton, D., & Wohl, R. (1956). Mass communication and para-social interaction. Observations on intimacy at a distance. *Psychiatry, 19*, 215–229.
James, W. (1890). *The principles of psychology* (Bd. 1). New York: Henry Holt.
Jonas, K., Stroebe, W., & Hewstone, M. (2014). *Sozialpsychologie*. Heidelberg: Springer.
Kahneman, D. (2012). *Schnelles Denken, langsames Denken*. München: Siedler.
Kervyn, N., Fiske, S., & Malone, C. (2012). Brands as intentional agents framework: How perceived intentions and ability can map brand perception. *Journal of Consumer Psychology, 22*(2), 166–176.

Krippendorff, K. (1994). Der verschwundene Bote. In K. Merten (Hrsg.), *Die Wirklichkeit der Medien* (S. 79–112). Opladen: Westdeutscher.

Kroeber-Riel, W., & Gröppel-Klein, A. (2013). *Konsumentenverhalten*. München: Vahlen.

Mead, G. H. (1980). Die soziale Identität. In G. H. Mead (Hrsg.), *Gesammelte Werke* (Bd. 1, S. 241–252). Frankfurt a. M.: Suhrkamp.

Parker, G. (2016). *Platform Revolution*. New York: Norton & Company.

Rommerskirchen, J. (2017). *Soziologie & Kommunikation. Theorien und Paradigmen von der Antike bis zur Gegenwart*. Wiesbaden: Springer VS.

Rommerskirchen, J. (2018). Bedeutung und Sinn - oder warum Menschen weiße Turnschuhe tragen. *Journal für korporative Kommunikation, 2*, 11–25. https://nbn-resolving.org/urn:nbn:de:0168-ssoar-60281-9. Zugegriffen am 10.03.2020.

Rommerskirchen, J. (2019). Markt und Moral - was man für Geld (nicht) kaufen kann. In J. D. Kemming & J. Rommerskirchen (Hrsg.), *Marken als politische Akteure* (S. 99–115). Wiesbaden: Springer Gabler.

Schmid, B. F., & Lyczek, B. (2008). Die Rolle der Kommunikation in der Wertschöpfung der Unternehmung. In M. Meckel & B. Schmid (Hrsg.), *Unternehmenskommunikation* (S. 3–152). Wiesbaden: Gabler.

Schmitt, B. (2012). The consumer psychology of brands. *Journal of Consumer Psychology, 22*(1), 7–17.

Stroebe, W. (2014). Strategien zur Einstellungs- und Verhaltensänderung. In K. Jonas, W. Stroebe & M. Hewstone (Hrsg.), *Sozialpsychologie* (S. 231–268). Heidelberg: Springer.

Trommsdorff, V., & Teichert, T. (2011). *Konsumentenverhalten*. Stuttgart: Kohlhammer.

YouGov. (2016). *Claimstudie*. https://yougov.de/news/2016/02/25/englische-werbespruche-versteh-ich-zwar-nicht-find. Zugegriffen am 10.03.2020.

Zurstiege, G. (2007). *Werbeforschung*. Konstanz: UVK.

Die Zielgruppe finden 5

5.1 Konsumenten und Rollen

Unternehmen pflegen sehr unterschiedliche Beziehungen zu einer Vielzahl von Menschen. Um diese Beziehungen besser zu organisieren und die jeweilige Kommunikation mit den Menschen optimal planen zu können, helfen Kategorisierungen. Die Kategorien helfen dem Unternehmen, die Komplexität der Beziehungen auf mehreren Ebenen zu strukturieren und damit zu reduzieren. Auf der obersten Ebene finden sich die Kategorien der *Kommunikationsarenen:* die Marktarena, die interne Arena, die Finanzarena und die öffentliche Arena (s. Abschn. 1.1). Die Arenen beschreiben die Rolle des Unternehmens in der Beziehung zu seinen Anspruchsgruppen mit ähnlichen Erwartungen und Interessen. Beispielsweise trifft das Unternehmen in der Marktarena auf seine Kunden, Zulieferer, den Handel, seine Wettbewerber oder die Regulierungsbehörden. Alle diese Anspruchsgruppen interessieren sich für die Arbeit des Unternehmens im Markt und dafür, welche Produkte oder Leistungen es zu welchen Bedingungen und Konditionen anbietet. In der Finanzarena trifft es unter anderem auf die Eigentümer, Kreditoren oder Investoren, also Anspruchsgruppen, die sich für die Wirtschaftlichkeit des Unternehmens, den Umsatz und den Gewinn interessieren. In jeder Arena tritt das Unternehmen somit in einer anderen Rolle auf und muss mit anderen Menschen über ein anderes Thema sprechen.

Die *Anspruchsgruppen* sind folglich eine Kategorie auf der zweiten Ebene, sie sind immer Teil einer Kommunikationsarena. Jede Anspruchsgruppe wird durch spezifische Nutzen- und Wertbeiträge definiert. In der Marktarena finden sich beispielsweise die Kunden und die Zulieferer: Das Unternehmen ist nützlich für die Kunden, weil es ihnen Produkte anbietet, die sie benötigen oder besitzen wollen; die Kunden sind wertvoll für das Unternehmen, wenn sie gut über es sprechen (Reputation) und regelmäßig seine Produkte kaufen (Loyalität). Für die Zulieferer ist das Unternehmen von Nutzen, wenn es konstant die von ihm angebotenen Komponenten abruft und die vereinbarten Konditionen einhält; der Wertbeitrag der Zulieferer für das Unternehmen liegt in der optimalen Unterstützung der Lieferkette durch hochwertige Komponenten. Jede Anspruchsgruppe beschreibt somit eine Gruppe von Menschen, die eigene Erwartungen an das Unternehmen haben (potenzielle Nutzenbeiträge). Umgekehrt hängt der Wert der jeweiligen Anspruchsgruppe für das Unternehmen davon ab, ob diese seine Erwartungen erfüllt. Kunden, die schlecht über die Produkte sprechen, und Zulieferer, die mangelhafte Komponenten liefern, schaden dem Unternehmen und sind wertlos.

Auf der dritten Ebene stehen die *Zielgruppen*. Im weiten Sinne beschreibt eine Zielgruppe eine Anzahl von Menschen, die Eigenschaften miteinander teilen, die sie für das Unternehmen relevant macht. Das Unternehmen *zielt* mit seinen Botschaften auf diese Eigenschaften und versucht so, eine Beziehung zur Zielgruppe aufzubauen. Eine Zielgruppe ist daher eine Teilmenge einer Anspruchsgruppe, die nicht nur ähnliche Erwartungen an das Unternehmen hat, sondern sich auch durch gemeinsame Einstellungen, sogenannte saliente Merkmale, von anderen Teilmengen unterscheidet. Derartige saliente Merkmale können in der Anspruchsgruppe Handel die Discounter oder der Versandhandel sein, bei Nichtregierungsorganisationen eine unterstützende oder eine ablehnende Haltung gegenüber dem Unternehmen, bei Investoren eine dividendenorientierte oder ESG-Ausrichtung in ihrer Anlagestrategie. Welches Merkmal für die Beziehung salient ist und deshalb einige Menschen zu einer Zielgruppe innerhalb einer Anspruchsgruppe macht, entscheiden das Unternehmen und seine Kommunikationsstrategie. Letztlich ist es die Strategie, die die Zielgruppe definiert und zu einer solchen Gruppe macht.

Zumeist wird der Begriff der Zielgruppe in einem engen Sinne in der Marktkommunikation benutzt. Die Zielgruppe ist dann eine Teilmenge aller Konsumenten, die bereits oder auch nur potenziell als Kunden für das Unternehmen in Frage kommen. Die salienten Merkmale sind dann Eigenschaften, die diese Konsumenten in einer konkreten *sozialen Rolle* miteinander teilen. Die soziale Rolle eines Menschen, so die soziologische Beschreibung, schränkt seine umfassende personale Identität auf eine bestimmte soziale Identität ein. Ein Mensch kann Bürger eines Landes und einer Stadt, Ehemann, Familienvater, Nachbar, Vereinsmitglied,

Fahrradfahrer, Angestellter und Konsument sein. Jede dieser verschiedenen sozialen Identitäten macht seine gesamte personale Identität aus und beschreibt sein soziales Handeln sowie seine sozialen Beziehungen zu anderen Menschen, wie seine Ehefrau, seine Kinder, seine Nachbarn und so weiter. In jeder sozialen Beziehung spielt der Mensch eine soziale Rolle. Das Rollenspiel reduziert die Handlungsoptionen eines Menschen und erleichtert den Perspektivenwechsel in der Kommunikation (s. Abschn. 2.1). Zielgruppen im engen Sinne beschreiben folglich Personen in einer sozialen Rolle, durch die ihre Eigenschaften, Interessen, Wünsche und Sehnsüchte für das Unternehmen greifbar werden.

Die Antizipationen der Bedürfnisse von Menschen in den Zielgruppen Hausbesitzer, Sportschuhträger, Markenkäuferin oder Sportwagenfahrerin kann das Unternehmen als saliente Merkmale definieren und seine Botschaften darauf ausrichten. Zielgruppen erleichtern die Kommunikationsarbeit, wenn das Unternehmen weiß, welche Zeitschriften Hausbesitzer lesen, welche Farben Sportschuhträger mögen, welchen Aufpreis Markenkäuferinnen akzeptieren und ob Sportwagenfahrerinnen sich für das Thema Schadstoffausstoß interessieren. Die Komplexitätsreduktion der vielen personalen Identitäten auf einige wenige soziale Rollen in Zielgruppen macht das Management der Unternehmenskommunikation und die Planung von typischen Botschaften erst möglich.

5.2 Das Management der Beziehungen

Die drei Ebenen der Kommunikationsarenen, der Anspruchsgruppen und der Zielgruppen filtern die Unternehmensumwelt wie ein Trichter und konkretisieren die Beziehungsformen. Während die Beziehungen des Unternehmens zu den Kommunikationsarenen eher diffus sind, kann es sein Auftreten und seine Botschaften bei den Anspruchsgruppen und schließlich den Zielgruppen immer spezifischer planen. Für diese Planung ist zunächst eine Definition und Bewertung der Beziehungen notwendig, die das Unternehmen zu dieser Gruppe unterhält. Das Anspruchsgruppen-Salienz-Modell *(Stakeholder Salience Model)* unterscheidet dafür drei Dimensionen: Macht, Legitimität und Dringlichkeit (vgl. Mitchell et al. 1997). In Kombination mit dem Themen- und Risikomanagement können somit im Unternehmen jedes Thema und seine Risikorelevanz für jede Anspruchs- oder Zielgruppe erfasst und bewertet werden.

Für die Risikoanalyse erlaubt das Anspruchsgruppen-Salienz-Modell die Einordnung jeder Gruppe in eine von sieben möglichen Beziehungstypen, die über Macht, Legitimität und/oder Dringlichkeit verfügen (s. Abb. 5.1). Gruppen, die über *Macht* verfügen, können Entscheidungen des Unternehmens beeinflussen.

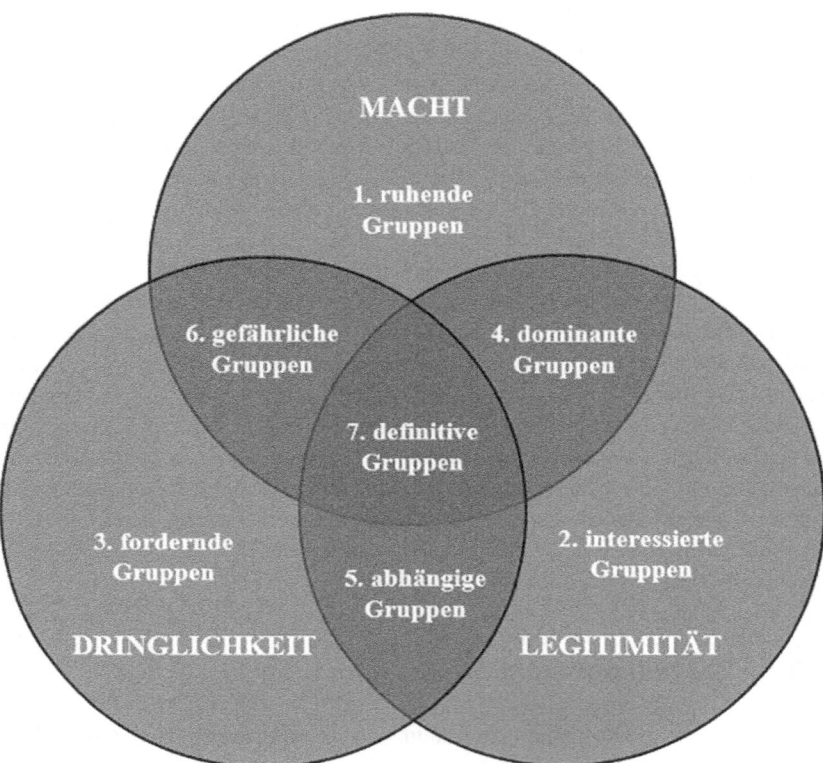

Abb. 5.1 Anspruchsgruppen-Salienz-Modell. (Quelle: in Anlehnung an Mitchell et al. 1997)

Ihre Macht kann finanzieller Art sein oder physische Gewalt beinhalten. *Legitimität* können Gruppen nachweisen, deren Ansprüche an das Unternehmen in der Öffentlichkeit als wünschenswert oder angemessen betrachtet werden. *Dringlichkeit* bezeichnet Anliegen von Gruppen, die aktuell von großer Bedeutung für die Gruppen sind. Gruppen, die nur über eine der drei Dimensionen verfügen, werden als latente Gruppen bezeichnet und können nur bedingt Einfluss nehmen. Sobald zwei oder gar drei Dimensionen kumulieren, wird die Gruppe unvermeidbar und muss in die Diskussion einbezogen werden.

Zu den latenten Gruppen, die zwar in einer Beziehung zum Unternehmen stehen, aber noch nicht aktiv sind oder werden können und sich deshalb abwartend verhalten, gehören die außenstehenden Gruppen 1, 2 und 3. Die *ruhenden Gruppen*

(1) hätten zwar die Macht, Einfluss zu nehmen, sehen aber aktuell weder dringliche noch legitime Themen für eigene Aktivitäten. Die *interessierten Gruppen* (2) nehmen zwar Anteil am Unternehmen und seinen Aktivitäten, verfügen aber weder über die Macht, noch können sie ein aktuelles Thema für sich und ihre Interessen nutzen. Die *fordernden Gruppen* (3) würden ihre Interessen bei einem Thema gerne durchsetzen, besitzen jedoch weder die Macht noch die Legitimität, dies zu tun. Aus Sicht des Unternehmens müssen diese latenten Gruppen beobachtet werden, es besteht aber kein Grund für eine engere Kontaktaufnahme.

Sobald zwei der drei Dimensionen Macht, Legitimität und Dringlichkeit in einer Gruppe zusammenkommen, muss das Unternehmen eine engere Beziehung suchen. Dies ist bei den erwartungsvollen Gruppen 4, 5 und 6 der Fall. Die *dominanten Gruppen* (4) besitzen die Macht und die Legitimität, das Handeln des Unternehmens aktiv mitzubestimmen. Die *abhängigen Gruppen* (5) sind von aktuellen Ereignissen betroffen und auch zu einer aktiven Haltung legitimiert, haben aber nicht die Macht, ihre Interessen durchzusetzen. *Gefährliche Gruppen* (6) besitzen diese Macht, das Handeln eines Unternehmens bei einem konkreten Thema zu verändern. Sie sind dazu zwar nicht legitimiert, durch ihre Macht aber einflussreich. In den *definitiven Gruppen* (7) kommen alle drei Dimensionen zusammen – mit diesen Gruppen muss das Unternehmen in einem ständigen Dialog stehen.

Beispielsweise kann ein Fondsmanager zunächst zur ruhenden Gruppe gehören. Die andauernde gesellschaftliche Forderung nach mehr Nachhaltigkeit und Umweltschutz kann den Fondsmanager jedoch in die dominante Gruppe verschieben, eine aktuelle Krisensituation in die gefährliche Gruppe. Eine Gewerkschaft kann lange Zeit zu den interessierten Gruppen gehören, eine anstehende Werksschließung sie aber zur dominanten oder gar definitiven Gruppe mit massivem öffentlichem Rückhalt machen. Die Anlieger in der Nachbarschaft des Unternehmens haben zwar das Recht auf ein ungestörtes Privatleben und gehören zu den fordernden Gruppen, können aber zumeist keine Entscheidungen verhindern. Falls das Unternehmen jedoch Häuser aufkauft und Bewohner umsiedeln will, werden sie zu einer abhängigen Gruppe.

5.3 Konsumenten als Zielgruppe

Die Konsumenten sind die primäre Zielgruppe des Unternehmens. An ihren Bedürfnissen richten sich die Produkte und Leistungen des Unternehmens aus, sie tragen das Unternehmen durch den Kauf der Dinge, durch ihre Empfehlungen an andere und durch ihre Loyalität. Allerdings sind die Konsumenten auch eine zahlenmäßig große Gruppe und zumeist sehr wenig homogen. Einige von ihnen schätzen das Unternehmen für seine einfach zu bedienenden Produkte, andere für seinen Kundenservice bei Problemen und wieder andere für das Prestige der Produkte. Die Konsumenten sind jung oder alt, Frauen oder Männer, gebildet oder eher nicht, arbeiten in gut bezahlten Führungspositionen oder sind seit Längerem ohne Arbeit. Als Konsumenten wollen sie das bestmögliche Produkt zum geringstmöglichen Preis und informieren sich vor dem Kauf umfassend über die Alternativen. Oder sie folgen der Empfehlung eines guten Freundes und kaufen das Produkt spontan bei nächster Gelegenheit.

Das unterschiedliche Verhalten der Konsumenten ist deshalb die maßgebliche Grundlage der Zielgruppensegmentierung. Der Konsum umfasst „sämtliche Verhaltensweisen, die auf die Erlangung und private Nutzung wirtschaftlicher Güter und Dienstleistungen gerichtet sind" (Wiswede 2000, S. 24). Dafür sind verhaltensorientierte Studien und Experimente in Testmärkten sowie regelmäßige Befragungen der Konsumenten unverzichtbare Bestandteile der Marktforschung, die daraus eine effiziente Zielgruppenbestimmung und ihrer typischen Verhaltensmuster ableiten kann. Aus soziologischer Perspektive können dabei zunächst zwei Pole eines Kontinuums von Konsumententypen differenziert werden: der klassische Ansatz des kalkulierenden *Homo oeconomicus* und das Bild des Konsumenten als soziales Wesen mit einer starken Sozialorientierung, des *Homo sociologicus* (vgl. Rommerskirchen 2017, S. 245 ff.)

Lange Zeit dominierte insbesondere in der ökonomischen Literatur die Vorstellung, dass es sich bei den Kunden eines Unternehmens um rein rationale und ökonomisch denkende Wesen handelt *(Homo oeconomicus)*, die ausschließlich nach der Maximierung ihres Nutzens streben. Dieser Ansatz ist der Kern des institutionenökonomischen Ansatzes, welcher die Beziehungen zwischen Unternehmen und Konsumenten gemäß der *Prinzipal-Agenten-Theorie* erklärt. In dieser Theorie ist der Prinzipal der Auftraggeber (der Konsument) und der Agent der Beauftragte (das Unternehmen). Die Theorie geht zudem davon aus, dass beide Parteien nach der Maximierung ihres eigenen Nutzens streben, wobei jedoch der Agent einen Informationsvorsprung vor dem Prinzipal besitzt (vgl. Akerlof 1970). Mit anderen Worten: Das Unternehmen weiß, was es dem Konsumenten anbietet, der Konsument muss sich umfassend informieren und Angebote vergleichen.

In dieser Theoriewelt hat die Unternehmenskommunikation die Aufgabe, die Konsumenten über die Leistungen der Unternehmen zu informieren. Im Rahmen der klassischen Marktkommunikation nutzen Unternehmen die sogenannten „4 Ps" als Orientierungsmatrix: die Produktpolitik *(Product)*, die Preispolitik *(Price)*, die Distributionspolitik *(Place)* und die Kommunikationspolitik *(Promotion)*. Die daraus abgeleitete Positionierung der Produkte im Markt soll dem rationalen Konsumenten bei der Informationssuche, dem Produktvergleich und schließlich seiner

5.3 Konsumenten als Zielgruppe

Kaufentscheidung helfen. Des Weiteren stehen ihm neutrale Qualitätsstudien beispielsweise der Stiftung Warentest über die unterschiedlichen Angebote der Unternehmen zur Verfügung. Aus diesen Informationen kann er sich für das für ihn beste Angebot (optimales Kosten-Nutzen-Verhältnis) entscheiden.

Diesem eher isolierten Entscheidungstypus stellt die Soziologie den *Homo sociologicus* gegenüber. Als soziales Wesen ist er der Gemeinschaft, in der er lebt, tief verbunden. Er will als Teil seiner Gemeinschaft anerkannt werden, auch durch seinen Konsum. Er orientiert sich daher an seinen Mitmenschen, an ihren Präferenzen und Gewohnheiten. Er folgt den Erwartungen seiner sozialen Umwelt an ihn, und in seinem sozialen Umfeld genießt er dafür Anerkennung und Prestige. Seine eigenen Pläne und finanziellen Vorteile sind für ihn weniger wichtig als sein Ansehen in der Gemeinschaft. Auch in seiner sozialen Rolle als Konsument ist der *Homo sociologicus* auf die Beobachtung seiner Umwelt angewiesen. Dort erfährt er, welche Produkte und Marken ihn als Teil seiner erwünschten Gemeinschaft auszeichnen und erkennbar machen.

Analytisch betrachtet handelt es sich bei diesen beiden Handlungstypen *Homo oeconomicus* und *sociologicus* um Endpunkte eines Kontinuums von rationaler Innen- und sozialer Außenorientierung (vgl. Roslon 2018). Beide Typen können als extreme soziale Rollen verstanden werden, die den Konsumenten niemals vollständig einnehmen, sondern situativ bedingt, marken- oder produktabhängig mal mehr und mal weniger stark seine Entscheidungen beeinflussen. Deshalb können seine Präferenzen durchaus variieren, mal eher rational und mal eher sozial sein.

Neben diesen beiden extremen Konsumententypen finden sich in der Forschung und Praxis unterschiedliche Differenzierungskriterien für die Bestimmung der relevanten Zielgruppe. Vor der Auswahl einer konkreten Zielgruppe sollte zunächst die methodische Bestimmung der passenden und angemessenen Segmentierungsart erfolgen (vgl. Halfmann 2014b). Zielgruppenspezifische Segmentierungen werden nach relevanten Kriterien vorgenommen, sodass die Gruppen nach innen homogen und nach außen heterogen strukturiert sind (vgl. Freter 2008, S. 92). Wird diese Bestimmung lediglich nach einem Kriterium vorgenommen, wie z. B. dem Alter oder dem Geschlecht, spricht man von eindimensionaler Segmentierung. Eindimensionale Segmentierungen sind gut erfass- und klar abgrenzbar, entsprechen jedoch häufig nicht hinreichend der Realität: Es gibt sicherlich Produkte, die eindeutig für Frauen produziert werden, allerdings müsste meistens hier noch klarer nach einer bestimmen Altersgruppe oder Einstellungen differenziert werden. Wenn mehrere Kriterien zur Bestimmung hinzugezogen werden, handelt es sich um eine mehrdimensionale Segmentierung. Mehrdimensionale Segmentierungen kombinieren unterschiedliche Kriterien wie Geschlecht, Alter, Einkommensstärke und andere, um die Zielgruppe noch differenzierter zu bestimmen.

Einige der konsumrelevanten Kriterien sind direkt beobachtbar, während andere nicht beobachtet werden können und in der Markt- und Konsumentenforschung untersucht werden müssen. Beobacht- und erfassbare Daten stellen das Alter und das Geschlecht dar. Nicht-beobachtbare Daten sind psychografische Daten wie Einstellungen oder Werthaltungen (vgl. Halfmann 2014b, S. 4 ff.). Nachfolgend werden typische Kriterien der Segmentierung vorgestellt und auf ihre jeweilige Praktikabilität in der Unternehmenskommunikation hin reflektiert: Hierbei handelt es sich um die Kriterien der geografischen, der soziodemografischen, der psychografischen und der verhaltensorientierten Segmentierung.

5.3.1 Geografische Segmentierungen

Eng verknüpft mit dem Marketing, der Werbung und dem Vertrieb ist die Zielgruppensegmentierung nach geografischen Regionen (vgl. Freter 2008, S. 108 ff.). Dieser Ansatz geht davon aus, dass Regionen hinsichtlich ihrer Kaufkraft und Vorlieben vergleichbar sind: Beispielsweise weicht das Essverhalten in den bayerischen Alpen von dem im hohen Norden im vielen Belangen ab. Insofern besteht die simpelste geografische Segmentierung darin, nach Regionen wie Bundesländern, Städten oder Kreisen zu differenzieren und die jeweiligen Vorlieben und Bedürfnisse der Bevölkerung durch Prozesse der Marktforschung herauszuarbeiten und daraus Erkenntnisse für Marketing und Vertrieb abzuleiten.

Ein gängiges Modell der geografischen Segmentierung stellt die Einteilung der Bundesrepublik Deutschland in Nielsen-Gebiete durch die Marktforschungsagentur A. C. Nielsen dar. Die Gebiete unterscheiden sich untereinander hinsichtlich der Kaufkraft und der Vorlieben der Konsumenten auf Basis von Marktforschungserkenntnissen sowie der Analyse von Handelspanels und des *Retail Trackings*, d. h. der Daten aus dem Abverkauf der Waren an den Endverbraucher (vgl. Koch et al. 2016, S. 78 ff.).

Die Nielsen-Gebiete werden makrogeografisch wie folgt eingeteilt:

- Gebiet 1: Schleswig-Holstein, Hamburg, Niedersachsen und Bremen
- Gebiet 2: Nordrhein-Westfalen
- Gebiet 3a: Hessen, Rheinland-Pfalz, Saarland
- Gebiet 3b: Baden-Württemberg
- Gebiet 4: Bayern
- Gebiet 5: Berlin
- Gebiet 6: Mecklenburg-Vorpommern, Brandenburg, Sachsen-Anhalt
- Gebiet 7: Thüringen, Sachsen.

5.3 Konsumenten als Zielgruppe

Daneben existiert eine Mikroeinteilung in kleinere geografische Einheiten, die noch präziser Auskunft über die Kaufmengen und regionale Preisstrukturen ausgewählter Produkte geben (unter http://sites.nielsen.com/microregionen). Mikrogeografische Einteilungen können in Form einer Feineinteilung bis in Wohngebiete reichen. Dabei wird davon ausgegangen, dass Menschen mit ähnlichem Lebensstil in ähnliche Stadtviertel ziehen. So können beispielsweise Wohngegenden mit hoher Kaufkraft und anspruchsvollem Konsum von Künstler- oder Studentenvierteln unterschieden werden (vgl. Freter 2008, S. 110). Dieses Phänomen wird als Nachbarschaftsaffinität bezeichnet und mündet in ähnliche Konsumstile, die unter anderem demonstrativen Zwecken dienen. Daraus lassen sich schließlich Schlussfolgerungen für Cross-Selling-Aktivitäten und spezifische Kommunikationsmaßnahmen ableiten.

5.3.2 Soziodemografische Segmentierungen

Die soziodemografische Segmentierung umfasst sowohl soziografische Merkmale wie Einkommen, Beruf oder Familienstand bzw. Familienlebenszyklus als auch demografische Merkmale wie Geschlecht, Alter oder Wohnverhältnisse (vgl. Becker 2013, S. 250 ff.; Koch et al. 2016, S. 166; Freter 2008, S. 97 ff.) Diese Kriterien eignen sich zunächst gut für eine Segmentierung, weil sie eine einfache und klar abgrenzbare Zielgruppenbestimmung ermöglichen. Einige ausgewählte Kriterien sollen nachfolgend eingehend vorgestellt werden, eine ausführliche Darstellung findet sich bei Freter (2008).

Das Geschlecht ist ein Segmentierungskriterium, das sowohl biologische als auch kulturelle Faktoren berücksichtigen kann. Rein biologisch gibt es einige Artikel, die männer- bzw. frauenspezifisch sind, dies sind vor allem Hygieneartikel. Kulturell werden Mädchen und Jungen anders erzogen und legen ein unterschiedliches Verhalten gegenüber verschiedenen Produkten wie Kosmetikprodukten, Kleidung, Spielzeug und vielem mehr an den Tag (vgl. Becker 2013, S. 252).

Das Alter ist als Selektionskriterium sehr relevant, da in unterschiedlichen Lebensphasen unterschiedliche Bedürfnisse als wichtig erachtet werden. So haben Kinder andere Bedürfnisse als Teenager oder Rentner. Zudem variiert die Kaufkraft in den jeweiligen Lebensphasen. Vor dem Hintergrund des demografischen Wandels ist diese Erkenntnis von besonderer Bedeutung: Die Zahl an kaufkräftigen Senioren nimmt stetig zu. Und im Vergleich mit der vorherigen Kohorte von Senioren, welche unter den Bedingungen des Verzichts der (Nach-)Kriegszeit aufgewachsen sind und daher vornehmlich sparsam und genügsam lebten, sind die „neuen Senioren" ausgabe- und genussfreudig sowie konsumorientiert. Derartige

Kohorteneffekte, also die Auswirkungen von spezifischen Lebensumständen auf das Konsumverhalten in bestimmten Lebensphasen, sind ein stetiges Thema in der Konsumforschung. Gegenwärtig ist eine bestimmende Diskussion die Diskrepanz der Ansprüche und Bedürfnisse in den sogenannten Generationen Y und Z sowie der nachfolgenden Generation Alpha.

Einkommen ist ein weiteres zentrales Kriterium für die Zielgruppensegmentierung. Belegt werden kann, dass gerade bei sehr niedrigem Einkommen der Konsum von Nahrungsmitteln Vorrang hat – und mit steigenden Einkommen der Wunsch nach symbolischem Zusatznutzen von Produkten steigt (vgl. Becker 2013, S. 252). Allerdings hat das Einkommen allein zumeist keine Prognosefunktion für den Konsum, sondern wird häufig im Kontext weiterer Segmentierungskriterien wie des Lebensstils berücksichtigt.

Soziodemografische Faktoren sind noch immer eine wichtige Grundlage der Zielgruppensegmentierung. Allerdings können sie keine Auskunft über die Einstellungen oder Werthaltungen der Konsumenten geben. Ein berühmtes Beispiel soll dies verdeutlichen: Bei Prince Charles und Ozzy Osbourne handelt es sich um soziodemografische Zwillinge, da es sich um männliche Engländer handelt, die 1948 geboren wurden, wohlhabend sind und viel reisen – hinsichtlich ihrer Einstellungen und Werte könnten sich der britische Prinz und der *Dark-Metal*-Rocker jedoch kaum deutlicher unterscheiden, was sich auch in ihrem Konsumverhalten äußert. Dieser Einflussfaktor wird nachfolgend genauer ausgeführt.

5.3.3 Psychografische Segmentierungen

Psychografische und insbesondere Lebensstilstudien stellen die modernste Variante von Segmentierungskriterien dar (vgl. Becker 2013, S. 255). Die Differenzierung von Zielgruppen erfolgt hier entlang von Werthaltungen, Glaubenssätzen oder Einstellungen zu Produkten bzw. Marken. Es wird davon ausgegangen, dass individuelle Persönlichkeitsmerkmale als Prädikatoren für das Konsumverhalten fungieren: Aufgrund bestimmter Wünsche und Bedürfnisse werden spezifische Produkte oder Marken gekauft und konsumiert. Allerdings sind diese psychografischen Faktoren nur bedingt aus dem Stil der Konsumenten beobachtbar, sondern liegen vornehmlich latent vor, sodass sie mittels Forschungsaktivitäten erschlossen werden müssen. Eine psychografische Segmentierung basiert auf komplexen Forschungen, die sowohl quantitative als auch qualitative Methoden umfassen (vgl. Freter 2008, S. 122).

Für die Unternehmenskommunikation sind insbesondere Lifestylestudien von hohem Wert, da sie unterschiedliche psychografische Elemente zu einem komplexen

5.3 Konsumenten als Zielgruppe

Erklärungsmuster des Konsumverhaltens integrieren. Wegweisend für die Marktforschung war das von Burnett 1967 entwickelte AOI-Konzept, welches Aktivitäten (*Activities* wie Hobbies), Meinungen (*Opinions*, also Werthaltungen zu politischen, wirtschaftlichen oder sonstigen Themen) und Interessen (*Interests*, Neigungen im Beruf oder in der Freizeit) berücksichtigt (vgl. Becker 2013, S. 257). An dem bereits zuvor verwendeten Beispiel von Prinz Charles und Ozzy Osbourne kann man nun trennscharf differenzieren, dass beide einen unterschiedlichen Lebensstil pflegen: Das royale Leben des adligen Prinz Charles legt andere Konsumbedürfnisse nahe als das Rockerleben von Ozzy Osbourne.

Von besonderer Relevanz für die Zielgruppensegmentierung ist die Kombination von psychografischen und sozioökonomischen Daten in Lifestylestudien. Diese Studien kombinieren die kundenseitigen Wünsche und Bedürfnisse mit deren Konsumfähigkeit und Kaufkraft. Sie führen zu Typisierungen, für die sich auch der Begriff der *sozialen Milieus* etabliert hat. Zwar weist Hradil (2006, S. 5) darauf hin, dass Lebensstile eher die äußere Inszenierung betonen und der Milieubegriff eher innere Haltungen belegt, dennoch werden beide hier synonym verwendet.

Eine frühe wegweisende Lebensstilstudie mit Fokus auf das Konsumverhalten legt Pierre Bourdieu (1987) in den 1970er-Jahren für die französische Gesellschaft vor (s. Abschn. 2.1). Ihm zufolge formt das soziale Umfeld die individuellen Denk-, Wahrnehmungs- und Handlungsmuster. Subjekte internalisieren und inkorporieren die Praktiken des sozialen Umfeldes in Form eines sogenannten Habitus. Der Habitus drückt sich schließlich in den sozialen (Konsum-)Praktiken des Individuums aus und kommuniziert Bourdieu zufolge die soziale Klassenlage des Einzelnen. Mitte der 1980er-Jahre geriet diese Annahme in die Kritik, da sie dem Individuum und dem sozialen Trend der Individualisierung zu wenig Beachtung schenkt (vgl. Beck 1986). Gegenwärtige Lebensstilstudien schwächen den Einfluss soziodemografischer Merkmale auf das Freizeit- und Konsumverhalten ab und betonen die individuelle Ausprägung sowie die soziale Orientierung. Lebensstile werden als „Gruppen Gleichgesinnter verstanden, die jeweils ähnliche Werthaltungen, Prinzipien der Lebensgestaltung, Beziehungen zu Mitmenschen und Mentalitäten aufweisen. Im Kern werden sie also durch ‚psychologisch tief sitzende' psychische Dispositionen definiert" (Hradil 2006, S. 4).

Für die Zielgruppensegmentierung eignen sich Lebensstilstudien gut, da sie es erlauben, Zielgruppen entlang ihrer alltagsweltlichen Orientierungen und Handlungen zu typisieren. Zu den bekannten Lebensstilstudien gehören die SIGMA-Milieus® (sigma-online.com) und die Sinus-Milieus® (www.sinus-institut.de) sowie die Limbic-Types® (www.nymphenburg.de), die RB Profiles® und die Roper Consumer Styles® (siehe hierzu die Beiträge in Halfmann 2014a).

5.3.4 Verhaltensorientierte Segmentierungen

Im Gegensatz zu den eher latenten psychografischen Merkmalen sind verhaltensorientierte Merkmale manifest: Hierbei werden die tatsächlichen Konsumgewohnheiten beobachtet wie z. B. das konkrete Informations-, Kauf- und Verwendungsverhalten von Konsumgütern und Dienstleistungen (vgl. Freter 2008, S. 158; Becker 2013, S. 270).

Produktbezogene Segmentierungskriterien umfassen die Produktart, Markenwahl und Markentreue oder Verbrauchs- bzw. Kaufintensität. Die Produktart ist ein basales Differenzierungskriterium, so gibt es beispielsweise Raucher und Nichtraucher, Weintrinker und Biertrinker, nach denen Märkte differenziert werden können. Des Weiteren existieren Produkte von unterschiedlichen Marken. Für die Segmentierung ist interessant, welche Marken die Kunden aus dem Angebot auswählen und inwiefern sie einer Marke treu sind. Produkte werden mal mehr und mal weniger häufig konsumiert. Gewöhnlich können Kunden in Nicht-Käufer, Wenig-Käufer und Viel-Käufer differenziert werden. Je häufiger Konsumenten ein Produkt kaufen, desto relevanter werden sie für ein Unternehmen. Das liegt vor allem daran, dass sie aufgrund ihres regelmäßigen Konsums Absatzprognosen für das Unternehmen erlauben. Zudem kann noch die Frage der Kaufmenge eines Produkts gestellt werden. Einige Konsumenten bevorraten sich mit bestimmten Produkten oder benötigen größere Mengen eines Produkts, andere hingegen kaufen bedarfsorientiert oder wollen flexibel auf Angebote reagieren können. Schließlich können Produkte zu Verbundnachfragen führen: Wer ein Smartphone kauft, wird gegebenenfalls eine Schutzhülle oder einen Displayschutz dazu kaufen. Diese Erkenntnisse nutzen sowohl der Einzelhandel als auch der Onlinehandel, um Produkte gebündelt zu platzieren (vgl. Freter 2008, S. 158 ff.).

Ein weiteres Segmentierungskriterium stellt die *Einkaufsstätte* dar. Menschen suchen typischerweise bestimmte Geschäfte oder Supermärkte auf, in denen sie ihre Einkäufe tätigen. Dabei variieren sowohl die Häufigkeit als auch die Intensität der Besuche. Hier spielen persönliche Präferenzen oder sogar die Treue zu Betrieben ebenso eine Rolle wie die Erreichbarkeit eines Geschäfts. Allerdings sind Geschäfte selten auf eine spezifische Käuferschaft fixiert, sodass auch zu fragen gilt, welche Struktur die Käuferschaft eines Geschäfts aufweist. Nur wenn man beide Perspektiven zusammenbringt, können die Sortimentsgestaltung und Kommunikationsmaßnahmen sinnvoll abgestimmt werden (vgl. Freter 2008, S. 160 f.).

Kommunikationsbezogene Segmentierungskriterien umfassen die Nutzung von Medien und die interpersonelle Kommunikation in sozialen Netzwerken, seien diese off- oder online. Das Mediennutzungsverhalten von Konsumenten stellt ein eigenständiges Forschungsfeld dar (vgl. Bonfadelli und Friemel 2011) und ist von hoher Relevanz, da Medien in gegenwärtigen Gesellschaften allgegenwärtig sind und maßgeblich die Konsumprozesse beeinflussen können. Dies liegt vor allem daran, dass Medien eine Orientierungsfunktion für Konsumenten bieten können. Diese Orientierung kann regional beschränkt sein, wie dies bei der Nutzung lokaler Tageszeitungen mitsamt den Beilegern der Fall ist, und reicht bis hin zu nationalen oder global verfügbaren Medien wie Printerzeugnissen, Radio und TV. Kenntnisse über das Nutzungsverhalten und die Nutzungsintensität von Medien sind von großer Bedeutung, da auf diese Weise eine zielgerichtete Produktplatzierung erfolgen kann. Umgekehrt ist die Frage nach der Struktur der Nutzerschaft eines Mediums ebenfalls wichtig. Hierbei sticht aus heutiger Sicht das Internet als Medium hervor: Dies liegt zum einen daran, dass die Online-Angebote jederzeit abrufbar sind und ständig zur Verfügung stehen. So können aktuelle Informationen in Echtzeit verbreitet werden und zudem Inhalte von allen Usern generiert werden, welche auf das individuelle Nutzungsverhalten zugeschnitten werden können.

Schließlich gibt es die Möglichkeit einer *preisbezogenen* Segmentierung. Kunden können unterschiedlich preissensibel sein. Dies gilt hinsichtlich der Anreizsteuerung durch Sonderangebote und Bonusprogramme bis hin zu dem Bedürfnis nach prestigeträchtigem demonstrativem Konsum (vgl. Veblen 2007, S. 62 f.). Sonderangebote sind unabhängig von der Kaufkraft stets als Konsumtreiber zu bewerten. Allerdings gilt es hierbei zu berücksichtigen, dass Angebote in Relation zur Preisklasse des Produkts stehen. Die Preisklassen können in Premium, Mittelklasse und Billigwaren differenziert werden. Mit abnehmender Preisklasse werden gewöhnlich auch geringere Anforderungen an die Qualität oder den mit dem Produkt verbundenen symbolischen Zusatznutzen (vgl. Freter 2008, S. 161 f.) gestellt. Waren die preisbezogenen Einkaufspräferenzen jahrzehntelang recht stabil und fungierten als guter Prädiktor für das Kaufverhalten, so zeichnet sich neuerdings ab, dass die Konsumenten ein diffuses Kaufverhalten an den Tag legen. Dieser Konsumententypus wird als *hybrider Konsument* bezeichnet.

5.3.5 Überblick über die Segmentierungskriterien

Die vorgestellten Segmentierungskriterien betrachten den Konsumenten aus unterschiedlichen Blickwinkeln. Einige dieser Blickwinkel überschneiden sich nicht wirklich – so stellt die geografische Segmentierung ein gänzlich anderes Kriterium dar als die demografische Geschlechtersegmentierung – und andere Blickwinkel integrieren einzelne Aspekte. Nachfolgend werden die bisherigen Ausführungen noch einmal übersichtlich dargestellt (s. Tab. 5.1).

Tab. 5.1 Segmentierungskriterien der Zielgruppen

Geografische Segmentierungskriterien	
Makrogeografische Kriterien	**Mikrogeografische Kriterien**
Nation/Staat	Stadtteile
Bundesländer	Wohngebiete
Regionen (bspw. Kreise, Städte, Gemeinden)	Straßen
	Kaufkraftbezirke
Soziodemografische Segmentierungskriterien	
Soziografische Kriterien	**Demografische Kriterien**
Einkommen	Geschlecht
Beruf	Alter
Familienstand/Familienzyklus	Wohnverhältnis
Psychografische Segmentierungskriterien	
(Produkt-/Markenspezifische) Einstellungen Werte Glaubenssätze Persönlichkeit Lebensstil Soziale Orientierung	
Verhaltensorientierte Segmentierungskriterien	
Produkt-/Käuferstatus	Produktart Markenwahl Markentreue Verbrauchs- und Kaufintensität Kaufmenge
Einkaufsstättenwahl	Besuchshäufigkeit und -Intensität Betriebstreue Erreichbarkeit der Einkaufsstätte Käuferstruktur
Kommunikation	Mediennutzungsverhalten Interpersonelle Kommunikation in sozialen Netzwerken Struktur der Nutzerschaft
Preisverhalten/Kaufanlass	Preisklasse Sonderangebote Treue- und Bonusprogramme Prestigedemonstration

Mit Rückblick auf die eingangs erwähnten Handlungstypen können aus den Zielgruppenbeschreibungen auch Schlüsse für die kommunikative Ansprache der jeweiligen Zielgruppe abgeleitet werden. Der *Homo oeconomicus* agiert rational kalkulierend und wägt Entscheidungsalternativen ab. Dabei strebt er nach seinem größtmöglichen Nutzen. Konsumscheidungen trifft er auf Basis von Information über Märkte und Eigenschaften sämtlicher Güter. Die Kommunikation sollte demnach informativ gestaltet sein und die Abwägungen dieses Kundentyps ermöglichen. Das Kaufverhalten des *Homo sociologicus* orientiert sich dagegen an sozialen Normen, Werten und Erwartungen, welche durch die Gesellschaft an ihn herangetragen werden. Als sozialer Mensch reagiert dieser Konsumententypus auf persuasive Botschaften, die Botschaften über den sozialen Status, das Ansehen, Prestige oder die Identität liefern. So kann einer preisbewussten Käuferschaft ein Automobil verkauft werden, dass verspricht, keinerlei symbolischen Status zu verkaufen, während andere Käufergruppen gerne bereit sind, mehr zu zahlen für Autos, die eine beeindruckende Wirkung auf eine bestimmte soziale Umwelt auslösen. Allerdings konstatieren aktuelle Konsumentenstudien, dass die Trennschärfe zwischen den Zielgruppen zunehmend verschwommener wird, was nachfolgend eingehender thematisiert wird.

5.4 Herausforderungen der Zielgruppensegmentierung

Die Zielgruppensegmentierung, wie sie bisher dargestellt wurde, steht heutzutage vor einer Herausforderung: Es fällt zunehmend schwer, homogene Zielgruppen zu definieren, die über längere Zeiträume stabile Eigenschaften oder Handlungsmuster aufweisen. Dies liegt daran, dass Konsumenten sich immer weniger konsistent verhalten und stattdessen ein diffuses Kauf- und Konsumverhalten an den Tag legen: So ist es inzwischen völlig normal, wenn Frauen ein Fast-Fashion-Kleid für 19,99 Euro mit einer exquisiten Handtasche für 219 Euro kombinieren – dieses Konsumverhalten macht die Ausrichtung der Unternehmenskommunikation an eindeutigen Segmentierungskennzeichen zunehmend schwierig (vgl. Rennhak 2014, S. 177).

Die Bezeichnungen für inkonsistente Konsumenten variieren in der Literatur. Rennhak differenziert drei Typen: die hybriden, multioptionalen und paradoxen Konsumenten. *Hybride Konsumenten* legen, je nach Involvement, unterschiedliche Verhaltensstile dem gleichen Produkt gegenüber an den Tag. Sie sind nicht markentreu, entscheiden häufig spontan und auch die Preisbereitschaft variiert: Sie sind zuweilen durchaus bereit, viel auszugeben, und an anderen Tagen agieren sie wie Schnäppchenjäger (vgl. Rennhak 2014, S. 179 f.).

Multioptionale Konsumenten agieren in vielfältigen sozialen Rollen und benötigen daher eine Vielzahl von Optionen, ihr Selbst zu inszenieren. Sie sind vielschichtig und facettenreich, in unterschiedliche soziale Netzwerke eingebunden und deshalb auf keine Rolle festgelegt. Zudem ist dieser Typus erlebnisorientiert und somit durch emotionale Appelle gut beeinflussbar, da er eher im Hier und Jetzt lebt, statt einen Lebensplan zu verfolgen (vgl. Rennhak 2014, S. 180 ff.).

Der *paradoxe Konsument* ist ein gedanklich weitergedachter multioptionaler Konsument, der verschiedene paradoxe Ziele verfolgt: Er kann zugleich gerne günstig kaufen und dennoch Wert auf Nachhaltigkeit legen. Er fühlt sich einerseits bemächtigt, sein Leben nach seinen Maßstäben zu führen, und fühlt sich andererseits eingeschränkt durch gesellschaftliche Konventionen und Diskurse: Diese Spannung verunsichert diesen Typus und führt, so die Prognose, zu einer Sehnsucht nach eindeutigen und klar definierten Werten (vgl. Rennhak 2014, S. 182 ff.).

Auch die soziologische Theoriebildung nimmt sich dieser Beobachtung des inkonsistenten Verhaltens an und liefert eine mögliche Erklärung, insbesondere für multioptionales Verhalten. Reckwitz diagnostiziert, dass sich eine neue Form von Mittelschicht ausgebildet hat, die dem Diktat der *Singularisierung* unterliegt: Singularisierung bezeichnet das „Streben nach Einzigartigkeit und Außergewöhnlichkeit, die zu erreichen freilich nicht nur subjektiver Wunsch, sondern paradoxe gesellschaftliche Erwartung geworden ist" (Reckwitz 2017, S. 9). Die Erfüllung dieses Lebensstils geht mit dem Konsum einher, der auf eine komplexe, eigenwillige Aneignung kulturellen Kapitals wie Bildung, Nachhaltigkeit, Gesundheit, (Selbst-)Optimierung und vielen weiteren Trends basiert. Dieses Kapital wird im Handeln nach außen sichtbar, um als authentisches singuläres Subjekt (an-)erkannt zu werden (vgl. Reckwitz 2017, S. 285 ff.).

Moderne Konsumenten können nicht mehr unbedingt entlang der klassischen, eher konsistenten Kriterien segmentiert werden: Sie sind aufgeklärt, mündig, informiert, engagieren sich, sind mal auf der Jagd nach günstiger *Fast Fashion* oder mal an teuren und exquisiten Produkten oder sogar an Nischenprodukten interessiert. Vermeintlich stabile Kriterien wie die Geschlechterdifferenzierung sind aus einer kulturell orientierten Genderperspektive heutzutage eher als verflüssigte und zuweilen flüchtige Konstruktionen zu verstehen: Das Selbstverständnis und Rollenbild von Männern variiert z. B. mannigfaltig. Obwohl die Vielfalt und teils Unschärfe der sozialen Lebenswelt manche Kunden, hier verstanden als soziales Handlungssubjekt, überfordert, zeigen Studien eine niedrige Markenloyalität (vgl. Rennhak 2014, S. 178). Dabei könnte gerade die Bindung an eine Marke den Kunden Halt und soziale Orientierung bieten.

Diese Vielfalt an Konsummustern konvergiert mit weiteren Faktoren, die allesamt dazu führen, dass die Zielgruppenbestimmung erschwert wird. Diese Faktoren sind unter anderem die Erlebnisorientierung von Konsumenten (vgl. Schulze 2005). Das gesteigerte Bedürfnis nach Erlebnissen oder Abwechslung *(Sensation Seeking)* und die Angst vor Langeweile erzeugen eine Dynamik des Konsumverhaltens. Zudem führt der Wertewandel, der gegenwärtig vornehmlich zwischen

5.4 Herausforderungen der Zielgruppensegmentierung

verschiedenen Generationen unterschiedlich verläuft, zu einer Transformation der Marktstrukturen, so werden Nachhaltigkeit und Regionalität stetig relevanter.

Trotz der hier genannten Tendenzen zu inkonsistenten Konsummustern und dynamischen Absatzmärkten sollte aus betriebswirtschaftlichen Gründen eine zu starke Partikularisierung oder Individualisierung bei der Unternehmenskommunikation vermieden werden. Kommunikative Maßnahmen müssen sich planerisch an eine kritische Menge an Kunden richten, die das Produkt potenziell kaufen wollen und können. Ansonsten wird es kaum möglich sein, hinreichend Produkte abzusetzen, die genügend Umsatz erwirtschaften, um die laufenden Kosten des Unternehmens zu decken.

Die Auswahl der richtigen Zielgruppe ist ein maßgeblicher Schlüssel für den Erfolg der Unternehmung. Immerhin handelt es sich bei der anvisierten Zielgruppe um die potenzielle Käuferschaft, auf die die kommunikativen Maßnahmen und Botschaften zugeschnitten werden und die die Medien als Verbreitungskanäle selektieren. Die Unternehmenskommunikation muss die lebensweltlichen Relevanzkriterien der Käufer ansprechen. Gelingt dies nicht, bedeutet dies zumeist, dass finanzielle und personelle Ressourcen verschwendet wurden.

Die Problematik der geeigneten Segmentierung soll nachfolgend an einem Beispiel geschildert werden. Jede Segmentierung verfolgt ein bestimmtes Ziel in der Marktkommunikation und eine Segmentierung ist universell einsetzbar. Wenn beispielsweise ein Bauernbetrieb sein regionales Biofleisch vermarkten will, greift einerseits die geografische Segmentierung, da die Produkte einen klaren regionalen Bezug aufweisen, und andererseits richten sich seine Produkte an einen Lebensstil und sind an eine gewisse ökonomische Kaufkraft gebunden. Demnach gilt es, unterschiedliche Aspekte bei der Festlegung der Kommunikationsstrategie und der Implementierung der zugehörigen Maßnahmen zu berücksichtigen.

Zudem kann eine Marke mit ihren Produkten auch verschiedene Zielgruppen ansprechen. Dies kann zu einem Zielgruppenmix führen, bei dem mehrere Zielgruppen in gleicher Art und Weise angesprochen werden. Häufig produziert eine Marke jedoch Produkte für unterschiedliche Zielgruppen mit unterschiedlichen Bedürfnissen. So kann ein Automobilhersteller eine bestimmte Bandbreite an Kraftfahrzeugen produzieren, vom Kleinwagen über die Mittelklasse bis hin zur Oberklasse und zudem einen Sportwagen und einen SUV – und dies mit unterschiedlichen Antriebsarten: Benzin, Diesel, Hybrid, Elektroantrieb. Diese jeweiligen Konsumenten müssen unterschiedlich und mit hoher wahrscheinlich an anderen Kontaktpunkten angesprochen werden, da sie ein jeweils anderes Mediennutzungsverhalten an den Tag legen. Dies deutet die Komplexität der realen Zielgruppensegmentierung zumindest an.

Eine Integration sämtlicher Segmentierungsmöglichkeiten wird in der Software best4planning (b4p) vorgenommen. In diesem Gemeinschaftsprojekt werden die Erkenntnisse der Typologie der Wünsche (TdW) und der Verbraucheranalyse (VA) zu einer repräsentativen Studie zur Planung von Kommunikationsmaßnahmen in spezifischen Medienformaten zusammengeführt (unter gik.media/best-4-planning). Die Software ermöglicht es, die Zielgruppenpotenziale unter Rekurs auf typische Kennwerte zu bestimmen und die Kommunikationsmaßnahmen in einem zielführenden Mediamix zu kombinieren, der möglichst wenige Streuverluste generiert, d. h. vornehmlich die relevante Zielgruppe erreicht und nicht an zu viele Konsumenten vermittelt wird, für die das Produkt oder die Marke irrelevant sind.

Einen anderen Weg zur Bestimmung der Zielgruppe gehen die sogenannten *Buyer Personas*. Dabei handelt es sich um typisierte Beschreibungsmodelle der Menschen in einer Zielgruppe. Relevant für die Praktikabilität ist die Datengrundlage, aufgrund derer *Buyer Personas* entwickelt und formuliert werden. Es geht nicht darum, Profile auszuarbeiten, die den gewünschten Kundentypus veranschaulichen, sondern darum, einen realistischen Eindruck der Zielgruppe zu vermitteln. Die Unternehmenskommunikation kann sich dann in Form eines Perspektivwechsels in diesen Käufertypus eindenken und entlang seiner Präferenzen die Ausrichtung der Kommunikation vornehmen. Zwei Beispiele für *Buyer Personas:*

Beispiele: Buyer Personas

Emilie Extravagant verkörpert den Typus Premiumkäufer. Die 39-jährige Marketingleiterin lebt gemeinsam mit ihrem Mann in einem Neubau in München. Sie ist extrovertiert und kreativ, legt Wert auf Qualität und Luxusgüter und ist beruflich besonders engagiert. Ihre Karriere und ihre persönliche Selbstverwirklichung stehen für Emilie Extravagant an erster Stelle. Sie hat jedoch Angst vor beruflichem Misserfolg und somit dem Verlust von sozialer Anerkennung. Daher fällt es ihr auch oft schwer, die Kontrolle abzugeben. Ihr Mediennutzungsverhalten ist stark auf soziale Medien und Empfehlungen von Freunden ausgelegt, klassische Medien nutzt sie kaum noch.

Im Gegensatz zu Emilie Extravagant steht Günter Günstig. Er ist zurückhaltend, bescheiden und konservativ. Mit seinem niedrigen Gehalt als Produktionshelfer muss der 52-Jährige drei Kinder aus zwei Ehen ernähren. Da die Familie für Günter Günstig an oberster Stelle steht, arbeitet er jeden Tag hart und steckt seine eigenen Bedürfnisse zurück. Er kauft in Discountern und vergleicht Prospekte, um die günstigsten Angebote zu finden. Einmal wöchentlich geht er außerdem in die ortsansässige Kneipe, um mit seinen Freunden Skat zu spielen. Seine größte Angst ist es, im Alter in die Mittellosigkeit zu geraten oder krank zu werden und der Familie zur Last zu fallen. In Bezug auf Medienkanäle nutzt er überwiegend klassische Medien wie Fernsehen, Radio und Zeitung. Auch Empfehlungen von Freunden schätzt er.

Buyer Personas können dem Unternehmen helfen, sich in die Rolle ihrer Konsumenten zu versetzen. Dabei gelingt es, unter Rückgriff auf die klassischen Zielgruppensegmentierungen eine Neufiguration vorzunehmen, die eine recht spezifische Fokussierung der realen Zielgruppe ermöglicht. Allerdings darf hierbei nicht vergessen werden, dass die Erstellung von *Buyer Personas* nur ratsam ist, wenn hinreichend valide Informationen aus der Marktforschung über die Käuferschaft vorliegen.

5.5 Jenseits der klassischen Zielgruppen

Die bisherigen Darstellungen umfassen weitgehend klassische Zielgruppen. Dabei wurde auf die Gefahr hingewiesen, Zielgruppen zu kleinteilig zu segmentieren. Dennoch sollte nicht unerwähnt bleiben, dass für bestimmte Zielgruppenansprachen eine weitere Verfeinerung zielführend sein kann, obwohl diese hier nicht in aller Breite dargelegt werden können. Stattdessen soll der Hinweis darauf genügen, dass viele weitere Segmentierungen denkbar sind. Das neue emanzipierte (Selbst-)Verständnis von Frauen hat diese Zielgruppe in den letzten Jahren zu einer Zielgruppe für Marken und Produkte gemacht, die lange Zeit der männlichen Domäne zugeordnet wurden, die LGBT-Bewegung kann ebenfalls sehr interessante und für das Marketing relevante Konsumspezifika einbringen oder die Gruppe der Älteren muss bei genauerer Betrachtung differenzierter betrachtet werden, als das an dieser Stelle behandelt werden konnte (vgl. Halfmann 2014b).

Somit bleibt die Suche nach der Zielgruppe eine schwierige Aufgabe. Einerseits muss sie groß genug sein, um einen ausreichend großen Absatzmarkt darzustellen. Andererseits muss sie möglichst klein sein, damit die Ansprache auch die Interessen und Präferenzen trifft. Und schließlich sollte kein Unternehmen seine Zielgruppen heute noch als abstraktes Typenmodell betrachten, sondern als reale Menschen. Die nur transaktionsorientierte Markenführung wurde in den letzten Jahren hin zu einer beziehungsorientierten Kommunikationsarbeit erweitert. Insofern müssen Zielgruppen nicht nur analysiert, sondern auch besser verstanden werden.

Literatur

Akerlof, G. A. (1970). The market for „lemonst" quality uncertainty and the market mechanism. *The Quarterly Journal of Economics, 84*(3), 488–500.
Beck, U. (1986). *Risikogesellschaft. Auf dem Weg in eine andere Moderne.* Frankfurt a. M.: Suhrkamp.
Becker, J. (2013). *Marketing-Konzeption. Grundlagen des zielstrategischen und operativen Marketing-Managements.* München: Vahlen.
Bonfadelli, H., & Friemel, T. (2011). *Medienwirkungsforschung.* Konstanz: UVK.
Bourdieu, P. (1987). *Die feinen Unterschiede.* Frankfurt a. M.: Suhrkamp.
Freter, H. (2008). *Markt- und Kundensegmentierung. Kundenorientierte Markterfassung und -bearbeitung.* Stuttgart: Kohlhammer.
Halfmann, M. (2014a). *Zielgruppen im Konsumentenmarketing.* Wiesbaden: Springer Gabler.
Halfmann, M. (2014b). Der Konsument von morgen – Vom Homo oeconomicus zum Homo mysticus. In M. Halfmann (Hrsg.), *Zielgruppen im Konsumentenmarketing* (S. 1–15). Wiesbaden: Springer Gabler.
Hradil, S. (2006). Soziale Milieus – eine praxisorientierte Forschungsperspektive. *Aus Politik und Zeitgeschichte, 44–45*, 3–17.
Koch, J., Gebhardt, P., & Riedmüller, F. (2016). *Marktforschung. Grundlagen und praktische Anwendungen.* Berlin/Boston: de Gruyter.
Mitchell, R., Agle, B., & Wood, B. (1997). Toward a theory of stakeholder identification and salience: Defining the principle of who and what really counts. *The Academy of Management Review, 22*(4), 853–886.
Reckwitz, A. (2017). *Die Gesellschaft der Singularitäten.* Berlin: Suhrkamp.
Rennhak, C. (2014). Konsistent, hydrid, multioptional oder paradox? Einsichten über den Konsumenten von heute. In M. Halfmann (Hrsg.), *Zielgruppen im Konsumentenmarketing* (S. 177–186). Wiesbaden: Springer Gabler.
Rommerskirchen, J. (2017). *Soziologie & Kommunikation. Theorien und Paradigmen von der Antike bis zur Gegenwart.* Wiesbaden: Springer VS.
Roslon, M. (2018). Skalierte Erfassung soziologischer Typen in der empirischen (Konsum-) Forschung. *Journal für korporative Kommunikation, 1*, 27–39. https://journal-kk.de/michael-roslon-skalierte-erfassung-soziologischer-typen-in-der-empirischen-konsum-forschung. Zugegriffen am 10.03.2020.
Schulze, G. (2005). *Die Erlebnisgesellschaft. Kultursoziologie der Gegenwart.* Frankfurt a. M.: Campus.
Veblen, T. (2007). *Theorie der feinen Leute.* Frankfurt a. M.: Fischer.
Wiswede, G. (2000). Konsumsoziologie – eine vergessene Disziplin. In D. Rosenkranz & N. Schneider (Hrsg.), *Konsum: soziologische, ökonomische und psychologische Perspektiven* (S. 18–33). Opladen: Leske + Budrich.

Mit und in Medien sprechen 6

6.1 Mediale Kommunikation

Die Medienkommunikation stellt ein zentrales Instrument dar, um die Unternehmensziele zu vermitteln. Zunächst erzielt die mediale Kommunikation über die vielfältigen Kanäle und ihre multimodalen Möglichkeiten die Aufmerksamkeit einer großen Anzahl von Rezipienten. Wie bereits angeführt wurde, existieren aus der Konsumentenperspektive durchaus Unterschiede hinsichtlich der Art und Weise, wie die Kommunikationsinhalte, Symbole und Botschaften in unterschiedlichen Medien interpretiert werden. Nachfolgend wird jedoch die Perspektive auf die mediale Kommunikation aus Sicht des Unternehmens eingenommen. Dabei geht es um die Frage, welche Medien dem Unternehmen strategisch als Kanäle zur Verfügung stehen, um emotionale und/oder rationale Aufmerksamkeit und eine anschließende Interpretation hervorzurufen.

Aus Sicht der Unternehmenskommunikation kann nicht pauschal und undifferenziert über die Medien gesprochen werden. Der Begriff Medien lässt zunächst offen, ob er die Vermittlungskanäle mitsamt den notwendigen Endgeräten umfasst oder die Medien als Organisationen begreift, welche Inhalte selektieren, aufbereiten und vermitteln. Die Kommunikation mit und in den Medien stellt zwei unterschiedliche Praktiken dar – und basiert auf zwei unterschiedlichen Verständnissen von Medien.

Einem engen Verständnis zufolge werden Medien als Vermittlungskanäle definiert, die große Reichweiten ermöglichen. In einem weiten Verständnis von Medien

© Der/die Herausgeber bzw. der/die Autor(en), exklusiv lizenziert durch
Springer Fachmedien Wiesbaden GmbH, ein Teil von Springer Nature 2020
J. Rommerskirchen, M. Roslon, *Einführung in die moderne Unternehmenskommunikation*, https://doi.org/10.1007/978-3-658-30030-2_6

handelt es sich um eigenständige Akteure wie einen Fernsehsehsender oder eine Zeitung. Dieses weite Medienverständnis ermöglicht es, Medien als eine eigenständige Institution zu verstehen, die nach einer eigenwilligen Logik operiert. Ausgestattet mit ihren Eigeninteressen positionieren sie sich als relevante Anspruchsgruppen in dem Netzwerk einer Unternehmung. Als solche nehmen sie jedoch eine Sonderstellung unter den Anspruchsgruppen ein: Hinsichtlich der Erreichbarkeit der relevanten Zielgruppen sind Medien – im engen Begriffsverständnis als Mittler – von hoher strategischer Relevanz für die Praxis der Unternehmenskommunikation.

In dem hier vertretenen weiten Verständnis von Medien als Akteuren muss berücksichtigt werden, dass Medien eigenen ökonomischen und publizistischen Zielen folgen (vgl. Meckel und Will 2008, S. 305). Sie befinden sich damit in einem journalistischen Umfeld, in dem heute sowohl professionelle als auch weniger professionelle Akteure wie Hobbyreporter, Blogger oder Influencer tätig sind. In diesem Feld stehen Medienunternehmen stets unter Aktualitätsdruck im ständigen Kampf um die Aufmerksamkeit der Rezipienten (vgl. Franck 1998). Das bedeutet, sie agieren nach ihrer eigenen Logik und nach eigenen Interessen, die es bei der Kommunikation mit und in den Medien und der Generierung von Botschaften an die Medien zu berücksichtigen gilt. Demzufolge sind Medien schwierig zu steuern. Wenn es gelingt, können Medien, begriffen als eigenständige Akteure, maßgeblich dazu beitragen, durch ihre Berichterstattung als Reputationsgeneratoren zu fungieren, da sie als glaubwürdige Quellen in der Öffentlichkeit wahrgenommen werden. Dies ist gewöhnlich das Ziel der Public Relations.

Aus einer alltagsweltlichen bzw. kundenzentrierten Perspektive ist der Stellenwert von medialer Kommunikation hoch einzuschätzen. Soziologische Medientheorien diagnostizieren ein Zeitalter der Mediatisierung, in dem die alltägliche Lebenswelt von einer allgegenwärtigen Durchdringung durch die Medien gekennzeichnet ist. Dies ist nicht zuletzt auf die potenziell ständige mediale Vernetzung durch mobile Endgeräte zurückzuführen, die zu einer Orientierung und Ausrichtung aller Anspruchsgruppen einer Unternehmung an den Regeln der medialen Logik geführt hat (vgl. Bentele und Fähnrich 2010, S. 57). Das soll bedeuten, dass wechselseitige Erwartungen aneinander, etwa von Kunden und Unternehmung, formuliert werden. Kunden erwarten, aktuelle und relevante Informationen zeitnah und schnell zu erhalten, Unternehmen richten ihre Maßnahmen entlang der Verfügbarkeit potenzieller Kunden an Brand Touchpoints im Rahmen der sogenannten *Customer Journey* der relevanten Zielgruppe aus. Die Erregung medialer Aufmerksamkeit ist aus unternehmensstrategischer Sicht auch deshalb von hoher Relevanz, da man davon ausgehen kann, dass es einen Zusammenhang zwischen Aufmerksamkeit und ökonomischem Erfolg gibt (vgl. Franck 1998, S. 72). Dies gilt vor allem in Zeiten der Mediatisierung, in denen Konsumenten tagtäglich mit einer enormen Menge an Botschaften konfrontiert werden, die sie kaum noch verarbeiten können oder wollen. Insofern ist die Selektion des geeigneten Medienkanals mitsamt seinem jeweiligen Leistungsspektrum aus Sicht der Unternehmenskommunikation von strategischer Bedeutung, sowohl, was die Aufmerksamkeitsgenerierung und inhaltliche Verarbeitung, als auch, was die Reichweite bei der relevanten Zielgruppe angeht. Hierbei gilt es zu berücksichtigen, welche Zielgruppe welches Mediennutzungsverhalten an den Tag legt und welche Medien sie für glaubwürdig halten.

6.1.1 Kritische Reflexion des Medienverständnisses

Was unter dem Begriff Medien verstanden wird, variiert in der Literatur. Etymologisch leitet sich der Medienbegriff aus dem lateinischen Wort „*medius*" ab und bedeutet, dass sich etwas in der Mitte zwischen Dingen befindet. Aus dieser Sicht kann beinahe alles, was überträgt, als Medium verstanden werden – z. B. die Luft, welche Sprache in Form von Schallwellen überträgt. Ein derartiges Verständnis ermöglicht jedoch keine sinnvolle Einschränkung des Begriffs.

Die kommunikationswissenschaftliche Betrachtung versteht Medien zunächst als „leistungsfähige Kommunikationskanäle von spezifischen Leistungsvermögen" (Saxer 1998, S. 54), welche der Unternehmenskommunikation als leistungsstarkes Werkzeug zur Vermittlung von Botschaften zur Verfügung stehen. Diese Medienkanäle umfassen die Presse und Printerzeugnisse sowie den Rundfunk und das Fernsehen. Letztere bedürfen einer technischen Infrastruktur, damit die Vermittlung der Inhalte funktioniert. Diese Medien werden als Massenmedien zusammengefasst, da sie unidirektional große Massen ansprechen, wiewohl bereits früh bekannt ist, dass der Begriff der Masse zur Beschreibung des Publikums zu unspezifisch ist. Maletzke (1963, S. 32) spricht daher von einem dispersen Publikum, d. h. einer Vielzahl unterschiedlicher Medienrezipienten in der großen Masse, die die Medieninhalte empfangen. Scheufele (2014, S. 116) spricht den Massenmedien zudem vier wesentliche Merkmale zu: Publizität, also allgemeine Zugänglichkeit, Aktualität, Universalität (thematische Vielfalt) und unbegrenzte Periodizität (regelmäßiges Erscheinen).

Dieses Medienverständnis muss jedoch kritisch reflektiert werden. Wie bereits eingangs erwähnt, können Medien nicht darauf reduziert werden, als technische Vermittlungskanäle zu fungieren. Dies hängt für die Perspektive der Unternehmenskommunikation mit drei wesentlichen Aspekten zusammen: erstens mit der Weiterentwicklung der Medien im Rahmen der Digitalisierung, die

die Erstellung medialer Inhalte durch alle Beteiligten möglich macht. Zweitens zeigt sich dabei, dass die sogenannte Transportmetapher, die häufig für Medien herangezogen wird, aus erkenntnistheoretischer Perspektive problematisch ist. Drittens fordert das Verständnis der Medien als eigenständige Akteure mit jeweiligen Eigeninteressen die Medien als Transportkanäle heraus. Diese drei Aspekte werden nachfolgend besprochen.

6.1.2 Medien in Zeiten der Digitalisierung

Die Digitalisierung hat die Medienlandschaft in den vergangenen Jahren maßgeblich verändert. Im Gegensatz zu den klassischen analogen Medien werden die Inhalte neuer Medien digital gespeichert und verarbeitet und bieten dadurch vielfältige Möglichkeiten der Bearbeitung des Datenmaterials. Die wohl bekannteste Verarbeitung ist die statistische oder algorithmische Bearbeitung von Big Data. So kann beispielsweise Spotify aus den bisherigen Hörgewohnheiten der Nutzer Vorschläge und personalisierte Playlisten erstellen.

Die wesentliche technische Voraussetzung für die Digitalisierung war und ist das Internet. Dieses entwickelte sich aus dem militärisch genutzten US-amerikanischen *ARPAnet*, welches seit den 1990er-Jahren privaten Zugriff und später auch die aktive Gestaltung dieses Mediums durch die Weiterentwicklung zum Web 2.0 erlaubte. Web 2.0 bedeutet die „freiwillige und aktive Mitwirkung […] ohne Zwänge von Organisationen, Prozessen, Technologien oder bestimmten Plattformen" (Koch et al. 2009, S. 162) und integriert das Internet insbesondere durch mobile Endgeräte in den Alltag und die Lebenswelt der Menschen.

Die digitale (Online-)Kommunikation fordert den Medienbegriff heraus. Im Gegensatz zu analogen Medien ist die digitalisierte Vermittlung nicht linear von einem Sender zu einem (*One-to-One*) oder mehreren (*One-to-Many*) Empfängern beschränkt, sondern ermöglicht eine zeitgleiche Kommunikation vieler Akteure (*Many-to-Many*), z. B. in Chats. Aufgrund dieses partizipatorischen Charakters ist digitale Kommunikation wesentlich schwieriger steuerbar als analoge Kommunikation, da jeder Teilnehmer zugleich Empfänger und Sender sein kann und Kommunikation zumeist öffentlich zugänglich ist, weshalb Beck (2007) von öffentlicher Medienkommunikation spricht. In der digitalen Öffentlichkeit werden personale Kommunikationsprozesse wie Koordinationsprozesse oder Konflikte in den digitalen Raum transponiert und mit dem dort zur Verfügung stehenden Symbolrepertoire aus Sprache, Emojis und audiovisuellen Medien verarbeitet.

Im Rahmen der Unternehmenskommunikation hat die digitale Online-Kommunikation einen hohen Stellenwert, da sie im Vergleich zu den meisten klassischen Massenmedien günstiger und schneller ist und die Zielgruppe präzise ansprechen kann. Zudem können digitale Medien und insbesondere soziale Medien weitaus mehr leisten, als nur zu informieren oder zu emotionalisieren, da die Rezipienten auf Inhalte reagieren und/oder eigene Inhalte produzieren und verbreiten können. Digitale Kommunikation ist interaktiv und reziprok, was für die Unternehmenskommunikation sowohl Chancen als auch Risiken bedeutet. Eine Chance ist es, zeitnah in unmittelbaren Kontakt mit den Kunden zu treten. Ein Risiko, dass Konsumenten eigenständig Inhalte, Meinungen, Lügen oder Hasskommentare verbreiten können.

Insofern beschränkt sich die Funktion des Internets nicht auf die eines enorm effizienten Verbreitungsmediums. Das Internet stellt ein Medium dar, das aufgrund seiner Dynamik stets neue, unvorhergesehene Ordnungen emergent hervorbringt (vgl. Neuberger 2018). Dies geschieht sowohl durch die Nutzer als auch durch Algorithmen, die durch undurchsichtige Operationen Inhalte verbreiten oder sogar eigenständig erstellen. Im Gegensatz zu klassischen analogen Medien bleiben die Wirkungsmechanismen und Verfahrensprinzipien digitaler Medienkommunikation zuweilen intransparent und die Sender nicht eindeutig für die Rezipienten identifizierbar.

Diese Funktionsweisen des Internets gehen weit über die analoger Medien hinaus und fordern den Medienbegriff heraus. Dennoch kann auch das Online-Geschehen als mediale Kommunikation begriffen werden, weil es in vielen Aspekten der zwischenmenschlichen Kommunikation ähnelt (vgl. Baecker 2016, S. 13 f.): Das Internet stellt eine Rahmenbedingung für kommunikative Handlungen personaler und korporativer Akteure dar, welche spezifische Möglichkeiten eröffnet und wiederum andere Modalitäten kommunikativer Prozesse, beispielsweise olfaktorische Aspekte, einschränkt. Nachfolgend werden diese grundlegenden erkenntnistheoretischen Prämissen der Wirklichkeit des Internets noch eingehender thematisiert.

6.1.3 Wirkung und Macht der Medien – oder: eine Kritik der Transportmetapher

Die Wirkung von Medien wird häufig falsch eingeschätzt. Das liegt vor allem daran, dass ein wesentlicher Aspekt der Medien zu wenig reflektiert wird, der aber durch das Aufkommen der digitalen Kommunikation und hier insbesondere der sozialen Medien augenscheinlich geworden ist: Medien stellen nicht lediglich Transportkanäle von einem oder mehreren Sendern zu einem oder mehreren Empfängern dar, sondern sie stellen einen eigenständigen Wirklichkeitsausschnitt dar, an dessen Konstruktion vielfältig sichtbare und weniger sichtbare Akteure beteiligt sind (vgl. Luhmann 2009).

Die Literatur zur Unternehmens- bzw. Markenkommunikation versteht den Einsatz von Medien zumeist als Instrument zu Marketingzwecken. Diesem Verständnis folgend sind Medien als Reichweitengenerator zu Persuasionszwecken zu verstehen. Die Persuasionsforschung geht zurück auf die Yale-Studien von Hovland (1951) aus den 1940er-Jahren. Deren Ziel war es, die alliierten Soldaten im Zweiten Weltkrieg durch mediale Propaganda zu motivieren. Der Persuasionstheorie zufolge kann es Medien gelingen, eine gewünschte Einstellungs- und Verhaltensänderung hervorzurufen. Als maßgebliche Ursachen gelingender Persuasion identifiziert sie die Quelle einer Botschaft, die Darbietungsform der Botschaft und die Einstellungen des angesprochenen Publikums. Demnach kann mediale Kommunikation wirken, insofern die Botschaft von attraktiven oder vertrauenswürdigen Personen stammt. Zudem sollte die Botschaft einseitig sein, wenn die Zuhörerschaft bereits der gleichen Meinung ist wie der Kommunikator. Ist das Publikum anderer Meinung, so sollte die Botschaft argumentativ sein, zwei Seiten abwägen und ein nachvollziehbares Urteil zugunsten der eigenen Meinung als Schlussfolgerung benennen. In der Marketingkommunikation dienen derartige Erkenntnisse als Grundlage für die Werbekonzeption.

Wie viele andere Ansätze, welche den Medien durchaus Einfluss und Macht zusprechen, wird bei diesen Ansätzen der Rezipient als passives Element in die Wirkungskette eingebunden. Dies gilt vor allem für die klassischen Stimulus-Response-Modelle, denen zufolge die kommunikative Steuerung durch Unternehmen und Medien möglich ist, sofern hinreichende Kenntnisse über die inneren Zustände oder Lernfähigkeiten des Kunden existieren, um dadurch die kommunikativen Stimuli angemessen gestalten und positionieren zu können. Gegen diese stark vereinfachte Erklärung der Kommunikationswirkung wird an dieser Stelle ein geisteswissenschaftlich-interpretatives Menschenbild vertreten, demzufolge jeder Konsument vielfältige Interpretationsmöglichkeiten von Unternehmensbotschaften besitzt und diese in seinem sozialen Umfeld geprägt oder sogar ratifiziert werden. Die Konsumenten der Medien sind zudem nicht als passive Interpreten anzusehen, sondern erzeugen selbst produktive und kreative Lesarten und agieren eigenständig (vgl. Hall 1980; Tropp 2011). In den digitalen Verbreitungsmedien finden sich zahlreiche Beispiele für die (mehr oder weniger) kreative Selbstinszenierung der Rezipienten.

Diesen Ausführungen folgend wird nachvollziehbar, dass ein Verständnis der Medien als Transportmedien oder andere Metaphern wie als Spiegel der Gesellschaft zu eingeschränkt und in gewisser Hinsicht eine verzerrte Vorstellung darstellt (vgl. hierzu kritisch Krippendorff 1994). Vielmehr wird in Medien eine eigeständige Wirklichkeit konstruiert: „Die Realität der Massenmedien [...] besteht in ihren eigenen Operationen [...]. Es macht daher guten Sinn, die reale Realität der Massenmedien als die in ihnen ablaufenden, sie durchlaufenden Kommunikationen anzusehen" (Luhmann 2009, S. 12). Dabei sind es für Luhmann nicht die technischen Apparaturen, die die Wirklichkeit der Medien konstruieren, sondern die kommunikativen Operationen, die die beteiligten Akteure aufgrund der Beobachtungen ihrer Umwelt durchführen. Dies leisten, schließt man digitale Medien mit ein, heutzutage nicht lediglich professionelle Medienanstalten, sondern ebenso private Nutzer und gar Algorithmen.

Diese Medienrealität steht anschließend als Interpretationsangebot für die Rezipienten zur Verfügung. Im Rahmen dieser Interpretation ist es denkbar, dass Konsumenten sich persuasiv von den Medien verführen lassen, allerdings stellt dies auf das Leistungsspektrum der Medien eine recht eingeschränkte Sichtweise dar. Vielmehr ist in den vergangenen Jahren deutlich geworden, inwiefern das Internet einen Raum darstellt, in dem die vielfältigen Beiträge zu Umdeutungen von Botschaften und zur Verbreitung partieller Interessen und Ideen avanciert. So kann schließlich konstatiert werden, dass vor allem durch das Aufkommen der digitalen Medien ersichtlich geworden ist, dass die Macht über die Deutungen der Medieninhalte nicht unbedingt auf Seiten der Sender liegt, sondern vor allem eine Deutungsmacht durch die Rezipienten darstellt (vgl. Hall 1980; Rommerskirchen 2020).

Die Vorstellung, dass die neuen Medien das dominante Medium der Gegenwart sind und dass beinahe chaotische Zustände in den Medien herrschen, muss jedoch relativiert werden. Ein Großteil der medialen Wirklichkeit wird noch immer durch korporative Akteure wie Medienunternehmen, Wirtschaftsunternehmen, Politik oder Nichtregierungsorganisationen gestaltet und die Rezeption der klassischen Medien erfreut sich weiterhin großer Beliebtheit. Allerdings sind Medienproduzenten gut beraten, die soziale und kulturelle Umwelt aufmerksam zu beobachten, um als Akteur erfolgreich zu kommunizieren (vgl. Luhmann 2009). Dies gilt nicht nur für die Marktarena, sondern auch für die Medien als eigenständige Akteure und die Art und Weise, wie die Kunden die Medien schlussendlich nutzen und rezipieren.

6.2 Das richtige Medium finden

Für die mediale Kommunikation stehen den Unternehmen verschiedene Wege zur Verfügung, die je nach Zweck und Ziel der kommunikativen Maßnahmen strategisch ausgewählt oder kombiniert werden müssen. Wie zuvor beschrieben hängt der Erfolg kommunikativer Maßnahmen davon ab, dass die Aufmerksamkeit und die anschließende Interpretation des Kunden im Sinne des Unternehmens gelenkt werden. Um dies zu ermöglichen, ist es nötig, das Mediennutzungsverhalten der relevanten Zielgruppe zu kennen, um die richtige Botschaft am richtigen Ort *(Brand Touchpoint)* positionieren zu können.

Für ein grundsätzliches Verständnis der Mediennutzung können aktuelle Studien eine Orientierung bieten. Zielgruppenunabhängig stellt das Fernsehen noch immer das am meisten genutzte Medium mit 236 Minuten täglich pro Person in Deutschland dar (alle Zahlen für 2019). Allerdings ist der Fernsehkonsum stark altersabhängig: Bei den Unter-30-Jährigen liegt er bei knapp über 60 Minuten pro Tag und steigt dann kontinuierlich an. Bei den Über-50-Jährigen beträgt der Fernsehkonsum durchschnittlich mehr als 300 Minuten pro Tag. Die AGF Videoforschung stellt hierzu aktuelle Daten zur Verfügung (unter www.agf.de). Eine genauere Segmentierung bieten viele Medienforschungsunternehmen, eine Mediennutzertypologie mit Differenzierung nach Alter, Bildung und Lebensstil auch die öffentlich-rechtlichen Sender (unter ard-zdf-mnt.de). Mit circa 100 Minuten Mediennutzung pro Tag liegen das Internet und das Radio auf den Plätzen 2 und 3, gefolgt von Messenger (44 Minuten), Telefonie (43 Minuten) und E-Mail (38 Minuten). Bücher und Printmedien, gedruckt und digital, werden nur noch 26 bzw. 22 Minuten täglich genutzt.

Auch für andere Medienformate existieren aktuelle und differenzierte Studien, die je nach Bedarf aktuell recherchiert werden sollten. An dieser Stelle nur ein paar Zahlen zu den Reichweiten der wichtigsten Printmedien: Die Zeitschriften mit der größten Reichweite sind die aktuellen Nachrichtenmagazine wie Stern (6,3 Millionen Leser pro Ausgabe), Spiegel (5,9 Millionen) und Focus (4,2 Millionen) sowie die Programmzeitschriften rtv (7,8 Millionen), Prisma (5,8 Millionen), tv14 (5,8 Millionen), TV Movie (4,8 Millionen) und TV Spielfilm (4,6 Millionen). Eine Sonderrolle spielt die ADAC Motorwelt mit fast 14 Millionen Lesern pro Ausgabe, die an die Mitglieder des Automobilclubs verschickt wird. Bei den Tageszeitungen liegt die Bild-Zeitung mit fast 10 Millionen Leser pro Tag weit vor der Süddeutschen Zeitung (1,2 Millionen), der Frankfurter Allgemeinen Zeitung (0,75 Millionen) und der Welt (0,7 Millionen).

Die unterschiedlichen Kommunikationsinstrumente können dahingehend bewertet werden, inwiefern sie geeignet sind, die kommunikativen Ziele in der relevanten Zielgruppe zu erreichen. Für die Auswahl eines Mediums sind neben der Reichweite und den Kosten der Werbeschaltung auch der Spielraum bei der Gestaltung der Inhalte und bei der grafischen bzw. audiovisuellen Aufbereitung wichtig sowie die Feedbackmöglichkeiten der Rezipienten und die Situation, in der ein Medium wahrgenommen wird. Beispielsweise sind gut gelaunte Rezipienten besser beeinflussbar als andere (vgl. Bruhn 2015, S. 311). Außerdem sollte berücksichtigt werden, dass die Rezeption je nach Medium mit unterschiedlich großer Involviertheit vollzogen wird: Das Medium Radio wird häufig beiläufig beim Autofahren rezipiert, während Printmedien zumeist mit hoher Aufmerksamkeit gelesen werden.

Die bisher exemplarisch genannten Medien sind nicht nur für Werbeschaltungen relevant, sondern müssen überdies, wie im vorangegangenen Kapitel ausgeführt, als eigenständige Akteure auf dem Medienmarkt begriffen werden, die auch inhaltliche und gegebenenfalls investigative Berichterstattung leisten. Deshalb gilt es, die Anspruchsgruppe Medien genauer zu betrachten und deren Eigenlogik genauer zu verstehen, bevor eine umfassende Darstellung der Nutzungsmöglichkeiten der Medienlandschaft aus Sicht der Unternehmen erfolgt.

6.2.1 Media Relations – Medien als eigenständige Akteure

Für die Unternehmenskommunikation ist es von Bedeutung, die Medien als eigenständige Akteure und somit als relevante Anspruchsgruppen zu verstehen. Explizit sind in diesem Fall journalistische Medienakteure bzw. Medienanstalten gemeint. Diese Medien müssen somit sowohl als Anspruchs- bzw. Zielgruppe als auch als Vermittler verstanden werden, weshalb Meckel und Will (2008, S. 304) von einer Zwischenzielgruppe sprechen. Da sie eigenständige Interessen wie Einschaltquoten bzw. Verkaufszahlen verfolgen, müssen sie als sensible Anspruchsgruppe eingestuft werden. Aus Sicht des Unternehmens wird die Beziehung zu dieser spezifischen Zielgruppe als *Media Relations* bezeichnet, also die externen Kommunikationsbeziehungen eines Unternehmens mit der Zwischenzielgruppe Medien, bei der es die spezifischen Bedürfnisse und Interessen der Medienlogik zu berücksichtigen gilt (vgl. Meckel und Will 2008, S. 294). Bei der Verbreitung von Informationen oder Botschaften können Medienakteure als *Gatekeeper* betrachtet werden, die Inhalte nach eigenen Relevanzkriterien wie dem Nachrichtenwert filtern und anschließend inszenieren, um sie zu verbreiten. Ein Medienakteur steht im medialen Feld im Kampf um Einschaltquoten und Werbegelder.

Für Unternehmen kann es vorteilhaft sein, Bestandteil medialer Berichterstattung zu sein. Dies liegt unter anderem daran, dass die journalistische Berichterstattung, vornehmlich in Printmedien und den öffentlich-rechtlichen Kanälen, von der breiten Öffentlichkeit nicht nur genutzt wird, um sich zu informieren, sondern auch zur Orientierung bei der Einschätzung von Informationen und somit zur Entlastung des Konsumenten beiträgt (vgl. Hoffjann 2014, S. 673 f.). Dies gelingt, da Medienakteure die Umwelt beobachten und eine Agenda mit Themen erstellen, die aus ihrer Sicht gesellschaftliche Relevanz aufweisen. Der Agenda-Setting-Theorie zufolge überträgt sich diese Agenda auf das Medienpublikum in der Hinsicht, dass auch die Zuschauer diese Themen als relevant erachten.

Der Einfluss von Medienakteuren kann überdies auch meinungsbildend und sogar handlungsbeeinflussend sein. Medienakteure oder spezifische Medienpersonen können als Meinungsführer, sogenannte *Opinion Leader*, fungieren (vgl. Mast 2019). Diese Meinungsführer beeinflussen eine spezifische Zielgruppe bei Themen, bei denen sie sich selbst unsicher sind, wie politischer Meinungsbildung oder Kaufentscheidungen für Produkte, bei denen sich die Kunden nicht gut auskennen. Im Sinne einer zweistufigen Kommunikation müssen die Medien als Zwischenzielgruppe betrachtet werden, die als Knotenpunkt zwischen relevanten Anspruchsgruppen fungiert. Besonders erwähnenswert sind bei jüngeren Zielgruppen gegenwärtig die sogenannten *Influencer*, die vermeintlich unabhängig Produkte ausprobieren und Kaufempfehlungen geben. Insofern kann auch der Absatz indirekt erhöht werden, indem potenzielle Kunden mediale, journalistische oder andersartige Berichterstattung nutzen, um sich eine unabhängige Meinung zu Marken, Produkten oder Dienstleistungen einzuholen.

Besonders erwähnenswert ist die Vertrauenswürdigkeit von Medienanstalten. Noch immer besteht ein großes Vertrauen der Bevölkerung in das Mediensystem, während Werbung stets als manipulativ eingestuft wird und dies von ihr sogar erwartet wird (vgl. Luhmann 2009, S. 60). Journalisten hingegen sprechen nicht *für*, sondern *über* Unternehmen. Ihnen wird eine hohe Vertrauenswürdigkeit zugesprochen, da sie auch investigativ tätig werden können. Dass dies aufgrund von Zeitdruck und Ressourcenmangel häufig nicht geschieht, hat bisher keine Vertrauenskrise ausgelöst, weshalb es einen Vertrauensvorschuss auszunutzen gilt.

Auch im Hinblick auf andere Anspruchsgruppen kann die Zwischenzielgruppe Medien eine wichtige Funktion übernehmen. Während klassische Werbung die Kunden unterhalten und informieren soll, kann informative Berichterstattung durch Journalisten zu einer Legitimation bei weiteren Anspruchsgruppen wie z. B. politischen Entscheidungsträgern oder Investoren führen. Auch interne Zielgruppen können so erreicht oder neue Mitarbeiter akquiriert werden, indem Unternehmen als attraktive Arbeitgeber in den Medien erscheinen (vgl. Hoffjann 2014, S. 675 ff.).

Wer auf wen in dieser Beziehung zwischen den Anspruchsgruppen wie viel Einfluss ausübt, wurde zu unterschiedlichen Zeitpunkten unterschiedlich verhandelt. In den 1970er bis 1990er wurde die *Determinationshypothese* vertreten, der zufolge Unternehmen den medialen Inhalt festlegen. In den 1980er wurde die *Medialisierungsthese* formuliert, die davon ausgeht, dass Unternehmen sich an den Themen der Journalisten ausrichten. Neuerlich wird von einem wechselseitigen Einfluss der Gruppen aufeinander ausgegangen. Das *Intereffikationsmodell* unterstellt einen wechselseitigen Einfluss oder sogar wechselseitige Abhängigkeit, da ohne mediale Berichterstattung den Unternehmen relevante Legitimations- und Vertrauensquellen fehlen und da ohne die Aktivitäten von Unternehmen die Medien weniger zu berichten hätten (vgl. Burkart 2002, S. 263 f.).

6.2.2 Umgang mit der Zwischenzielgruppe Medien

Es stellt sich die Frage, wie und wann Unternehmen eine Kommunikationsbeziehung mit der Zwischenzielgruppe Medien eingehen sollten. Dem Intereffikationsmodell zufolge bedürfen Medien aktueller, informativer und berichtenswerter Nachrichten, um relevante Inhalte kommunizieren zu können. Die Anlässe für die Kommunikation mit Medien können vielfältig sein. So können neue Produkte beworben werden, es können Relaunches oder Transformationsprozesse vermittelt werden oder es kommt zu Sonderfällen wie der CEO-Kommunikation. Die Zusammenarbeit mit Medien kann als eine Win-win-Situation gestaltet werden: Man kann einzelnen Medienhäusern bzw. Journalisten exklusive Informationen anbieten, sodass diese einen Vorteil gegenüber ihrer Konkurrenz besitzen, die Verkaufszahlen erhöhen und Aufmerksamkeit erreichen können.

Der Mehrwert für das Unternehmen besteht darin, dass die Medien eine große Reichweite bei – für das Unternehmen – geringen Kosten erzeugen. Für eine journalistische Berichterstattung können bereits Pressemitteilungen oder eigens produzierte Inhalte genügen, die den Medien bereitgestellt werden. Diese sollten in journalistischer Sprache verfasst sein, damit der Journalist entlastet wird. Die Wahrscheinlichkeit, dass über ein Unternehmen berichtet wird, hängt maßgeblich vom Status des Unternehmens in der Öffentlichkeit ab – einige Unternehmen erregen größeres Interesse als andere. Schließlich ist der richtige Zeitpunkt von großer Bedeutung, so kann ein Großereignis ein guter Aufmacher sein, um den Nachrichtenwert zu erhöhen.

Aus Sicht des Unternehmens gilt es zu beachten, dass die Medien unterschiedliche strategische Relevanz haben. Es gibt bei genauerer Betrachtung nicht *die* Medien, sondern diese müssen nach Zielgruppen und Themengebieten spezifiziert werden. Meckel und Will (2008, S. 307 f.) schlagen vor, fünf Medientypen zu differenzieren: Wirtschaftsmedien, Fachmedien, allgemeine Medien, Spezialmedien und Online-Medien, die alle jeweils lokale, regionale, nationale oder globale Reichweiten besitzen. Die vielfältigen Medienarten werden nachfolgend auf ihre spezifischen Eigenschaften und die damit einhergehende Eignung für bestimmte Kommunikationsziele diskutiert.

6.2.3 Übergreifende Einteilung von Medien

Um die Medienlandschaft sinnvoll überschauen zu können, muss eine übergreifende Perspektive eingenommen werden. Eine sinnvolle Einteilung dafür stellt das sogenannte POEM-Modell *(Paid, Owned und Earned Media)* dar. Es differenziert die Medienarten insbesondere nach dem Verfasser des Medieninhalts: Zu *Paid Media* zählen sämtliche Formen der vom Unternehmen bezahlten Medieninhalte. Dazu gehören die klassische Werbung in Fernsehen, Radio, Zeitungen und Zeitschriften, Kino sowie Onlinewerbung mit Bannern oder provisionsvergütete Inhalte *(Affiliate Marketing)*. Ohne Bezahlung kann Kommunikation über die unternehmenseigenen Kanäle, die als *Owned Media* bezeichnet werden, erfolgen. Diese Kanäle stellen die Homepage, E-Mails, Seiten in den sozialen Medien oder Blogs dar. *Earned Media* bezeichnet alle weder bezahlten noch beauftragten positiven und negativen Erwähnungen auf privaten oder professionellen (durch Journalisten oder Blogger) Medienkanälen außerhalb *Paid* oder *Owned Media* wie Kanäle in den sozialen Medien, Blogs, Foren und andere.

In der Literatur wird zudem häufig das PESO-Modell als Alternative benannt. Dabei steht S für *Shared Media* und bezeichnet ursprünglich die sozialen Medien. *Shared Media* bezeichnen anders als *Paid, Owned* und *Earned Media* analytisch klar abgrenzbar einen bestimmten Medienkanal. Alle sozialen Medien enthalten *Paid, Owned* oder *Earned Media*, die dann auf diesen Plattformen durch eine soziale Handlung geteilt *(shared)* werden können.

Die Differenzierung in Paid, Owned und Earned Media ermöglicht eine zielführende Zusammenstellung der Instrumente zu einem Mediamix. Es gilt zu planen, welche Medien mit welchen zeitlichen, personellen oder finanziellen Ressourcen bespielt werden. Die Mediaselektion muss im Hinblick auf die Zielgruppensegmente koordiniert werden, um die Unternehmensziele umzusetzen. Dabei müssen auch die jeweiligen Eigenschaften der Medien berücksichtigt werden – ihre Schnelligkeit, die Möglichkeiten zum Feedback oder die Multimedialität (vgl. Mast 2019, S. 156). Maßnahmen in bestimmten Medien müssen langfristig geplant werden, da einige Medien wie das Fernsehen langsam agieren, soziale Medien hingegen wesentlich flexibler und schneller sind. Allerdings sind Letztere auch weitaus weniger steuerbar, wie beispielsweise im Falle von Shitstorms offensichtlich wird. Nachfolgend werden die drei Medienformen *Paid, Owned* und *Earned Media* ausführlich dargestellt und diskutiert.

6.3 Paid Media – die klassische Werbung

Die klassische Form der medialen Unternehmenskommunikation ist der bezahlte Inhalt. Dafür kaufen Unternehmen Werbezeiten oder Werbeflächen bei Medienakteuren. Diese klassische Werbung umfasst Print-, Radio- und Fernsehwerbung sowie Außenwerbung *(Out-of-Home* – OoH) oder bezahlte Online-Werbung. Auch Suchmaschinenwerbung wird *Paid Media* zugeordnet, auch wenn die Anbieter dieser Werbeform beispielsweise durch ihre eigenen Algorithmen teilweise in die Darstellung der Ergebnisse eingreifen – die Inhalte sind jedoch noch immer vom Unternehmen gesteuert und bezahlt.

Die Brutto-Werbeinvestitionen der werbetreibenden Unternehmen steigen in Deutschland stetig. Im Jahr 2000 betrugen die Investitionen noch 18 Milliarden Euro, zehn Jahre später waren es 25 Milliarden Euro und im Jahr 2018 waren es mehr als 30 Milliarden Euro. Diese Beobachtung ist aufgrund oder gerade trotz der zunehmenden Relevanz von Onlinewerbung interessant: Onlinewerbung ist im Vergleich zu Fernsehwerbung verhältnismäßig günstig, dennoch steigen die summierten Werbeausgaben. Werbung gegen Bezahlung hat, gerade in den klassischen Medien, noch immer einen hohen Stellenwert im Mediamix der Unternehmenskommunikation.

Hinsichtlich der Wirkung von *Paid Media* und werblicher Medienkommunikation im Allgemeinen zielt ein Großteil der Studien weniger auf die Bedeutung des Mediums als Kanal oder Rahmen der Werbung ab, sondern fokussiert auf die Gestaltung der Text-, Bild- oder audiovisuellen Elemente, deren Zusammenspiel sowie deren Aufmachung, den Einsatz von Testimonials oder die vermittelte Stimmung und deren psychologische Auswirkungen (vgl. hierzu ausführlich Felser 2015; Kroeber-Riel und Gröppel-Klein 2013). Nachfolgend fokussiert sich dieses Kapitel jedoch auf die Spezifika der Medienmittel und deren Selektion aus Sicht der strategischen Unternehmensführung.

Die werblichen Kommunikationskanäle werden in *Above the Line* (ATL) und *Below the Line* (BTL) eingeteilt (vgl. Esch 2014, S. 290). ATL umfasst Werbemaßnahmen im Radio und Fernsehen, in Zeitungen und Zeitschriften, in der Außenwerbung, im Kino sowie in Onlinemedien. Man spricht dann von ATL-Maßnahmen, wenn der werbliche, bezahlte Inhalt als Werbung gekennzeichnet werden *muss*. Von BTL spricht man bei nicht-kennzeichnungspflichtiger Werbung, da sie entweder informativen Charakter aufweist oder eine unerwartete und kreative Werbevariante darstellt. Dazu gehören die Werbung per Postsendung im Dialogmarketing, Verzeichnismedien wie die sogenannten Gelben Seiten, Anzeigenblätter und Zeitungsbeilagen, Sponsoring, Flashmobs oder das *Affiliate-Marketing*.

6.3.1 Brutto-Werbeinvestitionen und Netto-Werbeeinnahmen

Unternehmen, die den Verkauf von Werbeplätzen anbieten, müssen die Preise für ihre Angebote festsetzen. Dabei müssen sie jedoch berücksichtigen, dass ein Unterschied existiert zwischen den formell ausgewiesenen und den tatsächlich bezahlten Werbepreisen.

Brutto-Werbeinvestitionen sind die prognostizierten Einnahmen *(ex ante)* der Anbieter (Vermarkter, Sender, Verlag etc.) für den medialen Raum, beispielsweise eine Fläche in der Tageszeitung oder Sendeminuten im Rundfunk. Die Prognose stützt sich auf die Kalkulation des Anbieters für die angebotenen und voraussichtlich gebuchten Werbezeiten und -flächen auf der Grundlage der Preislisten. Die Brutto-Werbeinvestitionen werden von der Agentur Nielsen Media Research ermittelt und veröffentlicht. Dabei werden nur die Above-the-Line-Medien berücksichtigt. *Netto-Werbeeinnahmen* sind die tatsächlich am Ende des Jahres erzielten Umsätze *(ex post)* der Anbieter mit Werbung. Die realen Einnahmen berücksichtigen auch Provisionen, Rabatte, Gegengeschäfte, Quotenanpassungen und anderes. Diese tatsächlichen Umsätze der Medien durch den Verkauf von Werbezeiten und -flächen sind meldepflichtig und werden vom Zentralverband der Werbewirtschaft veröffentlicht. Bei den Netto-Werbeeinnahmen werden sowohl alle Above-the-Line- als auch die wichtigsten Below-the-Line-Medien berücksichtigt.

Die Differenz zwischen den prognostizierten Brutto-Werbeinvestitionen und den realen Netto-Werbeeinnahmen ist beträchtlich: Die erhofften 30 Milliarden Euro der Brutto-Werbeinvestitionen reduzierten sich im Jahr 2019 auf lediglich 16 Milliarden Euro Netto-Werbeeinnahmen. Diese sogenannte Brutto-Netto-Schere ist kein einmaliges Phänomen, sondern öffnet sich kontinuierlich weiter. Beim Fernsehen beträgt der Unterschied zwischen den formell ausgewiesenen und den tatsächlich ausgehandelten Werbepreisen regelmäßig 50 Prozent oder mehr. Die niedrigen Nettowerte resultieren vor allem aus Quotenanpassungen, wenn ein Fernsehformat nicht die erhoffte Anzahl an Zuschauern erreicht, und Rabatten, die fast alle Fernsehsender den Unternehmen gewähren müssen, um ihre Werbeplätze verkaufen zu können. Nicht nur beim Fernsehen, sondern auch beim Radio, den Zeitungen und Publikumszeitschriften sowie den Onlinemedien öffnet sich die Schere immer weiter. Tatsächlich kann man daher nur die Netto-Werbeeinnahmen als realen Indikator für den Werbemarkt und die Werbewirtschaft ansehen.

Aufgrund der hohen Kosten für Werbung im Bereich *Paid Media* ist eine genaue Planung und gute Kenntnis über die jeweiligen Wirkungen der Medienarten und die wahren Kosten der Werbeschaltungen notwendig. Nur dann ist eine zielführende Auswahl für einen ausgewogenen Mediamix mit realistischen Kostenkalkulationen vor dem Hintergrund des eigenen Budgets möglich.

6.3.2 Printmedien – Zeitungen und Zeitschriften

Printmedien haben noch immer einen großen Anteil an den Werbeinvestitionen, allerdings sinkt deren Anteil kontinuierlich, oftmals zugunsten der Investitionen in

6.3 Paid Media – die klassische Werbung

Online-Werbung. Printmedien können in Zeitungen und Zeitschriften unterteilt werden: Zeitungen sind eines der ältesten Medien in der Werbung. Sie erscheinen täglich oder wöchentlich und variieren hinsichtlich der Regionalität sowie ihres regionalen bis überregionalen Verbreitungsgrads. Im Vergleich zu anderen Mediengattungen sind Zeitungen eher als informierendes denn als unterhaltendes Medium einzuordnen, weshalb die Werbung überwiegend informativ und argumentativ gestaltet sein muss. Die Werbeflächen in Zeitungen können zeitnah und verhältnismäßig günstig eingekauft werden und ermöglichen ein exaktes Timing bei der Schaltung von Anzeigen. Einschränkend muss erwähnt werden, dass der Gestaltung von Werbeanzeigen Grenzen gesetzt sind, da sie statisch sein müssen, zumeist eine schlechte Druckqualität aufweisen und selten in Farbe gedruckt werden. Die Zielgruppen von Zeitungen können zuweilen nur bedingt gut abschätzt werden: Regionale Tageszeigen können anhand einer regionalen Segmentierung gut eingeschätzt werden und die Maßnahmen dementsprechend gut abgestimmt werden. Bei überregionalen Zeitungen können sich jedoch verschiedene Zielgruppen, beispielsweise aufgrund (sozio-)demografischer oder psychografischer Merkmale, in der Leserschaft vermischen (vgl. Bruhn 2019, S. 657 f.).

Zeitungen können als Basismedium oder als Zusatzmedium eingesetzt werden. Als Basismedium ist es hilfreich bei der Einführung von Produkten, da Informationen günstig flächendeckend kommuniziert werden können (vgl. Bruhn 2019, S. 218). Als Zusatzmedium kann es kurzfristig bei Veranstaltungen/Events oder Sonderaktionen eingesetzt werden (vgl. Bruhn 2019, S. 658). Zudem besteht die Möglichkeit, eigene Beilagen zu liefern. Diese sind auffällig und werden von Kunden entsprechend aufmerksam wahrgenommen. Einer Studie von Score Media zufolge kann Zeitungswerbung gute Erinnerungsleistungen aufweisen, da Print in einer entspannten Atmosphäre rezipiert wird und dabei ungeteilte Aufmerksamkeit, also ein hohes kognitives Involvement, erfährt (unter score-media.de). Als besonders glaubwürdig wirken regionale Tageszeitungen durch ihre lokale Verwurzelung und die regionale Nähe.

Zeitschriften erscheinen gewöhnlich in größeren Abständen als Zeitungen, nämlich wöchentlich oder monatlich. Sie bieten ein Spektrum von Unterhaltung bis hin zu themenspezifischen und informativen Magazinen. Einige Zeitschriften sind polythematisch und zielen auf kein spezifisches Zielgruppensegment ab, sodass bei diesen Medien hohe Streuverluste zu erwarten sind. Demgegenüber existieren viele *Special-Interest*-Zeitschriften zu unterschiedlichen Themen mit einer klar bestimmbaren Zielgruppe. Diese haben den Vorteil, dass die Zielgruppe gut thematisch abgegrenzt ist und die Streuverluste gering sind. Allerdings bedarf die Werbung in Zeitschriften einer längerfristigen Planung, wobei die Kosten auch hier verhältnismäßig niedrig sind. Dafür bieten Zeitschriften die Möglichkeit, Hochglanzwerbungen zu platzieren. Insgesamt ist das Involvement bei Zeitschriften als hoch einzustufen, dies gilt umso mehr, je höher die fachspezifische Orientierung und je informativer der Gehalt einer Zeitschrift ist (vgl. Bruhn 2019, S. 658 ff.).

6.3.3 Außenwerbung und Out-of-Home

Die Außenwerbung erfährt gegenwärtig ein Comeback. Dies hat vielfältige Gründe wie die zunehmende Mobilität in spätmodernen Gesellschaften, was vor allem für die jüngere Zielgruppe zutrifft. Zudem beschränkt sich Außenwerbung keinesfalls auf reine Plakatwerbung an Litfaßsäulen oder auf Plakatwänden. Außenwerbung kann überraschend wirken *(Ambient Media)* oder aufgrund der technischen Transformation (LED-Beleuchtung, Flatscreens für den Einsatz von Bewegtbildern) ein multisensuales Erlebnis bieten. Die Einsatzmöglichkeiten für Außenwerbung sind vielfältig, so kann man Plakatwerbung, Hinweismedien, Transport-Medien, *Digital Out-of-Home* und *Ambient Media* unterschieden. Nachfolgend werden diese Kanäle kurz vorgestellt, um einen Überblick über diese Medienlandschaft zu erhalten (eine umfassende Darstellung findet sich bei Bruhn 2019, S. 665 ff.).

Plakatwerbung ist die am weitesten verbreitete Variante der Außenwerbung. Die Wahrnehmung von Plakatwerbung kann von Seiten der Konsumenten kaum vermieden werden, allerdings wird sie eher unbewusst und kurzzeitig als bewusst wahrgenommen. Vor allem gelingt es ihr, durch bildliche Elemente Aufmerksamkeit zu erzeugen. Textliche Elemente müssen knapp und einfach formuliert sein. Plakate sind verhältnismäßig günstig, müssen jedoch für eine bestimmte Dauer gemietet werden. Insofern es sich um Druckwerke und nicht um digitale Präsentationsflächen handelt, ist zudem die Aktualisierung der Flächen aufwendig.

Plakate werden unterteilt in City-Light-Poster, City-Light-Boards, Großflächen, Panoramaflächen, Superposter, Riesenposter, Allgemeinstellen oder Litfaßsäulen, wobei die mengenmäßigen Anteile der jeweiligen Stellen unterschiedlich ausfallen (mehr unter faw.de). City-Light-Poster sind zwei Quadratmeter große, gut beleuchtete Plakate, die vor allem in Wartehallen von Bahnhöfen oder an Haltestellen zu finden sind und im Jahr 2019 durchschnittlich 17,46 Euro pro Tag kosten (aktuelle Preise unter faw.de). City-Light-Boards sind circa neun Quadratmeter große, auf einem Standfuß angebrachte und hinterleuchtete Plakatwände, die aufgrund ihrer guten Sichtbarkeit vor allem an gut frequentierten Verkehrsknotenpunkten platziert sind (durchschnittlich 59,75 Euro pro Tag). Großflächen sind die am weitesten verbreiteten Plakatvarianten, die auch einzeln gemietet werden können (durchschnittlich 19,68 Euro pro Tag). Zusammenhängende oder nebeneinandergereihte Plakatflächen werden als Panorama bezeichnet. Großflächigere Varian-

6.3 Paid Media – die klassische Werbung

ten stellen Superposter mit circa 20 Quadratmetern oder Riesenposter mit keiner größenmäßigen Einschränkung dar, die an exponierten Stellen wie Häuserfassaden angemietet werden können. Schlussendlich können Litfaßsäulen heute als klassische Betonsäulen oder hintergründig beleuchtete Säulen im innerstädtischen und vornehmlich im Fußgängerbereich positionierte Medien angemietet werden. Auf dem deutschen Markt bieten Anbieter wie Ströer oder JCDecaux die Anmietung an.

Aktuellen Studien zufolge fällt 80 Prozent der Befragten Plakatwerbung auf und 83 Prozent kommen mehrfach pro Woche mit Plakaten in Kontakt. Dabei sind es vor allem die Größe (70 Prozent) und die Farbe sowie die Gestaltung (66 Prozent), welche die Aufmerksamkeit auf sich ziehen. Bei 62 Prozent wird das Interesse an Marken oder Produkten geweckt, sodass die Wirkungsweise von Plakaten durchaus belegt werden kann (unter faw.de).

Abgesehen von Plakatvarianten werden auch Hinweismedien zur Außenwerbung gezählt. Diese zielen auf eine direkte Handlungsbeeinflussung ab, indem sie beispielsweise auf neue Supermärkte oder Outlets in der Nähe der Verkaufsstelle hinweisen. So werden häufig Werbetürme an Autobahnen aufgestellt, die den Weg zu Einkaufsmöglichkeiten oder Sonderangeboten weisen. Dies kann nur funktionieren, wenn diese Werbeformate so platziert sind, dass der potenzielle Konsument hinreichend Zeit hat, diese Offerte kurz zu reflektieren und rechtzeitig zu reagieren, vor allem wenn er sich gerade im fließenden Verkehr befindet. Als weiteres Beispiel können Fastfood-Restaurants dienen, die auf Plakaten durch eine visualisierte Fahrtskizze den Weg zur Filiale weisen sollen.

Eine gut sichtbare Außenwerbung stellt die Plakatierung von Transportmedien dar. So können Taxen, Lastkraftwagen, Bahnen und Busse beschildert werden. Sie bewegen sich permanent im Straßenverkehr und damit in der Öffentlichkeit und haben dadurch eine hohe Reichweite und generieren Mehrfachkontakte (vgl. Unger et al. 2013, S. 251). Die Formate dieser Außenwerbungsmaßnahmen variieren, sie reichen von einer Nutzung der Gesamtfläche eines Mediums bis hin zu Teilgestaltungen in unterschiedlichen Größen sowie an verschiedenen Stellen des Transportmediums (seitlich oder Heckfläche) und können auch Scheiben oder gar Innenräume mit Swing-Ads oder Swing-Cards an den Handhalterungen beinhalten.

Unter *Ambient Media* werden unkonventionelle Werbemethoden in der Außenwerbung zusammengefasst. So kann Werbung beispielsweise an untypischen Orten, an denen Konsumenten sie nicht erwarten, überraschend wirken. Beispiele hierfür wären Kopfstützen in Taxis oder Dachwerbeträger, Bodengestaltung, untypische Orte wie Universitäten, Bahnhöfe oder Bildflächen in Arztpraxen oder in Einkaufszentren. Aufgrund ihrer Auffälligkeit eignen sie sich gut für Produkteinführungen und sind eher für eine junge Zielgruppe geeignet.

Überdies gibt es eine große Vielfalt an weiteren kreativen Ideen für Außenwerbung, die teilweise teuer sind, da sie nicht standardisiert sind und nur für den einmaligen Gebrauch produziert werden. Ein aktueller Trend ist die Verknüpfung von mobilen Endgeräten mit der Außenwerbung. Dafür geeignet sind QR-Codes, die mit dem Gerät gescannt werden und dem Kunden zusätzliche Informationen anbieten. Der Einsatz von sogenannten *Beacons* eignet sich ebenfalls: Beacons sind kleine, batteriebetriebene Sender, die Informationen via Bluetooth an Smartphones senden können, die ein entsprechendes Betriebssystem installiert haben. So können etwa tagesaktuelle Angebote an die Nutzer gesendet werden, die sich in der räumlichen Nähe eines Geschäfts befinden.

Die Außenwerbung ist gegenwärtig ein wichtiger Bestandteil eines Mediamixes, sie muss jedoch mit weiteren Maßnahmen und Instrumenten sinnvoll kombiniert werden. Sie erzeugt zwar schnell Aufmerksamkeit, genügt aber nicht allein, um tiefer verankerte Interpretationen oder gar Handlungssteuerungen auszulösen.

6.3.4 Fernsehen

Das Fernsehen ist in Deutschland und in den allermeisten Ländern der Welt noch immer das Leitmedium. Es unterhält und informiert große Teile der Bevölkerung und hat bei der Medienrezeption einen dominanten Anteil: Durchschnittlich schauen die Deutschen mehr als 220 Minuten täglich fern, dabei erreicht das Fernsehen tagtäglich fast 70 Prozent der Gesamtbevölkerung. Aufgrund seiner großen Reichweite eignet sich das Fernsehen besonders als Werbemedium, um Marken oder Produkte bekannt zu machen, und ist mit seinen vielfältigen Werbegestaltungsmöglichkeiten in der Lage, eine hohe Involviertheit insbesondere auf der emotionalen Ebene zu aktivieren.

Allerdings gibt es einige rechtliche Beschränkungen und Unterschiede bei der Fernsehwerbung. Im dualen System der Bundesrepublik Deutschland wird zwischen öffentlich-rechtlichen und privaten Fernsehsendern unterschieden. Öffentlich-rechtliche Anstalten wie die ARD und das ZDF finanzieren sich aus dem allgemeinen Rundfunkbeitrag und unterliegen daher strengen Richtlinien für die Ausstrahlung von Werbung. Gewöhnlich wird Werbung in Blöcken gesendet. Diese Werbeblöcke müssen mindestens 20 Minuten auseinander liegen. Die öffentlich-rechtlichen Sender dürfen maximal 20 Minuten Werbung pro Tag schalten und nach 20 Uhr sowie an Sonn- und Feiertagen gar nicht. Da sich private Fernsehsender wie RTL oder ProSieben vornehmlich durch Werbung finanziert, dürfen sie bis zu 15 Prozent der täglichen Sendezeit mit Werbung füllen.

Fernsehwerbung ist verhältnismäßig teuer, wobei die Kosten von verschiedenen Faktoren abhängen. Die Kosten variieren mit der Länge des Spots und der Tageszeit, wobei die abendliche Primetime teurer ist als das Vorabendprogramm. Der Preis variiert auch mit der Jahreszeit, so sind die Kosten im Sommer niedriger als im Herbst oder Winter. Zudem ist die Sehbeteiligung relevant, denn je mehr Zuschauer ein Format hat, desto höher der Preis. Außerdem ist eine Platzierung in einem Werbeblock günstiger als Sonderplatzierungen, beispielsweise die Ausstrahlung eines alleinstehenden Werbespots. Exemplarisch können Preise bei den öffentlich-rechtlichen Sendern eingesehen werden: So kosten 6 bis 15 Sekunden Werbung im Jahr 2020 um 14:58 Uhr im ARD-Programm unter 4000 Euro und während der Sportschau über 66.000 Euro. Abseits der Werbeblöcke existieren vielfältige Sonderwerbeformen und Sonderplatzierungen. So können Botschaften in das laufende Programm eingebettet *(Splitscreen)* oder in den Abspann integriert werden. Als *Single-Spot* wird ein einzelner und alleinstehender Spot außerhalb der Werbeblöcke verstanden. Zudem existieren alternative Programmformate wie Dauerwerbesendungen und die Möglichkeit von *Sponsortrailern* oder Titelsponsoring.

Die Wirkung von Werbung hängt von unterschiedlichen Faktoren ab und kann verschiedene Formen annehmen. Geradezu evident ist die Erkenntnis, dass Fernsehwerbung umso effizienter wirkt, je besser die Werbung auf die Zielgruppe abgestimmt ist. Bei der reinen Werbeerinnerung erzielt das Fernsehen die höchsten Werte unter allen Medien. Zudem profitiert Fernsehwerbung von dem Umfeld im Programm. Die kognitive und emotionale Aufmerksamkeit für das Fernsehprogramm kann sich als *Spill-Over*-Effekt positiv auf die Werbewirkung auswirken. Dies gelingt beispielsweise in Form der sogenannten *Excitation-Transfers*, bei denen sich die Resterregung aus dem Fernsehprogramm durch witzige, spannende oder gruselige Inhalte auf die Werbung übertragen kann. Problematisch ist das gestiegene Desinteresse der Rezipienten an Werbung, was vor allem durch das Verhaltensmuster des *Zappings* deutlich wird: Rezipienten eines Fernsehinhalts schalten während der Werbung um und vermeiden so den Kontakt zur Werbung. Alternativ verlassen sie den Raum oder schalten den Fernseher stumm.

6.3.5 Radio/Rundfunk

Die Werbung im Radio ist kostengünstig und reichweitenstark. Radio wird zumeist zur Unterhaltung und zum *Mood-Management* genutzt (vgl. Engel 2017, S. 300). Dabei kann sich die gute Stimmung positiv auf die Wahrnehmung von Werbung auswirken. Zwar ist der Kontakt mit Radiowerbung eher flüchtig und rein auf die auditive Wahrnehmung beschränkt, dennoch gelingt es diesem Medium, die Bekanntheit von Marken und sogar den *Return on Investment* (ROI) zu steigern. So kann etwa im Handel (ohne Lebensmittel) pro investiertem Euro eine Rendite von 2,82 Euro und im Lebensmitteleinzelhandel sogar von 6,18 Euro erzielt werden. Insofern kann dem Radio eine hohe Aktivierung zum Kauf bescheinigt werden.

6.3.6 Online-Werbung

Unter Online-Werbung im Bereich Paid Media fallen unterschiedliche Werbeformen wie die Platzierung von Inhalten in Form von *Display-Advertising,* Suchmaschinenwerbung (*Search Engine Advertising*, SEA) und Suchmaschinenoptimierung (*Search Engine Optimation*, SEO) (vgl. Kreutzer 2018, S. 96 ff.) sowie *Affiliate-Marketing* und *Native Advertising*. Grundsätzlich kann jedes Online-Medium, das für die Platzierung von Werbung auf seiner Internetseite Geld verlangt, zu *Paid Media* gezählt werden. Maßgebliche Kanäle sind Google Ads, soziale Netzwerke wie Instagram, Facebook oder YouTube und neuerlich Partnerschaften mit (Medien-)Unternehmen im Rahmen des *Affiliate-Marketings* sowie im redaktionellen Umfeld das *Native Advertising*. Die Investitionen in Online-Marketing sind in den vergangenen Jahren kontinuierlich gewachsen, was Hand in Hand mit steigenden Einnahmen aus der Onlinewerbung geht (vgl. BVDW 2019).

Die Möglichkeiten, in diesen Medien Werbung zu platzieren, können unterschiedlich ausfallen, und auf einer Internetseite können mehrere Kommunikationsinstrumente angeboten werden. Prinzipiell erlaubt der Einsatz von Online-Werbung eine genauere Bestimmung *(Targeting)* der Zielgruppe. Dabei können die Unternehmen gut abschätzen, welche Zielgruppe auf welcher Internetseite kontaktiert wird. *Targeting* kann zudem soziodemografische, geografische oder semantische Daten einbeziehen sowie das individuelle Surfverhalten durch die Nutzung der in den Nutzerprofilen hinterlegten Informationen (vgl. Kreutzer 2018, S. 101 f.). Außerdem kann schnell agiert werden, die Kosten sind gut skalierbar und zudem ist das *Tracking* von Onlineverhalten durch *Cookies* oder das Einloggen auf Internetseiten möglich (vgl. Kreutzer 2018, S. 96 ff.; Auler und Huberty 2019).

Ein häufig gewähltes Instrument ist die Display-Werbung. Hierbei handelt es sich um grafische Werbebanner wie (animierte) Videos oder statische Bilder, die ohne aktives Zutun des Nutzers auf seinem Bildschirm eingespielt werden. Dies sind häufig Werbeangebote für neue Produkte. Banner können auch in sozialen Netzwerken oder in Videos implementiert werden. Exemplarisch kann bei Facebook die Platzierung in einem *Newsfeed* eingekauft werden, indem im Vorfeld ein

6.3 Paid Media – die klassische Werbung

maximales Budget für die Aussteuerung für eine bestimmte Zielgruppe oder eine ähnliche, neu zu erschließende Zielgruppe *(Lookalike Audience)* definiert wird (vgl. Facebook 2020). In Videos werden zumeist *In-Streams* vor Beginn des eigentlichen Videos platziert. Ein Hyperlink kann dann auf die *Landingpage* des Unternehmens weiterleiten, damit der Kunde dort seine *Customer Journey* weiterführen kann. Allerdings ist die *Click-Through-Rate* vom Banner auf die Internetseite zumeist gering, da Kunden inzwischen „bannerblind" sind und diese ignorieren. Dennoch erzielen Banner eine hohe Reichweite bei genauer und individualisierter Zielgruppenansprache: Durch *Retargeting* können Banner aufgrund des vorherigen Surfverhaltens personalisiert werden, was jedoch vielen Kunden negativ auffällt, sodass sie mit Reaktanz auf diese Angebote reagieren, da sie eine Verletzung ihrer Persönlichkeitsrechte befürchten (vgl. Eisenbeiss und Bleier 2017).

Das Suchmaschinenmarketing (*Search Engine Marketing*, SEM) ist von hoher Relevanz, da ein Großteil der Online-Recherchen über Suchmaschinen durchgeführt wird. Unternehmen streben daher an, weit oben in den Ergebnissen der Suchmaschinenresultate platziert zu werden. Dies kann durch zwei Ausprägungen des Suchmaschinenmarketings erreicht werden: *Search Engine Advertising* (SEA) und *Search Engine Optimization* (SEO). Unter SEO versteht man alle Aktivitäten, die ohne Bezahlung darauf abzielen, bei der organischen Trefferliste einer Suchmaschine möglichst weit oben zu erscheinen. Zu diesem Zweck werden relevante Schlagwörter auf der eigenen Internetpräsenz hinterlegt, auf die der Suchmaschinenalgorithmus bei einer entsprechenden Anfrage zur Recherche zurückgreifen kann (vgl. Kreutzer 2018, S. 106 f.). Da diese Variante ohne Bezahlung funktioniert, wäre sie eigentlich dem Bereich *Earned Media* zuzuordnen, allerdings obliegt die Festlegung der Schlagworte dem Unternehmen, sodass sie der Übersichtlichkeit halber auch hier angeführt werden.

Demgegenüber werden bei SEA gegen Bezahlung Plätze im Suchmaschinenranking erkauft. Die Bezahlung erfolgt via *Pay-per-Click,* also sobald die Nutzer auf den Link zugreifen. Hierbei gilt: Je höher die Investition, desto höher das Ranking. Die erkauften Ergebnisse der Suchmaschine werden als *Keyword Advertising* bezeichnet, da die hinterlegten Schlagworte es ermöglichen, zielführend auf eine Suchanfrage zu reagieren. Im Gegensatz zur Bannerwerbung wird hierbei das Interesse des Nutzers aufgrund seiner aktiven Suchanfrage vorausgesetzt. Angezeigt werden die Ergebnisse als Werbeanzeigen, die sich häufig aus Bildern und/oder Texten sowie *Hyperlinks* zusammensetzen (vgl. Kreutzer 2018, S. 107 ff.). Die Schwierigkeit besteht darin, je nach Zielgruppe die richtigen Wortgruppen zu bestimmen und diese stets zu aktualisieren, damit der Suchmaschinenalgorithmus sie bei entsprechenden Suchanfragen berücksichtigt. Die Ziele von SEA können unterschiedlich ausfallen, so kann es auf reine Markenbekanntheit abzielen, den *Traffic* auf der Internetseite erhöhen oder *Leads* generieren, indem Newslettern bestellt werden (vgl. Kreutzer 2018, S. 109).

Auch das *Affiliate-Marketing* und das Native Advertising gehören zu den gegenwärtigen Instrumenten der Onlinewerbung. Im Gegensatz zur Bannerwerbung erscheinen sie jedoch nicht direkt wie Werbung. Beim *Affiliate-Marketing* wird auf Internetseiten von Partnern des Unternehmens verlinkt. Der Werbende *(Merchant)* baut auf seine eigene Internetseite einen Link zu einer externen Unternehmensseite ein *(Affiliate)* und erhält dafür die Bezahlung pro Klick. Auf diese Weise wird die Reichweite der eigenen Internetseite erhöht. Zudem kann die *Response* erhöht werden, indem der *Merchant* Angebote oder Gewinnspiele für den *Affiliate* ausspielt. Die Bezahlung kann als Beteiligung an Verkäufen *(Pay-per-Sale)* oder für einen gewonnenen *Lead (Pay-per-Lead)* erfolgen, beispielsweise durch eine Anmeldung für einen Newsletter. Problematisch ist *Affiliate-Marketing*, wenn unseriöse Internetseiten die Verlinkung vornehmen und das Image des werbenden Unternehmens beschädigen (vgl. Kreutzer 2018, S. 113)

Native Advertising stellt den Versuch dar, Online-Werbung nicht wie Werbung aussehen zu lassen, sondern Werbebotschaften in redaktionelle Kontexte *(Content)* einzubetten. Dies geschieht, indem das Layout und die grafische Gestaltung der Werbung an das redaktionelle Umfeld angepasst werden, sodass sie nicht aufdringlich für den Betrachter wirkt. Das eigentliche Produkt oder die eigentliche Dienstleistung wird dabei nicht direkt beworben, sondern der Inhalt des Beitrags steht im Vordergrund und wird lediglich durch Werbemaßnahmen für das Unternehmen flankiert. Häufig genutzte Varianten des *Native Advertisings* stellen *List Posts* („12 Tipps für erfolgreiches *Native Advertising*"), Anleitungsüberschriften („*How to*") oder W-Fragen („Wie man erfolgreich eine Hausarbeit in 4 Wochen schreibt") dar, die über spezifische Anbieter generiert und platziert werden können (vgl. Auler und Huberty 2019, S. 60 ff.).

6.3.7 Bewertung von Paid Media

Paid Media war, ist und bleibt voraussichtlich der Grundbaustein für erfolgreiche Markenkommunikation. Generell liegen die wesentlichen Vorteile von *Paid Media* darin, dass damit große Reichweiten generiert werden können, dass die zeitliche Abstimmung von Maßnahmen gut und zeitnah erfolgen kann und dass auch die Gestaltung von Inhalten und der grafischen Darstellung zielführend gelingen. Insbesondere aufgrund der Reichweite können eine hohe Bekanntheit und eine Differenzierung von den Wettbewerbern erzielt werden. Mit entsprechenden Marktforschungsmaßnahmen im Vorfeld (Befragungen, Gruppendiskussionen, A/B-Tests und anderes) können sogar die Chance auf Einstellungsänderung und die erwünschte Wahrnehmung und Interpretation im jeweiligen Medienkontext abgeschätzt, aber natürlich nicht garantiert werden. Werbung zielt in vielerlei Ausprägungen auf die (Wieder-)Kaufabsicht, indem etwa Angebote beworben werden. Zumeist emotionalisiert Werbung jedoch eher, als zu informieren.

Problematisch sind die Werbeskepsis der Rezipienten und die insgesamt eher geringe Glaubwürdigkeit von *Paid Media*. Im schlimmsten Fall führt Werbung zu einem kontraproduktiven Ergebnis, indem sie Reaktanz erzeugt: In diesem Fall entwickeln Rezipienten von Werbung eine negative Einstellung gegenüber Marken und Unternehmen und gehen diesen künftig aus dem Weg. Dieses Phänomen nimmt mit der gestiegenen Werbeüberlastung der Konsumenten zu. Dennoch kann gut gemachte Werbung Kunden auch gut unterhalten und als Orientierungshilfe für die Lebensführung oder als Inszenierungsstrategien dienen. Entsprechende Strategien werden in der Markt- und Werbepsychologie als *Slice-of-Life*-Werbung bezeichnet, bei der Marken oder Produkte in alltägliche Handlungsszenarien eingebettet werden und auf diese Weise für die Interpretation der relevanten Zielgruppe als Anknüpfungspunkt fungieren. Allerdings stellt *Paid Media* nur einen Weg in das Wahrnehmungsfeld des Kunden dar. Wesentlich direkter an das Unternehmen gekoppelt ist der Weg über die unternehmenseigenen Medien ohne den Umweg über einen externen Medienakteur: die sogenannte *Owned Media*.

6.4 Owned Media – das Content-Marketing

Owned Media umfasst diejenigen Medienkanäle, die hinsichtlich ihrer Ausgestaltung und Bespielung mit den Inhalten *(Content)* durch das Unternehmen kontrolliert werden. Dies sind z. B. die eigenen Internetseiten, das E-Mail-Marketing sowie Kanäle in den sozialen Medien oder Blogs.

Content-Marketing ist grundsätzlich als instrumentenübergreifende Strategie zu verstehen, die insbesondere in den Kanälen der *Owned Media* kommuniziert wird, da diese Kanäle vielfältige kostenfreie Wege – im Gegensatz zu Paid Media – für die Kommunikationsmaßnahmen bieten. Der Inhalt kann im Unternehmen genau geplant und punktgenau ausgespielt werden. Zu diesem Zweck müssen im Vorfeld Redaktionspläne erstellt werden, wann welche Maßnahme oder Kampagne veröffentlicht wird. Die Inhalte müssen für die eigene Zielgruppe aufbereitet oder hinsichtlich derjenigen Zielgruppen konzipiert werden, die man neu gewinnen möchte (vgl. Kreutzer 2018, S. 16). *Owned Media* werden von Rezipienten zumeist eigenständig aufgesucht, sodass die Inhalte dazu anregen müssen, sich weiterhin und möglichst auch interaktiv mit den anbietenden Unternehmen auseinanderzusetzen. Rezipienten können entweder mit dem Unternehmen auf unterschiedlichen Wegen in Kontakt treten oder sich aktiv und produktiv als sogenannte Prosumenten in die Wertschöpfungskette des Unternehmens einbringen. Letzteres gelang der *Fastfood*-Kette McDonald's, als sie ihren Kunden die Chance gab, eigene Burger zu kreieren, diese in einem Wettbewerb prämieren zu lassen und in den Handel zu bringen.

Die Inhalte sind in erster Linie dann nutzen- und sinnstiftend für die Zielgruppe, wenn aktuelle Lifestylethemen wie Reise, Mode oder Gesundheit als Träger einer werblichen Botschaft verwendet werden. Inhalte haben aber auch werblichen Charakter. Ein gutes Beispiel bietet die Firma Maggi: Anstatt die Produkte zu bewerben, werden Rezepte auf die Internetseite gestellt, die unterschiedliche Zielgruppen adressieren. So werden für figurbewusste Kunden *Low-Carb*-Gerichte vorgestellt oder für viel beschäftigte Kunden schnelle und dennoch gesunde Abendessen vorgestellt. Der Inhalt kann in Textform oder – und dies ist der häufigere Fall, da die Inhalte Spaß machen sollen – als Bilder, Bewegtbilder oder in audiovisueller Form erstellt, auf der eigenen Internetseite und in den sozialen Medien implementiert und zur Emotionalisierung des Rezipienten genutzt werden.

Damit *Content-Marketing* erfolgreich sein kann, müssen der gewählte Inhalt und dessen Inszenierung authentisch und glaubwürdig sein sowie zum Selbstbild und dem Fremdbild der Kunden passen. Dazu eignet sich die Einbindung der einzelnen Beiträge in einen übergreifenden Gesamtzusammenhang durch *Storytelling*. Auf diese Weise kann es gelingen, die einzelnen Maßnahmen als Bausteine in eine größere Kommunikationsstrategie zu integrieren. Insofern ist *Content-Marketing* als mittel- bis langfristige Strategie zu verstehen, die bei den Zielgruppen Sympathie und Vertrauen aufbaut und das Unternehmen als kompetenten Spieler in seinem ökonomischen Spielfeld ausweisen soll (vgl. Kreutzer 2018, S. 16).

Allerdings muss erwähnt werden, dass *Owned Media* zwar keine Kosten in Form von *Paid Media* erzeugen, aber durchaus einen hohen Aufwand erfordern, da die Inhalte vom Unternehmen selbst erstellt werden müssen. Das Verfassen von Textbeiträgen oder die Erstellung von Fotos von Aktivitäten, die als Inhalt genutzt werden sollen, fordert noch einen geringen Aufwand. Die Erstellung weiterer Inhalte kann jedoch auch deutlich aufwändiger ausfallen, wenn die Produktion und der Schnitt von Audio- oder Videomaterial im Unternehmen notwendig sind.

Zudem weist auch *Owned Media* einige Nachteile auf. So sind diese Kanäle häufig nicht besonders reichweitenstark, weshalb sie zumeist nicht als alleiniger Kommunikationskanal ausreichend sind. Zudem ist die Reichweite oftmals auf die eigene Zielgruppe beschränkt, da diese aktiv und zielgerichtet die Kanäle der *Owned Media* aufsucht oder den unternehmenseigenen Angeboten in den sozialen Medien folgt. Des Weiteren stehen die unternehmenseigenen Medien stets im Ver-

6.4 Owned Media – das Content-Marketing

dacht, unglaubwürdig zu sein, da lediglich Unternehmensinteressen oder Deutungen zugunsten des Unternehmens kommuniziert werden. Derartige Vorwürfe – seien diese gerechtfertigt oder ungerechtfertigt – werden häufig auf interaktiven Social-Media-Kanälen oder Blogs, Foren und weiteren Kommunikationsplattformen geäußert oder diskutiert, weshalb die Nutzung der *Owned Media* einer ständigen Beobachtung unterliegen sollte. Ohne diese kontinuierliche Beobachtung besteht die Gefahr, dass kritische Kommentare durch die Eigendynamik der Online-Medien zu einem Shitstorm ausarten und dadurch Image und Reputation des Unternehmens beschädigen.

Insgesamt eignet sich *Owned Media* als offizielles Sprachrohr eines Unternehmens, um die unternehmenseigenen Aktivitäten zu kommunizieren – wobei diese Aktivitäten oder Events teils eigens für die *Content-Strategie* durchgeführt werden. Die wesentlichen Kanäle, die gegenwärtig als *Owned-Media*-Kanäle genutzt werden, werden nachfolgend dargestellt, wobei ein eigener Fernsehsender vernachlässigt wird, da dieser Kanal aufgrund des damit verbundenen Arbeitsaufwandes nur selten genutzt wird.

6.4.1 Eigene Internetseiten

Die eigene Internetseite ist die offizielle virtuelle Repräsentanz des Unternehmens. An die Internetseite stellen unterschiedliche Anspruchsgruppen vielfältige Ansprüche. Es gibt demnach unterschiedliche Elemente, die die Internetseite bieten muss, um als Anlaufpunkt für alle Anspruchsgruppen zu fungieren: Das *Corporate Web* sollte die Gesamtheit der Leistungen und Angebote eines Unternehmens abbilden, um alle Bedürfnisse der Anspruchsgruppen zu erfüllen. Die Internetseite muss jederzeit verfügbar sein und alle Inhalte langfristig verfüg- und abrufbar machen. Zudem muss sie sämtliche On- und Offline-Aktivitäten bündeln, um alle Leistungen des Unternehmens übersichtlich darzustellen. Kurzum bietet die firmeneigene Internetseite die Chance, alle Aspekte einer Unternehmung rund um die Uhr global verfügbar zu machen.

Auf der Startseite müssen die vielfältigen Funktionen der *Corporate Website* verfügbar sein. Dies können alle relevanten Informationen über das Unternehmen, seine Produkte, Dienstleistungen oder Marken sein. Zudem kann die Internetseite auch einen *Webshop*, einen exklusiven Mitgliederbereich und Informationen für den B2B-Bereich wie Geschäftsberichte anbieten. Die Startseite fungiert häufig auch als sogenannte *Landing-Page* bei Verlinkungen mit anderen Internetseiten, Blogs, Vergleichsportalen oder *Paid-Media*-Aktionen wie Bannerwerbung oder *Affiliate-Marketing*, sodass ihre Erscheinungsform viele Zwecke erfüllen muss.

Kommunikativ betrachtet muss die Webseite in ihrer Struktur und ihrer Gestaltung stimmig die Identität des Unternehmens zum Ausdruck bringen. Da sie nicht nur textuelle, sondern vor allem visuelle und grafische Elemente aufweist, müssen bestimmte Symbole und *Key Visuals* genutzt werden. Diese fungieren als visuelle Ankerpunkte und schaffen einen Wiedererkennungswert. Zudem sollte die Internetseite im *Corporate Design* gestaltet sein und die *Unique Selling Proposition* (USP) des Unternehmens vermitteln (vgl. Mast 2019, S. 18). Damit die Internetseiten bei einer Online-Recherche von potenziellen Kunden gefunden werden, müssen die entsprechenden Suchbegriffe mittels SEO und SEA auf den Seiten und bei den Suchmaschinen hinterlegt werden.

Von großer Bedeutung ist, dass die Internetseiten aktuell gehalten werden und den Anforderungen, Wünschen und Bedürfnissen der relevanten Anspruchsgruppen und der Zielgruppen entsprechen. Die Internetseite ermöglicht es, die Inhalte in Form von *Rich Media* einzubinden, d. h. neben informativen Texten auch Videos, Audiodateien und Podcasts, einen Downloadbereich für Informationen, Konfiguratoren für Autos und Küchen, Streaming, Support durch Chats mit Mitarbeitern oder Chatbots sowie Bedienungsanleitungen als PDF oder Video und Mitgliederbereiche zum Austausch in Foren. Diese vielfältigen Angebote sollen die Sympathie durch eine erkennbare Kundenorientierung erhöhen und die Zielgruppen langfristig an das Unternehmen binden.

Die Internetseiten von Unternehmen können hinsichtlich der Ausgestaltung der Anker unterschiedlich gestaltet sein, nämlich als Unternehmensmarke bei Herstellern, Dienstleistungsmarke, Produktmarke oder für spezifische Zielgruppen (vgl. Kreutzer 2018, S. 84). Als *Unternehmensmarke* bei Herstellern existiert eine *Corporate Brand,* die über etwaigen Einzelmarken steht, sodass ein *Branded House* entsteht, in dem alle Marken, Produkte oder Dienstleistungen als Bestandteil eines Unternehmens erkennbar sind (vgl. Burmann et al. 2015, S. 129 f.). *Dienstleistungsmarken* liegen dann vor, wenn ein Unternehmen als Dienstleister auftritt und sich auch als solcher zu erkennen gibt. Ein Beispiel ist die Lufthansa. Bei *Produktmarken* sind die einzelnen Marken nicht als Bestandteil eines Unternehmens erkennbar, sondern erscheinen als viele eigenständige Marken am Markt, sodass man hier bei dem Unternehmen von einem *House of Brands* sprechen kann. Hierfür wäre der Konzern Johnson & Johnson ein Beispiel. Jede Marke besitzt eine eigene Internetpräsenz. Auch können Informationen einer Internetseite exklusiv an spezifische Zielgruppensegmente eines Unternehmens gerichtet sein.

Jenseits der Internetseite, die kontinuierlich gepflegt werden muss, sollten temporäre, kampagnenspezifische und thematisch eingeschränkte *Microsites* integriert werden. Beispiele hierfür sind Gewinnspiele, Aktionen oder *Special-Interest-Themen.* Häufig werden solche Aktionen durch Banner beworben, wobei der Ban-

6.4 Owned Media – das Content-Marketing

ner gewöhnlich zu der *Microsite* als *Landing-Page* verlinkt. Die *Microsite* muss demnach thematisch den Erwartungen des Nutzers entsprechen und nicht das gesamte Leistungsspektrum des Unternehmens abbilden. Sie dient für bestimmte Interessen oder Zielgruppensegmente als Anlaufpunkt und Kontakt zum Unternehmen, ohne den Umweg über die Homepage zu gehen.

Üblicherweise ist die Homepage nur ein Kanal unter verschiedenen unternehmenseigenen Medien, weshalb sie auch Links zu den anderen *Owned-Media*-Kanälen in den sozialen Medien wie Facebook, Twitter, Instagram oder YouTube aufweist, um die gesamte mediale Repräsentanz des Unternehmens abzubilden. Die sozialen Medien sind im Vergleich zur Internetseite deutlich zielgruppenspezifischer und eignen sich oftmals besser zur Interaktion mit den Kunden. Neben diesen öffentlichen Kommunikationskanälen werden *Owned Media* auch die E-Mail-Kommunikation und das E-Mail-Marketing als private Kommunikation zugerechnet.

6.4.2 E-Mail-Marketing

Der Begriff des E-Mail-Marketings umfasst alle Maßnahmen zu Marketing und insb. verkaufsfördernden Zwecken, die von Seiten des Unternehmens sowohl im B2C- als auch B2B-Bereich eingesetzt werden. Voraussetzung für E-Mail-Marketing sind Datenbanken mit den E-Mail-Adressen von Kunden, die das Unternehmen auf verschiedenen Wegen aufbauen kann. So kann die Berechtigung für E-Mail-Marketing online durch ein Abonnement eines Newsletters, beim Anlegen eines Kundenprofils oder durch Banner für ein Gewinnspiel eingeholt werden, wobei Letzteres auch offline bei Veranstaltungen oder Events geschehen kann.

E-Mail-Marketing ist ein informationsorientiertes Marketing mit der Option, etwas zu verkaufen. Die Newsletter können zielgerichtet eingesetzt werden, da die Abonnenten sich entweder freiwillig bereit erklärt haben, via E-Mail Kontakt zum Unternehmen zu haben, oder im Rahmen eines Accounts bzw. sogar Kaufprozesses auf der Webseite sogar Daten hinterlegen, die für eine zielgruppengerechte Ansprache (Targeting) genutzt werden können.

Man kann vier Arten von E-Kommunikation unterscheiden: *Trigger-E-Mails*, *Transactions-E-Mails*, *After-Sales-E-Mails* und *E-Newsletter* (vgl. Kreutzer 2018, S. 132 ff.). *Trigger-E-Mails* können sehr flexibel eingesetzt werden, um konkrete Kommunikationsziele zu erreichen. So können neue Produkte oder Angebote beworben werden. Sie können jedoch auch Bestandteil umfassender Kampagnen sein, die langfristig oder crossmedial angelegt sind. Langfristig können E-Mails eingesetzt werden, um Kunden zu einem Geschäftsabschluss zu bewegen, indem der Kunde regelmäßig dazu animiert wird. So sendet wirkaufendeinauto.de in regelmäßigen Abständen E-Mails mit den Kaufoptionen sowie dem möglichen Ankaufpreis, sobald ein Interessent sich dort einmal registriert und erkundigt hat. Auch im Rahmen einer Kampagne über mehrere Kanäle *(Omni-Channel-Marketing)* können E-Mails einen Baustein darstellen. *Transactions-E-Mails* begleiten den Kunden im Verlauf einer konkreten Transaktion wie beim Kauf eines Produkts. Sie umfassen Bestell- und Versandbestätigungen oder den Rechnungsversand, gegebenenfalls eine Zahlungserinnerung oder die Evaluation der Kundenzufriedenheit. Sie sollen dem Kunden das Gefühl geben, dass die Marke ihn begleitet und das Unternehmen Interesse an einer Kundenbeziehung hat. Im Gegensatz dazu zielen *After-Sales-E-Mails* darauf ab, mit dem Kunden auch nach dem Kauf in Kontakt zu bleiben und ihm weitere Produkte oder Services dieser Marke anzubieten. Sie sind, im Gegensatz zu Transaction-E-Mails, emotionaler und haben Charakterzüge von Trigger-E-Mails. Der *E-Newsletter* informiert Kunden und Interessenten über aktuelle Entwicklungen und soll zu einer langfristigen Bindung des Kunden beitragen. E-Newsletter können für unterschiedliche Zielgruppen verfasst werden, damit diese Zielgruppe regelmäßig mit relevanten Informationen versorgt werden. Sie sind somit die E-Mail-Variante, die den meisten Inhalt transportiert. E-Mail-Marketing ist eine einfache und dennoch effiziente Kommunikationsmaßnahme. Die E-Mails selbst erfüllen eine bestimmte Funktion und verweisen zudem auf weitere Kanäle des Unternehmens, z. B. die *Landing-Page* oder die Kanäle in den sozialen Medien.

6.4.3 Kanäle in den sozialen Medien

Soziale Medien *(Social Media)* umfassen verschiedene Formen von Online-Medien wie soziale Netzwerke (z. B. Facebook), Media-Sharing-Plattformen (z. B. Instagram, YouTube), Blogs, Online-Foren oder *Social Communities* (vgl. Kreutzer 2018, S. 152). Diese unterschiedlichen Kanäle eignen sich gut, um Botschaften der Unternehmen auszuspielen, da sich soziale Medien bei vielen Zielgruppen – und hier tendenziell jüngeren Nutzern – zu einem Bestandteil der Alltagswelt entwickelt haben. Viele Menschen pflegen Kontakte über soziale Netzwerke, kommunizieren, informieren und lassen sich auf diesem Weg unterhalten. Insofern sollten die unternehmenseigenen Seiten nicht dem Verkauf dienen, sondern an die typischen Bedürfnisse der Nutzer von sozialen Medien anknüpfen und Markenerlebnisse schaffen. Also gilt es, sich als verlässlicher und kompetenter Ansprechpartner für diese Themen zu positionieren.

6.4 Owned Media – das Content-Marketing

Der Begriff soziale Medien betont die Sozialität dieser Mediengattung. Dies liegt daran, dass die Interaktion und der Dialog sowie die Kommunikation unter den Nutzern die dominanten Merkmale darstellen. Die Teilnehmer chatten, posten, liken, teilen, sharen, verlinken, kommentieren oder erstellen eigene Inhalte. Dies geschieht öffentlich oder zumindest in Teilöffentlichkeiten wie geschlossenen Gruppen oder Gruppenchats und eher selten *One-to-One*. In diesen Kommunikationsakten stehen Ziele wie Selbstdarstellung und die Inszenierung der eigenen Identität (vgl. Kreutzer 2018, S. 42 ff.) oder der Kontakt sowie der Austausch mit dem sozialen Umfeld (vgl. Vodafone Stiftung Deutschland 2018) im Vordergrund. Informationen, die über die sozialen Medien geteilt werden, können als wichtiger Ankerpunkt für die soziale Orientierung und den Konsum von Marken genutzt werden.

Für Unternehmen ist es von strategischer Bedeutung, in diesem virtuellen sozialen Umfeld des Kunden in den Medien präsent zu sein und die Vorteile des Dialogs und der zielgruppengenauen Ansprache zu nutzen. Hierbei sind die Inhalte von entscheidender Bedeutung, damit die Nutzer die Anwesenheit von Marken nicht als störend empfinden, sondern diese nahtlos in ihr Nutzungsverhalten integrieren.

Bei den Inhalten in den sozialen Medien unterscheidet man zumeist zwischen *Brand-Generated Content* (BGC) und *User-Generated Content* (UGC), wobei Letzterer *Earned Media* zuzuordnen ist. Kreutzer (2018, S. 153 ff.) führt an, wie BGC beschaffen sein muss, damit er erfolgreich im Sinne der Unternehmensziele ist: Er soll unterhaltend sein, indem er über spannende Geschichten berichtet und eine interessante Dramaturgie entfaltet. Kunden müssen die Inhalte gerne anschauen und weiterempfehlen wollen. Auf diese Weise gewinnt das Unternehmen an Sympathie und trägt zur Image- und Reputationssteigerung bei. Dies gelingt auch, indem hilfreiche informative Inhalte präsentiert werden, mit denen zugleich die Kundenbeziehung intensiviert wird. So können Anwendungstipps für elektrische Geräte, Soft- oder Hardware oder Aufbauhilfen für Möbel für den Kunden eine Erleichterung im Umgang mit den Produkten und beim Lösen von Problemen sein. Derartige Hilfen müssen sich auch nicht direkt auf die Produkte des Unternehmens beziehen, sie können auch allgemeine Hilfestellungen sein. So bieten z. B. Immobilienportale auch Informationen für den Erwerb oder das (Unter-)Vermieten von Immobilien an sowie Dokumente mitsamt Ausfüllhilfen. Dies gelingt besonders gut mit Tipps zu Lifestyle-Themen wie Mode, Sport, Reisen, Gesundheit, Nachhaltigkeit oder Ernährung. Auch Sponsoring kann sinnvolle Verknüpfungen zu Unternehmen oder Marken schaffen.

Es genügt jedoch nicht, Inhalte zu produzieren und online zu stellen, sondern die Nutzer müssen auch motiviert werden, die Seiten von Marken zu besuchen und ihnen zu folgen, um anschließend mit weiteren Inhalten adressiert zu werden. Damit Kunden der Seite folgen können, sind Kalender hilfreich, die über Veranstaltungen oder Termine (Events oder Release-Termine) informieren. Um ein Gefühl der Exklusivität für die Follower zu generieren, können auch exklusive Informationen über neue Produkte oder Angebote über die sozialen Medien ausgespielt werden. Zudem bietet die Gruppe die Chance, Gleichgesinnte zu treffen und kennenzulernen und sich in einer *Online-Community* zu vernetzen (vgl. Kreutzer 2018, S. 154). Der Dialogcharakter der sozialen Medien kann überdies genutzt werden, um den direkten Austausch mit den Nutzern aufzubauen. Kunden können ihre Fragen und Probleme direkt an das Unternehmen richten, sodass Nähe und Kundenbindung entstehen. Außerdem können die Nutzer und Follower zu ihren Meinungen zu Themen befragt werden oder sich selbst dazu äußern, sodass gerade hier wichtige Informationen für die Marktforschung gewonnen werden können.

Doch nicht nur für derartige kommunikative Zwecke können soziale Medien hilfreich sein, sie können auch zur Gewinnung von Mitarbeitern eingesetzt werden. Dazu werden keine klassischen Stellenangebote veröffentlicht, sondern authentische und exklusive Einblicke in das Innenleben eines Unternehmens, um so den Arbeitgeber attraktiv zu inszenieren. Auf diese Weise können Unternehmen ein besseres *Matching* bei den Stellen hinsichtlich des *Cultural Fits* ermöglichen. Für Karriere als Spezialthema haben sich zudem spezifische Portale ausgebildet, sodass nachfolgend ein Überblick über die relevantesten sozialen Netzwerke erfolgt.

In sozialen Netzwerke können professionelle Profile angelegt werden, die neben der Homepage als virtuelle Unternehmensrepräsentanz fungieren, aber auf unterschiedliche Arten mit der Homepage verlinkt sein können, etwa durch Links zu *Microsites* für bestimmte Aktionen oder zum Shop auf der Internetseite. Die konkrete inhaltliche Ausgestaltung und die Aufmachung der Inhalte hängen von den spezifischen Eigenschaften und den damit verbundenen Gewohnheiten und Erwartungen der Nutzer ab.

Soziale Netzwerke zeichnen sich dadurch aus, dass private Personen und Unternehmen Profile über sich in einem geschlossenen Bereich erstellen. Sie können diese Profile durch Informationen über sich in Form von Text, Bild oder Video sowie die (teils) öffentlich einsehbaren Vernetzungen zu anderen Nutzern (soziale Kontakte, Follower, Likes) sowie die geteilten Inhalte anreichern, und diese Profile miteinander vernetzen. Facebook ist ein soziales Netzwerk mit 23 Millionen täglich aktiven deutschen Nutzern und wird vornehmlich für private und unterhaltende Zwecke genutzt. Die Inhalte der Unternehmen werden auf der offiziellen firmeneigenen Fanpage veröffentlicht und können dann von Nutzern geliked, kommentiert oder geteilt werden. Die Handlungen, zu denen das Unternehmen motivieren kann, werden als *Call-to-Action* bezeichnet (vgl. Kreutzer 2018, S. 169 ff.).

6.4 Owned Media – das Content-Marketing

Die Posts auf der Fanpage erscheinen im persönlichen Newsfeed der Nutzer, wobei ein Algorithmus entscheidet, welche Beiträge aus einer großen Menge an täglichen Posts tatsächlich eingeblendet werden (vgl. Auler und Huberty 2019, S. 81). Auch der direkte Dialog mit den Followern und Fans ist in Gruppen möglich, weshalb jedes Unternehmen ein *Social-Media-Team* besitzen sollte, das das *Community-Management* betreibt. Auch XING und LinkedIn sind soziale Netzwerke, die thematisch auf berufliche und professionelle Zwecke (B2B) fokussiert sind und dementsprechend hochwertige Inhalte veröffentlichen, die den Mehrwert und die Expertise der eigenen Unternehmung für professionelle Netzwerke verdeutlichen (vgl. Auler und Huberty 2019, S. 84).

Mediasharing-Plattformen wie Instagram, Pinterest oder YouTube sind eingeschränkter in ihrer Funktionsweise, insbesondere da sie die Vernetzung der Nutzer nicht in dem Ausmaß ermöglichen wie soziale Netzwerke. Stattdessen ist die mediale Inszenierung über die jeweilige Spezialisierung dieser Plattformen von großer Bedeutung. Instagram wird von Fotos dominiert, YouTube erlaubt nur das Posten von Videos. Auch hier können sich Mitglieder anmelden, aber die Inhalte sind teilweise (z. B. Instagram) oder sogar vollständig (z. B. YouTube; Ausnahme: altersbeschränkte Inhalte) einsehbar. Instagram kann – in Form von inszenierten und mit Filtern überarbeiteten Bildern – gut die Aufmerksamkeit der Nutzer auf sich ziehen, die Bekanntheit und die Kundenbindung steigern (vgl. Auler und Huberty 2019, S. 87 f.). Die Beiträge können Themenblöcken zugeordnet werden und ermöglichen Schlagwortsuchen durch die Hinzufügung eines Hashtags (#; beispielsweise #Unternehmenskommunikation). Auch YouTube kann zum Imageaufbau genutzt werden, hier ist es allerdings wichtig, dass die Inhalte bei Suchanfragen der Nutzer gefunden werden, weshalb ein internes SEO auf YouTube existiert, bei welchem Schlagworte für Suchanfragen hinterlegt sind. Grundsätzlich gilt, dass *Mediasharing*-Plattformen von nutzergenerierten Inhalten dominiert, aber Unternehmen durchaus von einer Vielzahl von Nutzern wahrgenommen oder verfolgt werden.

Blogs sind meist öffentliche Internetseiten, die mittels *Posts* zu spezifischen Themen ausführliche Darstellungen und Diskussionen liefern. Diese Blogs können von jedem eingerichtet und betrieben werden. Die Nutzer diskutieren die Posts und können sich auf diese Weise fachlich austauschen. *Microblogging* ist eine Form von Blogging, welche auf eine bestimmte Anzahl von Zeichen pro Beitrag reduziert ist und somit klare und kurze Statements zu aktuellen Entwicklungen oder Themen erlaubt. Twitter als bekanntester Microblogging-Dienst lässt 280 Zeichen pro Post (sogenannte Tweets) zu und ermöglicht die Einbindung audiovisueller Elemente – ebenfalls auffindbar über Hashtags. Die Follower erhalten auf Twitter schnelle Statements und Haltungen von Unternehmen oder Marken zu bestimmten aktuellen Themen. Außerdem werden diese Netzreaktionen häufig zum Bestanteil von Medienberichten (vgl. Nordheim et al. 2018, S. 816 ff.).

Der Aufwand für die Erstellung und Verbreitung von Inhalten muss messbar im Sinne einer Erfolgskontrolle sein. In digitalen und insbesondere in sozialen Medien hat sich eine eigene Währung der Erfolgsmessung etabliert, die einige zentrale Kennwerte (*Key Performance Indicators*, KPI) umfasst. Diese quantitativen Kennwerte können die Anzahl der Follower, Likes, Shares, Klickraten, Reichweite, positive oder negative Erwähnungen, Downloads oder der König unter den Kennwerten, der *Return on Investment*, sein. Die meisten Plattformen bieten eigene integrierte *Dashboards* an, auf denen die von der Seite jeweils gemessenen Werte eingesehen werden können.

Zu beachten sind hierbei die allgemeinen Geschäftsbedingungen der jeweiligen Medien und Plattformen, die die Inhalte einschränken können. Unabhängig von der oder den jeweils genutzten Kanälen gilt es zu berücksichtigen, dass die meisten Plattformen global und rund um die Uhr verfügbar sind – und stets kommentiert oder erwähnt werden können. Daraus leitet sich (erneut) die Notwendigkeit einer ständigen Beobachtung ab, die entsprechender personeller Ressourcen mit den geeigneten Qualifikationen und Berechtigungen für ein schnelles und deeskalierendes Eingreifen bedürfen. Aufgrund ihres dialogischen Charakters und der Möglichkeit, Inhalte zu teilen und zu kommentieren, ist diese Aufgabe für das Image- und Reputationsmanagement von großer Bedeutung. Die sozialen Medien sind hilfreich und wichtig für die strategische Unternehmenskommunikation, mit ihnen können kommunikative Werte geschaffen oder durch Kritik und Shitstorms vernichtet werden. Dies liegt vor allem daran, dass diese Medien eine gewisse Öffentlichkeit haben und nicht linear, sondern simultan genutzt werden.

6.4.4 Bewertung von Owned Media

Unternehmen sollten die Möglichkeiten von *Owned Media* zu nutzen wissen und aktiv sinnvolle und zielführende Inhalte zur Verfügung stellen. Kunden und Nutzer dieser Kanäle haben Ansprüche und Bedürfnisse, für welche das Unternehmen ständige Anlaufstellen bieten kann. Aus Sicht des Unternehmens können sie den Kunden bei seiner *Customer Journey* auf unterschiedlichen Kanälen begegnen – teils sogar dialogisch – und somit zum Aufbau der Marken-Kunden-Beziehung aktiv und wertsteigernd beitragen.

Wie umfassend ein Unternehmen die Klaviatur aller möglichen *Owned-Media*-Kanäle zu spielen vermag, soll abschließend an zwei besonders prägnanten und erfolgreichen Beispielen angeführt werden, die zudem weitere Möglichkeiten der

Owned Media anschneiden: eigene TV-Sender und Events. Dies betrifft noch weitere, hier nicht behandelte Kanäle wie das *Mobile Marketing* mit WhatsApp, Snapchat oder anderen Anwendungen, die inzwischen zielgruppenübergreifend auf den mobilen Endgeräten eine intensive Nutzung erfahren.

Das Unternehmen Red Bull ist ein Paradebeispiel für den umfassenden Einsatz von *Owned Media:* Red Bull veranstaltet actionreiche Events für Teilnehmer, die stets dem Claim der Marke „Red Bull verleiht Flügel" unterstehen. So werden Seifenkisten-Weitsprung-Wettbewerbe für Fans durchgeführt oder der Sprung eines Extremsportlers aus der Stratosphäre inszeniert, auf dem firmeneigenen TV-Kanal übertragen und in den Social-Media-Kanälen als Inhalte genutzt. Dies gelingt so gut, dass Jürgen Tropp (2014, S. 1107) von Red Bull als einem *Markenmedium* spricht, da es Inhalte selbst produziert, betreibt, vermarktet und kommuniziert.

Nachdem in Abschn. 6.3 bereits *Paid Media* behandelt wurde, gilt es zu reflektieren, inwiefern es Überschneidungsmomente zwischen *Paid* und *Owned Media* gibt, da die Bereiche zwar theoretisch abgrenzbar, aber in der Realität häufig nicht immer trennscharf sind. Im Falle von *Owned* und *Earned Media* wäre das Sponsoring ein Grenzfall: Ein Unternehmen zahlt für Sponsoring an Dritte und nutzt dies für die Generierung von Inhalten in den eigenen Medien. Auch die Produktion von Apps kann gegen Bezahlung in Auftrag gegeben werden und wird dann kostenfrei den Nutzern direkt auf dem Smartphone zur Verfügung gestellt. Was sich bisher angedeutet hat, ist zudem eine starke Überschneidung von *Owned* mit *Earned* und auch *Shared Media*, sodass Earned Media nachfolgend vorgestellt werden.

6.5 Earned Media – wir haben es verdient

Earned Media kann als größte Form der Anerkennung für ein Unternehmen oder eine Marke verstanden werden: Es handelt sich hierbei um Beiträge und Erwähnungen einer Marke, deren Produkte oder Dienstleistungen außerhalb der medialen Einflusssphäre des Unternehmens.

Das Begriff *Earned Media* umfasst die Plattformen, die von privaten oder professionellen Nutzern eigenständig mit selbst erstellten Inhalten und Beiträgen befüllt werden (vgl. Auler und Huberty 2019, S. 64 ff.). Bestandteil der *Earned Media* sind daher auch die nutzergenerierten Inhalte (*User-Generated Content*, UGC). So können die Fans einer Marke oder Dienstleistung wie beispielsweise der Filmreihe *Star Wars* in Blogs und Foren eigene Episoden verfassen oder auf YouTube eigene Trailer erstellen. Genauso gehören Rezensionen oder Erfahrungsberichte von privaten Nutzern auf Blogs, YouTube-Kanälen oder privaten

Social-Media-Profilen wie auf Instagram oder Facebook dazu. Nutzergenerierte Inhalte können auch durch Marken auf den *Owned-Media*-Kanälen stimuliert und als *brand-related UGC* begriffen werden: Tchibo bietet eine *Community* für den Austausch zwischen den Fans an, in der auch eigene Ideen oder der kreative Umgang mit Produkten von Tchibo platziert werden können.

Für Unternehmen ist es sinnvoll, strategische Kooperationen mit reichweitenstarken oder bei relevanten Zielgruppen als vertrauenswürdig geltenden Medienakteuren sowie potenziellen Multiplikatoren einzugehen, um eine Verbreitung der Inhalte zu erzielen (vgl. Auler und Huberty 2019, S. 66). Journalisten oder Blogger sind häufig auf der Suche nach Themen, mit denen sie den Ansprüchen ihrer Follower und Leser gerecht werden. Dies stellt eine Herausforderung dar, weil die Journalisten und Blogger nur über begrenzte Ressourcen für die Recherche verfügen und ein Interesse an Kooperationen mit Unternehmen haben. Deshalb kann eine Kooperation für beide Seiten zu einem Gewinn werden. Auch die Einbindung von Gastbeiträgen kann ein wertvoller Mehrwert sein, wenn der Beitrag als *Earned Media* auf *Owned-Media*-Kanälen eingebunden wird. Es gilt jedoch abzuwägen, dass *Earned Media* im richtigen Umfeld verbreitet wird: Die Multiplikatoren müssen seriös sein und von der Zielgruppe als kompetent eingestuft werden. Auch muss die Zielgruppe der Multiplikatoren zum Unternehmen, seinen Botschaften und Produkten passen, da sonst die Gefahr eines Image- und Reputationsschadens aller Beteiligten möglich ist. Diese Kooperationen können als *Earned Media* bezeichnet werden, wenn sie nicht direkt bezahlt und eingekauft werden. Dies schließt jedoch Sonderfälle wie das Sponsoring bestimmter Aktivitäten nicht aus, da in diesen Fällen von *sponsored brand-related UGC* gesprochen wird: Eine Marke sponsert eine Stiftung für einen guten Zweck und wird dafür von einer angeschlossenen Anstalt positiv erwähnt und ihr wird dafür gedankt (vgl. Bruhn 2019, S. 719 f.).

Earned Media ist vor allem deshalb für Unternehmen von großer Bedeutung, weil die Inhalte, die für das Image und die Reputation des Unternehmens von großer Bedeutung sind, freiwillig erzeugt werden. Sie kann die beste kostenlose Werbung für Unternehmen sein oder eine gefährliche Quelle vernichtender Kritik. Dies liegt vor allem daran, dass *Earned-Media*-Beiträge als besonders glaubwürdig eingeschätzt werden. Die Verfasser von *Earned Media* werden nicht direkt für ihr Engagement beauftragt oder bezahlt, sondern tun dies aus Eigenmotivation. Zudem erreicht *Earned Media* häufig große Reichweiten, da die Beiträge aufgrund der Netzwerkstruktur gerade auf Social-Media-Plattformen potenziell eine Vielzahl von Rezipienten erreichen und von diesen wieder weitergeleitet und geteilt werden können.

Die Erkenntnis, dass die Meinungen von Konsumenten durch das soziale Umfeld entscheidend beeinflusst werden, ist in der Medientheorie schon länger be-

6.5 Earned Media – wir haben es verdient

kannt. Bereits 1944 dokumentieren Lazarsfeld et al. (1968) in ihrer Theorie der Meinungsführer *(Opinion Leader)*, dass Rezipienten die medialen Inhalte aufgreifen und zum Gegenstand von zwischenmenschlichen Gesprächen machen. Diejenigen Gesprächspartner, denen man thematisches Fachwissen attestiert, können als Meinungsführer fungieren. Ihre Wirksamkeit wird dadurch erklärt, dass sie gerade nicht als Fürsprecher von Marken agieren, sondern als soziale Gleichgestellte oder Freunde, die lediglich ihre Freunde beraten wollen. In der medialen Realität des Internets werden derartige Meinungsführer als *Influencer* bezeichnet, die vermeintlich unabhängig Produkte oder Dienstleistungen thematisieren und ihren Fans und Followern zur Orientierung dienen. Hier sei zu erwähnen, dass Influencer zu *Paid Media* gezählt werden müssen, wenn sie für ihre Beiträge bezahlt werden und dies auch kenntlich machen müssen, wie das Berliner Landgericht am 24. Mai 2018 entschied. Die Beziehung zu Influencern ist, im Gegensatz zu echten sozialen Beziehungen, lediglich eine einseitige, parasoziale Beziehung. Der Rezipient kontrolliert diese Beziehung, da der Influencer kein direktes Feedback auf das Verhalten des Rezipienten gibt. Deshalb können Influencer im Sinne von Horton und Wohl (1956) als mediale Personae verstanden werden, die durch ihre mediale Inszenierung auf ihren privaten Kanälen in den sozialen Medien wie YouTube oder Instagram ein möglichst kohärentes Selbst präsentieren.

Wenn Menschen sich offline über ihre Erfahrungen austauschen, wird dies als Mundpropaganda *(Word of Mouth*, WoM) bezeichnet. Wenn sie dies online tun, wird es *electronic Word of Mouth* (eWoM) genannt, wobei unter eWoM sowohl öffentliche Meinungsäußerung in sozialen Netzwerken oder Blogs als auch private Kommunikation in E-Mails oder Chats fällt (vgl. Liz und Korchmar 2013, S. 11 ff.). Für eWoM eignen sich vor allem Bewertungsplattformen, auf denen Konsumenten eigene Online-Rezensionen verfassen können. Rezensionsmöglichkeiten können auch auf Internetseiten wie Amazon integriert sein und somit zu *Owned Media* gezählt werden, oder sie können auf eigenständigen Rezensionsseiten wie TripAdvisor verfasst werden. Einige Bewertungsplattformen sind thematisch recht allgemein (Check24), wieder andere sind branchenspezifisch (TripAdvisor). Die Rezension kann in Form von Vorgaben wie Sternebewertungen oder Freitext erfolgen, meistens wird beides kombiniert. Auch Bewertungsplattformen müssen permanent beobachtet werden, um auf kritische Kommentare zu reagieren: Ein Social-Media-Team muss Entschuldigungen aussprechen, etwaige negative Erfahrungen erläutern oder sogar Entschädigungen anbieten können, damit Kunden, die sich anhand derartiger Internetseiten informieren und orientieren wollen, nicht lediglich negative Kommentare vorfinden und die Meinungsbildung auf diese Weise stark geprägt wird. Die soziale Orientierung an *Earned Media* führt zu hoher Aufmerksamkeit und Glaubwürdigkeit der Inhalte, sie kann Image- und Reputationseffekte erzeugen und sogar im Falle positiver Rezensionen oder Kommentare Käufe auslösen. Letzteres kann durch den Modelllerneffekt erklärt werden, bei dem die sozialen Handlungen von als ähnlich erscheinenden Personen im persönlichen oder medialen Umfeld zu Nachahmungshandlungen führen können (vgl. Bandura 1979).

Versteht man diese möglichen Wirkungen von *Earned Media*, muss es im Interesse des Unternehmens sein, daraus strategische Entscheidungen abzuleiten, wie Anreize geschaffen werden können, damit Nutzer und Rezipienten freiwillig Inhalte erzeugen oder unternehmensseitige Inhalte teilen. Diese Anstrengungen eines Unternehmens werden als *Content Outreach* (vgl. Auler und Huberty 2019, S. 67) bezeichnet und stellen den Versuch dar, durch den Inhalt der *Owned-Media*-Kanäle eine Verwendung – durch Multiplikatoren wie Blogger oder Journalisten und weitere Gruppen im Rahmen der *Media Relations* – für die Erstellung eigener Inhalte, in diesem Fall *brand-related UGC*, zu erreichen (vgl. Auler und Huberty 2019, S. 66).

Damit dies erfolgreich gelingt, muss das Unternehmen die Inhalte kostenfrei zur Verfügung stellen, die für die potenziellen Multiplikatoren von Interesse sind. Hierbei kann es sich um exklusive Informationen über Produkte oder Veranstaltungen handeln, über die Fans berichten und die sie dokumentieren können. Außerdem kann bildliches und audiovisuelles Material oder (animierte) Grafiken zur Verfügung gestellt werden, die als Anlass für *Earned Media* dienen. Die Inhalte können auch dazu auffordern oder inspirieren, bestimmte Themen weiterzudenken oder kritisch zu reflektieren. So könnten in Texten, Videos oder Podcasts problematische oder kontroverse Themen, neue Erkenntnisse oder neue Studien veröffentlicht werden. Schließlich kann über Dritte berichtet werden, etwas im Zusammenhang mit Kooperationen oder *Egobait*, also die Erwähnung von branchenspezifischen Größen oder Prominenten (vgl. Auler und Huberty 2019, S. 66).

Nachfolgend werden drei spezifische Varianten von *Earned Media* in Bezug auf ihre systematische Erzeugung genauer betrachtet: Erstens der *Content Outreach* an Influencer, da diese Online-Meinungsführer gegenwärtig für die Unternehmenskommunikation von strategischer Bedeutung sind. Zweitens die Streuung von Inhalten über private Kanäle in Form des *viralen Marketings*. Drittens die *Online-Brand-Communities*, bei denen aktive Konsumenten oder Fans sich als aktive Prosumenten austauschen und eigenständige Inhalte erzeugen.

6.5.1 Influencer-Marketing

Eine für Unternehmen sehr attraktive Variante von *Earned Media* stellt die Tätigkeit von Influencern dar, wenn sie nicht bezahlt und somit nicht *Paid Media* zuge-

6.5 Earned Media – wir haben es verdient

ordnet werden. Influencer sind Privatpersonen, die die sozialen Medien und Netzwerke nutzen, um sich in einer Rolle als Meinungsführer für bestimmte Themen oder mit einer bestimmten Haltung zu Themen wie Mode, Beauty, Reisen, Fitness oder Gesundheit zu inszenieren. Als maßgebliche Währung für ihr Wirken als Meinungsführer kann ihre Authentizität angeführt werden, womit die geringe Rollendistanz zwischen ihnen als Privatperson und ihrer Rolle als Influencer sowie weiteren Rollenbildern, in denen sie in der Öffentlichkeit in Erscheinung treten können, gemeint ist. Authentizität kann als wesentliche Bedingung für die Vertrauenswürdigkeit des Influencers angesehen werden, da diese ihm ermöglicht, die Meinung von Followern zu beeinflussen (vgl. Olapic 2017).

Für den strategischen Einsatz von Influencern als Verfassern von *Earned Media* sind zwei Kriterien von großer Bedeutung: die Followerzahl und die Nähe zur Zielgruppe. Letztere wird häufig als bedeutsamere Größe hinsichtlich der Authentizität und der möglichen Wirkung auf die Einstellung von Rezipienten eingeschätzt.

Die Anzahl der Follower, die in Kontakt mit einem Post kommen, ist ein maßgebliches Kriterium sowohl für Unternehmen als auch für die Follower. Da es sich bei dem Begriff Influencer um keine geschützte Berufsbezeichnung handelt, hängt die Beurteilung eines Influencers von der Anzahl der Follower ab. Einer Studie zufolge stufen 53 Prozent der Befragten einen Social-Media-Nutzer mit mind. 10.000 Followern als Influencer ein, 34 Prozent der Deutschen sagen, der Kanal sollte über 50.000 Abonnenten haben (vgl. Olapic 2017). Mithilfe der Reichweite können die Influencer in Kategorien gruppiert werden, wobei die genauen Abgrenzungen je nach Studie schwanken. Dennoch kann man grob Nano- (50 bis 10.000 Follower), Micro- (10.000 bis 25.000 Follower), Macro- (25.000 bis 100.000 Follower) und Mega-Influencer (internationale Stars mit mehr als einer Million Follower) unterscheiden (vgl. Deutsches Institut für Marketing 2019). Vor allem Influencer, die thematisch breit aufgestellt sind und viele Follower haben, können als *Social Hubs* für viele Kontakte fungieren und dabei verschiedene Zielgruppen erreichen. Demgegenüber stehen Influencer mit Expertenstatus: Sie konzentrieren sich oftmals auf spezifische Themen, für die sie als Experte mit spezifischem und fundiertem Wissen gelten. Diese Influencer werden als *Market Mavens* bezeichnet (vgl. Feick und Price 1987, S. 85). Darüber hinaus können auch Politiker, Prominente, Journalisten, Blogger oder sogar Tiere, sogenannte *Petfluencer*, zu den Influencern mit vielen Followern gezählt werden. Die Anzahl der Follower darf zwar nicht mit der Reichweite gleichgesetzt werden, dennoch ist eine hohe Reichweite bei vielen Followern wahrscheinlicher.

Die Anzahl der Follower allein stellt keinen Erfolgsgaranten dar, wenn damit nicht die Zielgruppen erreicht werden. Außerdem können spezifische Marken für spezifische Zielgruppen unglaubwürdig wirken. Aus diesem Grund ist der Fit zur

Zielgruppe beinahe als relevanter zu erachten als die Followerzahl: Der gewählte Influencer muss eine Identifizierung der Zielgruppe mit seiner Rolle ermöglichen. Dabei spielt die Attraktivität des Influencers ebenso eine Rolle wie die Ähnlichkeit mit der Zielgruppe, welche die Identifizierung mit dem Influencer ermöglicht. Hierbei kann auch die Relation der Markenpersönlichkeit zur Persönlichkeit der Influencers und der Zielgruppe relevant sein (vgl. Deges 2018, S. 74 f.).

Als vorrangige Zielgruppe von Influencern gilt die Generation Z (Geburtenjahrgänge 1996 bis 2012), wobei diese Generation aktuell vornehmlich Instagram nutzt (vgl. Olapic 2017). Allerdings darf dies nicht zu sehr pauschalisiert werden. Es gibt auch zahlreiche Follower aus älteren Kohorten, vornehmlich der Generation Y (Geburtenjahrgänge 1980 bis 1995), die Influencern auf Facebook folgen, sowie eine steigende Zahl älterer Follower, die sich an 50 plus-Influencern orientieren. Daher muss eine Segmentierung dieser Meinungsführer hinsichtlich ihrer Themen erfolgen. Geschlechtsspezifisch gibt es ebenfalls Unterschiede bei den gewählten Kanälen: So folgen Männer eher Influencern auf YouTube und Frauen häufiger auf Instagram. Für den Erfolg eines Meinungsführers ist die authentische Darstellung zumeist relevanter als die reine Followerzahl, sodass Unternehmen häufig gezielt die Zusammenarbeit mit Nano- oder Micro-Influencern mit gut segmentierbaren Zielgruppen suchen, damit diese als Meinungsführer in ihrem sozialen Umfeld aktiv werden können.

Als weitere Erfolgsfaktoren für Influencer können eine ansprechende Aufmachung der Inhalte in Bild oder Video und die Erstellung interessanter und relevanter Inhalte ausgemacht werden. Influencer können somit für ihre Follower als Orientierungspunkt für die Meinungsbildung fungieren. Da sie über eine treue Anhängerschaft verfügen, die ihren Beiträgen regelmäßig folgt, ist auch aus Sicht des Unternehmens eine langfristige Kooperation mit ihnen anzustreben.

6.5.2 Virales Marketing

Virales Marketing ist eine Form des Marketings, bei dem die Verbreitung von Inhalten nicht durch das Unternehmen selbst ausgesteuert wird, sondern in Form von Mundpropaganda (oder *Buzzmarketing*) durch die Nutzer selbst geschieht, indem bestehende Inhalte geteilt, weitergeleitet oder verlinkt werden. Der Begriff „viral" bedeutet die virusartige, meist plattformübergreifende und exponentiell wachsende Verbreitung von unternehmensbezogenen Inhalten (vgl. Bruhn 2019, S. 736). Diese Form von *Earned-Media-Marketing* ist durch die Netzwerkstruktur im Internet erst möglich geworden, da durch das Teilen von Inhalten mehrere regional verstreute Nutzer aus dem sozialen Netzwerk eines Nutzers erreicht werden können.

Garantiert werden kann erfolgreiches virales Marketing nicht, aber dennoch können Faktoren für das Gelingen festgestellt werden. Das Unternehmen kann

6.5 Earned Media – wir haben es verdient

zunächst seine Inhalte an strategisch relevanten Stellen verbreiten, quasi aussäen *(Seeding)*. Dies geschieht auf der eigenen Internetseite und in sozialen Medien wie Facebook oder Xing. Hier sind vor allem die Foren, in denen sich Teilnehmer zu bestimmten Themen austauschen, wichtige virtuelle Orte für das Aussäen von Inhalten. Dies geschieht mit hoher Wahrscheinlichkeit umso besser, je mehr Interessen die Beteiligten in den Netzwerken miteinander teilen, in denen die Inhalte weitergeleitet oder sogar durch Kommentare von Nutzern angereichert werden.

Damit dies gelingt, sollten die Inhalte nicht nur Aufmerksamkeit erzeugen, sondern für die jeweilige Zielgruppe so interessant, relevant oder unterhaltend ist, dass sie sich selbst darüber profilieren oder anderen helfen können, wenn sie diesen Inhalt in ihren sozialen Netzwerken weiterleiten und verbreiten. Wie bereits erläutert, können die sozialen Medien genutzt werden, um sich selbst zu inszenieren und zum Aufbau der Identität beizutragen. Diesem eher egoistischen Motiv stehen altruistische Motive gegenüber, die ebenfalls gut in den sozialen Medien beobachtet werden können. So werden Inhalte in Form von Berichterstattungen über aktuelle Geschehnisse geteilt, um Gleichgesinnte in den Netzwerken vor bestimmten Entwicklungen zu warnen oder sie auf bestimmte Aspekte hinzuweisen. Nicht selten findet eine Weiterleitung auch in Chats und Foren statt, wo Nutzer explizit Rat und Tipps ersuchen, beispielsweise in den sogenannten Nett-Werken auf Facebook. Insofern eignen sich sowohl gut recherchierte Reportagen als auch geistreiche Gedanken zu einem Thema ebenso wie unterhaltende und emotionalisierende Inhalte, wobei Letztere eine höhere Chance auf Weiterleitung haben (vgl. Berger und Milkman 2012), vor allem, wenn diese humorvoll sind (vgl. Lammenett 2017, S. 339). Erfolgreiches virales Marketing hängt auch von der Form des Inhalts ab, so sind insbesondere Videos erfolgversprechend. Diese erlauben es, Markenbotschaften in eine Story mit einer Botschaft zu integrieren, sodass der Mehrwert der Botschaft in den Mittelpunkt tritt, ohne dass die Marke als störender Faktor wahrgenommen wird. Wenn die Geschichte zudem noch realitätsnah ist und Anknüpfungspunkte an den Alltag der Rezipienten und Kunden bietet, kann die Marke in der Interpretation des Rezipienten besser verhaftet werden.

Die erwünschte Eigendynamik birgt jedoch auch Risiken. Eines der bekanntesten Phänomene stellen sogenannte Trolle dar. Dies sind Nutzer von sozialen Medien, die aus unterschiedlichen Gründen, wie einer Antipathie gegenüber einer Marke oder aus ideologischen Interessen, vorsätzlich Inhalte nutzen, um diese kritisch zu kommentieren, und der Marke somit Schaden zuzufügen. Daher ist es für Marken gut, eine große Fangemeinde zu besitzen, die im Bedarfsfall ihre Marke gegen derartige Angriffe verbal verteidigt. Diese Fans organisieren sich online selbst in *Communities*.

6.5.3 Online- bzw. Brand-Communities

Online-Communities und Markengemeinschaften *(Brand-Communities)* bezeichnen den freiwilligen sozialen Zusammenschluss auf bestimmten Kanälen, in denen ein Austausch zu einem spezifischen Thema oder einer Marke sowie deren Produkten stattfindet. *Communities* können auf *Owned Media* wie der eigenen Internetseite eines Unternehmens angeboten werden, wodurch ein *Community-Management* und ein Monitoring der Beiträge sowie die Steuerung der Inhalte im Bedarfsfall möglich werden. Allerdings können sich *Communities* auch außerhalb des Wirkungsbereichs eines Unternehmens auf allen anderen Plattformen und Kanälen zusammenschließen und somit zu *Earned Media* gezählt werden. Nachfolgend wird das Konzept der Markengemeinschaften genauer betrachtet, da dieses für die Unternehmenskommunikation eine größere Bedeutung besitzt als reine *Online-Communities*.

Das Konzept der Markengemeinschaften wurde im Jahr 2001 von Muniz und O'Guinn (2001) eingeführt und bedeutet „a specialized, non-geographically bound community, based on a structured set of social relationships among admirers of a brand. It is specialized because at its center is a branded good or service. Like other communities, it is marked by a shared consciousness, rituals and traditions, and a sense of moral responsibility" (Muniz und O'Guinn 2001, S. 412). Markengemeinschaften verstehen sich zumeist als eigenständige Solidargemeinschaften mit einem starken, emotionalen Wir-Gefühl. Deshalb sind Marken gut beraten, ihnen genügend Freiraum zu lassen und nicht zu stark einzugreifen. So können Unternehmen sich an Diskussionen beteiligen, sollten dies jedoch nicht verdeckt tun, sondern sich zu erkennen geben.

Markengemeinschaften werden zumeist um starke Marken herum etabliert, also Marken mit hohen Image- und Reputationswerten, weil diese eine enorme Anziehungskraft auf ihre Fans ausüben. Gute Beispiele sind Harley-Davidson und Apple. In den Markengemeinschaften tauschen sich Fans und Mitglieder über die Marke aus, helfen sich gegenseitig bei Problemen oder organisieren Veranstaltungen und Events für reale Treffen. Die Mitglieder verstehen sich als Bestandteil einer exklusiven Gemeinschaft, die in einer abgegrenzten Teilöffentlichkeit kommuniziert. Dieses Zugehörigkeitsgefühl schafft eine emotionale Verbundenheit, die durch den Kauf der Produkte einer Marke real erfahrbar wird. Insofern tragen Markengemeinschaften zur Etablierung von Marken-Kunden-Beziehungen bei, die Wiederkäufe bedingen und die Wechselbereitschaft verringern, selbst dann, wenn funktional ähnliche oder gar bessere Produkte bei der Konkurrenz erhältlich sind.

6.5 Earned Media – wir haben es verdient

Während man grundsätzlich davon ausgeht, dass negative Schlagzeilen für Marken einen größeren Einfluss auf die Meinungsbildung haben als positive, scheint dies in Markengemeinschaften eher umgekehrt zu sein. Positiven Nachrichten wird hier ein größerer Effekt nachgesagt als negativen (vgl. Adjei et al. 2010). Dies scheint sowohl für begeisterte, langjährige Fans ebenso wie für neue und noch nicht derart involvierte Fans zuzutreffen. Zudem strahlen Communities auch nach außen ab: Die von ihnen produzierten Inhalte verbreiten sich in den sozialen Medien und können von dort positive Effekte auf Abverkäufe hervorrufen (vgl. Stephen und Galak 2012). Aus theoretischer Perspektive ist das Konzept von Markengemeinschaften jedoch nicht unumstritten. Hellman kritisiert, dass die Begriffe Community und Gemeinschaft bei der Anwendung auf digitale Netzwerkstrukturen zu stark gedehnt werden (vgl. Hellmann 2013, S. 132). Für ihn ist ungeklärt, wie die notwendigen Bedingungen einer echten Gemeinschaft, beispielsweise emotionaler Zusammenhalt, über mediale Netzwerkstrukturen erzeugt werden können.

6.5.4 Bewertung von Earned Media

Earned Media ist ein Phänomen, das nur durch die netzwerkartigen Strukturen des Web 2.0 erklärt und verstanden werden kann. Es erweitert die Mundpropaganda in die digitale Sphäre und vermag für Marken und Unternehmen sowohl positive als auch negative Effekte mit enormer Reichweite und hoher Glaubwürdigkeit zu erzeugen, und dies jenseits des Einflussbereichs des Unternehmens. Will ein Unternehmen *Earned Media* anstoßen, so kann schon dieser Versuch negative Effekte erzeugen. Wenn publik wird, dass Unternehmen Einfluss auf Multiplikatoren zu nehmen versuchen, kann sich dies negativ auf Image, Reputation, Glaubwürdigkeit, Authentizität und die Marken-Kunden-Beziehung auswirken. Dies betrifft ebenso die Multiplikatoren, die an Ansehen einbüßen könnten, wenn herauskommt, dass sie nicht aus freien Stücken eine Marke, deren Produkte oder Dienstleistungen lobend erwähnt haben. Dennoch sind die Generierung von *Earned Media* in Form von *brand-related UGC* oder der Anstoß viraler Kampagnen und die strategische Kooperation mit weitreichenstarken Zielgruppensegmenten und Medienakteuren unerlässlich. Dies liegt nicht zuletzt an der Vielzahl an Werbemaßnahmen, denen Konsumenten täglich ausgesetzt sind, und an den zuvor genannten Nachteilen von *Paid* und *Owned Media*. Für eine ganzheitliche Unternehmenskommunikation mit und durch Medien müssen alle Kanäle in einem abgestimmten Mediamix gesteuert werden.

Earned Media kann dabei äußerst produktive Erkenntnisse für Unternehmen liefern, da Kunden, Fans oder Rezensenten hilfreiche Hinweise geben: Es können Stärken erkannt und ausgebaut werden, Schwächen identifiziert und verbessert werden und sogar neue Ideen für die Produktentwicklung oder die Generierung von Inhalten entstehen. Die Gefahr von negativer Eigendynamik muss dabei stets billigend in Kauf genommen werden. In der großen Welt des Internets kann potenziell alles und jeder thematisiert werden, unabhängig davon, ob diese Person oder dieser korporative Akteur selbst mit einem Profil in den sozialen Medien präsent ist. Daher ist die permanente Beobachtung möglichst aller Medien und Kanäle notwendig, um aktive Eingriffe in die Kommunikationsabläufe zu ermöglichen.

Es ist bereits mehrfach angeklungen, dass es durchaus Überschneidungsbereiche von *Earned* mit *Paid* und *Owned Media* gibt. So sind Influencer nicht eindeutig dem Bereich *Earned Media* zuzuordnen, und nicht jeder Influencer kann *Paid Media* zuordnet werden. Diese können auch ohne Bezahlung agieren und sind dann eher dem Bereich *Earned* zuzuordnen. Auch können Communities genutzt werden, um Bannerwerbung zu schalten. Zudem stammen Inhalte für *Earned Media* zuweilen aus den Kanälen von *Owned Media,* sodass hier durch den Prozess des Teilens und Kommentierens oder Verlinkens eine Art Transformation von *Owned* zu *Earned* stattfindet. Es sind demnach – trotz der theoretisch klaren Trennung – in der Kommunikationspraxis zumindest Diffusions- oder sogar Interdependenzeffekte zwischen den Bereichen erkennbar und müssen von der Unternehmenskommunikation gemanagt werden.

6.6 Mediastrategie und Mediaplanung

Der zuvor beschriebene Mediamix integriert die unterschiedlichen Medienarten, um die Kommunikationsstrategie des Unternehmens zu unterstützen. Im Rahmen der Marktkommunikation mithilfe der Medien muss die Mediastrategie einige Variablen in die zielorientierte Planung integrieren. Das Ziel der Planung der Mediastrategie ist die bestmögliche Kontaktaufnahme mit den Zielgruppen über eine mediale Präsenz. Bestmöglich bedeutet auch hier, dass die eingesetzten Ressourcen möglichst effektiv und effizient eingesetzt werden sollen und das zur Verfügung stehende Medienbudget optimal genutzt wird. Eine bestmögliche oder optimale Planung kann in der Mediastrategie nicht einfach mit einem Zahlenwert festgelegt werden, der so hoch oder so niedrig wie möglich sein sollte. Das Problem dabei lautet, dass die relevanten Kennwerte von einer Reihe von Variablen abhängig sind und deshalb einige Kennwerte mal hoch, mal niedrig sein sollten: Je nach Strategie und Zielgruppe ist mal eine hohe Reichweite und ein niedriger Wer-

6.6 Mediastrategie und Mediaplanung

bedruck, mal eine niedrige Reichweite und ein hoher Werbedruck zielführend. Die Maximierung der Reichweite oder des Werbedrucks generell als Ziel eines guten Mediaplans zu definieren, ist ebenso sinnlos wie die Behauptung, dass der Vollmond besser als der Neumond wäre.

Daher zunächst eine kurze Erklärung zu den grundlegenden Variablen anhand eines Beispiels:

> **Beispiel: Grundlegende Variablen bei der Mediastrategie**
>
> Ein Unternehmen verkauft seit einigen Jahren ein hochpreisiges Konsumgut, und nun soll dieses Produkt durch ein Nachfolgemodell mit neuen Funktionen ersetzt werden. Die bestehenden Kunden des Produkts kennen und mögen das Unternehmen, die Marke und das Produkt. Das Nachfolgemodell soll sowohl für die bestehenden Kunden als auch für eine neue, jüngere Zielgruppe interessant sein. Die Planung geht davon aus, dass sich die bestehenden Kunden mit hoher Involviertheit für ein Nachfolgemodell interessieren werden, dieses bei den neuen Kunden jedoch auf nur geringe Involviertheit treffen wird. Bei den Medien fokussieren wir uns für dieses Beispiel auf Werbung in Zeitungen und Zeitschriften, die für die bestehende ältere Zielgruppe überwiegend in gedruckten Formaten zu sehen sein soll, für die neue jüngere Zielgruppe überwiegend auf Onlineformate.

Über den Zusammenhang zwischen Werbung und Involviertheit gibt es in der Fachliteratur eine Vielzahl an Studien, die hier nicht besprochen werden können. Die gemeinsame Grundannahme der meisten Studien lautet jedoch, stark vereinfacht, dass bei hoher Involviertheit einer Person wenige Werbekontakte ausreichen, um ein nachhaltiges Wissen über das neue Angebot zu erzeugen (vgl. Schweiger und Schrattenecker 2017, S. 300 ff.; Tropp 2011, S. 402 ff.; Fuchs und Unger 2007, S. 411 ff.). Die konkave Wirkungskurve zeigt einen starken Anstieg der Werbewirkung (Bekanntheit, gestützte oder ungestützte Wiedererinnerung) nach wenigen Kontakten (s. Abb. 6.1). Weitere Werbekontakte erhöhen die Wirkung dann kaum noch, der Verlauf wird zunehmend degressiv. Aus diesem neuen Wissen heraus sucht die involvierte Person von sich aus nach weiteren Informationen zum Angebot und wird das Produkt gegebenenfalls auch kaufen.

Umgekehrt gilt, dass bei geringer Involviertheit einer Person zunächst mehrere Werbekontakte notwendig sind, um das Wissen über das neue Angebot langsam zu festigen. Ohne jegliche Bekanntheit müssen der Name, die Botschaften und die Symbole des Angebots mehrmals in ähnlicher Weise wiederholt werden, damit in der Kaufsituation eine Erinnerung ausgelöst wird. Erst nach einer relativ großen Anzahl von Werbekontakten steigt dann auch bei den gering involvierten Personen

Abb. 6.1 Werbewirkungsverlauf und Kontaktzahl. (Quelle: in Anlehnung an Schweiger und Schrattenecker 2017, S. 300 ff.)

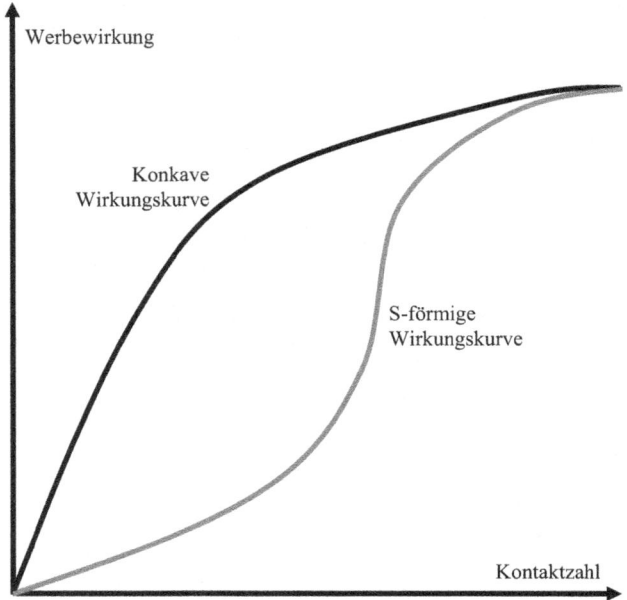

die Werbewirkung an, bevor sie dann ebenfalls in einen degressiven Verlauf übergeht: die Wirkungskurve ist s-förmig (s. Abb. 6.1).

Der *Werbedruck beschreibt* die Anzahl der Werbekontakte pro Person. Somit gilt: Ein hoher Werbedruck pro Person ist sinnvoll bei geringer Involviertheit, ein niedriger Werbedruck bei hoher Involviertheit. Die meisten Studien beschreiben drei bis zehn Kontakte als ausreichend bei hoch involvierten Personen, bei gering involvierten Personen beginnt die Festigung des Wissens erst ab zwölf Kontakten. Allerdings hängt dies auch von der Art des Werbestimulus, dem Medium und der Situation der Wahrnehmung ab.

Dem könnte man nun entgegenhalten, dass ein möglichst hoher Werbedruck nie falsch sein kann. Aus zwei Gründen kann dies aber sehr wohl problematisch sein: Erstens werden das Wissen, die Einstellungen und das Verhalten einer bereits hoch involvierten Person durch einige wenige Werbekontakte bereits verändert. Darüber hinausgehende Kontakte würden daher Geld kosten, blieben aber weitestgehend wirkungslos. Zweitens ist das Werbebudget begrenzt und man kann das eingesparte Geld für die Maximierung der zweiten wichtigen Variable einsetzen, der *Reichweite*. Bei einem gegebenen Werbebudget ist es somit zielführend, möglichst viele Personen mit hoher Involviertheit mit relativ wenigen Werbekontakten anzusprechen.

6.6 Mediastrategie und Mediaplanung

Die Entscheidung für eine Mediastrategie findet somit immer zwischen zwei einander ausschließenden Optionen statt, denn entweder wird der Werbedruck oder die Reichweite maximiert. Jede Option kostet Geld, und das Mediabudget ist endlich. Die Alternativen lauten somit (s. Abb. 6.2): Das gegebene Budget wird entweder eingesetzt, um möglichst viele Menschen mit hoher Involviertheit für das Angebot zu erreichen, der Werbedruck ist dabei jedoch begrenzt (Mediaplan A: Maximierung der Reichweite), oder um eine kleinere Gruppe von Menschen mit niedriger Involviertheit mit einem möglichst hohen Werbedruck zu erreichen (Mediaplan B: Maximierung des Werbedrucks). Mit anderen Worten: Die Strategie für eine hoch involvierte Zielgruppe strebt die Belegung möglichst unterschiedlicher Medien an, dabei werden die erreichten Personen jedoch nicht oft kontaktiert. Die Strategie für eine niedrig involvierte Zielgruppe strebt hingegen die möglichst häufige Belegung einiger weniger Medien an.

Die Mediastrategie wird in drei Schritten ausgearbeitet: Zunächst werden die passenden Medienformen in der *Intermedia-Planung* ausgewählt, dann die zielführenden Medienformate in der *Intramedia-Planung*, und schließlich wird der eigentliche *Mediaplan* erstellt. Bei der Intermedia-Planung geht es um die Frage,

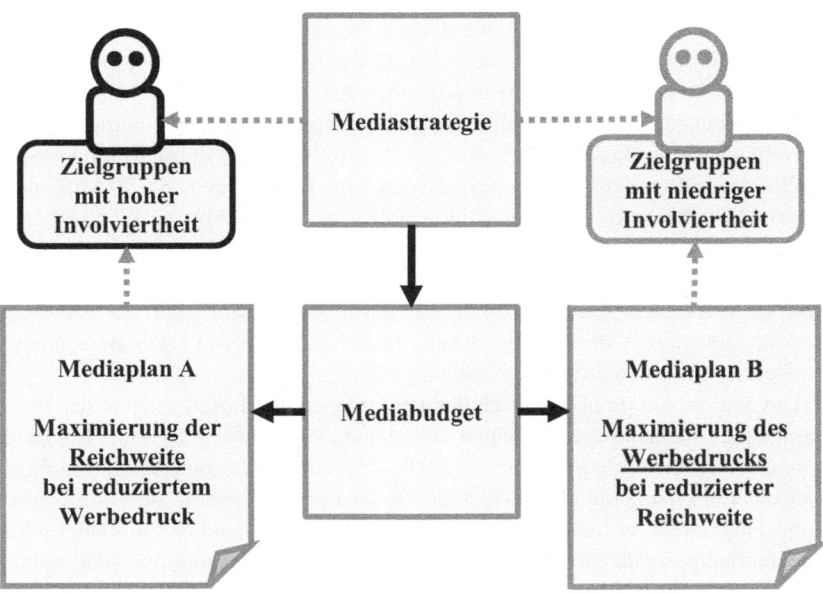

Abb. 6.2 Mediastrategie und Mediaplanung

welche Medienformen für einen Kontakt mit der Zielgruppe sinnvoll sind: Bei Personen, die wenig fernsehen, können Zeitungen oder Zeitschriften empfehlenswert sein, bei Berufspendlern das Radio, bei Jugendlichen das Kino oder soziale Medien. Die Auswahl der Medienformate in der Intramedia-Planung bestimmt darüber, welche konkrete Zeitung, Zeitschrift, Radiosender, Kinofilm oder soziales Medium für die Werbeschaltung berücksichtigt werden sollen. Im Mediaplan findet sich dann die genaue Beschreibung der Schaltungen, also wie oft, wann und wie in welchem Medienformat eine Werbung veröffentlicht werden soll und welche Kosten dadurch entstehen. Im Mediaplan stehen dann auch alle relevanten Kennwerte wie die Reichweite, der Werbedruck, die Affinität und die Zeitplanung.

6.6.1 Die Reichweite

Der erste Kennwert ist die Reichweite eines Mediums *(Werbeträgerreichweite)*. Sie beschreibt die Anzahl der Personen, die die ausgewählten Medien rezipieren und somit die Werbung wahrnehmen können. Hierbei wird zwischen Brutto- und Nettoreichweite unterschieden. Für die Bruttoreichweite werden alle erzielten Kontakte addiert, also auch Kontakte zu einer Person, die mehrere Medien rezipiert und dadurch die Werbung mehrfach sieht (Doppelkontakte). Die Nettoreichweite gibt an, wie viele Personen die Werbung mindestens einmal gesehen haben, wobei mehrere Kontakte einer Person mit der Werbeanzeige nicht gezählt werden.

Nehmen wir an, dass die Werbeanzeige gleichzeitig in den Zeitschriften Spiegel und Stern veröffentlicht wird. Der Spiegel hat eine Reichweite von 6,79 Millionen Lesern (N1), der Stern von 7,19 Millionen Lesern (N2) (s. Abb. 6.3). Die Bruttoreichweite beträgt somit 13,95 Millionen Leser. Die Nettoreichweite weist jedoch nur 12,7 Millionen Leser aus, da es eine Schnittmenge von 1,15 Millionen Lesern gibt, die sowohl den Spiegel als auch den Stern lesen (N12). Diese 1,25 Millionen Personen sehen die Werbeanzeige daher zweimal und werden bei der Berechnung der Nettoreichweite nur einmal gezählt.

Um Medien mit ihren unterschiedlichen Auflagen und Leserzahlen in der Budgetplanung miteinander vergleichbar zu machen, wird jeweils der Preis für 1000 Kontakte mit einem Medium berechnet. Dieser Preis wird bezogen auf die Auflage oder die Einschaltquote eines Mediums, seine Bruttoreichweite oder die Nettoreichweiten mehrerer Medien. Die Berechnung ist immer ähnlich, im Zähler wird der Einschaltpreis für die Werbeanzeige oder den Rundfunkspot mit 1000 multipliziert, im Nenner steht die Auflage, die Brutto- oder Nettoreichweite.

Abb. 6.3 Netto-
reichweite

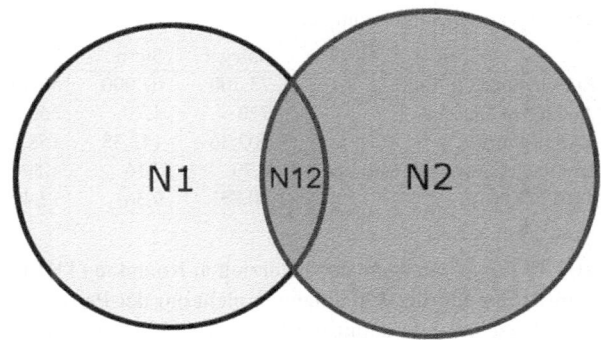

- Der *Tausend-Auflagenpreis* (TAP) beschreibt den Preis für die Schaltung in den verbreiteten Exemplaren eines Mediums, bei gedruckten Medien ist dies die Auflage (Copies).

$$TAP = Einschaltpreis \times 1000 \,/\, Copies$$

- Der *Tausend-Kontaktpreis* (TKP) gibt den Preis für alle erzielten Kontakte mit einem oder mehreren Medien an, die erzielten Kontakte entsprechen der Bruttoreichweite.

$$TKP = Einschaltpreis \times 1000 \,/\, Bruttoreichweite$$

- Der *Tausend-Nutzerpreis* (TNP) berücksichtigt nur die Nettoreichweite eines oder mehrerer Medien. Er gibt an, wie hoch die Kosten sind, um 1 000 verschiedene Personen in der Zielgruppe mindestens einmal zu erreichen.

$$TNP = Einschaltpreis \times 1000 \,/\, Nettoreichweite$$

Im Vergleich von vier wöchentlich erscheinenden Printmedien ergeben sich die in Tab. 6.1 genannten Kennwerte für TAP und TKP.

Die Bild am Sonntag ist zunächst das teuerste Medium, dort kostet die Schaltung einer Werbeanzeige (1 Seite, vierfarbig) 98.000 Euro, im Focus nur 56.900 Euro. Allerdings hat die Bild am Sonntag auch die höchste Auflage und Reichweite, der Focus hat hierbei die niedrigsten Kennwerte. Bezogen auf die Auflage (TAP) ist der Preis für 1000 Kontakte jedoch beim Spiegel am niedrigsten

Tab. 6.1 Tausenderpreise im Vergleich

	Spiegel	Stern	Focus	Bild am Sonntag
Einschaltpreis in Euro	73.700	67.000	56.900	98.000
Auflage in Tausend	720	470	360	750
TAP in Euro	102,36	142,55	158,05	130,66
Brutto-Reichweite in Millionen	6,79	7,16	4,59	9,05
TKP in Euro	10,85	9,36	12,40	10,83

(102,36 Euro), bezogen auf die erzielten Kontakte (TKP) beim Stern (9,36 Euro). Natürlich ist für die Mediaplanung nicht nur der Preis entscheidend, sondern auch die Leserschaft und damit die Frage, welche Zeitschrift die Adressaten der Werbung vermutlich lesen werden. Möglicherweise ist eine relativ teure Zeitschrift dann trotzdem geeignet, weil die Werbung dort auf die Zielgruppe trifft. An dieser Stelle soll aber nur der Zweck der Vergleichspreise TAP und TKP erläutert werden, um zu verdeutlichen, dass die absoluten Zahlen des Einschaltpreises, der Auflage und der Reichweite erst als relativer Tausenderpreis einen realen Leistungsvergleich ermöglichen.

Addiert man die Einzelreichweiten der vier Medien für die Bruttoreichweite, kommt man auf 27,59 Millionen Kontakte. Die Nettoreichweite beträgt jedoch „nur" 22,3 Millionen Nutzer. Fast 5,3 Millionen Kontakte sind somit mehrfache Kontakte zu Personen, die mehr als eines der Medien lesen. Die Nettoreichweite gibt Auskunft über die tatsächlich erreichten Nutzer eines einzigen Mediums, in dem eine Werbeanzeige mehrere Wochen hintereinander geschaltet wird. Wenn dieselbe Anzeige beispielsweise im Spiegel zehnmal jede Woche veröffentlicht wird, so wird sie zum größten Teil von Menschen gesehen, die den Spiegel abonniert haben oder öfters kaufen. Neue Leser kommen immer seltener in Kontakt mit der Anzeige, der Verlauf der Kontaktkurve ist degressiv (s. Abb. 6.4). Durch die wiederholte Schaltung im gleichen Medium werden zwar weniger neue Leser erreicht, dies kann aber durchaus zielführend sein, wenn es um die Maximierung des Werbedrucks geht.

6.6.2 Der Werbedruck

Für die Ermittlung des Werbedrucks oder des Kommunikationsdrucks werden zwei ähnliche Kennwerte ermittelt: die Kontaktwahrscheinlichkeit (*Opportunity to Contact*, OTC) und die durchschnittliche Kontaktzahl (*Gross Rating Points*, GRP). Beide Kennzahlen beschreiben die Anzahl der Kontakte einer Person mit der Wer-

6.6 Mediastrategie und Mediaplanung

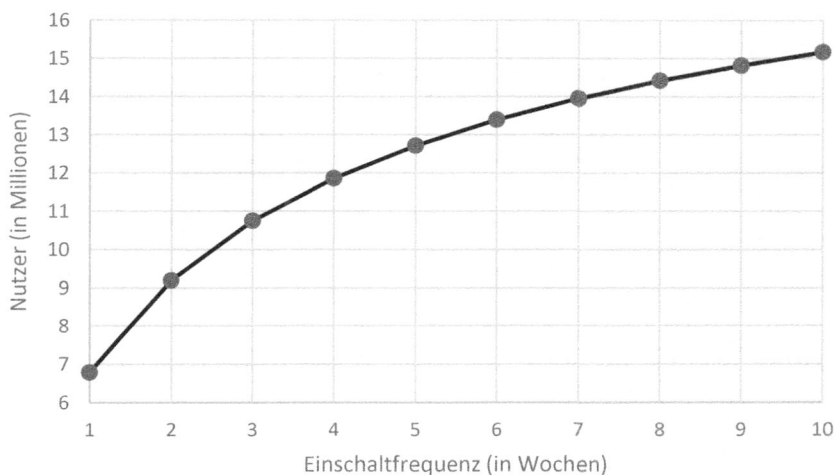

Abb. 6.4 Degressiver Verlauf bei Einschaltfrequenz und Nutzern

bung und finden sich in den gängigen Mediaplänen, werden aber unterschiedlich hergeleitet und berechnet.

Die Kontaktwahrscheinlichkeit OTC gibt an, wie oft eine Person in einer Zielgruppe die Möglichkeit hat, die Werbung wahrzunehmen. Die Kennziffer beschreibt somit die durchschnittlichen Kontakte pro Person in der Zielgruppe. Die Berechnung erfolgt mit der Formel:

$$OTC = \text{Gesamtkontakte}\,(\text{Reichweite} \times \text{Kontakte})\,/\,\text{Nettoreichweite}$$

Zur Verdeutlichung der Berechnung des Kennwerts betrachten wir folgende Modellannahme: In einem Dorf leben 200 Personen (s. Abb. 6.5). Die Personen 1 bis 100 sind die Zielgruppe, und es gibt drei Zeitschriften im Dorf: A, B und C. Die Zeitschriften werden von unterschiedlich vielen Personen gelesen: Zeitschrift A hat eine Reichweite von 40 Lesern (Person 1 bis 40), B ebenfalls von 40 Lesern (Person 61 bis 100) und C hat 60 Leser (Person 21 bis 80).

Für eine erste Berechnung nehmen wir an, dass die Werbeanzeige sechsmal in Zeitschrift A und sechsmal in Zeitschrift B erscheint. Die Berechnung lautet demnach:

$$OTC = (40\,\text{Personen} \times 6\,\text{Kontakte} + 40\,\text{Personen} \times 6\,\text{Kontakte})\,/\,80\,\text{Personen} = 6$$

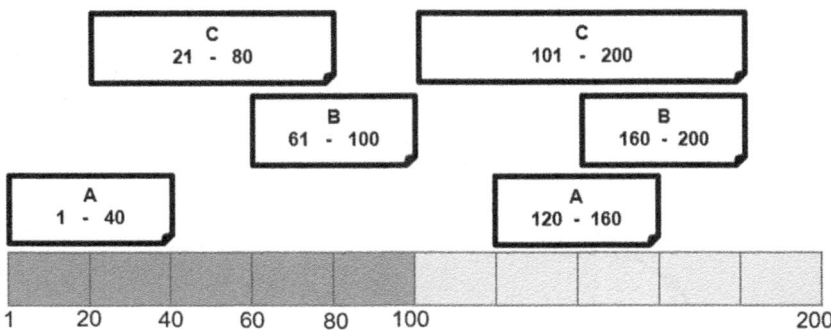

Abb. 6.5 Modellannahme für die Berechnung der Kontaktwahrscheinlichkeit. (Quelle: nach Unger et al. 2013, S. 40 ff.)

In diesem Fallbeispiel hat jede Person in der Zielgruppe durchschnittlich sechs Kontakte mit der Werbeanzeige.

Für eine zweite Berechnung nehmen wir nun an, dass die Werbeanzeige sechsmal in Zeitschrift A und achtmal in Zeitschrift C erscheint. Die Berechnung lautet dann:

$$\text{OTC} = (40 \text{ Personen} \times 6 \text{ Kontakte} + 60 \text{ Personen} \times 8 \text{ Kontakte}) / 80 \text{ Personen} = 9$$

Im zweiten Fallbeispiel wurde der Werbedruck auf 9 durchschnittliche Kontakte pro Person in der Zielgruppe erhöht, die Nettoreichweite beträgt wie im ersten Fallbeispiel 80 Personen. Zwar sehen die Personen 21 bis 40 die Werbeanzeige sowohl in Zeitschrift A als auch Zeitschrift C, dies erhöht jedoch nur die Gesamtkontakte, nicht aber die Nettoreichweite.

Für die Ermittlung der durchschnittlichen Kontaktzahl GRP kommen zwei Berechnungswege in Frage. Der erste Weg führt über das Zielgruppenpotenzial, der zweite Weg über die durchschnittliche Kontaktwahrscheinlichkeit:

$$\text{GRP} = \text{Bruttokontakte}(\text{absolut}) / \text{Zielpersonen}(\text{absolut}) \times 100$$

oder

$$\text{GRP} = \text{Nettoreichweite}(\text{in Prozent}) \times \text{Kontaktwahrscheinlichkeit}$$

6.6 Mediastrategie und Mediaplanung

Wenn wir den GRP für das beschriebene Modelldorf und das erste Fallbeispiel berechnen wollen, haben wir wieder insgesamt 480 Kontakte mit den Zeitschriften A und B. Die Zielgruppe sind erneut alle Personen von 1 bis 100. Für unser Modelldorf lautet die Berechnung des GRP im ersten Fallbeispiel:

$$GRP = 480 \text{ Bruttokontakte} / 100 \text{ Zielpersonen} \times 100 = 480$$

oder

$$GRP = 80\,\% \text{ Nettoreichweite} \times 6 \text{ Durchschnittskontakte} = 480$$

Im zweiten Fallbeispiel haben die Zeitschriften A und C insgesamt 720 Kontakte mit den Zeitschriften A und C und die durchschnittliche Kontaktwahrscheinlichkeit beträgt, wie bereits berechnet, 9.

$$GRP = 720 \text{ Bruttokontakte} / 100 \text{ Zielpersonen} \times 100 = 720$$

oder

$$GRP = 80\,\% \text{ Nettoreichweite} \times 9 \text{ Durchschnittskontakte} = 720$$

Vergleicht man die Ergebnisse der Berechnung des OTC und des GRP, so zeigt sich, dass das Ergebnis des zweiten Fallbeispiels 30 Prozent über dem des ersten Fallbeispiels liegt. In beiden Berechnungsbeispielen ist der durchschnittliche Werbedruck pro kontaktierter Person im Modelldorf also im ersten Fallbeispiel niedriger, im zweiten Fallbeispiel höher. Die Aussage der beiden Kennwerte ist somit identisch, sie unterscheiden sich lediglich in der Art ihrer Herleitung und der Berechnung.

6.6.3 Affinität

Die Kennzahl Affinität gibt an, wie hoch der prozentuale Anteil der ausgewählten Zielgruppe an der Gesamtreichweite eines Mediums ist. Der Kennwert beschreibt, umgangssprachlich formuliert, die relative Verbreitung eines Mediums in der Zielgruppe. Je höher der Affinitätsindex, desto höher ist der Anteil der Personen in der Zielgruppe, die das ausgewählte Medium im Vergleich zur Gesamtbevölkerung nutzen. Die Berechnung erfolgt mit der Formel:

Affinitätsindex = Reichweite des Mediums in der Zielgruppe /
Reichweite des Mediums in der Gesamtbevölkerung × 100

Ein Indexwert von 100 besagt, dass das Medium in der Zielgruppe genauso häufig genutzt wird wie in der übrigen Bevölkerung. Ein Indexwert von 150 weist auf eine 50 Prozent höhere Nutzung in der Zielgruppe im Vergleich zur Gesamtbevölkerung hin.

6.6.4 Zeitplanung des Werbedrucks

Die Zeitplanung der Kommunikationsmaßnahmen, also deren zeitliche Verteilung über das Jahr, hängt von vielen Faktoren ab. Ganz allgemein sinkt die Reichweite der meisten Medien im Sommer, da viele Menschen im Urlaub sind und weniger fernsehen und deshalb die Auflagen der Zeitschriften sinken, sie steigen jedoch bei den meisten Medien im Frühling und im Herbst. Es ist aber nicht sinnvoll, im Herbst für Grillkohle oder Sonnenbrillen zu werben. Für die zeitliche Verteilung der Kommunikationsmaßnahmen und damit des Werbedrucks müssen deshalb das Objekt der Kampagne und die Nutzungsgewohnheiten der Medien in der Zielgruppe beachtet werden. Welches Timing und welche Strategie der zeitlichen Verteilung zielführend sind, kann nur in Bezug auf die konkrete Mediaplanung festgelegt werden. Nachfolgend werden die wichtigsten Strategien und deren gängige terminologische Bezeichnungen vorgestellt (vgl. Tropp 2011, S. 410). In Abb. 6.6 repräsentiert jedes der zwölf Quadrate jeweils die Zeitspanne eines Jahres (Januar bis Dezember) und eine Strategie. Beispielsweise zeigt das erste Quadrat oben links eine konzentrierte und gleichmäßige Verteilung des Werbedrucks in der Zeitspanne März bis Oktober.

6.6.5 Mediaplan

Für die Erstellung eines Mediaplans und die Berechnung der Kennwerte sind umfangreiche aktuelle Datensammlungen notwendig: über die absolute und relative Größe einer Zielgruppe in der Gesamtbevölkerung, die Preise für Werbeschaltungen in den Medien, die Affinität der Medien in den Zielgruppen und vieles mehr. Für die Sammlung und Aktualisierung der Daten sind Marktforschungen unumgänglich, für die Berechnung gibt es Mediaplanungsprogramme wie das weit verbreitete Mediaplanungs-Dialog-System (mds). Am Anfang von Abschn. 6.6

6.6 Mediastrategie und Mediaplanung

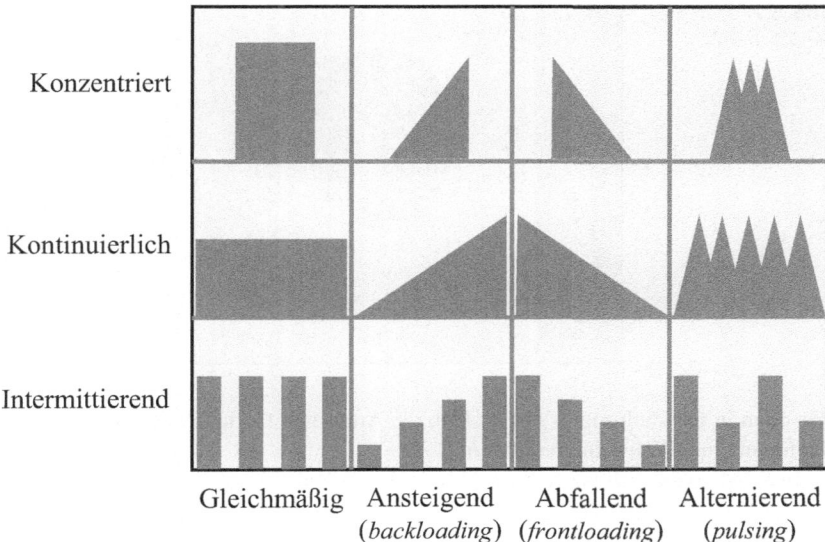

Abb. 6.6 Zeitplanung des Werbedrucks. (Quelle: nach Tropp 2011, S. 410)

wurde die Mediaplanung anhand eines Beispiels vorgestellt, in dem ein Unternehmen die Weiterentwicklung eines hochpreisigen Konsumguts bei den bestehenden hoch involvierten älteren Kunden sowie einer noch niedrig involvierten jüngeren Zielgruppe bewerben will. Dieses Beispiel wird nun fortgeführt.

Für die genauere Definition der Zielgruppen wählen wir beispielsweise die soziodemografischen Merkmale der Sigma-Milieus®. Die bestehenden Kunden werden gut durch das aufstiegsorientierte und das etablierte Milieu erfasst (s. Abb. 6.7: Z1), die neue Zielgruppe durch das moderne bürgerliche und das moderne Arbeitnehmermilieu (s. Abb. 6.7: Z2). Z1 beschreibt 20,4 Millionen Personen und 29,3 Prozent der Gesamtbevölkerung ab 14. Jahre, Z2 erfasst 15,4 Millionen Personen und 22,1 Prozent der Gesamtbevölkerung. Für Z1 soll der Mediaplan eine möglichst große Reichweite in gedruckten Zeitungen und Zeitschriften anstreben, für Z2 einen möglichst hohen Werbedruck in Onlinemedien. In beiden Zielgruppen soll der Affinitätsindex der ausgewählten Medien möglichst über 100 liegen.

Im Mediaplan für die Zielgruppe Z1 soll ein Dutzend Printmedien zum Einsatz kommen (s. Abb. 6.8). Die ausgewählten Zeitungen und Zeitschriften weisen eine hohe Reichweite in der Zielgruppe auf (Reichweite in Prozent) sowie eine relativ hohe Nähe (Affinität). Die Medien sollen auch unterschiedliche Interessen der

Abb. 6.7 Zielgruppen Z1 und Z2

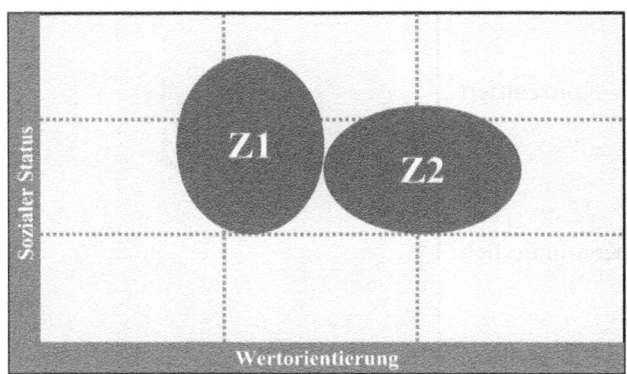

Personen in der Zielgruppe ansprechen, die Auto- und Gartenfreunde ebenso wie die Finanz- und Politikinteressierten.

Im Mediaplan soll die Verteilung für ein Jahr erfolgen, wobei an dieser Stelle die vier Quartale als Plan 1 für Januar bis März, als Plan 2 für April bis Juni usw. bezeichnet werden (s. Abb. 6.9). Die zeitliche Strategie ist kontinuierlich-alternierend, sie zielt auf eine stärkere Verteilung des Werbedrucks im Frühling und im Herbst ab. Die ausgewählten Zielgruppen (aufstiegsorientiertes und etabliertes Milieu, 20,4 Millionen Personen oder 29,3 Prozent der Gesamtbevölkerung) werden durch die Medien gut erreicht, in jedem Quartal liegt die Reichweite bei ca. 80 Prozent. Der Werbedruck liegt durch die erhöhte Schaltfrequenz im Frühling und im Herbst bei 650 GRP, im Winter und Sommer nur bei 350 GRP. Das Jahresbudget der Beispielkampagne für die Zielgruppe Z1 hat eine Höhe von fast 10 Millionen Euro (ohne Rabatte und Provisionen).

Die Kampagne für die Zielgruppe Z2 soll ausschließlich Onlinemedien berücksichtigen, um vor allem die jüngeren Personen in den Zielgruppen besser erreichen zu können (s. Abb. 6.9). Bei der Auswahl der Medien wird zwar auf eine hohe Affinität und eine gute prozentuale Reichweite in den Zielgruppen Wert gelegt, das eigentliche Ziel der Planung für die Zielgruppe Z2 ist jedoch die Maximierung des Werbedrucks mit Hilfe einiger weniger Medien. Im ersten Planungsschritt werden deshalb nur vier Medien ausgewählt, bei drei von ihnen sollen zunächst die Angebote für die Platzierung im Internet und in mobilen Medien verglichen werden. In allen drei Fällen sieht man in der Abbildung unten, dass die Reichweiten der Angebote für mobile Medien zwar geringer sind als die der Internetangebote (Reichweite in Prozent), diese aber auch zu einem günstigeren Preis gebucht werden können und damit effektiver für die Strategie der Maximierung des Werbedrucks sind

6.6 Mediastrategie und Mediaplanung

Nr.	Medien - Wtk Mehrfachkontakte für TZ	Format	Farbe	Preiszone	Kosten in Euro	Euro pro 1.000 Nutzer	Reichweite in %	Reichweite in Mio.	Affinität	Euro pro 1.000 Kontakte	Kontakte in Mio.
1	ADAC Motorwelt	1/1 Seite	4C	Ganzjahrespreis	59.900	10,07	29,2	5,95	136	10,07	5,95
2	Apotheken Umschau A+B	1/1 Seite	4C	Ganzjahrespreis	138.570	23,80	28,6	5,82	99	17,28	8,02
3	auto motor und sport	1/1 Seite	4C	Jahresdurchschnitt	43.950	48,62	4,4	0,90	122	48,62	0,90
4	Capital	1/1 Seite	4C	Ganzjahrespreis	31.800	101,92	1,5	0,31	156	101,92	0,31
5	DER SPIEGEL	1/1 Seite	4C	Ganzjahrespreis	73.700	28,86	12,5	2,55	128	28,86	2,55
6	essen&trinken	1/1 Seite	4C	Ganzjahrespreis	26.100	51,88	2,5	0,50	124	51,88	0,50
7	FOCUS	1/1 Seite	4C	Ganzjahrespreis	56.900	32,41	8,6	1,76	131	32,41	1,76
8	Landlust	1/1 Seite	4C	Ganzjahrespreis	59.300	33,97	8,6	1,75	125	33,97	1,75
9	SCHÖNER WOHNEN	1/1 Seite	4C	Ganzjahrespreis	35.300	57,51	3,0	0,61	120	57,51	0,61
10	Süddeutsche Zeitung	1.000er TT	4C		27.500	65,40	2,1	0,42	127	29,80	0,92
11	TV DIGITAL	1/1 Seite	4C	Ganzjahrespreis	55.100	38,55	7,0	1,43	127	38,55	1,43
12	Wohnen & Garten	1/1 Seite	4C	Ganzjahrespreis	19.200	76,16	1,2	0,25	126	76,16	0,25

Abb. 6.8 Mediaplanung für Zielgruppe 1, Rangreihen. Auszug aus dem Planungstool mds (Mediaplanungs-Dialog-System). (Quelle: Alle mds-Abbildungen mit freundlicher Genehmigung der Mediaplanungs-Dialog-System, ein Produkt der Axel Springer SE)

Medien - Wtk Mehrfachkontakte für TZ	Format	Farbe	Kosten	Plan 1	Plan 2	Plan 3	Plan 4
ADAC Motorwelt	1/1 Seite	4C	59.900	3	6	3	6
Apotheken Umschau A+B	1/1 Seite	4C	138.570	3	6	3	6
auto motor und sport	1/1 Seite	4C	43.950	2	3	2	3
Capital	1/1 Seite	4C	31.800	2	3	2	3
DER SPIEGEL	1/1 Seite	4C	73.700	2	3	4	3
essen&trinken	1/1 Seite	4C	26.100	4	6	4	6
FOCUS	1/1 Seite	4C	56.900	4	6	2	6
Landlust	1/1 Seite	4C	59.300	2	3	2	3
SCHÖNER WOHNEN	1/1 Seite	4C	35.300	2	3	2	3
Süddeutsche Zeitung	1.000er TT	4C	27.500	6	12	6	12
TV DIGITAL	1/1 Seite	4C	55.100	2	3	2	3
Wohnen & Garten	1/1 Seite	4C	19.200	4	6	4	6
Ergebnisse							
Kosten in Euro				1.767.510	3.031.470	1.801.110	3.031.470
Reichweite in %				78,5	81,5	78,6	81,5
Reichweite in Mio.				15,99	16,60	16,01	16,60
Euro pro 1.000 Nutzer				110,54	182,60	112,52	182,60
Kontakte in Mio.				72,60	132,63	74,20	132,63
Euro pro 1000 Kontakte				24,34	22,86	24,27	22,86
GRP				356,4	651,0	364,2	651,0
Euro pro GRP				4959,49	4656,43	4945,03	4656,43
Kontakte pro Nutzer				4,5	8,0	4,6	8,0

Abb. 6.9 Mediaplanung für Zielgruppe 1, Mediaplan. (Quelle: Auszug aus dem Planungstool mds)

(Euro pro 1000 Nutzer). Die Internetangebote werden daher in diesem Beispiel für die Mediaplanung aus der Auswahl gelöscht; ob diese tatsächlich teurer sind oder ihre Planung für die jeweilige Kampagne nicht doch zielführend sein können, müsste im Einzelfall geprüft werden (Abb. 6.10).

Eine Besonderheit der Planung von Onlinemedien ist die variable Festlegung der Reichweite und damit auch des Einschaltpreises. Bei Printmedien kann die Werbung ganzseitig, halbseitig oder kleiner gebucht werden und der Preis reduziert sich dadurch zwar, nicht aber die erzielte Reichweite. Bei Onlinemedien kann der Anbieter jedoch denselben Platz auf mehrere Buchungen verteilen, sodass die Besucher der gleichen Internetseite mal die eine, mal die andere Werbeanzeige sehen. Die Summe aller angebotenen Werbeplätze eines Onlinemediums wird das Inventar des Anbieters genannt, davon bucht der Nachfrager einen Anteil des möglichen Buchungsvolumens *(Share)*.

In der Planung müssen zunächst die Platzierung, die Form und die Größe der Werbung bestimmt werden, daran anschließend der gewünschte Anteil der Schaltung am Inventar. Wählt man beispielsweise bei Web.de das Sonderformat *Floor Ad* mit einer Größe von 320 × 480 Pixeln aus, so kosten 1000 Kontakte 100 Euro (siehe Abb. 6.11 links). Bei einer exklusiven Buchung dieses Werbeplatzes (Share 100 Prozent) erzielt man 282 Millionen Kontakte und müsste dafür 28 Millionen Euro zah-

6.6 Mediastrategie und Mediaplanung

Nr.	Medien - Wtk Mehrfachkontakte für TZ	Format	Farbe	Prei...	Kosten in Euro	Euro pro 1.000 Nutzer	Reichweite in %	Reichweite in Mio.	Affinität	Euro pro 1.000 Kontakte	Kontakte in Mio.
1	CHEFKOCH.de (Internet) (d. Monat)	Display Medium Rectangle 111.818 Tsd. Kont.			7.268.170	2612,24	18,1	2,78	136	208,53	34,85
2	CHEFKOCH.de (Mobile) (d. Monat)	Display Medium Rectangle 92.802 Tsd. Kont.			5.568.120	2096,58	17,3	2,66	160	156,81	35,51
3	otto (Internet) (d. Monat)	Display Wide Skyscraper 442.206 Tsd. Kont.			11.055.150	3978,10	18,1	2,78	120	99,40	111,22
4	SPIEGEL ONLINE (Internet) (d. Monat)	Display Medium Rectangle 359.764 Tsd. Kont.			10.792.920	4154,10	16,9	2,60	128	114,94	93,90
5	SPIEGEL ONLINE (Mobile) (d. Monat)	Display Medium Rectangle 187.531 Tsd. Kont.			5.625.930	2218,76	16,5	2,54	125	106,46	52,84
6	WEB.DE (Internet) (d. Monat)	Display Medium Rectangle 1.446.868 Tsd. Kont.			36.171.700	9886,21	23,8	3,66	121	108,83	332,36
7	WEB.DE (Mobile) (d. Monat)	Sonderformat Swipe Ad 282.582 Tsd. Kont.			9.890.370	6601,89	9,8	1,50	139	101,22	97,71

Abb. 6.10 Mediaplanung für Zielgruppe 2, Rangreihe. (Quelle: Auszug aus dem Planungstool mds)

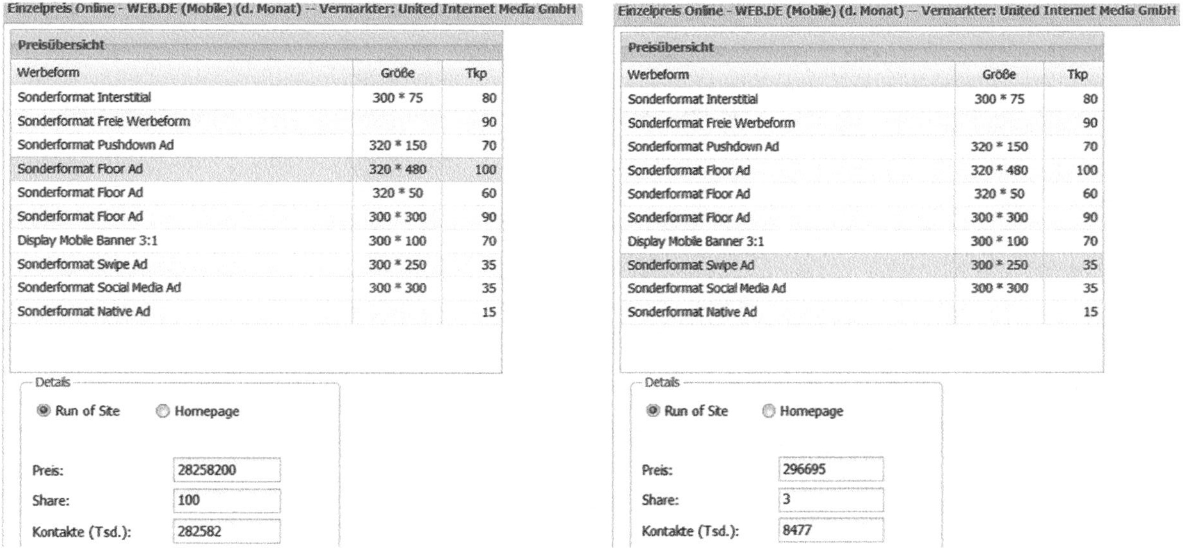

Einzelpreis Online – WEB.DE (Mobile) (d. Monat) – Vermarkter: United Internet Media GmbH

Preisübersicht

Werbeform	Größe	Tkp
Sonderformat Interstitial	300 * 75	80
Sonderformat Free Werbeform		90
Sonderformat Pushdown Ad	320 * 150	70
Sonderformat Floor Ad	320 * 480	100
Sonderformat Floor Ad	320 * 50	60
Sonderformat Floor Ad	300 * 300	90
Display Mobile Banner 3:1	300 * 100	70
Sonderformat Swipe Ad	300 * 250	35
Sonderformat Social Media Ad	300 * 300	35
Sonderformat Native Ad		15

Details

- ● Run of Site   ○ Homepage
- Preis: 28258200
- Share: 100
- Kontakte (Tsd.): 282582

Einzelpreis Online – WEB.DE (Mobile) (d. Monat) – Vermarkter: United Internet Media GmbH

Preisübersicht

Werbeform	Größe	Tkp
Sonderformat Interstitial	300 * 75	80
Sonderformat Free Werbeform		90
Sonderformat Pushdown Ad	320 * 150	70
Sonderformat Floor Ad	320 * 480	100
Sonderformat Floor Ad	320 * 50	60
Sonderformat Floor Ad	300 * 300	90
Display Mobile Banner 3:1	300 * 100	70
Sonderformat Swipe Ad	300 * 250	35
Sonderformat Social Media Ad	300 * 300	35
Sonderformat Native Ad		15

Details

- ● Run of Site   ○ Homepage
- Preis: 296695
- Share: 3
- Kontakte (Tsd.): 8477

Abb. 6.11 Mediaplanung für Zielgruppe 2, Preislisten-Auszug. (Quelle: Auszug aus dem Planungstool mds)

6.6 Mediastrategie und Mediaplanung

len. Um einen realistischen Buchungspreis zu planen, soll eine günstigere Werbeform ausgewählt werden, im Beispiel das Sonderformat *Swipe Ad* mit 300 × 250 Pixeln und einem TKP von 35 (s. Abb. 6.11 rechts). Dann wird der Buchungsanteil auf 3 Prozent reduziert und der Preis sinkt auf 296.695 Euro für 8.477.000 Kontakte.

Die Mediaplanung für die neue und jüngere Zielgruppe 2 konzentriert sich auf vier Onlinemedien, bei einem davon soll zunächst das mobile Angebot, dann die Internetseite gebucht werden (s. Abb. 6.12). Es wurden unterschiedliche Formate wie *Medium Rectangle, Wide Skycraper* oder *Swipe Ad* gewählt, der Buchungsanteil wurde für alle Medien auf 15 Prozent festgelegt. Die Zielgruppe 2 mit dem modernen bürgerlichen und dem modernen Arbeitnehmermilieu erfasst 15,4 Millionen Personen und 22,1 Prozent der Gesamtbevölkerung. Wiederum wird der Zeitraum Januar bis März mit Plan 1 berechnet, der Zeitraum April bis Juni mit Plan 2 usw. Im Ergebnis sieht man einen leicht abfallenden Werbedruck *(Frontloading)*. Die Onlinekampagne kostet in dieser Form fast 11 Millionen Euro. Die Reichweite und der Werbedruck sind geringer als bei der Printkampagne, allerdings kann die Onlinekampagne die Kontakte pro Nutzer steigern.

Eine andere Möglichkeit der Planung ist die Nutzung von Kombinationsangeboten der Medienhäuser. Die Angebote beinhalten die Werbeschaltung in mehreren Medien eines Hauses mit Bezug zu einem bestimmten Thema wie Mode, Wirtschaft, Gesundheit, Lebensphasen, Ernährung, Technik oder Lifestyle. Im Beispiel wurden jeweils zwei Angebote der Medienhäuser Burda und Gruner+Jahr ausgewählt, die eine hohe Affinität und gute Reichweiten in der Zielgruppe 2 bieten (s. Abb. 6.13). Unter der Annahme, dass alle ausgewählten Kombinationspakete ähnlich gut geeignete Medien für den Kontakt zu den Zielgruppen bieten, weisen die Technologie-Angebote der beiden Medienhäuser hierbei das beste Preis-Leistungs-Verhältnis aus (2603 Euro und 3103 Euro pro 1000 Nutzer).

Wählt man die beiden Technologie-Pakete für Plan 1 aus, so erhält man für 25 Millionen Euro einen Werbedruck von 783 GRP und 17,8 Kontakten pro Nutzer (s. Abb. 6.14). Die beiden anderen Kombinationsangebote würden zusammen 32,7 Millionen Euro kosten und bieten einen höheren Werbedruck von 1085 GPR und 24,5 Kontakten pro Nutzer. Die Reichweiten sind bei beiden Plänen ähnlich groß, die Kosten pro Nutzer bei Plan 1 aber wiederum günstiger (3,72 Euro) als bei Plan 2 (4,81 Euro). Aufgrund der unterschiedlichen Berechnungsformeln ist Plan 2 jedoch beim Werbedruck mit 30.114,59 Euro pro GRP nun günstiger als Plan 1 mit 32.122,57 Euro pro GRP.

Welcher der beiden Pläne nun tatsächlich für die Kampagne besser geeignet ist, hängt von den Prioritäten der Planer ab: Ist der Gesamtpreis, der Werbedruck oder der Nutzerpreis entscheidend? Ist die Kombination mit einem Technologie-Paket besser als die Streuung in unterschiedlichen Themenpaketen? Diese Fragen kön-

Medien - Wtk Mehrfachkontakte für TZ	Format	Farbe	Kosten	Plan 1	Plan 2	Plan 3	Plan 4
CHEFKOCH.de (Mobile) (d. Monat)	Display Medium Rectangl...		835.200	1			
otto (Internet) (d. Monat)	Display Wide Skyscraper...		1.658.2...		1		
SPIEGEL ONLINE (Internet) (d. Monat)	Display Medium Rectangl...		3.507.7...	1			1
SPIEGEL ONLINE (Mobile) (d. Monat)	Display Medium Rectangl...		1.687.8...				
WEB.DE (Mobile) (d. Monat)	Sonderformat Swipe Ad ...		1.483.5...			1	
Ergebnisse							
Kosten in Euro				4.342.925	1.658.275	1.483.545	3.507.725
Reichweite in %				19,3	12,2	5,3	10,7
Reichweite in Mio.				2,97	1,87	0,82	1,64
Euro pro 1.000 Nutzer				1464,25	887,47	1815,40	2143,26
Kontakte in Mio.				19,41	16,68	14,66	14,08
Euro pro 1000 Kontakte				223,73	99,40	101,22	249,05
GRP				126,3	108,6	95,4	91,7
Euro pro GRP				34374,81	15271,37	15551,60	38263,69
Kontakte pro Nutzer				6,5	8,9	17,9	8,6

Abb. 6.12 Mediaplanung für Zielgruppe 2, Belegung Onlinemedien. (Quelle: Auszug aus dem Planungstool mds)

6.6 Mediastrategie und Mediaplanung

Nr.	Medien - Wtk Mehrfachkontakte für TZ	Format	Farbe	Prei...	Kosten in Euro	Euro pro 1.000 Nutzer	Reichweite in %	Reichweite in Mio.	Affinität	Euro pro 1.000 Kontakte	Kontakte in Mio.
1	BurdaForward Heads of household 20-49 (Kombi) (d. Monat)	Display Medium Rectangle 261.493 Tsd. Kont.			18.304.510	3794,11	31,4	4,82	132	233,64	78,34
2	BurdaForward Technology Channel (Kombi) (d. Monat)	Display Medium Rectangle 211.932 Tsd. Kont.			14.835.240	3103,33	31,1	4,78	133	221,28	67,04
3	G+J eMS Lifestyle Rotation (Kombi) (d. Monat)	Display Medium Rectangle 287.050 Tsd. Kont.			14.352.500	3488,46	26,8	4,11	138	162,59	88,27
4	G+J eMS Technologe Rotation (Kombi) (d. Monat)	Display Medium Rectangle 206.443 Tsd. Kont.			10.322.150	2603,10	25,8	3,97	138	193,71	53,29

Abb. 6.13 Mediaplanung mit Kombinationsangeboten für Zielgruppe 2, Rangreihe. (Quelle: Auszug aus dem Planungstool mds)

Medien – Wtk Mehrfachkontakte für TZ	Format	Farbe	Kosten	Plan 1	Plan 2
BurdaForward Heads of household 20-49 (Kombi) (d. Monat)	Display Med...		18.304.510		1
BurdaForward Technology Channel (Kombi) (d. Monat)	Display Med...		14.835.240	1	
G+J eMS Lifestyle Rotation (Kombi) (d. Monat)	Display Med...		14.352.500		1
G+J eMS Technologie Rotation (Kombi) (d. Monat)	Display Med...		10.322.150	1	

Ergebnisse					
Kosten in Euro				25.157.390	32.657.010
Reichweite in %				44,0	44,2
Reichweite in Mio.				6,77	6,79
Euro pro 1.000 Nutzer				3717,69	4806,67
Kontakte in Mio.				120,33	166,62
Euro pro 1000 Kontakte				209,08	196,00
GRP				783,2	1084,5
Euro pro GRP				32122,57	30113,59
Kontakte pro Nutzer				17,8	24,5

Abb. 6.14 Mediaplanung mit Kombinationsangeboten für Zielgruppe 2, Mediaplan. (Quelle: Auszug aus dem Planungstool mds)

nen nicht aus der Theorie beantwortet werden, sondern nur vom Planer in der konkreten Situation für die präferierte Strategie.

6.6.6 Budgetierung

Die Entscheidung über das passende Kommunikationsbudget ist ein Schlüsselproblem in der Unternehmenskommunikation, und die Lösungsansätze sind vielfältig. Zunächst stellt sich dabei die Frage, was in das Kommunikationsbudget einbezogen werden muss. Die wichtigsten dauerhaften Kostenfaktoren sind die Personal- und Raumkosten usw. der eigenen Kommunikationsabteilung sowie die Kosten für Beratung, Forschung und Erfolgskontrolle, die intern oder extern für Dienstleister anfallen. Bei der Implementation, also der Durchführung der Maßnahmen, entstehen dann interne und/oder externe Kosten für die Kreation und Gestaltung, für die Produktion der Maßnahmen *(Produktionsbudget)* sowie die Ausführung (Messen, Events) und die Schaltung in Medien (Werbeanzeigen und -spots, Plakate etc.) *(Media-Budget)*. Eine grundsätzliche strategische Entscheidung ist die Verteilung des Budgets auf die Bindung bestehender Kunden und die Gewinnung neuer Kunden. Diese Frage kann nicht allgemein beantwortet werden, sondern nur von den budgetverantwortlichen Personen in der Unternehmensleitung in Zusammenarbeit mit der Kommunikationsabteilung und dem Vertrieb.

Ebenso wenig kann man generell eine Formel zur Berechnung der Höhe des Kommunikationsbudgets empfehlen. Weit verbreitet ist jedoch die *Prozent-vom-Umsatz-Methode,* bei der ein bestimmter Prozentsatz des Umsatzes des vergangenen Jahres oder des durchschnittlichen Umsatzes der vergangenen Jahre als Grundlage dient. Der konkrete Prozentsatz ist stark von der Branche und der Rentabilität des Unternehmens abhängig, er reicht von 10 Prozent bei Körperpflegeprodukten über 25 Prozent bei Kosmetik bis zu 30 Prozent bei Reinigungsmitteln (vgl. Schweiger und Schrattenecker 2017, S. 231).

Methodisch kann man das Budget auch an einem prozentualen Anteil an den vergangenen oder den erwarteten Verkaufseinheiten festmachen *(Kommunikationskosten je Verkaufseinheit)* bzw. am Kundenwert *(Kommunikationskosten je Kunde)*. Letztere Methode ermöglicht dann die Verteilung des Budgets auf bestehende und neue Kunden und man kann beispielsweise ein Drittel des Media-Budgets für die Kundenbindung und zwei Drittel für die Ansprache neuer Zielgruppen ansetzen (vgl. Tropp 2011, S. 428). Des Weiteren ist die Orientierung an den Wettbewerbern und deren Budget möglich *(konkurrenzorientierte Methode)* oder am eigenen Kommunikationsbudget des vergangenen Jahres, das abhängig von Veränderungen im Markt oder des realisierten Gewinns erhöht bzw. reduziert wird *(Methode der Fortschreibung).* Einem sehr pragmatischen Ansatz folgt auch die Überlegung, welches Budget ein Unternehmen von seinem erzielten oder geplanten Umsatz, nach Abzug aller Kosten, für seine Kommunikation bereitstellen will und kann *(Methode der finanziellen Tragbarkeit).* Die Entscheidung, was man sich leisten kann und will, ist jedoch offensichtlich sehr subjektiv (vgl. Unger et al. 2013, S. 355). Insofern gibt es keine allgemeine Formel und keine verbindlichen Ratschläge für die Budgetierung von Kommunikationsmaßnahmen. Welche der vorgeschlagenen Methoden für das Unternehmen passend sein kann, ist eine Entscheidung der Kommunikationsmanager.

Literatur

Adjei, M. T., Noble, S. M., & Noble, C. (2010). The influence of C2C communications in online brand communities on customer purchase behavior. *Journal of the Academy of Marketing Science, 38*(5), 634–653.

Auler, F., & Huberty, D. (2019). *Content Distribution. So verbreiten Sie Ihren Content effektiv in Ihren Zielgruppen.* Wiesbaden: Springer Gabler.

Baecker, D. (2016). Wie verändert die Digitalisierung unser Denken und unseren Umgang mit der Welt? Ausgangspunkte einer Theorie der Digitalisierung. In R. Gläß & B. Leukert (Hrsg.), *Handel 4.0. Die Digitalisierung des Handels* (S. 3–24). Wiesbaden: Springer Gabler.

Bandura, A. (1979). *Sozial-kognitive Lerntheorie.* Stuttgart: Klett-Cotta.

Beck, K. (2007). *Kommunikationswissenschaft.* Konstanz: UVK.

Bentele, G., & Fähnrich, B. (2010). Personalisierung als sozialer Mechanismus in Medien und gesellschaftliche Organisation. In M. Eisenegger & S. Wehmaier (Hrsg.), *Personalisierung der Organisationskommunikation* (S. 51–76). Wiesbaden: VS.

Berger, J., & Milkman, K. (2012). What makes online content viral? *Journal of Marketing Research, 49*(2), 192–205.

Bruhn, M. (2015). *Kommunikationspolitik.* München: Vahlen.

Bruhn, M. (2019). *Marketing. Grundlagen für Studium und Praxis.* Wiesbaden: Springer Gabler.

Burkart, R. (2002). *Kommunikationswissenschaft.* Wien: Böhlau.

Burmann, C., Halaszovich, T., Schade, M. & Hemmann, F. (2015). *Identitätsbasierte Markenführung.* Wiesbaden: Springer Gabler.

BVDW. (2019). *Nettoumsätze mit digitaler Werbung in Deutschland.* https://www.bvdw.org/der-bvdw/news/detail/artikel/ovk-report-digitale-werbung-waechst-2019-um-knapp-zehn-prozent. Zugegriffen am 10.03.2020.

Deges, F. (2018). *Quick Guide Influencer Marketing. Wie Sie durch Multiplikatoren mehr Reichweite und Umsatz erzielen.* Wiesbaden: Springer Gabler.

Deutsches Institut für Marketing. (2019). *Influencer Marketing – Der Einfluss von Meinungsmachern.* https://www.marketinginstitut.biz/blog/influencer-marketing. Zugegriffen am 10.03.2020.

Literatur

Eisenbeiss, M., & Bleier, A. (2017). Lieber nicht zu persönlich werden. *Harvard Business Manager*, 2, 12–13.

Engel, D. (2017). *Umfeldeffekte der Werbung*. https://www.ard-werbung.de/fileadmin/user_upload/media-perspektiven/pdf/2017/0517_Engel.pdf. Zugegriffen am 10.03.2020.

Esch, F.-R. (2014). *Strategie und Technik der Markenführung*. München: Vahlen.

Facebook. (2020). *Facebook business ads*. https://de-de.facebook.com/business/ads. Zugegriffen am 10.03.2020.

Feick, L., & Price, L. (1987). The market maven: A diffuser of marketplace information. *Journal of Marketing, 51*, 83–97.

Felser, G. (2015). *Werbe- und Konsumentenpsychologie*. Heidelberg: Springer.

Franck, G. (1998). *Ökonomie der Aufmerksamkeit. Ein Entwurf*. München/Wien: Hanser.

Fuchs, W., & Unger, F. (2007). *Management der Marketingkommunikation*. Heidelberg: Springer.

Hall, S. (1980). *Culture, media, language*. London: Unwin Hyman.

Hellmann, K.-U. (2013). *Der Konsum der Gesellschaft*. Wiesbaden: Springer VS.

Hoffjann, O. (2014). Praxis der Medienarbeit in der Unternehmenskommunikation. In A. Zerfaß & M. Piwinger (Hrsg.), *Handbuch Unternehmenskommunikation* (S. 671–690). Wiesbaden: Springer Gabler.

Horton, D., & Wohl, R. (1956). Mass communication and para-social interaction. Observations on intimacy at a distance. *Psychiatry, 19*, 215–229.

Hovland, C. I. (1951). The influence of source credibility on communication effectiveness. *Public Opinion Quarterly, 15*, 635–650.

Koch, M., Bullinger, A., & Möslein, K. (2009). Social Software für Open Innovation – die Integration interner und externer Innovatoren. In A. Zerfaß & K. Möslein (Hrsg.), *Kommunikation als Erfolgsfaktor im Innovationsmanagement* (S. 159–175). Wiesbaden: Gabler.

Kreutzer, R. (2018). *Praxisorientiertes Online-Marketing. Konzepte – Instrumente – Checklisten*. Wiesbaden: Springer Gabler.

Krippendorff, K. (1994). Der verschwundene Bote. In K. Merten (Hrsg.), *Die Wirklichkeit der Medien* (S. 79–112). Opladen: Westdeutscher.

Kroeber-Riel, W., & Gröppel-Klein, A. (2013). *Konsumentenverhalten*. München: Vahlen.

Lammenett, E. (2017). *Praxiswissen Online-Marketing*. Wiesbaden: Springer Gabler.

Lazarsfeld, P., Berelson, B., & Gaudet, H. (1968). *The people's choice. How the voter makes up his mind in a presidential campaign*. New York: Columbia University.

Liz, B., & Korchmar, S. (2013). *Digitales Empfehlungsmarketing. Konzeption, Theorien und Determinanten zur Glaubwürdigkeit des Electronic Word-of-Mouth (EWOM)*. Wiesbaden: Springer.

Luhmann, N. (2009). *Die Realität der Massenmedien*. Wiesbaden: VS.

Maletzke, G. (1963). *Psychologie der Massenkommunikation*. Köln: Hans Bredow Institut.

Mast, C. (2019). *Unternehmenskommunikation*. München: UVK.

Meckel, M., & Will, M. (2008). Media Relations als Teil der Netzwerkkommunikation. In A. Zerfaß & M. Piwinger (Hrsg.), *Handbuch Unternehmenskommunikation* (S. 291–322). Wiesbaden: Gabler.

Muniz, A., & O'Guinn, T. (2001). Brand communities. *Journal of Consumer Research, 27*(4), 412–432.

Neuberger, C. (2018). Entfesselte Kontexte. Status und Konsequenz digitaler Öffentlichkeit. *Kursbuch, 195*, 31–51.

von Nordheim, G., Boczek, K., & Koppers, L. (2018). Sourcing the Sources. An analysis of the use of Twitter and Facebook as a journalistic source over 10 years in The New York Times, The Guardian, and Süddeutsche Zeitung. *Digital Journalism, 6*(7), 808–828.

Olapic. (2017). *Why consumers follow, listen to, and trust influencers.* https://www.olapic.com/resources/consumers-follow-listen-trust-influencers_article. Zugegriffen am 10.03.2020.

Rommerskirchen, J. (2020). Symmetrische und asymmetrische Macht. In J. Rommerskirchen (Hrsg.), *Die neue Macht der Konsumenten* (S. 89–113). Wiesbaden: Springer Gabler.

Saxer, U. (1998). Mediengesellschaft: Verständnisse und Mißverständnisse. In U. Sarcinelli (Hrsg.), *Politikvermittlung und Demokratie in der Mediengesellschaft* (S. 48–66). Opladen: Westdeutscher.

Scheufele, B. (2014). Kommunikation und Medien: Grundbegriffe, Theorien und Konzepte. In A. Zerfaß & M. Piwinger (Hrsg.), *Handbuch Unternehmenskommunikation* (S. 105–143). Wiesbaden: Springer Gabler.

Schweiger, G., & Schrattenecker, G. (2017). *Werbung.* Konstanz: UVK.

Stephen, A. T., & Galak, J. (2012). The effects of traditional and social earned media on sales. *Journal of Marketing Research, 49*(5), 624–639.

Tropp, J. (2011). *Moderne Marketing-Kommunikation.* Wiesbaden: VS.

Tropp, J. (2014). Marketingkommunikation als Teil der Unternehmenskommunikation. In A. Zerfaß & M. Piwinger (Hrsg.), *Handbuch Unternehmenskommunikation* (S. 1099–1120). Wiesbaden: Springer Gabler.

Unger, F., Fuchs, W., & Burkard, M. (2013). *Mediaplanung. Methodische Grundlagen und praktische Anwendungen.* Wiesbaden: Springer Gabler.

Vodafone Stiftung Deutschland. (2018). *Engagiert aber allein.* https://www.vodafonestiftung.de/wp-ontent/uploads/2019/04/Vodafone_Stiftung_Engagiert_aber_allein_18_01.pdf. Zugegriffen am 10.03.2020.

Gute Unternehmenskommunikation 7

7.1 Unternehmenskommunikation im Wandel

Mit Blick auf die in diesem Buch vorgestellten Teilbereiche der modernen Unternehmenskommunikation zeigt sich ein Netz von zusammenhängenden Aufgaben und Zielen. Themen- und Risikomanagement, Storytelling, Mitarbeiter- und CEO-Kommunikation sowie politische und Finanzkommunikation erzeugen gemeinsam das Bild des Unternehmens in den Köpfen seiner Anspruchsgruppen. Die Konstruktion seiner Marken für die Zielgruppen und deren Kommunikation mithilfe der verschiedenen Medien schärft dieses Bild in der operativen Arbeit. Idealerweise entsteht durch das Management der Kommunikation und seiner Teilbereiche innerhalb und außerhalb des Unternehmens eine positive Vorstellung über das Unternehmen selbst, seine Grundsätze und seine Visionen, seine Identität und seine Strategie. Das allgemeine Ziel des strategischen Kommunikationsmanagements ist daher die Stärkung der Reputation des Unternehmens, seines guten Rufs bei allen Anspruchsgruppen (vgl. Cornelissen 2017, S. 5). Wenn die Unternehmenskommunikation dieses Ziel anstrebt und die dafür notwendigen Maßnahmen und Instrumente der internen und externen Kommunikation effektiv und effizient einsetzt, leistet sie einen wesentlichen Beitrag zur wertorientierten Unternehmensführung und damit zur Stärkung des Unternehmens. Gute Unternehmenskommunikation geht auf die Erwartungen aller Anspruchsgruppen an das Unternehmen ein, unterstützt die Befriedigung ihrer materiellen und immateriellen Bedürfnisse und ermöglicht es dem Unternehmen, seinen Zweck in der Gesellschaft und für die Gesellschaft zu erfüllen.

Diese Aufgabenbeschreibung der modernen Unternehmenskommunikation ist das Ergebnis eines langen Entwicklungsprozesses. Am Anfang dieses Prozesses, in den 1920er-Jahren, stand die Reklame, die Anpreisung eines Produkts und seiner Eigenschaften in der Öffentlichkeit. Durch die möglichst breitflächige Bekanntmachung sollten die Konsumenten das Produkt kennen lernen und kaufen. Entscheidend dafür war ein attraktiver Stimulus, der die Aufmerksamkeit möglichst vieler Menschen weckte, ein positives Bild im Kopf prägte und die allgemeine Nachfrage anregte. Dieses simple Reiz-Reaktions-Modell dominiert bis heute die Vorstellungen über die Macht der Werbung und des Marketing. Von den klassischen Konditionierungsversuchen über die subliminale Werbung bis zum Neuromarketing, der Neuroökonomie und dem sogenannten Nudging hält sich der Mythos, dass der menschliche Geist und seine Willensfreiheit unmittelbar manipulierbar wären (vgl. Tropp 2011, S. 3 ff.). Die naturwissenschaftlichen Erklärungsmodelle über Ursachen und Wirkungen sind für die Geisteswissenschaften ein allzu verlockendes Angebot, um komplexe Prozesse mit Gesetzmäßigkeiten zu beschreiben.

Parallel zur naturalistischen Perspektive und den behavioristischen Mythen entstanden die soziologischen und psychologischen Erklärungsmodelle, die die moderne Unternehmenskommunikation geformt haben. Ab der Mitte des 20. Jahrhunderts veränderte sich die Wirtschaft in den westlichen Staaten rasant, aus Verkäufermärkten mit knappen Angeboten wurden Käufermärkte mit Überangeboten an Waren. Die funktionalen Konsumbedürfnisse der Menschen konnten von den Unternehmen leicht befriedigt werden und wirtschaftliches Wachstum war nur noch möglich, wenn neue Wünsche und Sehnsüchte geweckt werden konnten. Daran hat sich bis heute nichts geändert und die Unternehmen sind darauf angewiesen, diese Wünsche und Sehnsüchte mit wissenschaftlicher Unterstützung zu erkennen.

Die Wissenschaft begann in den 1950er- und 1960er-Jahren, ihren Beitrag für die Entwicklung einer geisteswissenschaftlich fundierten Unternehmenskommunikation zu leisten, und ließ die soziologischen und psychologischen Forschungen zunächst an US-amerikanischen Hochschulen aufblühen. In der Soziologie wurden die klassischen pragmatistischen Vorarbeiten von George Herbert Mead durch Charles Morris, Herbert Blumer, Erving Goffman und Talcott Parsons verbreitet und in neuen Theorien ausgebaut. Rollenmodelle veränderten die Gesellschaftstheorien, die Interaktions- und Interpretationsmodelle veränderten die Kommunikationstheorien. Die Marktforschung und damit die Unternehmenskommunikation griffen die neuen soziologischen Theorien über Milieudifferenzierungen und

7.1 Unternehmenskommunikation im Wandel

habitusbasierte Typologien bald auf und veränderten den Blick auf das Zusammenspiel von Märkten und Gesellschaften.

Gleichzeitig entstanden die ersten psychologischen Untersuchungen des Konsumentenverhaltens (vgl. Kroeber-Riel und Gröppel-Klein 2013, S. 3 ff.). Das innere Erleben und das äußere Verhalten der Menschen beim Kauf und beim Konsum von Wirtschaftsgütern wurden systematisch erforscht. Psychologische Konzepte wie Erwartung und Belohnung, Glück und Zufriedenheit, Sympathie und Loyalität sowie aktivierende und kognitive Prozesse standen und stehen dabei im Mittelpunkt der Verhaltensforschung. In den letzten 20 Jahren wurde das klassische Paradigma des *Homo oeconomicus*, des wohlinformierten, nutzenorientierten und rational handelnden Konsumenten, durch die realistischere Annahme eines *Homo sociologicus* ersetzt, eines in Gesellschaft lebenden Menschen.

Aus der Verbreitung der pragmatistischen Sozialtheorien und der Konsumentenforschung entstand der Gedanke der stärkeren Einbeziehung der Unternehmensumwelt und der Anspruchsgruppen in die Planung der unternehmerischen Handlungen. Die Fokussierung auf die Wirtschaftlichkeit des Unternehmens und die Interessen seiner Eigentümer *(Shareholder-Model)* erweiterte sich dadurch auf die Frage nach der Legitimität des Unternehmens, seiner Rolle in der Gesellschaft und den unterschiedlichen Erwartungen seiner Anspruchsgruppen *(Stakeholder-Model)*. Diese Erweiterung des Unternehmens in die Gesellschaft ist bis heute nicht abgeschlossen und bleibt ein offener Prozess.

Vor einigen Jahren formulierte das *Cluetrain-Manifest* die mit dieser Erweiterung verbundenen Veränderungen für die Unternehmen und ihre Kommunikationen in 95 Thesen (vgl. Levine et al. 2009). Die Autoren fordern die Unternehmen darin auf, in einen Diskurs mit der Gesellschaft einzutreten, wenn sie überleben wollen: Märkte seien Gespräche, die Menschen miteinander führten. Das Internet und die Entwicklung digitaler Kommunikationsmedien hätten Menschen weltweit miteinander in Kontakt treten, Wissen und Erfahrungen austauschen lassen. Für die Unternehmen bedeute das: „Es gibt keine Geheimnisse mehr. Die vernetzten Märkte wissen über die Produkte der Unternehmen mehr, als die Unternehmen selbst. Ob die Nachricht gut oder schlecht ist, sie wird weitergegeben" (These 12). Die Entwicklungen der Technik biete Chancen und Risiken: „Unternehmen können zum ersten Mal mit ihren Märkten direkt kommunizieren. Wenn sie bei diesen Gesprächen versagen, könnte das ihre letzte Chance gewesen sein" (These 19). Um diese Chance zu nutzen, sollten die Unternehmen den Menschen mehr zuhören und mit ihnen sprechen. Dazu müssten sie sich selbst als Teil der Gemeinschaft verstehen und ihre neue Rolle einnehmen: „Unternehmen, die nicht zu einer diskursiven Gemeinschaft gehören, werden aussterben" (These 40).

7.2 Die Zukunft der Unternehmenskommunikation

Die pessimistische Prognose der Autoren des *Cluetrain-Manifests* bestätigen die aktuellen Krisen vieler klassischer Unternehmen. Zahlreiche etablierte Banken, Autohersteller und Industrieunternehmen haben in den letzten Jahren massive Einbußen verzeichnen müssen. In den vergangenen fünf Jahren (Februar 2015 bis Februar 2020) verloren die Deutsche Bank 60 Prozent ihres Werts, die Commerzbank 45 Prozent, Daimler 50 Prozent, BMW 40 Prozent und ThyssenKrupp 50 Prozent. Im gleichen Zeitraum stieg der Wert der US-amerikanischen IT-Unternehmen Apple um 170 Prozent, Alphabet um 190 Prozent und Microsoft um 340 Prozent sowie des Autoherstellers Tesla um 300 Prozent. Diese Gewinne und Verluste haben auch mit der Fähigkeit von Unternehmen zu tun, Gespräche mit der Gesellschaft zu führen und daraus zu lernen – oder eben nicht. Aus den Thesen des *Cluetrain-Manifests* nun einen Ausblick auf die Zukunft der Unternehmen und die kommenden Entwicklungen ihrer Kommunikationen zu wagen, ist nur möglich, indem man aktuelle Themen und Trends bewertet. Zu diesen relevanten und aktuellen Themen und Trends gehören die gesellschaftlichen Legitimitätsforderungen, die Phänomene der Digitalisierung, das Vertrauensdefizit und die Entwicklung des Kulturkapitalismus. Jedes dieser vier Themen beeinflusst zurzeit das Handeln und die Kommunikation der Unternehmen und wird es, so vermuten wir, auch noch in den nächsten Jahren weiter tun.

7.2.1 Legitimität

Die Legitimität sozialen Handelns und damit die Angemessenheit des Verhaltens gegenüber anderen Menschen ist heute in vielen gesellschaftlichen Bereichen in der Diskussion. Immer wieder stellen wir dabei fest, dass man das Verhalten eines Menschen gegenüber seinen Mitmenschen nur in einer bestimmten Epoche und Kultur als angemessen und legitim beschreiben kann. Verhaltensweisen, die vor hundert Jahren üblich waren, werden heute oftmals nicht mehr akzeptiert, und einige Umgangsformen, die beispielsweise in Asien üblich sind, kann man nicht auf Europa übertragen. Soziale Legitimität ist raum- und zeitabhängig. Dies gilt nicht nur für das Verhalten von Menschen, sondern auch für die soziale Rolle von Unternehmen.

Die gesellschaftlichen Forderungen nach mehr Legitimität der Unternehmen sind aktuell unüberhörbar (vgl. Rommerskirchen 2019). Der Schutz von Ressourcen, der schonende Umgang mit Flora und Fauna sowie die respektvolle Inklusion

7.2 Die Zukunft der Unternehmenskommunikation

aller Mitarbeiter sind Forderungen, deren Angemessenheit kaum jemand bestreiten wird. Dass die drängenden globalen Probleme der Erderwärmung, der Verschmutzung der Weltmeere oder des Artensterbens nur dann lösbar sind, wenn auch die Unternehmen hierzu einen Beitrag leisten, ist offensichtlich. Die Legitimität unternehmerischen Handelns muss in Kooperation mit der Politik und den Bürgern gestärkt werden. Die Unternehmen müssen dafür ihre Rolle in der Gesellschaft anerkennen und mehr Verantwortung für die Folgen ihrer Entscheidungen übernehmen.

Soweit der Konsens. Bei moralischen und politischen Haltungen wird es aber schwieriger, denn ob und für welche Position sich ein Unternehmen entscheiden sollte, ist strittig. Kann oder sollte ein Unternehmen tatsächlich eine eigene moralische Haltung entwickeln? Führt diese Haltung dann auch zu konkreten Handlungen und kündigt das Unternehmen gegebenenfalls bestehende Verträge mit Zulieferern und Zwischenhändlern, wenn deren moralisches Verhalten bezweifelt wird? Angesicht drohender Vertragsklagen und wirtschaftlicher Verluste ist die eigene Haltung dann gegenüber den Aufsichtsgremien und den Eigentümern schwer durchzuhalten.

Ein typisches Beispiel ist die Frage nach der moralisch richtigen Energieerzeugung. Einige wollen Atomkraftwerke schnellstmöglich abschalten, andere halten sie zumindest mittelfristig für umweltschonender als Kohlekraftwerke. Ist es nun legitim, wenn ein Unternehmen zu dieser Frage eine Position äußert, obwohl die Gesellschaft und die Politik hierzu eine Entscheidung getroffen haben? Und wie kommt diese Position dann zustande? Spiegelt sie die Meinung aller Mitarbeiter, wird darüber im Unternehmen abgestimmt oder ist die Haltung des Geschäftsführers bzw. des Chefmanagers verbindlich für das Unternehmen und seine Mitarbeiter? Die Legitimität einer solchen Positionierung muss nicht nur nach außen dargestellt werden, sondern auch intern den notwendigen Rückhalt genießen.

Eine ähnliche Problemlage stellen politische Äußerungen dar. Die öffentliche Unterstützung eines Parteiprogramms oder die Ablehnung einer Partei mag für einige CEOs das Mittel der Wahl sein, um sich schnell in den Massenmedien bekannt zu machen. Ob es allerdings klug ist, vielen Menschen auf diese Weise mitzuteilen, dass der Chefmanager als Person und Repräsentant des Unternehmens die politische Haltung einiger Bürger teilt und die der anderen ablehnt, kann man bezweifeln. Für die Beziehung zwischen dem Unternehmen und seinen Anspruchsgruppen ist eine politische Meinung nicht notwendig und schadet dem Unternehmen zumeist mehr, als sie dem CEO nützt. Derartige Positionierungen beschädigen langfristig die Legitimität des Unternehmens und werden dann als anmaßende Profilierungen oder gar übergriffige Propaganda bewertet.

Sehr wahrscheinlich werden die Erwartungen der Anspruchsgruppen an die Unternehmen weiterhin wachsen. Immer mehr Gruppen werden vermutlich immer mehr Forderungen stellen, die das Unternehmen erfüllen soll. Die Unternehmenskommunikation steht dabei vor der Herausforderung, diese zunehmenden Forderungen so einzudämmen und auszutarieren, dass sie umsetzbar bleiben und von möglichst vielen Gruppen als Lösung akzeptiert werden. Zugleich müssen diese Erwartungen auch noch mit der Wirtschaftlichkeit des Unternehmens in Einklang gebracht werden. Ein moralisch und politisch zutiefst anständiges, aber bankrottes Unternehmen leistet nun mal keinen positiven Beitrag für die Gesellschaft. Es kostet die Bürger lediglich Geld. Die Unternehmenskommunikation darf diese ökonomische Wahrheit nicht verschweigen und muss mit den Anspruchsgruppen so darüber sprechen, dass das Unternehmen keinen Schaden nimmt.

7.2.2 Digitalisierung

Zweifellos hat die Digitalisierung in den letzten Jahren viele Branchen und Unternehmen massiv verändert. Erkennbar waren diese Veränderungen zuerst in der Musik-, Medien- und Fotoindustrie, dann im Handel, bei Banken und Versicherungen, in der Unternehmensberatung, bei Logistikunternehmen und Automobilherstellern (vgl. Matzler et al. 2016; Schallmo et al. 2017). Große Unternehmen wie Kodak, Blockbuster, Nokia und Bertelsmann sind untergegangen oder mussten sich radikal verändern, neue Unternehmen wie Amazon, Alphabet und Facebook entstanden durch die Digitalisierung oder konnten wie Microsoft, Apple und Netflix von ihr profitieren, weil sie früh verstanden haben, sich anzupassen (vgl. Westermann et al. 2011). Insofern ist die digitale Transformation für Unternehmen sowohl eine *Revolution* als auch eine *Evolution*.

Zumeist wird die digitale Transformation im Bereich technologischer Veränderungen beschrieben, etwa bei SMAC-Technologien (vgl. Evans 2017), von der Informationstechnik (Vernetzung via Social Media) über die Planung (Virtual und Augmented Reality) bis zur Produktion (Robotik, künstliche Intelligenz, 3D-Druck). Sie spielt aber auch eine Rolle bei Big-Data-Analysen (vgl. Reichert 2014; Pigni et al. 2016) und beim sogenannten Internet der Dinge in unseren Häusern, unseren Autos und unserer Kleidung (vernetzte SMART-Technologie der Datensammlung und -analyse; vgl. Wildbihler et al. 2017), und schließlich beim Marketing an den Schnittstellen zwischen Unternehmen und Kunden (vgl. Berman 2012; Leipzig et al. 2017; Lammenett 2017; Kreutzer 2018).

Angesichts der rasanten technischen Entwicklungen ist die Hoffnung auf eine bessere Zukunft groß. Die Digitalisierung soll die körperlichen Belastungen der Menschen in der Industrie und in den Krankenhäusern durch den Einsatz von Robotern erleichtern, die Lieferung von Lebensmitteln und Konsumgütern bis an die

7.2 Die Zukunft der Unternehmenskommunikation

Haustür durch Zustellroboter und Drohnen beschleunigen sowie den Individualverkehr durch von Algorithmen gesteuerte Autos sicherer machen.

Allerdings gibt es auch Ängste vor dieser Zukunft. Wenn man in der Literatur und im Film nach Zukunftsvisionen sucht, so findet man vor allem Warnungen vor einem unreflektierten und unbegrenzten Einsatz der Technik: den Großen Bruder in George Orwells *1984* (1949), den Roboter HAL aus Stanley Kubricks *2001* (1968), das Netzwerk V.I.K.I. in Alex Proyas*I, Robot* (2004) und natürlich die KI Skynet aus der *Terminator*-Reihe. Allesamt sind sie populäre Symbole für die Bedrohung menschlicher Freiheit und des Überlebens der Menschheit angesichts einer übermächtigen Technologie.

In unseren Tagen werden in der Kommunikation von Unternehmen zunehmend von Algorithmen gesteuerte Anwendungen eingesetzt. Künstliche Intelligenz identifiziert Menschen aufgrund der Art und Weise ihrer Tastatureingaben und empfiehlt Produkte aufgrund vergangener Einkäufe und der Vorlieben vermeintlich ähnlicher Konsumenten. Chatbots imitieren menschliche Berater und helfen Kunden bei der Suche nach dem passenden Angebot, wenn sie Kleidung, ein Hotel oder eine Bahnverbindung suchen. Automatisierte Programme schreiben individualisierte Pressemitteilungen für Journalisten mit spezifischen Themeninteressen. Noch ist die Fehlerquote bei all diesen Anwendungen jedoch zu hoch, um „echte" Menschen zu ersetzen – beispielsweise konnten *Social Network Chatbots* von Facebook etwa 70 Prozent der an sie gerichteten Anfragen nicht zufriedenstellend beantworten (vgl. Sun 2017).

Blickt man auf die letzten 20 Jahre zurück, so hat sich die Unternehmenskommunikation massiv verändert. Die Veränderungen sind vor allem bei den technischen und damit medialen Möglichkeiten der Kommunikation offensichtlich: Die Kommunikation verteilt sich auf immer mehr Medien mit immer kleineren Reichweiten, gleichzeitig wächst der Berg an Daten über die Zielgruppen oder die einzelnen Kunden zu einer unüberwindlichen Gebirgskette an und niemand weiß mehr, welche Fragen diese Daten eigentlich hätten beantworten sollen. Der Prozess der Digitalisierung, der diese Probleme ausgelöst hat, umfasst die weltweite Verbreitung des Internets, der Computer und Mobiltelefone und der damit verknüpften Anwendungen in Webbrowsern und auf Kommunikationsplattformen. Diese Medien ermöglichten zunächst die rasante Globalisierung und Beschleunigung von Kommunikationen, dann eine immer stärkere Interaktivität zwischen Unternehmen und ihren diversen Anspruchsgruppen wie Kunden, Mitarbeitern, Lieferanten, Medienvertretern, Investoren und so weiter. Die Steigerung der Interaktivität führte zu einem permanenten medialen Austausch über den funktionalen und symbolischen Wert der Arbeit von Unternehmen. Dies führte und führt seit einigen Jahren zur Eskalation der Erwartungen an die Unternehmen.

Die Anspruchsgruppen und insbesondere die Konsumenten erwarten von den Unternehmen eine schnelle, verlässliche und verbindliche kommunikative Interaktion: Sie erwarten Antworten auf ihre Fragen, Informationen über die Pläne des Unternehmens und eine transparente Aufklärung über seine Handlungen. Kurz gesagt: Sie erwarten, dass das Unternehmen mit ihnen kooperiert und sie mit ihren Ansprüchen als Markt-Partner respektiert. An dieser Stelle wird sichtbar, dass die Digitalisierung in den letzten Jahren nicht nur die Technik der Kommunikationsmedien verändert hat, sondern auch die *technische Kultur* der modernen Gesellschaft und deren soziale Praktiken (hierzu Blumenberg 2015, S. 72 ff.; Reckwitz 2017, S. 225 ff.; Nassehi 2019, S. 321 ff.; Kolany-Raiser et al. 2018). Die Unternehmenskommunikation muss darauf reagieren. Sie muss immer mehr Medien und Kommunikationskanäle beobachten, immer schneller reagieren und weltweit nach dem Schmetterling suchen, der morgen in der Konzernzentrale einen Wirbelsturm auslösen könnte. Das Themenmanagement steht in Zeiten der Digitalisierung vor großen Herausforderungen.

Die Vermehrung der Medien und Datenquellen sowie die Flut der daraus generierten Daten stellen die Unternehmen nicht nur vor datenschutzrechtlich Probleme, wie welche Daten gesichert und genutzt werden dürfen, sondern fordert auch datenökonomische Entscheidungen (vgl. Riedel und Krohn 2020). Die meisten Unternehmen besitzen mehr als genug Informationen über ihre Kunden und deren Verhalten, sie wissen aber oftmals nicht mehr, wie sie diese Daten filtern und sortieren sollen, um daraus relevante Erkenntnisse für das eigene Handeln zu gewinnen. Wenn das Unternehmen für jeden Kunden ein eigenes Profil besitzt, soll es dann auch seine Kommunikations- und Marketingarbeit für jeden einzelnen Kunden separat anpassen? Ein ökonomisch sinnvolles Kommunikationsmanagement ist auf diese Weise kaum umsetzbar.

7.2.3 Vertrauen

Die Digitalisierung schafft Chancen und Risiken für die Unternehmen. Zu den Risiken gehört sicherlich der Vertrauensverlust. Die allermeisten Menschen in Deutschland glauben nicht, dass Unternehmen eine ehrliche Auskunft über die Nutzung von Kundendaten oder deren Weiterverkauf geben, sondern vermuten, dass ohne ihr Wissen weitere Daten über sie gesammelt werden (vgl. Orwat und Schankin 2018, S. 29). Alle Bereiche der Digitalisierung, von den Big-Data-Analysen über den Einsatz von Algorithmen bis zur Künstlichen Intelligenz, stehen unter Verdacht.

7.2 Die Zukunft der Unternehmenskommunikation

Die Unternehmen befinden sich in einem Dilemma: Einerseits fordern die Kunden rund um die Uhr einen schnellen, günstigen und individuellen Service, andererseits wollen sie nicht, dass die Unternehmen Algorithmen einsetzen und Daten horten. Das eine ist aber ohne das andere nicht machbar. Die Ausweitung und Eskalation der Erwartungen, die die Legitimitätsforderungen und die Digitalisierung ausgelöst und beschleunigt haben, enden in ambivalenten Rollenkonflikten: Hinter jeder Chance lauern unübersehbare Risiken und die Gefahr des Verlusts von Vertrauen wiegt besonders schwer.

Die Gründe dafür sind in der Soziologie schon in den 1960er-Jahren beschrieben worden: Je komplexer gesellschaftliche Prozesse und die Zusammenhänge zwischen Kultur, Markt und Politik werden, desto mehr Rollen müssen in diesen Gesellschaften vom Einzelnen gewählt, aufgebaut und bedient werden. Da mit jeder dieser Rollen spezifische soziale Erwartungen verbunden sind, aus denen wiederum neue Rollen und Erwartungen erwachsen, dreht sich die Spirale immer weiter und höher. Die Komplexität der Rollen steigt, die Erwartungen werden schwerer zu erfüllen, die Rollen werden zur Posse und es folgen unvermeidlich Enttäuschungen und Frustrationen (vgl. Linton 1945, S. 53).

Am Ende der Spirale aus Erwartungen und Enttäuschungen steht dann der Rollenstress, dem Menschen sich durch belastungsmindernde Mechanismen wie Hierarchisierungen ihrer Pflichten und Wertungen oder Vermeidung kognitiver Dissonanzen zu entziehen versuchen (vgl. Goode 1960). Der Ausweg aus dem Rollenstress lautet somit Komplexitätsreduktion, und die kommunikative Interaktion muss den Konsumenten vor allem der Freund-Feind-Unterscheidung dienen: Erfüllst du meine Erwartungen oder nicht? Bist du mein Freund oder mein Feind?

Angesicht der Rollenkomplexität folgt die Enttäuschung früher oder später zwangsläufig, da kein Unternehmen jede Rolle zur allseitigen Zufriedenheit ausfüllen kann. Auch wenn die Produkte und die Produktionsbedingungen die hohen Erwartungen erfüllen, eines Tages wird ein Lieferant eine Komponente falsch etikettieren, werden die Manager ihre Boni fordern und wird das Unternehmen seine Preise erhöhen müssen. In nutzenorientierten Austauschbeziehungen und vor allem in sozialen, emotional motivierten Gemeinschaftsbeziehungen, welche die Unternehmen mühsam zu ihren Konsumenten aufgebaut haben, öffnet sich dann die Schleuse zu einer fatalen Wirkungskette: Die Konsumenten fühlen sich getäuscht, kündigen dem Unternehmen die Freundschaft, beschädigen seine Reputation durch negative Äußerungen in den sogenannten sozialen Medien und misstrauen zunächst dem Unternehmen, dann der Branche und schließlich dem Markt und immer mehr gesellschaftlichen Institutionen (vgl. hierzu die Studien von Fajer und Schouten 1995; Aggarwal 2004; Aaker et al. 2004; Elliott und Yannopoulou 2007).

Aus der Rekonstruktion dieser destruktiven Wirkungskette erklärt sich auch – zumindest zum Teil – der massive Vertrauensverlust in Deutschland und den allermeisten Ländern der Welt gegenüber nahezu allen Institutionen (vgl. GfK 2019; Edelman 2019). Misstrauen ist die Standardeinstellung gegenüber Unternehmen, Managern und Werbung. Vertrauen ist deshalb heute der *Heilige Gral* der Unternehmenskommunikation: Jeder kennt seine Bedeutung, niemand weiß, wie und wo man es findet. Angesicht der Relevanz des Themas – Vertrauen ist nicht nur wesentlich für den Wohlstand von Gesellschaften (vgl. Ortiz-Ospina und Roser 2019), sondern auch die Voraussetzung für die erfolgreiche Reputationsbildung, Loyalität und Wirtschaftlichkeit eines jeden Unternehmens (vgl. Rommerskirchen und Woll 2015) – ist die wissenschaftliche Beschäftigung mit dem Konstrukt Vertrauen erstaunlich unterentwickelt und nur selten ein Thema auf den vielen Branchentreffen. Da das Vertrauenskonstrukt als philosophisches, psychologisches und soziologisches Querschnittsphänomen eine interdisziplinäre Forschung und eine hohe Abstraktionsfähigkeit bei der differenzierten Betrachtung von rationalem, emotionalem und habituellem Vertrauen fordert, bleibt es für die alltägliche Praxis der Unternehmenskommunikation vermutlich auch weiterhin ein sperriges Thema (hierzu Bartling et al. 2018). Nichtsdestotrotz müssen sich Unternehmen und Wissenschaftler weiterhin verstärkt und gemeinsam um das komplexe Konstrukt Vertrauen bemühen.

Bemerkenswert ist in diesem Zusammenhang noch ein weiteres Ergebnis einer aktuellen Befragung. Zwar befürworten wie gesagt viele Menschen eine Haltung von Unternehmen zu gesellschaftspolitischen Fragen, jedoch halten nur ein Viertel der Befragten und nur 15 Prozent der befragten Studenten diese kommunizierte Haltung für wichtig für die persönliche Meinungsbildung (vgl. Lambertin 2019). Und wiederum ein Viertel aller Befragten und sogar 38 Prozent der Studenten haben kein Problem damit, Produkte von Markenunternehmen zu kaufen, deren kommunizierte Haltung ihrer persönlichen Meinung widerspricht. Die Vermutung liegt nahe, dass viele Konsumenten angesichts des geringen Vertrauens in die Unternehmen deren kommunikative Bemühungen um Positionierungen lediglich für ein unterhaltsames Schauspiel halten, und dass es deshalb keine realen Auswirkungen auf ihre Einstellungen und Präferenzen mehr hat. Dies ist, wie gesagt, eine Vermutung – es wäre jedoch für die strategischen Wirkungsabsichten der Unternehmenskommunikation ein bedrohliches Signal.

7.2.4 Kulturkapitalismus

In den vergangenen 50 Jahren haben sich die Gesellschaften und die Wirtschaft verändert. Seit den 1970er-Jahren führte die Individualisierung zur Auflösung der tradierten Schichten und ihrer Bildungs- und Berufswege sowie moralischen und politischen Einstellungen. Dem *Homo optionis* der Spätmoderne stehen alle Wege offen und er kann (und muss) sich frei für seinen erwünschten Lebensstil entscheiden: „Leben, Tod, Geschlecht, Körperlichkeit, Identität, Religion, Ehe, Elternschaft, soziale Bindungen – alles wird sozusagen bis ins Kleingedruckte hinein entscheidbar, muß, einmal zu Optionen zerschellt, entschieden werden" (Beck und Beck-Gernsheim 1994, S. 16). Der wachsende Wohlstand, von dem die meisten Menschen profitieren können, verändert ihre Beziehungen zu den Konsumgütern und damit die Strukturen der Wirtschaft.

Die Industrialisierung und der klassische Kapitalismus haben in zwei Jahrhunderten, von 1770 bis 1970, die Lebensbedingungen der meisten Menschen deutlich verbessert. Die Bildung, die Gesundheit und die Lebenserwartung stiegen kontinuierlich an und immer mehr Menschen hatten Zugang zu Gütern, die das Leben besser und einfacher machten. Industriell gefertigte, standardisierte und funktionale Massengüter wie Waschmaschinen, Küchenherde oder Automobile befreiten die Menschen von zeitlichen und räumlichen Einschränkungen. Nach dem Zweiten Weltkrieg schufen die Massengüter die Voraussetzungen für eine nivellierte Mittelstandsgesellschaft in der westlichen Welt. In den 1970er-Jahren begann die Sättigung der Nachfrage, bald darauf lösten die Globalisierung der Produktions- und Absatzmärkte, eine neoliberale Wirtschaftspolitik, die Computerisierung und dann die Digitalisierung die Krise des Industriekapitalismus aus und die Spätmoderne begann.

In der postindustriellen Wirtschaft der Spätmoderne sind die relevanten Vermögenswerte eines Unternehmens weder Maschinen noch Gebäude oder Rohstoffe, sondern sein immaterielles Kapital: Urheberrechte, Patente, Algorithmen, Markenrechte und Kundendaten (vgl. Howkins 2013; Parker 2016). Die Güter, die die Unternehmen der Spätmoderne mit diesem immateriellen Kapital entwickeln und anbieten können, sind keine banalen Massengüter mehr, sondern einzigartig und selten, weil sie auf die spezifischen Erlebnisbedürfnisse ihrer Kunden ausgerichtet sind. Ihre Originalität und Rarität machen sie zu „singulären Gütern" (Reckwitz 2017, S. 126) mit einer besonderen kulturellen Bedeutung für die Konsumenten: „Kulturelle Güter sind besonders voraussetzungsreiche kognitive Güter, die in einem spezifischen Verhältnis zum Konsumenten stehen. Und der Absatz, Preis und Profit, den sie erzielen können, hängt entscheidend vom kulturellen Wert ab, den die Konsumenten ihnen *zuschreiben* beziehungsweise an ihnen *wahrnehmen*" (Reckwitz 2019, S. 175).

Im Kulturkapitalismus zählt nur der besondere Wert, den die einzigartigen Dinge für die Konsumenten haben. Sie müssen eine ästhetische, narrative oder ethische Qualität erkennbar machen: Ein Kleidungsstück, ein Haushaltsgerät oder eine Reise haben ästhetischen Wert, wenn sie sinnliche Erlebnisse versprechen können. Eine Wohnung in einem prestigeträchtigen Stadtteil, ein bestimmtes Restaurant oder ein Sportschuh werden durch eine besondere Geschichte zu bedeutungsvollen Symbolen und damit zu Gütern mit narrativem Wert. Der ethische Wert von Bio- oder Fairtrade-Produkten entsteht durch die Zuschreibung moralischer Anerkennung in einer Gemeinschaft. Aufmerksamkeit und Anerkennung der Bedeutung eines Gutes ist im Kulturkapitalismus untrennbar mit den sozialen Valorisierungsprozessen verknüpft, die in der öffentlichen Inszenierung von Emotionen und Affekten stattfinden (vgl. Reckwitz 2017, S. 149 f.; Boltanski und Esquerre 2018, S. 220 ff.).

Damit erweitert sich auch die Rolle der Unternehmen in der Wirtschaft. Die Unternehmen werden zu Bedeutungsgeneratoren, sie geben den Gütern diese einzigartigen Bedeutungen, machen sie zu singulären Gütern und inszenieren ihren Sinn. Unternehmen erschaffen Wirklichkeiten für die Konsumenten und geben nicht nur den Dingen, sondern auch den Lebensstilen der Menschen eine Bedeutung und einen Sinn. Unternehmen haben im Kulturkapitalismus die problematische Macht, soziale Gemeinschaften auf der Grundlage kultureller und moralischer Zuweisungen zu gründen oder zu beenden, indem sie Produkte, Einstellungen und Haltungen als richtig oder als falsch definieren (vgl. Ortmann 2011).

Für die Unternehmenskommunikation bedeutet das: Die Anforderungen an die Mitarbeiter und ihre Qualifikationen ändern sich dramatisch. Die Kompetenz im Umgang mit Worten und Bildern, Medien und Formaten wird zur Grundfertigkeit. Vermutlich wird der Umgang damit in einigen Jahren von Algorithmen weitestgehend übernommen werden, Computer und Datenbanken schreiben und layouten dann die Meldungen für die digitalen Medien. Die anspruchsvollen und spezialisierten Tätigkeiten in der Unternehmenskommunikation werden rund um die Aufdeckung und Nutzbarmachung kultureller, moralischer, ästhetischer und politischer Trends liegen. Der Kulturkapitalismus fordert ein Früherkennungssystem für solche Entwicklungen in den gesellschaftlichen Subkulturen, um die Differenzierungsmerkmale von morgen prägen zu können. Psychologische und soziologische Kenntnisse werden dann wichtiger, um möglichst früh die verborgenen Sehnsüchte der Konsumenten nach kultureller Zugehörigkeit und moralischer Anerkennung zu erkennen. Diese Kenntnisse sind nicht zuletzt notwendig, um die Ambivalenzen der Spätmoderne zu verstehen und für das Unternehmen nutzen zu können: das

Streben nach Individualität und die Suche nach Gemeinschaftlichkeit, das Besondere in den allgemein als wertvoll erkannten Symbolen zu sehen. Chancen und Risiken liegen für die Unternehmen auch hierbei eng beieinander, und die Herausforderungen für die Unternehmenskommunikation von morgen steigen.

Literatur

Aaker, J. L., Fournier, S., & Brasel, S. (2004). When good brands do bad. *Journal of Consumer Research, 32*, 1–16.
Aggarwal, P. (2004). Breakdown and dissolution of person-brand relationships. *Journal of Consumer Research, 31*, 87–101.
Bartling, B., Fehr, E., Huffman, D., & Netzer, N. (2018). *The causal effect of trust.* Working Paper Nr. 304. IZA – Institute of Labor Economics. https://www.iza.org/publications/dp/11917/the-causal-effect-of-trust. Zugegriffen am 10.03.2020.
Beck, U., & Beck-Gernsheim, E. (1994). *Riskante Freiheiten.* Frankfurt a. M.: Suhrkamp.
Berman, S. J. (2012). Digital transformation: Opportunities to create new business models. *Strategy & Leadership, 40*(2), 16–24.
Blumenberg, H. (2015). *Schriften zur Technik.* Berlin: Suhrkamp.
Boltanski, L., & Esquerre, A. (2018). *Bereicherung. Eine Kritik der Ware.* Berlin: Suhrkamp.
Cornelissen, J. (2017). *Corporate Communication. A Guide to Theory & Practice.* London: SAGE.
Edelman. (2019). *Vertrauensbarometer 2019.* https://www.edelman.com/trust-barometer. Zugegriffen am 10.03.2020.
Elliott, R., & Yannopoulou, N. (2007). The nature of trust in brands: A psychosocial model. *European Journal of Marketing, 41*(9/10), 988–998.
Evans, N. D. (2017). *Mastering digital business – How powerful combinations of disruptive technologies are enabling the next wave of digital transformation.* Swindon: BCS.
Fajer, M. T., & Schouten, J. (1995). Breakdown and dissolution of person-brand relationships. *Advances in Consumer Research, 22*, 663–667.
GfK. (2019). Vertrauen. https://www.gfk-verein.org/themen/vertrauen. Zugegriffen am 10.03.2020.
Goode, W. J. (1960). A theory of role strain. *American Sociological Review, 25*(4), 483–496.
Howkins, J. (2013). *The creative economy: How people make money from ideas.* London: Penguin.
Kolany-Raiser, B., Heil, R., Orwat, C., & Hoeren, T. (2018). *Big Data und Gesellschaft. Eine multidisziplinäre Annäherung.* Wiesbaden: Springer VS.
Kreutzer, R. (2018). *Praxisorientiertes Online-Marketing. Konzepte – Instrumente – Checklisten.* Wiesbaden: Springer Gabler.
Kroeber-Riel, W., & Gröppel-Klein, A. (2013). *Konsumentenverhalten.* München: Vahlen.
Lambertin, J. (2019). Empirische Erkenntnisse zur Rezeption von Marken als politischen Akteuren in Deutschland. In J. D. Kemming & J. Rommerskirchen (Hrsg.), *Marken als politische Akteure* (S. 41–51). Wiesbaden: Springer Gabler.
Lammenett, E. (2017). *Praxiswissen online-marketing.* Wiesbaden: Springer Gabler.

Leipzig, T., Gamp, M., Manz, D., Schöttle, K., Ohlhausen, P., Oosthuizen, G., Palm, D., & von Leipzig, K. (2017). Initialising customer-orientated digital transformation in enterprises. *Procedia Manufacturing, 8*, 517–524.

Levine, R., Locke, C., Searls, D., & Weinberger, D. (2009). *The cluetrain manifesto.* New York: Perseus.

Linton, R. (1945). *The cultural background of personality.* New York: D. Appleton-Century Co.

Matzler, K., Bailom, F., von den Eichen, S. F., & Anschober, M. (2016). *Digitale Disruption: Wie Sie Ihr Unternehmen auf das digitale Zeitalter vorbereiten.* München: Vahlen.

Nassehi, A. (2019). *Muster. Theorie der digitalen Gesellschaft.* München: C. H. Beck.

Ortiz-Ospina, E., & Roser, M. (2019). *Trust – Our world in data.* https://ourworldindata.org/trust. Zugegriffen am 10.03.2020.

Ortmann, G. (2011). Die Kommunikations- und die Exkommunikationsmacht in und von Organisationen. *DBW – Die Betriebswirtschaft, 4*, 355–378.

Orwat, C., & Schankin, A. (2018). *Attitudes towards big data practices and the institutional framework of privacy and data protection.* Karlsruhe: Institut für Technologie (KIT).

Parker, G. (2016). *Platform revolution.* New York: Norton & Company.

Pigni, F., Piccoli, G., & Watson, R. (2016). Digital data streams. *California Management Review, 58*(3), 5–25.

Reckwitz, A. (2017). *Die Gesellschaft der Singularitäten.* Berlin: Suhrkamp.

Reckwitz, A. (2019). *Das Ende der Illusionen.* Berlin: Suhrkamp.

Reichert, R. (2014). *Big data: Analysen zum digitalen Wandel von Wissen, Macht und Ökonomie.* Bielefeld: transcript.

Riedel, A. C., & Krohn, C. (2020). Power to the people – Souveränität durch oder trotz Daten? In J. Rommerskirchen (Hrsg.), *Die neue Macht der Konsumenten* (S. 187–217). Wiesbaden: Springer Gabler.

Rommerskirchen, J. (2019). Markt und Moral – was man für Geld (nicht) kaufen kann. In J. D. Kemming & J. Rommerskirchen (Hrsg.), *Marken als politische Akteure* (S. 99–115). Wiesbaden: Springer Gabler.

Rommerskirchen, J., & Woll, A.-K. (2015). Normative Erwartungen und internalisierte Werte – Marken als ethische Konstrukte. *Journal of Business and Media Psychology, 1*, 10–25. https://nbn-resolving.org/urn:nbn:de:0168-ssoar-61944-1. Zugegriffen am 10.03.2020.

Schallmo, D., Rusnjak, A., Anzengruber, J., Weranit, T., & Jünger, E. (2017). *Digitale Transformation von Geschäftsmodellen: Grundlagen, Instrumente und Best Practices.* Wiesbaden: Springer Gabler.

Sun, L. (2017). *Facebook Inc's chatbots hit a 70 % failure rate.* https://www.fool.com/investing/2017/02/28/facebook-incs-chatbots-hit-a-70-failure-rate.aspx. Zugegriffen am 10.03.2020.

Tropp, J. (2011). *Moderne Marketing-Kommunikation.* Wiesbaden: VS.

Westermann, G., Calméjane, C., Bonnet, D., Feeraris, P., & McAfee, A. (2011). *Digital transformation: A roadmap for billion-dollar organizations.* https://www.capgemini.com/resources/digital-transformation-a-roadmap-for-billiondollar-organizations. Zugegriffen am 10.03.2020.

Wildbihler, M., Stelzer, B., Schiebel, E., & Eurich, S. (2017). Internet der Dinge. In D. Schallmo et al. (Hrsg.), *Digitale Transformation von Geschäftsmodellen: Grundlagen, Instrumente und Best Practices* (S. 311–332). Wiesbaden: Springer Gabler.

The manufacturer's authorised representative in the EU is Springer Nature Customer Service Centre GmbH, Europaplatz 3, 69115 Heidelberg, Germany. If you have any concerns regarding our products, please contact ProductSafety@springernature.com

Printed and bound by CPI Group (UK) Ltd, Croydon, CR0 4YY
25/03/2026
02078226-0004